教育部哲学社会科学系列发展报告
MOE Serial Reports on Developments in Humanities and Social Sciences

世界贸易组织发展报告 2015

World Trade Organization Development Report 2015

SHIJIE MAOYI ZUZHI FAZHAN BAOGAO 2015

屠新泉 主编

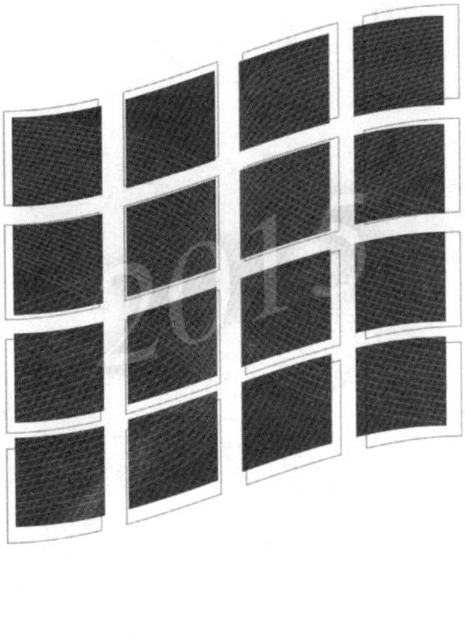

高等教育出版社·北京

图书在版编目（CIP）数据

世界贸易组织发展报告. 2015 / 屠新泉主编. --北京:高等教育出版社,2016.10

ISBN 978-7-04-046074-2

Ⅰ.①世… Ⅱ.①屠… Ⅲ.①世界贸易组织-研究报告-2015 Ⅳ.①F743.1

中国版本图书馆 CIP 数据核字(2016)第 189158 号

策划编辑 杨 莉　　责任编辑 杨 莉　　封面设计 杨立新　　版式设计 童 丹
插图绘制 杜晓丹　　责任校对 陈旭颖　　责任印制 赵义民

出版发行 高等教育出版社
社　　址 北京市西城区德外大街 4 号
邮政编码 100120
印　　刷 北京市鑫霸印务有限公司
开　　本 787 mm×960 mm 1/16
印　　张 27
字　　数 490 千字
购书热线 010-58581118
咨询电话 400-810-0598
网　　址 http://www.hep.edu.cn
http://www.hep.com.cn
网上订购 http://www.hepmall.com.cn
http://www.hepmall.com
http://www.hepmall.cn
版　　次 2016 年 10 月第 1 版
印　　次 2016 年 10 月第 1 次印刷
定　　价 75.00 元

物 料 号 46074-00

内 容 提 要

世界贸易组织（World Trade Organization，WTO）是三大国际经济组织之一，是中国参与全球经济治理的重要平台。本报告内容共分四篇，第一篇为总论，内容主要有2014年世界主要经济体的经济、贸易、投资和经贸政策发展情况，2014年WTO主要活动和多哈回合谈判进展情况，WTO与中国；第二篇为主要议题分论，详细分析了2014年农业、贸易救济措施、非关税措施、服务贸易、与贸易有关的投资措施、与贸易有关的知识产权、争端解决机制、贸易政策审议机制、《信息技术协议》、《政府采购协议》等WTO主要议题的发展与演变；第三篇为成员篇，详细介绍了美国、欧盟、日本、印度、巴西和俄罗斯6个WTO主要成员2014年贸易政策和贸易发展情况；第四篇为WTO二十年专题，主要内容包括WTO的组织发展、WTO协议执行20年、WTO的谈判、区域贸易协定、WTO的未来与中国的贸易战略选择。

内容提要

[illegible]

Abstract

World Trade Organization (WTO) is one of the three major international economic organizations, and is also an important platform for China's participation in global economic governance. The content of the report is divided into four parts. Part one analyzes the review and prospect of the world economy which includes the development of economy, trade, investment and economic policies of main economies, activities of WTO in 2014 and development of Doha Round, and WTO and China. Part two analyzes the main WTO topics and its evolution. The main WTO topics includes the agriculture, trade remedy measures, non-tariff measures, trades in services, investment measures, intellectual property rights, dispute settlement, trade policy review, information technology agreement, and government procurement. Part three analyzes the economic and trade policies of key WTO members, such as the USA, EU, Japan, India, Brazil and Russia. Part four concerns the special subjects for 20th anniversary of WTO, mainly include organizational development, agreement implementation, negotiations of WTO, WTO and regional trade agreements, the future of WTO' and China's trade strategies.

序　　言

根据乌拉圭回合谈判达成的《马拉喀什建立世界贸易组织协定》(《WTO 协定》),1995 年 1 月 1 日世界贸易组织(World Trade Organization,WTO)正式成立,距今已 20 年有余。WTO 的成立是经济全球化深入发展的重要标志。在“透明度、非歧视、贸易自由化和公平竞争”四个原则的指导下,WTO 通过组织贸易谈判、审议贸易政策、解决贸易争端等加强了国际间经济的协调,极大地促进了世界经济贸易的发展。

贸易谈判是 WTO 功能的重要组成部分。在 WTO 平台上各成员通过多边谈判形成具有强制力和约束性的一揽子协议,构成了国际贸易规则的基石。2001 年多哈回合谈判启动,在农业、非农产品市场准入、服务、知识产权、规则、争端解决、贸易与环境以及贸易与发展问题 8 个谈判领域展开谈判。遗憾的是,由于议题领域广泛而敏感、决策机制缺乏效率、世界经济环境发生重大变局,多哈回合谈判多次陷入僵局,成为全球历时最长的多边贸易谈判。虽然于 2013 年达成《巴厘一揽子协定》,涵盖贸易便利化、农业议题和最不发达国家发展议题等内容,但这样的成果距多哈回合谈判成功结束依然遥遥无期。

贸易政策审议机制在提高成员贸易政策透明度方面发挥了重要作用。早在 1989 年贸易政策审议机制就已经开始运行,但在 WTO 成立后才成为正式常设制度。如今由于 WTO 成员数量增多,贸易政策审议机构每年要审议 20 个以上成员的贸易政策。这种由 WTO 秘书处执行的定期审议和评估,既充分尊重了各成员独立自主的经济治理能力,也促进所有成员更好地遵守多边贸易体制规则、纪律和承诺。

争端解决机制在解决全球贸易争端方面做出了巨大的贡献。从 1995 年 WTO 成立到 2014 年,WTO 成员共向争端解决机构提起 488 起磋商请求,申诉方和应诉方涉及近 70 个成员,案件涉及反倾销、反补贴、农业、政府购买、进出口等多个方面,共接受专家组报告 201 份、上诉申请 129 起。正如 WTO 第一任总干事鲁杰罗所说:"WTO 争端解决机制是 WTO 对全球经济稳定做出的最独特的贡献。"

中国加入 WTO 是 WTO 成立 20 年过程中一个重要的历史性事件,也是中国改革开放的重要里程碑。加入 WTO 带来的全球化红利帮助中国充分释放了人口红利,加速了中国与世界经济融合的进程,极大地改变了世界经济与贸易格局。自 2001 年 12 月 11 日成为 WTO 正式成员以来,中国经济社会发展取得巨大成就,经济总量跃居世界第二;通过全面融入全球价值链和国际生产网络,中国成为世界制造业第一大国;通过建立开放型贸易体系,中国货物出口额位居世界第一、进口额位居世界第二。

十多年过去了,随着加入 WTO 的"开放红利"逐步减弱,经历对 WTO 学习潮和研究潮后,国内对其关注度逐渐降低。但在中国经济转型升级的关键时期,更需要维持和发展多边贸易体制。要实现经济转型升级,就必须充分发挥市场经济的基础性调节作用,以融入经济全球化利用世界市场为目标的对外经济体制改革,和以推进市场经济为目标的国内经济转型升级,其最终目的都是实现以往经济发展模式中无法获得的潜在利益,为国民经济持续高速增长提供制度性基础。多边贸易体制推动了经济全球化发展进程,只有通过多边贸易体制,中国才能更好地融入经济全球化进程;通过 WTO 的开放平台,更好地与更多的国家开展国际合作,充分利用全球资源和市场。随着加入 WTO 经济和社会效应的逐步弱化,中国进一步改革开放缺乏内力,因此需要外部力量协助,以开放促进改革,以改革带动开放,实现对内改革与对外开放的良性互动。此过程中,发展多边贸易体制将为中国改革开放提供外部动力,多边贸易体制的焦点议题将为中国新一轮改革和开放提供源动力。

不可否认的是,WTO 依然是当今全球经济治理体系中制度最完备、运作最规范、影响最广泛的体制,处于困难期的 WTO 正是提升中国国际地位的最佳平台。此外,WTO 谈判的焦点也逐渐体现在诸边谈判上。2013—2014 年,TISA 谈判、ITA 扩围、环境产品谈判等继续向前推进,虽然是建立在诸边谈判下,未能惠及所有成员,但仍是多边体系下服务贸易、信息技术、环境产品谈判等领域的开拓和完善。

未来,中国应将 WTO 作为参与全球经济治理的主要平台,切实发挥"负责任大国"的作用,并推动 WTO 朝着公平合理的方向发展。国内研究应重新聚焦 WTO,进一步做好相关理论研究和对策性研究,尤其是关注 WTO 的发展和演变方向,研究中国如何深入参与 WTO 的各项活动,分析中国参与 WTO 的战略策略,剖析中国如何利用 WTO 这一平台参与全球经济治理。这些研究不仅要与中国的实际紧密结合起来,与改革开放中的热点问题结合起来,还应该重视基础性的研究工作。多年来，学术界对 WTO 的基础性研究及中国加入 WTO 后的对策性研究取得了可喜的成果。第一部以 WTO 为主题的专业性年度发展报告《世界贸易组织发展报告 2012》的出版和发行产生了重要的影响。《世界贸易组织发展报告 2015》延续了以往报告的特点和研究的基本内容，希望其对于推动 WTO 的学术研究，普及 WTO 知识，培养对外经济贸易人才，促进中国经济进一步与国际接轨，促进中国改革开放及经济建设的发展产生积极的作用。

对外经济贸易大学中国世界贸易组织研究院院长

屠新泉

目　　录

第一篇　总　　论

第二篇　2014年WTO主要议题分论

第三篇 2014 年 WTO 主要成员贸易政策回顾与展望

第四篇 WTO 二十年专题

CONTENTS

Part One General Survey

Part Two Main Topics of the WTO Negotiations in 2014

第一篇　总　　论

第一章　世界经济贸易发展回顾与展望

第一节　2014 年全球经济发展回顾与展望

2014 年世界经济处于不平衡的复苏阶段，主要经济体经济增长呈现更加分化的态势。发达经济体增速差异加大，新兴经济体增速持续放缓。美国联邦储备委员会退出量化宽松政策，欧元区与日本都进一步放宽货币政策。供给过剩、需求疲软、美元升值等一系列因素导致油价自 6 月开始大幅度下跌。主要经济体复苏乏力，货币政策走向差异化以及油价暴跌等因素引发国际金融市场大幅度震荡。据国际货币基金组织（IMF）统计，2014 年世界经济增长 3.4%，与 2013 年基本持平。其中，发达经济体经济增长 1.8%，比 2013 年增加 1.4 个百分点；新兴市场和发展中国家经济增长达到 4.4%，较 2013 年降低 4.7 个百分点。

一、发达经济体经济增速呈现出的分化特征更明显

按照国民收入和生产账户（NIPAs）的第三方估计，美国 2014 年第四季度实际国内生产总值（GDP）增长了 2.2%，第三季度实际 GDP 增长 5.0%，是 2003 年第三季度以来的最大增幅。第四季度实际 GDP 增长主要依赖于个人消费支出、非住房性固定投资、州政府以及当地政府支出、住房性固定投资等积极因素。私人消费持续快速增长，前三季度增长率分别为 1.2%、2.5%和 3.2%。企业投资继续呈现增长趋势，前三个季度增速分别是-6.9%、19.1%和 8.9%。美国联邦政府支出第一季度下滑 0.8%，第三季度则增长 9.9%。对外贸易稳步增长，第二季度出口增长 11.1%，是 2010 年第四季度以来的最高水平；第三季度出口继续增长 4.5%。劳动力市场持续得到改善，失业率由 1 月的 6.6%降到 10 月的 5.8%，是自 2008 年 7 月以来的最低水平。房地产市场总体回暖，7—9 月美国新屋销售同比增长分别达到 12.3%、33%和 17%，2014 年 10 月成屋销售总数达 526 万户，创 2013 年 9 月以来新高。通货膨胀的压力缓和，2014 年 11 月 CPI 同比上涨 1.3%，低于美国联邦储备委员会 2%的通胀目标。总体来看，美国经济活力增强，复苏强劲，2014 年美国经济增长率达 2.39%。

根据 IMF 分析，美国经济将在 2015 年和 2016 年继续稳步增长。尽管劳动力市场的疲软状态将会持续一段时间，但私人雇佣的稳固增长将继续压低美国的失业率。美国货币政策及出口支持政策将增加美国的消费需求。货币政策及

出口市场在很大程度上缓解了紧缩财政政策作用的消退状况，为改善家庭净资产，增加个人消费提供了动力。美国虽然采取了支持性货币政策，但随着劳动力市场疲软状态的逐步消退，应该采取十分谨慎的经济措施来抑制通货膨胀。美国联邦储备委员会大规模购买计划在 2014 年 10 月结束。政策性利率在 2015 年中期开始回升。联邦预算赤字已经大幅度收窄，预算赤字将会在 2015 年和 2016 年进一步缩减。美国财政政策应该把重点放在缓解社会医疗保险以及养老金支付将会带来长期压力的问题上。联邦当局应该增加基础设施投资，例如可以通过获取可持续融资方式来为基础设施建设融资。

日本经济在逐步复苏，但是过去积累的高额政府公债以及较低的潜在经济增长速度使日本面临着宏观经济和财务方面的挑战。日本 2014 年第一季度实际 GDP 环比折年率高达 6.7%，是 2011 年第三季度以来的最高水平。随着 4 月消费税税率由 5%上调至 8%，日本经济陷入衰退，第二季度、第三季度实际 GDP 环比折年率分别为-7.3%和-1.6%。2014 年日本继续实施积极的财政政策和宽松的货币政策。公共投资稳步上升，第一季度至第三季度环比增速分别达到-2%、0.3%和 2.2%，是支撑 2014 年日本经济发展的重要力量。经济增长疲软加上油价大幅下跌，通货膨胀率自 2014 年 8 月开始呈现下降态势。去除消费税上调的影响以及剔除生鲜食品价格以后，10 月的通货膨胀率仅为 1%左右，与日本央行 2%的通胀目标仍然存在较大差距。从 2014 年实际情况看，安倍经济学并未解决制约日本经济增长的结构性以及长期性问题，日本经济走出通货膨胀的境况并且实现良性增长的前景依然很迷茫。

2014 年日本经济同比增长-0.03%，日本产出增长的放缓在一定程度上反映了上调消费税的影响。日本公共债务总额占 GDP 的 230%（净债务占 GDP 的 143%）。2014 年第二季度和第三季度产出大幅度下降后日本政府宣布提高消费税率。这使日本在 2020 年实现财政基本盈余的目标更具挑战性，对日本而言，一个详细可靠的财政计划更加重要。提高结构性改革的竞争力以及潜在的经济增长是首要的任务，因为更强劲的经济增长才是解决财政问题的关键。通过劳动力市场条件改善以及宽松货币政策实施，预计日本产出增长将在 2015 年和 2016 年分别反弹至约 0.75%和 1%。日元走软将帮助维持日本出口增长，推动实现通货膨胀率接近 2%的目标。

欧元区 2014 年经济复苏显得非常脆弱，即便在欧元区核心国家也是如此，2014 年欧元区经济同比增长 0.88%。2014 年第二季度欧元区经济出现停滞，随后经济复苏乏力，投资和信心自 2014 年春季以来都显得不足，这反映出欧元区经济潜在动力以及世界经济前景的不确定性。虽然一定程度上反映出的是临时因素，但经济危机使欧元区经济复苏步伐放缓，尤其是在南部地区国家，潜在低增长几乎无处不在。受居民收入下滑、存货投资不足、地缘政治冲突等外部因素影响,2014 年以来欧元区经济复苏势头减弱,前三个季度实际 GDP 环比增速分别为 0.3%、0.1%和 0.2%。主要大国增长态势呈现分化,德国经济第一季度环比增长 0.8%,第二季度环比出现萎缩,第三季度环比增长 0.1%;法国经济 2014 年上半年呈现负增长,第三季度转为 0.3%的微弱增长;意大利经济第一季度出现停滞,第二季度、第三季度经济连续出现负增长;西班牙经济势头相对强劲,前三个季度经济环比增长速度分别达到 0.4%、0.6%和 0.5%,实现了连续四个季度的正增长。欧元区就业状况改善缓慢,失业率高达 11.5%。通货紧缩风险加大,11 月通货膨胀率仅为 0.3%。

随着 2014 年欧元区经济增长下滑,一些国家已经出现负通货膨胀率,而且通货膨胀率在继续下降。随着信心的恢复以及银行资产负债表不确定性的下降,欧元区经济将缓慢复苏。不过,由于居高不下的公共债务和私人债务、紧张的信贷条件以及高失业率,经济增长依然呈现疲弱态势。许多国家依然容易受到金融动荡或者其他方面的负面冲击。高失业率和大规模产能过剩将会缓慢消退,这将会对通货膨胀产生下行压力。

展望未来,欧元区国家应该在欧盟财政规则下采取一切可行的措施,避免周期性财政紧缩。针对欧元区经济增长的疲弱态势及通货紧缩的风险,欧洲央行应该进一步扩大对经济发展的货币支持,包括购买资产(即所谓的“量化宽松”措施)。劳动力市场以及产品市场的结构性改革将大力促进经济的增长,缓解就业的压力,特别是欧盟单一市场应该完成该项计划。

二、发展中经济体增速全面放缓的趋势仍然在继续

对新兴经济体而言,经济增长率要比 2011 年低 1.5%左右,但各国经济复苏同样存在差异性。其中,中国维持着较高的经济增长率,但未来将呈现略低的经济增长速度;印度正从经济衰退中恢复过来,这主要归功于印度政府有效的经济政策以及对恢复经济发展的信心。相比之下,俄罗斯未知的投资前景在乌克兰危机之前就已经导致经济增长放缓,危机爆发使经济增长更加糟糕。不确定的发展前景和较低的投资同样使巴西经济增速放缓。

巴西在 2014 年上半年陷入经济衰退,第一季度、第二季度 GDP 环比降低 0.19%和 0.61%,全年 GDP 增速仅为 0.15%。随着政府支出和投资小幅度反弹,第三季度 GDP 环比增长 0.08%。2014 年以来,通货膨胀压力持续加大,从 3 月起通货膨胀率都在 6%以上,11 月达到 6.65%。贸易收支显著恶化,铁矿石、玉米等大宗商品出口量大幅度下滑,1 月至 11 月出口同比下跌 5.7%,进口同比下跌 3.9%,贸易赤字累计达到 42.3 亿美元,远远高于 2013 年的 17.4 亿美元,是

巴西从2001年以来第二次出现贸易赤字。

油价大幅度下跌和美欧制裁使俄罗斯经济陷入困境。第三季度俄罗斯GDP同比增长0.7%,是2009年经济衰退以来的最低增长值,全年GDP增速仅为0.64%。前三季度出口同比零增长,贸易顺差同比减少6%;资本账户和金融账户净流出905亿美元,同比增长248%;通货膨胀率从3月开始持续上升,11月高达9.1%。

印度、南非经济形势相对较好,2014年印度、南非GDP同比增速分别为7.22%和1.52%。新内阁上台后印度经济显现企稳回升的迹象,第二季度和第三季度GDP同比增速分别达到5.7%和5.3%,是2013年以来最低水平。外商直接投资流入显著增加,前三季度累计FDI同比增长23%。南非第一季度GDP环比萎缩0.6%,第二季度以后经济恢复扩张,第三季度环比增长1.4%。随着国际油价和粮食价格下跌,南非通货膨胀压力得到缓解,11月CPI下降到5.8%。但南非贸易收支出现恶化,1—10月贸易赤字累计950亿南非兰特,远超2013年730亿南非兰特的贸易赤字。失业率高达25.4%。2013—2014年主要国家和经济体季度与年度GDP同比增长率见表1.1。

表1.1 主要国家和经济体季度与年度GDP同比增长率 单位:%

季度/年	Q1-2014	Q2-2014	Q3-2014	Q4-2014	2013	2014
澳大利亚	2.98	2.72	2.66	2.47	2.05	2.70
加拿大	2.14	2.60	2.75	2.63	2.00	2.53
法国	0.68	−0.15	0.17	−0.01	0.66	0.18
德国	2.33	1.43	1.20	1.45	0.10	1.61
希腊	—	—	—	—	−3.90	0.77
爱尔兰	4.97	6.05	4.13	4.05	0.17	4.17
西班牙	0.63	1.25	1.64	2.03	−1.23	1.39
意大利	−0.13	−0.30	−0.51	−0.50	−1.70	−0.42
葡萄牙	0.87	0.88	1.18	0.69	−1.60	0.90
土耳其	4.44	2.27	2.41	2.37	4.19	2.87
英国	2.67	2.87	2.77	2.97	1.66	2.82
新西兰	3.08	3.35	3.19	3.50	2.26	3.29
韩国	3.91	3.38	3.29	2.68	2.90	3.31
日本	2.14	−0.36	−1.36	−0.69	1.61	−0.03

续表

季度/年	Q1-2014	Q2-2014	Q3-2014	Q4-2014	2013	2014
美国	1.89	2.59	2.70	2.38	2.22	2.39
墨西哥	0.88	2.82	2.22	2.60	1.39	2.12
欧元区 18 国	1.08	0.80	0.80	0.86	-0.46	0.88
欧盟 28 国	1.43	1.25	1.25	1.30	0.04	1.30
G7	1.82	1.69	1.60	1.56	1.49	1.67
G20	3.49	3.33	3.30	3.40	3.18	3.40
OECD 整体	1.92	1.86	1.77	1.77	1.41	1.90
巴西	2.02	-0.57	-0.52	-0.26	2.74	0.15
中国	7.40	7.50	7.30	7.30	7.70	7.40
印度	7.39	6.81	7.60	7.53	6.36	7.22
俄罗斯	0.96	0.97	0.61	0.06	1.34	0.64
南非	2.08	1.27	1.49	1.27	2.21	1.52

资料来源:根据 OECD 官方网站资料整理,https://data.oecd.org/gdp/quarterly-gdp.htm#indicator-chart.

三、大宗商品价格呈现下降趋势

由于新兴市场经济体经济增长速度放缓、美国页岩气革命及农产品产地气候优越等原因,全球主要大宗商品价格在 2014 年整体保持下降的趋势。其中,由于美国页岩油增产,OPEC 坚持不减产等原因,原油价格出现“跳水式”下降,2014 年 12 月 17 日布伦特原油期货价格已经降低到 58.94 美元/桶,是 2009 年以来的最低原油价格。有色金属价格下降幅度相对较小,2014 年 11 月最后一周伦敦铜期货平均价格是 6 608.1 美元/吨,与年初相比降低 9.4%。农产品价格下降幅度较大,但由于主要产地气候变化,之后出现小幅度回弹趋势。2014 年 11 月最后一周,芝加哥小麦、大豆、玉米三大农产品期货平均价格分别为 263.5 美元/公吨、381 美元/公吨以及 178.2 美元/公吨,与年初相比分别下降 4.4%、19.9%和 10.3%。

四、主要经济体货币政策背驰而行

美国联邦储备委员会在 2014 年初决定退出 QE 进程,10 月结束购债计划。美国经济出现温和复苏、就业形势稳步改善、通货膨胀呈现较低水平的状况,市场对美国的普遍认知是 2015 年美联储将提升利息,货币政策由宽松向适度收缩迈进。英国中央银行维持量化宽松的货币政策。日本央行在2014年11月开始扩大量化宽松规模，将每年基础货币增量目标由10万亿日元调升至80万亿日元。欧洲央行持续实施宽松货币政策，将基准利率以及银行超额储备存款利率分别下调至0.05%和-0.2%，与此同时，欧洲央行推出一系列流动性措施，例如暂停1 700亿欧元购债冲销操作、4 000亿欧元针对长期再融资操作等。欧洲央行还着手于购买资产支持债券和资产担保债券。

新兴经济体主要是通过实施紧缩货币政策来控制本国通货膨胀，阻止本币贬值。俄罗斯央行2014年曾升息6次，调升基准利率累计11.5个百分点。巴西央行年内共升息5次，将政策利率调升共计1.75个百分点。印度2014年仅升息1次，南非央行升息2次。

五、国际金融市场出现大幅度震荡

2014年美国股市强劲攀升，道琼斯指数、标准普尔指数连创新高。日本股市上升势头缓慢。欧洲股市大幅度震荡，全年增长幅度都较小。2014年初至12月10日，美国道琼斯指数实现9.8%的涨幅，标准普尔指数实现13.6%的涨幅；日经指数实现3.3%的涨幅；英国富时指数仅出现0.5%的涨幅，德国综合指数上升3.3%。

国际汇率由于世界经济复苏疲弱、油价下跌、美元升值等原因出现大幅度波动，2014年年初以来新兴市场经济体货币兑换美元的汇率出现小幅度上升，下半年出现逆转。12月以来，墨西哥比索、马来西亚林吉特跌至2008年以来的最低水平，俄罗斯卢布则出现断崖式下跌。

债券市场走势相对稳定，发达经济体10年期国债收益率从2014年年初开始下滑。12月10日美国10年期国债收益率为2.26%，日本为0.44%，德国为0.69%，西班牙是1.85%，意大利为2.04%。其中，德国、意大利、西班牙及葡萄牙等国家的10年期国债收益率都在12月底触及历史最低水平。

六、世界经济形势展望

世界经济增长将面临美联储货币政策收缩、俄罗斯金融风险突显、地缘政治冲突等诸多风险，原油价格仍将处于危机以来的较低水平，发达国家经济增长仍将不平衡，新兴经济体增速全面放缓趋势还将会持续。

2015年，美联储可能启动加息进程，美元将持续升值。美元升值将会加大新兴市场外债负担，恶化相关企业财务状况，暴露相关国家的金融脆弱性，加大其经济下行压力。俄罗斯金融风险突增。经济增长停滞、通胀高企、资本外流、卢布下跌已引发俄罗斯金融市场动荡。俄罗斯央行加大对外汇市场的干预，将基准利率一次性提升 650 个基点仍难阻止卢布贬值。中东地区地缘政治局势动荡等因素仍将可能导致原油价格短期内剧烈动荡。

2015 年,私人投资和消费扩张、财政压力将有所缓解、信贷条件仍将宽松等因素有利于发达经济体经济形势改善,但主要经济体发展仍将不平衡。新兴经济体增速持续放缓,有触底趋势。油价走低有利于缓解通胀压力,促进投资和消费,加大货币政策调整空间,印度、南非、印度尼西亚经济有望稳步复苏。但处于低位的石油和大宗商品价格仍将冲击巴西、俄罗斯经济,俄罗斯还将面临国内投资消费需求疲弱、资本外流、外部融资限制等多种因素不利影响,经济可能陷入停滞。

综合看,2015 年世界经济有望保持复苏态势。IMF 预测,2015 年世界经济增长 3.8%。其中,发达国家增长 2.3%,新兴经济体和发展中国家增长 5.0%。

第二节　2014 年全球贸易发展回顾与展望

一、国际贸易小幅增长,持续低迷

2014 年世界贸易小幅度上涨,增长 2.8%,标志着连续三年贸易增长低于 3%的水平。2012 年至 2014 年期间,国际贸易增长率仅仅达到 2.4%的平均水平,是连续三年贸易扩张时期的最低纪录水平。至少在短时期内,贸易增长远远超过整体经济增长的通用模式将不再适用,预计 2015 年和 2016 年贸易增长将会小幅度超过全球 GDP 的增长速度。

一些因素促成了 2014 年及 2015 年初世界贸易和产出的萧条,包括新兴经济体 GDP 增长放缓,发达国家经济复苏不平衡,一些地区地缘政治紧张等。巨大的汇率波动,包括人民币升值,进一步将贸易的现状和前景复杂化。

世界石油价格在 2014 年大幅下跌(7 月 15 日到 12 月 31 日之间下降 47%),其他种类的商品呈现疲弱状态,使出口国家的出口备受打击,同时使得出口国进口需求减少,但同时使进口国家实际收入以及进口需求提高。商品价格持续下跌,表明供给过剩,有效需求不足,或者二者兼而有之。

2014 年世界贸易增长达到 2.8%,这个增长速度是指商品进口和出口的平均增长速度,即调整各国通货膨胀率和汇率差异之后的结果。这一增长速度远低于 WTO 4.7%的增长预期。2.8%的增长速度接近 2013 年 9 月 WTO 预测的 3.1%的增长水平,但低于 2013 年年终预测的 4.7%的增长水平。WTO 经济学家宣布,国际贸易的增长将从 2014 年的 2.8%上升至 2015 年的 3.3%,最终达到 2016 年的 4.0%。因此,国际贸易的扩张远远低于自 1990 年以来 5.1%的平均水平。

二、2014年全球贸易发展状况

(一)货物贸易发展

2014年,由于出口额仅增长了0.7%,世界货物贸易停滞,稳定在18.95万亿美元。这一增长率低于货物贸易进出口的平均水平,反映了进出口商品价格逐年下降的趋势,尤其是初级产品的进出口价格。相比之下,全球商业服务出口增长更为强劲,在2014年增长4%,出口总额跃升至4.85万亿美元。

2014年,货物贸易一个显著的特点是自然资源地区的贸易流动性不足。随着大宗商品价格的降低,南美、独联体、非洲和中东的出口分别下跌6%、5.9%、7.6%和3.9%。南美洲进口急剧下跌,减少4.2%,反映出该地区主要经济体贸易条件的恶化。而独联体国家进口的暴跌(-11.2%)是源于包括石油价格下跌和区域冲突在内的综合因素。

2014年上半年,世界贸易出口量与2013年同期相比仅仅增长了1.9%,2014年下半年的世界贸易出口量比2013年同期出口量增长了3.7%。2014年上半年,发达国家和发展中国家出口水平都比较低,分别小幅增长1.8%和2.1%。下半年,发展中国家出口增速快于发达国家:发达国家出口增速仅为2.5%,而发展中国家出口增速达到5.1%。

由于欧盟的贸易额在世界贸易中占有很大份额,2014年,若包括欧盟内部成员之间的贸易额,其贸易额占到世界贸易额的32%;排除欧盟内部成员间贸易额,欧盟占到世界贸易额的15%。因此,欧盟进口需求疲弱,给世界贸易带来沉重的打击。2014年,由于欧盟外部出口国的需求波动,导致欧盟对外出口与往年持平。与此同时,欧盟进口部门得以恢复,总进口额较2013年增长1.9%。然而,欧盟进口额在2014年第四季度下降0.4%。欧盟经济复苏对世界贸易增长至关重要。

2014年,在区域贸易发展方面,亚洲和北美出口增长最快。南美洲和其他地区,如非洲、中东和独联体的出口增长不明显,这很大程度上是因为对价格不敏感的石油和其他自然资源的大规模交易。

2014年北美和亚洲的进口稳定增长。尽管大宗商品价格下降,其他地区(即非洲、中东和独联体)的进口在下半年出现增长,但是,南美洲的进口在经历了2013年第二季度的峰值之后持续下降。欧洲的进口持续低迷,仅仅恢复到2013年第三季度的水平。2013—2014年主要国家和地区贸易进出口情况见表1.2。

表 1.2　2013—2014 年主要国家和地区贸易进出口情况

单位:亿美元,%

国家或地区	2013 年		2014 年			
	出口增速	进口增速	出口额	出口增速	进口额	进口增速
世界	2	1	18 427	1	18 574	1
北美	2	0	2 495	3	3 297	3
美国	2	0	1 623	3	2 409	3
加拿大	1	0	474	3	475	0
墨西哥	3	3	398	5	412	5
南美洲和中美洲	-2	3	695	-6	742	-4
巴西	0	7	225	-7	239	-5
南美洲和中美洲其他地区	-3	0	470	-5	503	-4
欧洲	4	1	6 736	1	6 717	2
欧盟(28 国)	5	1	6 161	1	6 129	2
德国	3	2	1 511	4	1 217	2
法国	2	1	583	0	679	0
荷兰	2	0	672	0	587	0
英国	14	-5	507	-6	683	4
意大利	3	-2	529	2	472	-2
独联体	-2	0	735	-6	506	-12
俄罗斯	-1	2	497	-5	308	-10
非洲	-6	3	557	-8	647	2
中东地区	0	6	1 293	-4	790	1
亚洲	2	1	5 916	2	5 874	0
中国	8	7	2 343	6	1 960	1
日本	-10	-6	684	-4	822	-1
印度	6	-5	317	1	460	-1
新兴工业化国家	1	0	1 312	1	1 316	1
欧盟对外贸易	7	-3	2 266	-2	2 233	0
最不发达国家	5	8	211	-2	271	8

资料来源:根据 WTO 官方网站资料整理,https://www.wto.org/english/res_e/booksp_e/world_trade_report14_e.pdf.

(二) 服务贸易发展

2014 年,除独联体之外,所有地区服务贸易出口都适度增长,增长幅度介于 1%~6%。独联体服务贸易大幅下跌 8%,其中运输服务减少 3%,旅游服务减少 12%,其他服务减少 5%。服务贸易进口方面,除独联体下降 4%,其他地区都有一定的增长。全球范围来看,2014 年服务贸易最薄弱的环节是制造业中间服务领域,出口下降 3%。其他商业服务业出口,包括金融服务业出口增长了 5%。

发达经济体服务贸易稳中有升,成为全球服务贸易增长的核心动力。2014 年,北美地区服务贸易出口除在第一季度和第四季度没有明显增长,第二和第三季度都增长 1%。其中,美国服务贸易出口在 2014 年前三个季度环比增长率均为正值,第四季度则小幅度下降,出现负值。美国 2014 年 1—4 季度服务贸易出口额同比增长率分别为 3.8%、4.5%、3.45 和 4.4%,绝对值分别为 1 645.5 亿美元、1 688.72 亿美元、1 780.0 亿美元和 1 741.4 亿美元。加拿大服务贸易出口与美国呈现相同的趋势,经过前三季度的增长后,在第四季度出现下降趋势。2014 年,加拿大第一至第四季度服务贸易出口额分别为 197.3 亿美元、217.6 亿美元、233.0 亿美元和 199.3 亿美元。2014 年欧盟服务贸易出口第一至第四季度同比增长率分别为 11.2%、3.1%、0.8%和-7.0%,全年整体服务贸易出口增长 5%。

此外,如表 1.3 所示,2014 年世界服务贸易进口增长 5%,跃升至 47 400 亿美元。发达经济体中,美国服务贸易进口增长 4%,升至 4 540 亿美元;欧盟服务贸易进口增长 5%,升至 19 880 亿美元;日本服务贸易进口大幅增长,增长幅度达到 12%,跃升至 1 900 亿美元。2014 年,对于服务贸易增长,发展中经济体同样做出了不小贡献,其中,随着经济蓬勃发展和经济结构不断完善,中国第三产业在国民经济中的比重逐年增长,贸易结构也不断改善。2014 年服务贸易进口增长 16%,达到 3 820 亿美元。

表 1.3　2013—2014 年主要国家和地区服务贸易增速　　单位:%

国家或地区	服务贸易出口		服务贸易进口	
	2013 年	2014 年	2013 年	2014 年
世界	5	4	6	5
北美	5	3	3	3
美国	5	3	3	4
南美洲和中美洲	2	4	7	1
欧洲	7	5	8	5
欧盟	8	5	8	5

续表

国家或地区	服务贸易出口		服务贸易进口	
	2013 年	2014 年	2013 年	2014 年
独联体	9	-8	15	-4
非洲	-4	3	1	5
中东	2	6	5	9
亚洲	3	5	4	6
日本	1	19	-8	12
中国	-4	8	17	16

资料来源：根据 WTO 官方网站资料整理，https://www.wto.org/english/res_e/statis_e/its2015_e/its2015_e.pdf.

三、全球价值链下的增加值贸易核算

（一）APEC 区域贸易中的增加值贸易核算

亚太经济合作组织（APEC）是亚太地区重要的区域性经济组织。在亚太区域贸易中实施增加值贸易核算方法具有重要意义。为厘清 APEC 各经济体之间的生产、经贸联系以及利得关系，增加值贸易核算能发挥巨大作用。亚太地区已成为全球价值链和供应链联系最为紧密的地区，但是各成员之间的发展差距远未弥合，人力资源、基础设施和机构建设之间的互联互通依然十分薄弱。

2014 年 APEC 会议的主题是共建面向未来的亚太伙伴关系。5 月 18 日，APEC 贸易部长会议通过了《全球价值链中的 APEC 贸易增加值核算战略框架》，提出共同营建有利于全球价值链发展的核算体系和政策环境。全球价值链下的增加值贸易核算这一新的统计体系，不仅能够推动区域经济一体化发展，也能促进经济创新发展、改革与增长，全球价值链还将对国际贸易投资新规则产生深刻影响。

APEC 21 个成员中一半以上是发展中经济体，区域贸易的纵深发展加强了成员的经贸联系。以中国为例，2013 年，中国与 APEC 其他成员之间的贸易额达 2.5 万亿美元，占中国对外贸易总额的 60%。在中国前十大贸易伙伴中，有 8 个是 APEC 成员。根据 UNCTAD-Eora 全球价值链数据库的数据，1990 年发展中经济体增加值贸易的份额为 22%，2000 年提高到 30%，2010 年则猛增到 42%。尽管发展中经济体在全球贸易中创造的增加值比重越来越高，但是其对进口投入品的依赖也有增无减。发展中经济体出口贸易结构的这种特殊构成，也体现出增加值贸易核算在贸易统计中的重要性。

全球价值链下的增加值贸易核算,不仅有助于全面深入研究亚太生产网络,而且也有助于进一步理解"全球制造"对亚太各国贸易竞争力和区域贸易发展的影响。基于这种新核算方法的全球价值链研究,可以更加客观地看待各国在对外贸易中的比较优势和分工地位的变化。当然,该方法还有助于分析全球化发展对中国参与全球和区域贸易,以及经济合作的影响。

(二)全球价值链对 APEC 区域经贸发展的影响

2013 年,APEC 领导人通过了促进全球价值链发展和基于前期互联互通工作的 APEC 地区合作协议。这项协议强调 APEC 各经济体间需要战略性合作,并采取措施营造全球价值链发展与合作的有利环境。在 APEC 成员之间构建有效的全球价值链,也成为不同发展水平 APEC 经济体的重要关切。鉴于当前参与亚太贸易体系成员需求的多样性,APEC 有必要建立一个全面的政策指南以引导和推进相互合作,并促进亚太地区可持续、包容和均衡增长。全面的政策指南将促进 APEC 贸易投资发展进程,也能鼓励成员积极参与全球价值链,以推动亚太区域经济一体化。全球价值链对 APEC 区域经贸发展的影响主要表现在以下几个方面:

第一,能够促进 APEC 中的发展中经济体更好地参与全球生产体系。由于 APEC 成员经济体的多样性,全面经济和技术合作将有助于促进发展中经济体参与全球价值链,也有助于其实现国内经济增长目标。将经济和技术合作进行整合以指明未来发展道路,实施有针对性的能力建设以帮助发展中经济体参与并提升在全球价值链中的地位。例如,可以通过全球价值链伙伴合作、人力资源发展规划以及 APEC 地区的技术扩散加以实现。

第二,有助于中小企业从全球价值链中获益。AEPC 地区的中小企业开展的基础设施、供应链互联互通、技术创新和国际标准的建设,不仅可以提高其自身能力,也能使其更容易融入全球价值链。APEC 应该构建开放、透明的法律法规和投资环境,促进中小企业和跨国企业的融合。还可以通过信息通讯技术提高知识产权保护,或者提供详细信息以帮助中小企业获得贸易和投资相关的资讯,这样也有助于中小企业参与并提升其在全球价值链的地位。

第三,为全球价值链发展改善投资环境。APEC 各经济体应该意识到采用法律法规和投资便利化措施以及改善 APEC 地区投资环境的重要性。APEC 将助力各经济体开展合理的投资战略以便能快捷、公平、公正地进行投资交易。同时,APEC 还能创造和维护透明、健全的监管体系,进而促进投资便利化。

全球价值链和供应链协定以及投资数量的增加,不仅改变了现有的 WTO 规则,也催生了新的多边贸易投资优惠政策。除了对 APEC 区域经贸发展的影响外,全球价值链和供应链也可以从根本上重塑多边贸易体制。

四、2015 年世界贸易形势展望

WTO 发布的贸易预测数据显示出对 2015 年全球贸易的极大信心。这种信心表现在，预测 2015 年全球贸易将增长 5.3%，从而达到过去 20 年的平均增速，这也成为金融危机以来最为乐观的预测（前两年的全球贸易增长率平均仅为 2.2%）。其中，发达经济体和发展中经济体出口将分别增长 4.3%和 6.8%，进口将分别增长 3.9%和 7.1%。从区域看，亚洲的出口增长将快于 2014 年的 7.2%，中南美洲将增长 5.5%，北美洲增长 4.5%，欧洲增长 4.3%；亚洲的进口增长率将达到 7.0%，中南美洲增长 5.2%，北美洲增长 5.1%，欧洲增长 3.4%。

金融危机后出现了经济增速相对缓慢的“新常态”，贸易可能出现同样的局面。基于这样的现实，全球贸易增速很可能会低于或者等于经济增速，2015 年全球贸易增长率估计会在 3.5%~4%之间。

第三节　2014 年全球外商直接投资发展回顾与展望

一、全球投资趋势

2014 年全球外国直接投资（FDI）流入下跌 16%降至 1.23 万亿美元，主要原因是全球经济脆弱、各国对外来投资者政策的不确定性和地缘政治风险的升高，而新投资也被一些大型资产的剥离所抵消。

流入发展中国家的 FDI 增长 2%，跃升至 6 810 亿美元，达到发展中经济体 FDI 流入数额的最高点。发展中经济体因此扩展了它们在全球 FDI 流入领域的领导地位。中国成为世界上外国直接投资的最大接收者。在全球十大外国直接投资接收者中有五个是发展中经济体。

2014 年，流入发达经济体的外国直接投资继续保持在较低的水平。尽管跨境并购复苏，总体上流入发达经济体的外国直接投资仍下降了 28%，降至 4 990 亿美元。流入美国的 FDI 降至 920 亿美元（仅为 2013 年 FDI 流入的 40%），这主要是因为沃达丰对威瑞森的撤资。流入欧洲的 FDI 下跌 11%，降至 2 890 亿美元。在欧洲经济体中，爱尔兰、比利时、法国和西班牙 FDI 的流入量减少，英国、瑞士和芬兰的 FDI 流入量增加。

（一）FDI 流入

全球外国直接投资下降表现出地区性差异。发达国家和转型经济体的 FDI 流入明显降低，流入发展中经济体的 FDI 维持在历史高位水平。

2014 年流入转型经济体的 FDI 下跌 52%，降至 480 亿美元，地区冲突和制

裁阻止新的外国投资者进入。流入俄罗斯的外国直接投资下跌70%,降至210亿美元。

2014年,流入发展中经济体的FDI增加了2%,升至6 810亿美元,达到历史高位。亚洲发展中经济体FDI流入推动了发展中经济体FDI流入的增加,而流入拉丁美洲和加勒比地区的FDI下降,流入非洲的FDI与去年持平。2014年,流入亚洲的外国直接投资增长9%,升至4 650亿美元。东亚、东南亚和南亚的FDI流入有所增长。2014年,由于服务行业外商直接投资的增加,中国的FDI流入量较2013年增长4%,达到1 290亿美元的水平。同时流入中国香港和新加坡的FDI也有所上升。流入印度的FDI出现大幅度增长,较2013年增加了22%,升至340亿美元。然而,流入西亚的FDI却连续第六年出现下降,与2013年相比减少4%,降至430亿美元,这主要是西亚的地缘政治危机所致。

2014年,经过四年的连续增长,拉丁美洲和加勒比海岸地区(不包括加勒比离岸金融中心)的FDI流入量减少14%,降至1 590亿美元。导致这一结果的主要原因是中美洲和加勒比地区的跨国并购下降了72%,较低的商品价格导致对南美洲采掘业的投资减少。尽管流入墨西哥的FDI增加,但是委内瑞拉、玻利瓦尔、阿根廷、哥伦比亚和秘鲁的FDI流入却有所减少。由于高水平跨境并购的销售,流入智利的FDI增加。在巴西,主要部门的外商直接投资大幅度下跌,但是在制造业和服务业中外商直接投资增加,使得2014年巴西的FDI流入与2013年持平。

2014年,流入非洲的FDI维持在相对稳定的水平,达到540亿美元。流入北非的FDI下降了15%,降至120亿美元。而流向撒哈拉沙漠以南地区的FDI增长了5%,达到420亿美元。在撒哈拉沙漠以南的非洲地区,受到埃博拉病毒、地区冲突及大宗商品价格下跌的负面影响,流入西非的FDI下降了10%,达到130亿美元。相比之下,非洲中部和东部地区的外国直接投资流入分别增长了33%和11%,达到120亿美元和70亿美元。

2014年,结构脆弱、易受影响的小型经济体FDI流入呈现分散的趋势。受益于绿地投资项目,流入最不发达经济体的外商直接投资增长了4%,达到230亿美元。内陆发展中国家FDI流入下降3%,降至290亿美元,这一现象主要集中在亚洲和拉丁美洲。由于跨国并购投资增长强劲,小岛屿发展中国家的外国直接投资流入增加了22%,跃升至70亿美元。

总体而言,2014年中国成为世界上最大的外商直接投资流入国,由于沃达丰对威瑞森撤资,美国降至第三大FDI流入国。世界排名前十的外国直接投资流入经济体当中,有五个是发展中经济体。

(二) FDI 流出

2014 年,来自发展中国家和转型经济体的跨国公司投资持续增长,亚洲成为世界上最大的投资区域。2014 年,仅发展中经济体跨国公司的海外投资就达到 4 680 亿美元,比 2013 年增长 23%,在全球外国直接投资中所占份额从 2007 年的 13%上升至 2014 年创纪录的 35%。发展中国家跨国公司通过绿地投资和跨国并购投资扩大海外业务。发展中经济体跨国公司一半以上的 FDI 流出都是以股本的形式,而发达经济体 FDI 流出持续依赖于再投资收益。再投资收益在发达经济体跨国公司的 FDI 流出中所占份额已经达到创纪录的 81%的水平。股权融资比投资收益更有可能形成新的投资,这可能进一步转化为外国子公司的现金储备。在发展中经济体中,来自亚洲的跨国公司扩张海外投资,而拉丁美洲和加勒比海地区、非洲的跨国公司海外投资减少。亚洲发展中国家的跨国企业首次成为世界最大的投资集团,占到全球总投资的三分之一。20 个最大的投资主体当中有 9 个来自发展中国家或者转型经济体,即中国香港、中国、俄罗斯、新加坡、韩国、马来西亚、科威特、智利和中国台湾。

2014 年,位于亚洲发展中国家的跨国企业对外投资增长了 29%,达到 4 320 亿美元。包括所有的亚洲主要国家和次级区域在内,对外投资普遍增长。在东亚地区,在蓬勃发展的跨国并购活动的推动下,来自中国香港跨国企业的投资跃升至 1 430 亿美元的历史高位,使中国香港成为仅次于美国的第二大投资主体。中国跨国企业的海外投资增长要快于流入国内的外国直接投资,达到 1 160 亿美元的新高。对南亚投资的增长主要来自新加坡,2014 年达到 410 亿美元。在南亚地区,随着印度大型跨国企业继续国际扩张,2014 年印度的 FDI 流出增加了五倍,达到 100 亿美元。由于西亚地区最大的海外投资者科威特对外投资减少到 130 亿美元,西亚跨国企业的投资在 2014 年下降了 6%。而土耳其跨国企业的投资几乎翻了一倍,达到 70 亿美元。

2014 年,拉丁美洲和加勒比海地区(不包括离岸金融中心)跨国企业对外投资减少了 18%,降至 230 亿美元。2014 年,墨西哥和哥伦比亚跨国企业对外投资几乎下降了一半,分别降至 50 亿美元和 40 亿美元。相比之下,受到公司内部贷款强劲增长的提振作用,智利跨国企业投资增长 71%,达到 130 亿美元。巴西跨国企业继续接受贷款偿还或从国外子公司借款,导致连续第四年 FDI 流出出现负值。

2014 年,非洲跨国企业的对外投资下降了 18%,降至 130 亿美元。南非的跨国企业主要投资于电信、矿业和零售产业,而尼日利亚的投资主要集中于金融服务行业。2014 年,非洲的这两大投资者增加其海外投资。2014 年非洲内部的投资也呈现显著的增长态势。

2014 年，转型经济体跨国企业海外投资下降了 31%，降至 630 亿美元。受制于国际金融市场的制约，较低的商品价格以及卢布的贬值，俄罗斯的对外投资大幅度降低。

2014 年，来自发达经济体跨国企业的投资几乎稳定在 8 230 亿美元的水平，但是这一数字是大量新的投资和撤资相互抵消的结果。欧洲的 FDI 流出较为平稳，法国和德国跨国企业的强劲增长与英国和卢森堡负的 FDI 流出相互抵消。德国成为欧洲最大的投资国。沃达丰对威瑞森的撤资严重打击了英国资金的外流，使英国的对外投资下跌了 450 亿美元，降至 600 亿美元。由于公司内部到款金额的变化，卢森堡 FDI 流出大幅度下降，下跌幅度为 350 亿美元到 400 亿美元。在北美，由于加拿大跨国企业积极进行资产收购，2014 年加拿大 FDI 流出增长了 4%，升至 530 亿美元。美国 FDI 流出增长了 3%，升至 3 370 亿美元。股权投资和股权撤资，以及公司内部贷款的撤回相互抵消，使得 2014 年美国对外有效投资仅仅局限于再投资收益。日本的外国直接投资下降了 16%，结束了日本外国直接投资连续三年扩张的局面。虽然日本维持对北美地区稳定的投资，但是却大幅度削减了其在亚洲和欧洲的直接投资。

二、区域投资趋势

2014 年全球外国直接投资从 2013 年的 1.47 万亿美元降至 1.23 万亿美元，但不同国家和地区之间有相当大的差异。2014 年，流入发展中经济体的 FDI 增长 2%，达到 6 810 亿美元的历史高位，占到全球 FDI 的 55.5%（见表 1.4）。在全球 FDI 流入前十的经济体当中，发展中经济体占到一半。但对发展中经济体总体而言，FDI 的增长主要集中在亚洲地区。2014 年，亚洲地区 FDI 增长了 9%，达到 4 650 亿美元，占据发展中经济体 FDI 的最大份额。非洲总体 FDI 流入量为 540 亿美元。然而，2014 年拉丁美洲和加勒比地区 FDI 总体流量在经历连续四年上涨之后，下跌了 14%，降至 1 590 亿美元。流向转型经济体的 FDI 总体上下跌了一半以上，降至 480 亿美元。流入发达经济体的 FDI 总体下跌了 28%，降至 4 990 亿美元。无论是北美还是欧洲，FDI 流入量总体上都出现下降局势。流向欧洲的 FDI 减少 11%，降至 2 890 亿美元，只占到 2007 年峰值的三分之一。流入北美的 FDI 大幅度下跌，减少了 51%，降至 1 460 亿美元。

2014 年，发展中经济体 FDI 流出量增长 23%，跃升至 4 680 亿美元。与之相比，由于其他经济体对发达经济体大规模跨国并购的撤资，发达经济体的净投资没有明显增长。由于以自然资源为主导的跨国企业（主要是来自俄罗斯）减少了对外投资，转型经济体 FDI 流出量减少了 31%，降至 630 亿美元。发展中经济体 FDI 流出量占到全球 FDI 流出总量的三分之一，在 2000 年的基础上提高了十分之一。结构薄弱的经济体 FDI 流量总体增长了 3%，升至 520 亿美元，但其表现参差不齐。最不发达国家（LDCs）和小岛屿发展中国家 FDI 流入增加，分别增长了 4.1% 和 22%；流入内陆发展中国家（LLDCs）的 FDI 减少了 2.8%。

表 1.4 2013—2014 年主要经济体 FDI 流量 单位：10 亿美元，%

地区	FDI 流入量		FDI 流出量	
	2013 年	2014 年	2013 年	2014 年
世界	1 467	1 228	1 306	1 354
发达经济体	697	499	834	823
欧洲	326	289	317	316
北美	301	146	379	390
发展中经济体	671	681	381	468
非洲	54	54	16	13
亚洲	428	465	335	432
东亚和东南亚	348	381	292	383
南亚	36	41	2	11
西亚	45	43	41	38
拉丁美洲和加勒比海地区	186	159	28	23
大洋洲	3	3	1	0
转型经济体	100	48	91	63
结构薄弱经济体	51	52	13	10
最不发达国家	22	23	7	3
内陆发展中国家	30	29	4	6
小岛屿国家	6	7	1	1
地区占世界 FDI 的比例				
发达经济体	47.5	40.6	63.8	60.8
欧洲	22.2	23.5	24.3	23.3
北美	20.5	11.9	29.0	28.8
发展中经济体	45.7	55.5	29.2	34.6
非洲	3.7	4.4	1.2	1.0

续表

地区	FDI 流入量		FDI 流出量	
	2013 年	2014 年	2013 年	2014 年
亚洲	29.2	37.9	25.7	31.9
东亚和东南亚	23.7	31.0	22.4	28.3
南亚	2.4	3.4	0.2	0,8
西亚	3.0	3.5	3.1	2.8
拉丁美洲和加勒比海地区	12.7	13.0	2.2	1.7
大洋洲	0.2	0.2	0.1	0.0
转型经济体	6.8	3.9	7.0	4.7
结构薄弱经济体	3.5	4.3	1.0	0.8
最不发达国家	1.5	1.9	0.6	0.2
内陆发展中国家	2.0	2.4	0.3	0.4
小岛屿国家	0.4	0.6	0.1	0.1

资料来源：根据联合国贸易与发展会议官方网站资料整理，http://unctadstat.unctad.org/wds/TableViewer/tableView.aspx.

三、流入非洲的 FDI 保持稳定

由于流入北非的 FDI 减少，流入撒哈拉以南非洲的 FDI 增加，二者相互抵消，使 2014 年非洲的外国直接投资保持在 540 亿美元的水平。

流向北非外国直接投资减少了 15%，降至 115 亿美元，而流向撒哈拉以南非洲的外国直接投资增长了 5%，升至 424 亿美元。尽管如此，非洲 FDI 流入量占全球 FDI 流入总量的份额却由 2013 年的 3.7%上升至 2014 年的 4.4%。全球经济增长放缓使得经济快速增长的非洲相对更具有吸引力，尤其是对新兴市场的投资者而言；同时，由于商品价格下降，如尼日利亚和赞比亚这样正在逐步弱化的国家将成为影响非洲未来增长前景的关键市场。

在北非，阿尔及利亚、利比亚、苏丹、南苏丹和突尼斯的 FDI 流入量的下降幅度大于埃及和摩洛哥 FDI 流入量的上升幅度。在石油和基础设施建设项目投资的推动下，埃及的 FDI 流入量增长了 14%，达到 48 亿美元。摩洛哥 FDI 流入量增长了 8.6%，达到 36 亿美元。2014 年，由于绿地投资大幅度减少，阿尔及利亚的 FDI 流入量几乎降至 2013 年的一半。利比亚持续的地区动荡使得外国直接投资者对这一地区的发展前景信心不足。

受到埃博拉病毒、地区冲突及大宗商品价格下降的负面影响，西非的 FDI 流入量减少 10%，降至 128 亿美元。在那些受到埃博拉病毒影响的地区，一些企业要么关闭，要么暂停扩张。例如，非洲的中资矿产企业关闭其旗舰矿产公司；在利比里亚的阿赛洛·米塔尔，随着员工撤离利比里亚，承包商暂停了铁矿的扩建工程。尼日利亚由于不再过度依赖石油部门进而转向非石油部门，FDI 流入量减少了 16%。

东非 FDI 流入量增长 11%，达到 68 亿美元。尽管对坦桑尼亚未来发展存在政治方面的争论，但是坦桑尼亚具有巨大潜力的天然气资源吸引了大量的 FDI。凭借低廉的工资和廉价的劳动力，埃塞俄比亚不断扩张的纺织行业吸引了大量的 FDI。

2014 年，中非 FDI 流入较 2013 年增长了 33%，达到 121 亿美元。尽管大宗商品价格不断下跌，但是随着外国投资者对炼油厂的持续投资，刚果共和国的 FDI 流入几乎翻了一番，达到 55 亿美元。尽管商品价格不断下降，刚果民主共和国仍吸引有价值的外资流入。

非洲南部地区 FDI 流入下降 2%，降至 108 亿美元。尽管石油和天然气行业的跨国并购显著扩张，莫桑比克 FDI 流入量却降低了 21%，降至 49 亿美元。作为非洲南部最大的国家，南非 2014 年 FDI 流入量较 2013 年减少 31%，降至 57 亿美元。

四、发展中的亚洲依然是首选的投资目的地

2014 年，发展中的亚洲 FDI 流入总量为 4 650 亿美元，占到全球总量的 37.9%，仍是全球外资流入量最多的区域。

2014 年，尽管东亚和东南亚的经济增长放缓，流入该地区的 FDI 仍然保持弹性。两地区合并流入的 FDI 增长了 10%，跃升至 3 810 亿美元的历史高位，东亚和东南亚依然是世界上 FDI 流入量最大的地区。东亚和东南亚两地区 FDI 流入量均有所增长：东亚地区 FDI 流入量增长了 12%，跃升至 2 480 亿美元；东南亚地区 FDI 流入量增长了 5%，跃升至 1 330 亿美元。随着跨国企业投资的大量增加，基础设施的连通性增强，它们的贡献可以通过纳米电子机械系统显著地表现出来。中国超过美国成为世界上最大的 FDI 流入国。2014 年中国 FDI 流入量达到 1 290 亿美元，同比增长约 4%。这很大程度上是由于服务业 FDI 流入增加，特别是在零售行业、运输行业和金融行业；制造业 FDI 流入量减少，特别是在对劳动力成本上升敏感的行业。2011 年，中国服务行业 FDI 流入第一次超过制造业。2014 年，中国服务行业 FDI 流入份额攀升至 55%，制造业则下降至 33%。在主要的投资国中，韩国对中国的投资增长约 30%，欧盟对中国的投资也有小幅度上升，来自日本和美国的 FDI 分别下降了 39% 和 21%。

2014 年,南亚 FDI 流入量升至 410 亿美元。南亚地区 FDI 流入主要来自中国。该区域吸引 FDI 最多的国家是印度。2014 年,印度 FDI 流入量增长了 22%,跃升至 340 亿美元。已经宣布的跨区域绿地投资和跨国并购均有所增加:绿地投资价值增长了 48%,跃升至 390 亿美元,跨国并购价值增长 25%升至 60 亿美元。该区域,制造业 FDI 有所增长,比如汽车行业。最近推出"印度制造"计划中,该国政府已经将汽车制造行业确定为一个关键性行业,印度未来很有可能成为汽车行业的领先者。

2014 年,西亚 FDI 流入量连续第六年出现下降趋势,FDI 流入量同比减少 4%,降至 430 亿美元。土耳其仍然是该地区最大的 FDI 流入国。2014 年,土耳其 FDI 流入较 2013 年减少 2%,降至 120 亿美元。西亚地区 FDI 连续下降在很大程度上源于全球经济危机,随后席卷整个地区的政治动荡使得这一形势恶化。这不仅仅阻碍了西亚国家(如伊拉克、阿拉伯、叙利亚和也门)FDI 流入,也对周边国家和地区造成严重的负面影响。

五、拉丁美洲和加勒比区域 FDI 出现下降的局势

2014 年,经过连续四年的增长之后,拉丁美洲和加勒比地区(不包括加勒比海的离岸金融中心)FDI 流入量同比减少了 14%,降至 1 590 亿美元,这主要是由于中美洲和加勒比海地区的跨国并购大幅度减少(同比减少了 72%)。同时这一下降趋势还受到大宗商品价格下降引致对南部地区投资减少的影响。FDI 流入量在拉丁美洲和加勒比地区都减少,但在中美洲和加勒比地区减少更明显,同比减少 36%,降至 390 亿美元。受墨西哥跨境特大交易影响,中美洲和加勒比地区 FDI 流入量在 2013 年达到峰值。2014 年,南美洲连续第二年出现 FDI 流入量降低的趋势,下跌 4%,降至 1 210 亿美元。除智利外,所有主要国家都出现负的 FDI 流入量。

巴西仍然是该地区主要 FDI 吸引国,尽管跨国并购销售有显著增长(增长了 42%,升至 140 亿美元),巴西 FDI 流入量仍然减少了 2%,降至 620 亿美元。FDI 流入量下降主要是由于主要部门 FDI 流入减少所引起(减少 58%降至 70 亿美元),而流入制造业和服务行业的 FDI 分别增长了 5%和 18%,升至 220 亿美元和 330 亿美元。流入汽车制造业行业的 FDI 绝对值增长 14 亿美元,总额达到 40 亿美元。汽车制造业(40 亿美元)、商务服务业(68 亿美元)、电信行业(42 亿美元)和石油天然气行业(41 亿美元)构成四个最大的 FDI 流入部门。

2014 年,拉丁美洲和加勒比地区(不包括离岸金融中心)的 FDI 流出量减少了 18%,降至 230 亿美元。主要是因为公司内部贷款频繁发生以及离岸金融中心的重大投资所致。

六、流入转型经济体的 FDI 下降，前景不明朗

2014 年，东南欧转型经济体 FDI 流入量与 2013 年相比下跌一半以上，降至 480 亿美元。在独联体国家（CIS），由于地区性冲突，国际油价下跌以及国际制裁，冲击了外国投资者对当地经济发展的信心。在东南欧，FDI 流量保持平稳，达到 47 亿美元。

2014 年，在已经宣布的绿地投资项目中，发展中国家和转型经济体成为该地区最大的投资者。而发达国家的跨国企业持续撤资，随后将资产出售给国内或者国外的投资者。

2014 年，转型经济体 FDI 流出量减少了 31%，降至 630 亿美元。以自然资源为基础的跨国企业（主要来自俄罗斯）为应对国际金融市场的限制，商品价格下跌以及卢布的贬值，减少了在海外的投资。俄罗斯 FDI 流出量的 60%进入了塞浦路斯、瑞士、荷兰和百慕大群岛。

10 年来，转型经济体一直是引进直接投资和对外直接投资增长最快的区域。在 FDI 迅速增长时期，欧盟国家作为投资方和引资方，一直是转型经济体最重要的伙伴。在该区域引进的 FDI 流入量中，欧盟 FDI 占总量的三分之一以上。欧盟在独联体的投资大部分进入自然资源、消费部门和其他一些自由化或私有化产业。欧盟在东南欧的投资也受到私有化的推动，推动投资的因素还包括这些国家成本低，而且有可能成为欧盟的准成员或成员。同样，欧盟也接受转型期经济体（主要是俄罗斯）大部分对外直接投资。投资者在欧盟市场寻找战略性资产，包括能源产业的下游活动和制造业的附加值生产活动。

七、流入发达国家的直接外资减少

2014 年，流入发达经济体的 FDI 减少了 28%，降至 4 990 亿美元，是 2004 年以来的最低水平。在 39 个发达经济体中，24 个发达经济体 FDI 流入量下降。发达经济体 FDI 流出量维持在 8 230 亿美元。在各经济体之间，FDI 流出量逐年波动，主要是因为跨国企业的积极并购，收购以及资产处置的行为。

2014 年，欧洲 FDI 流入量与 2013 年相比减少了 11%，降至 2 890 亿美元，占到世界总量的 24%。18 个欧洲经济体的 FDI 流入量减少，包括 2013 年主要的 FDI 流入国，如比利时、法国和爱尔兰。相比之下，2013 年 FDI 流入为负值的欧洲经济体在 2014 年涨幅最大，如芬兰和瑞士。英国是欧洲最大的 FDI 流入国。2014 年，英国 FDI 流入量跃升至 720 亿美元。由于一个特殊的并购撤资，北美 FDI 流入量几乎减少了一半，降至 1 460 亿美元。全球 FDI 流入总额中，北美洲所占份额较 2013 年下降 12%。由于一个大的撤资行为（沃达丰-威瑞森），美国

FDI 流入量减少至 924 亿美元。在亚太地区,流入澳大利亚和日本的 FDI 收缩,流入新西兰的外国直接投资有所反弹。

2014 年,欧洲国家 FDI 流出量几乎维持在 3 160 亿美元的不变水平,占全球总量的 23%。德国 FDI 流出量几乎增加到 2013 年的两倍,成为 2014 年欧洲地区最大的直接投资国。法国也增加了 FDI,FDI 流出量增至 430 亿美元。相比之下,欧洲国家内部的对外投资暴跌。荷兰作为 2013 年欧洲最大的投资国,2014 年对外投资减少了 28%。卢森堡作为 2013 年欧洲第二大投资主体,2014 年 FDI 流出量降至 600 亿美元。加拿大和美国都适度增加了对外投资。日本结束连续三年的对外扩张,2014 年 FDI 流出量减少 16%。

八、世界投资形势展望

宏观经济因素和企业层面的因素对全球 FDI 流动产生重要影响。2015 年和 2016 年,全球经济与总体固定资产投资增长速度预计将超过 2014 年。但由于经济和政治风险的存在,包括欧元区持续的不确定性、地缘政治的紧张局势以及新兴经济体经济形势的不确定性,FDI 增长趋势仍充满未知。

根据 UNCTAD 的预计,2015 年全球 FDI 将增长 11 个百分点。其中发达国家 FDI 将大幅度增加,有可能增长 20%。未来两年,发展中经济体的 FDI 流入量将继续维持在较高的水平,预计增长 3%以上,发展中经济体仍将是 FDI 的主要流入国。由于经济持续衰退,经济制裁和国际油价下跌等一系列原因,2015 年流入转型经济体的外国投资将会进一步减少。

第四节　WTO 成立以来世界经济贸易发展回顾

1995 年,WTO 正式宣告成立,为多边贸易体系揭开了新篇章。到 2015 年,WTO 已经走过了整整 20 年,在此之际,WTO 总干事罗伯托·阿泽维多说,“20 年前,也就是 1995 年 1 月 1 日,WTO 正式成立。自那以后,这个组织及其框架下的透明性原则、多边贸易原则为全球经济的稳定和发展做出了巨大的贡献,这些年来 WTO 促进了贸易的增长、解决了一系列的贸易争端、支持了发展中国家融入全球贸易体系。”

一、WTO 成立以来世界经济贸易发展所呈现的新特点

(一) 国际贸易结构进一步深化,工业制成品贸易、服务贸易和技术贸易地位加强

国际贸易结构的深化以发展中国家产业升级为依托,其变化趋势主要体现

在两个方面:一是工业制成品贸易比重不断增加,而农产品和初级产品贸易的比重不断下降。根据 WTO 数据,二战前工业制成品贸易占全球贸易的比重只有40%左右,1990 年这一比重达到 70%,1995 年后保持在 80%以上。随着科学技术的不断发展,贸易产品由劳动密集型向知识、技术密集型转变。高技术产品在制成品贸易中的地位大大提高,尤其以信息通讯技术产品出口增长最快。与此同时,跨国公司利用发展中国家廉价的人力成本将以信息技术为代表的高新技术产业向发展中国家外包,使得发展中国家技术密集型产品出口的比重不断上升。二是全球服务贸易迅速发展。全球服务贸易规模从 1995 年的 0.8 万亿美元增加到 2014 年的 9.8 万亿美元,年增长率为 14.9%。在行业结构上,金融、保险、电信、咨询等新兴资本、技术密集型服务业的比重不断上升,传统的交通运输业、旅游业和建筑业等的份额不断下降。

(二) 贸易投资一体化趋势明显,跨国公司成为贸易的中流砥柱

在经济全球化推动下,随着关税等贸易壁垒的减少,生产要素尤其是资本的跨境流动更加自由,跨国公司在全球建立生产和销售网络,推动了贸易投资的一体化,对全球贸易格局产生了深远的影响。跨国公司已成为全球范围内资源配置的核心力量。目前世界上跨国公司有 8 万多家,它们不仅掌握着全球 1/3 的生产和 70%的技术转让,更掌握着全球 2/3 的国际贸易和 90%的外国直接投资。跨国公司的发展对战后发达国家的对外贸易起了极大的推动作用。这些作用表现在,使发达国家的产品能够通过对外直接投资的方式在东道国生产并销售,从而绕过贸易壁垒,提高了竞争力;从原材料、能源角度看,减少了发达国家对发展中国家的依赖;使发达国家的产品较顺利进入,并利用东道国的对外贸易渠道获得商业情报信息。跨国界的投资导致资源配置的全球化,使世界生产在最合理的区位布局下进行。资本流动引导了技术流动、管理流动和市场的重新划分。跨国公司的全球生产布局推动国际贸易结构的变化,国际贸易由产业间贸易向产业内贸易和公司内贸易演化,导致中间品贸易和服务贸易在国际贸易中的比重上升。全球经济的市场化和科技进步为跨国公司全球生产分工的深化创造了有利的条件。为实现利润最大化、提升竞争力,跨国公司将生产服务活动的各个环节进行分解,将其布局于世界上成本最低、效率最高的国家。中间品贸易和服务贸易的快速增长正是产生于这一背景。中国、印度等发展中国家因其廉价的劳动力、巨大的潜在市场和相对较好的基础条件备受跨国公司青睐,中国发展成为世界上的制造业大国,而印度则成为承接跨国公司服务外包的集聚区。发达国家依托其高科技力量、创新能力和强大的消费市场专注于研发、设计、营销、品牌和金融服务等上游和下游高附加价值环节的活动。国际生产环节的分工使各国经济的联系更加紧密,也导致了各国产业结构和贸易结构的重大变化。

（三）全球贸易格局的转变

随着新兴经济体成为贸易扩张中新的一极，以往由发达国家统治的世界贸易体系正在发生改变。中国、印度等新兴经济体在国际贸易中的地位迅速上升，成为国际经贸体系和WTO的重要成员。发展中国家通过参与全球化实现了真正的经济发展。2000—2008年间，中国、印度、巴西和俄罗斯商品出口年均增长率分别达到24%，20%，17%和21%，远远超过世界12%的增长率水平。金融危机发生后，中国等新兴经济体国际贸易虽然受到较大影响，但其增长态势并未改变，与发达国家的表现形成了鲜明对比。新兴经济体的发展动摇了发达国家在国际贸易体系中的主导地位，出现了经济体系"多极化"的局势。自1990年以来，南南贸易（发展中国家之间的贸易）在全球所占的比重从1990年的8%增长到了2014年的25%。亚洲与北美以及亚洲与欧洲之间的贸易通道的繁忙程度现在已经超过了旧有的跨大西洋贸易通道，与此同时，非洲和亚洲以及非洲和拉丁美洲之间的贸易通道也变得越来越重要。

（四）全球价值链的兴起

随着运输和物流成本的下降、信息技术的提升以及各种贸易壁垒和非贸易壁垒的消除，实现"碎片化生产"变得更加容易。产品的整个生产过程不仅可以在一个国家内部的多个地点完成，而且可以由具有比较优势（如中国的低劳动力成本优势）的各国分工完成，国际分工逐渐由以产业间分工为主向以产业内分工转变。目前全球80%的贸易通过跨国流动方式进行，生产过程的不同阶段或任务都在具有成本比较优势的地方完成。同时，发展中国家越来越多地融入全球性生产网络中，而且南南全球价值链合作变得越来越重要。尽管以南北形式为基础的全球价值链的贸易形式依然稳固，但发展中国家之间的中间品贸易占贸易总量的比重从1988年的6%左右上升到2013年的25%。1995—2008年，全球价值链分工地位提升最快的几个经济体分别是韩国、中国台湾、菲律宾、印度和中国大陆。发展中国家通过服务出口的方式参与全球价值链的比重正在上升。全球价值链为许多国家提供了更好的中间品生产或工艺，而不是完整产品生产加入到全球贸易的可能。

（五）全球经常项目不平衡不断扩大

20世纪90年代以来，发达国家经常项目总体出现赤字，而发展中国家总体上出现盈余，中国巨额的贸易顺差与美国的巨额逆差形成鲜明对照，美国为保护国内产业发展，以纠正贸易失衡为由迫使人民币升值。无论是在中国国内还是在国外，主张通过人民币升值改变中国这一格局的呼声很高。2003年6月和7月美国财政部长和美联储主席分别发表谈话，希望人民币选择更具弹性的汇率制度。2011 年 10 月 3 日，美国国会参议院不顾中国的利益和国际生产分工的现实，程序性地通过了《2011 年货币汇率监督改革法案》立项预案，以所谓"货币失衡"为借口，对人民币汇率制度改革施加压力。事实上，由于现有贸易统计模式的缺陷，贸易顺差完全不能代表贸易利益，中国人民币汇率也并非完全缺乏弹性。WTO 前总干事拉米在《2009 年世界贸易报告》前言中说道：目前全球贸易失衡的统计并不能反映在国际生产分工中各国的分配利益，对全球分工中各国形成的增加值进行统计才能反映真实的状况。人民币的过快升值不仅不能迅速解决美国的贸易逆差问题，更可能会对中国经济和世界生产带来巨大的负面冲击，使脆弱的世界经济雪上加霜。以汇率制度挑起贸易保护主义的行为是未来全球贸易治理中存在的最大隐患。

二、WTO 成立以来所取得的成就

（一）落实乌拉圭回合协议和新协议与谈判，先后召开九届部长级会议

WTO 成立以来，为全面落实乌拉圭回合谈判达成的协议，通过各种方式督促各成员对于乌拉圭回合协议的实施。WTO 在农产品、服务贸易两个关键领域进行谈判，通过谈判已达成 4 个重要协议：1995 年 7 月 21 日达成《自然人流动服务协议》；1997 年 4 月 15 日 69 个成员达成《基础电信协议》，于 1998 年 2 月 15 日生效；1997 年 3 月 26 日达成《信息技术协议》，43 个成员承诺从 1997 年 7 月 1 日开始，分 4 个阶段到 2000 年 1 月 1 日之前取消全部关税；1997 年 12 月 12 日，70 个成员达成一项《金融服务协议》，统一开放各自的金融服务业，包括 95% 以上的关于银行、保险、证券和金融信息等方面的贸易，该协议于 1999 年 3 月 1 日生效。

WTO 在 1995 年成立至今，共举行 10 届部长级会议（见表 1.5），其中第四届部长级会议成功发动 WTO 主持下的新一轮多边贸易谈判——多哈回合谈判。该届大会通过《多哈部长宣言》，包括了与执行有关的问题、贸易与投资的关系、贸易与竞争政策的互动、政府采购的透明度、贸易便利化、WTO 规则、争端解决谅解、贸易与环境、电子商务、小型经济体、贸易与债务及金融、贸易和技术转让、技术合作与能力建设、最不发达国家、特殊措施和区别对待等一系列议题。第九届部长级会议通过《巴厘部长宣言》，达成《巴厘一揽子协定》，主要包括贸易便利化、农业和发展，其中最引人注目的是贸易便利化条款，是 WTO 成立以来首次谈判的议题，涉及简化海关及口岸通关程序等，旨在简化进出口贸易流程，以降低贸易成本。

表 1.5 WTO 各届部长级会议

	召开时间	地点	议题	代表性成果
第一届	1996.12.9	新加坡	WTO 成立以来的工作及乌拉圭回合协议的执行成果	《新加坡部长宣言》《信息技术协议》
第二届	1998.5.18	瑞士	已达成的贸易协议的执行情况、既定日程和未来谈判日程	《日内瓦部长宣言》
第三届	1999.11.30	美国	启动“千年回合”	失败告终
第四届	2001.11.9	卡塔尔	启动新一轮全球多边贸易谈判，批准中国加入 WTO	《多哈部长宣言》《TRIPs 协定与公共健康宣言》
第五届	2003.9.10	墨西哥	对 WTO 新一轮谈判进行中期评估	《坎昆部长宣言》
第六届	2005.12.13	中国香港	推动多哈回合谈判	《香港部长宣言》
第七届	2009.11.30	瑞士	重点审议 WTO 的工作	
第八届	2011.12.15	瑞士	多边贸易体系和 WTO 的重要性、贸易与发展、多哈发展议程	
第九届	2013.12.3	印度尼西亚	贸易便利化、农业和发展	《巴厘部长宣言》
第十届	2015.12.15	肯尼亚	农业、棉花以及与最不发达国家有关的六项部长级宣言	《内罗毕部长宣言》

资料来源：根据 WTO 官方网站资料整理，https://www.wto.org/english/thewto_e/minist_e/minist_e.htm.

（二）参与度史无前例，管辖领域不断扩张

由于 WTO 在世界经济贸易发展中的地位日益重要，吸引力不断加强，成员数目不断增加。WTO 正式成员已从 1995 年成立时的 113 个增加到 2014 年的 160 个，此外还有 23 个观察员。2001 年 12 月 11 日，中国作为世界重要的经济体成为 WTO 第 143 个正式成员。2004 年，尼泊尔和柬埔寨分别成为 WTO 第 147 个正式成员和第 148 个正式成员，是 WTO 成立以来首批成为正式成员的最不发达国家，使得多边贸易体制更具有完整性和代表性。WTO 长期目标是吸纳世界上每个国家，加快经济全球化和贸易自由化的进程，充分显示多边贸易体制的重要性和巨大吸引力。除扩展地理覆盖范围外，WTO 也成功扩张了管辖领

域，在三个部门达成了单独的协议，分别为《信息技术协议》(1996)、《基础电信协议》(1997)、《金融服务协议》(1997)，这三个协议的共同点是不强制所有 WTO 成员都必须参与，但是对其他成员特别是新加入成员有强烈的示范作用。

（三）争端解决机制：保障规则的执行

争端解决机制的革新被认为是 WTO 优于 GATT 的重要标志，被称为“皇冠上的明珠”。GATT 时期也存在争端解决，但是没有固定的时间表。WTO 框架下的争端解决机制适用范围极其广泛，设置了统一的争端管理机构，将准司法程序与非准司法程序相结合，设计了一套采用“磋商—专家组程序—上诉机构程序”等基本程序，同时包含斡旋、调解和调停等程序的争端解决机制，并对争端解决的各个环节规定了明确的时限，以督促争端解决的及时性。根据 WTO 统计，GATT 时代(1948—1994 年)启动争端解决机制程序的争议共 432 起，其中在 1989 年 4 月《关税与贸易总协定争端解决处理的规定及手续的改善》出台前共发生争议 310 起，1989 年到 1994 年共发生 122 起。专家组做出裁决的共有 150 起，其中 1948 到 1988 年为 105 起，占总争议的 33.9%，1989 年到 1994 年专家组做出的裁决为 45 起，占总争议数的 36.9%。1995 年 1 月 1 日至 2014 年 12 月 31 日，争端解决机构共受理了 482 起争端，专家组做出裁决的有 146 起，占总争议数的 30.3%，涉及至少 1 000 亿美元的贸易流量。

（四）进行多项贸易政策审议，使 WTO 成员贸易制度具有更高程度的透明性和预见性

贸易政策审议主要是对各成员全部贸易政策和做法及其对多边贸易体制运行的影响进行定期的集体审议和评估，目的在于促进所有成员更好地遵守根据多边贸易协议及适用的诸边贸易协议所指定的规则、纪律和承诺。通过定期审议各国贸易政策和措施，可以确保成员国内贸易政策与 WTO 的规定相一致，从而促进乌拉圭回合协议所规定的义务得到全面而迅速的执行。从乌拉圭回合中期谈判决定建立贸易政策审议机制之后，众多成员已经接受过审议。从 1995 年 1 月 1 日到 2014 年 12 月 31 日，WTO 贸易政策审议机构(TPRB)已经完成了 306 次贸易政策审议。

（五）全面展开与其他国际政府间组织的合作

1995 年 WTO 取代 GATT，从体制和法律意义上成为一个真正的国际经济组织。到目前为止，有 140 个国际组织在 WTO 中有观察员地位，包括联合国(UN)、国际货币基金组织(IMF)、世界银行(WB)、经济合作与发展组织(OECD)等。1995 年 12 月联合国与 WTO 签订了《与其他国际组织有效合作的安排：WTO 与 UN 的关系》。1996 年 12 月 IMF 与 WTO 签订了《IMF 与 WTO 合作协议》，协议规定，在制定全球经济政策时，为求得最大协调，WTO 必须与 IMF

在货币储备、国际收支、外汇安排等方面进行全面的协调;WTO 中涉及 IMF 管辖范围的汇率事宜,必须与 IMF 协商;IMF 所提供的管辖范围事宜,应当载入 WTO 议事录。1997 年初,世界银行与 WTO 签订了《WB 与 WTO 合作协议》,协议规定:促进 WTO 与 WB 和 IMF 之间的合作,使其在全球经济政策的制定上更趋协调;共享彼此的经济、社会数据,包括全球债务表,货物、服务市场准入承诺和减让表等;承担联合研究和技术合作,交换各自的报告及其他文件。

(六) 货物贸易与服务贸易的增加

根据八轮多边贸易谈判结果进行的关税壁垒削减,为世界货物贸易的发展奠定了坚实基础。1948 年 GATT 生效时,世界货物贸易出口总额为 585 亿美元,世界货物贸易进口总额为 622.5 亿美元,到 1995 年 WTO 成立时,世界货物贸易出口总额为 51 616.3 亿美元,世界货物贸易进口总额为 52 791 .7 亿美元;WTO 第一个 10 年,即 2004 年,世界货物出口总额达到 91 235.2 亿美元,进口总额达到 94 582.7 亿美元;WTO 第二个 10 年,即 2014 年,世界货物贸易出口额为 18.5 万亿美元,进口总额为 19.0 万亿美元。《服务贸易总协定》(GATS)达成后,服务贸易正式纳入多边贸易体制的管辖范围。随着产品移动、资本移动、人员移动和商业存在等服务贸易壁垒的削减,世界服务贸易也迅速发展。1995 年 WTO 成立时,世界服务贸易出口总额为 4 122.9 亿美元,世界服务贸易进口总额为 4 159.6 亿美元;WTO 第一个 10 年,即 2004 年,世界服务贸易出口总额达到 9 097.3 亿美元,进口总额达到 7 628.0 亿美元;WTO 第二个 10 年,即 2014 年,世界服务出口总额为 1.73 万亿美元,进口总额为 1.68 万亿美元。

三、目前存在的问题

(一) WTO 管辖范围过于宽泛

WTO 成立 20 年来,谈判议题在不断增多,新议题大多是"贸易有关的问题"或"非贸易问题"。多边贸易谈判的范围扩大到了成员的国内规则、文化偏好、政治经济制度等具有敏感性的国内规则领域,这些规则的谈判要比削减关税复杂得多。据统计,WTO 所管辖的范围已达 30 多个,其中新议题有贸易便利化、竞争政策、技术援助、能力建设、电子商务、贸易与投资、贸易与环境、劳工标准等。随着国际贸易发展出现的新现象,未来还会有越来越多的问题被纳入多边贸易体制的管辖范畴,新出现的议题中有的还涉及各国的主权管辖领域、经济制度问题等,即一个国家的根本制度性问题,涉及发达成员与发展中成员直接利益冲突的事项。确立适当的环境标准以促进可持续发展,确立适当的劳工标准以保障劳动者权益,这对于多边贸易体系的发展是重要的,但是 WTO 并不是适合解决和协调这些问题的国际组织,当各成员政府对于多边贸易体系进行更广泛的全球治理缺乏共识的时候,不断增加的新议题无疑增大了多边贸易体系的谈判风险。

(二) 区域主义盛行对 WTO 构成巨大威胁

尽管 WTO 不断完善其自身的执行机制,但是成员在执行其承诺中不可避免地会从自身的利益考虑,致使一些成员明明知道自己的政策措施违反承诺,违反 WTO 规则,但是仍然坚持己见。现行 WTO 规则又不能从根本上杜绝此类做法,这就削弱了多边贸易体制的权威性。《1994 年关税与贸易总协定》第 24 条对成员在区域贸易协定中的货物贸易安排做了有限的约束,规定区域一体化协议首先不能从总体上提高区域外国家和地区的保护水平;其次,将区域内关税降为零,取消其他限制性贸易法规,除非按其他 GATT 条款是合理的;最后,零关税商品应包括绝大部分贸易产品。这基本上是对区域一体化协议的完善,而不是一种约束。《关于区分与更有利于发展中国家互惠贸易和充分参与的决议》中第 C 款规定,发展中国家和地区依此条款所签的其余贸易协议,依规定应通知 WTO 贸易和发展委员会,经该委员会讨论同意后,送交区域贸易委员会进行审查,并于审查完成后,将审查报告提交贸易和发展委员会进行确认,该授权条款为区域贸易协议的发展提供了依据。同时,随着 WTO 成员数量不断增加,平衡各方利益的难度不断加大,从而使每轮谈判时间拉长,无形中增加了谈判成本。另一方面,由于各成员经济发展水平的差异,且互相之间的依赖度不同,因此成员的自由化要求也不相同,成员会在更小范围内就更广泛的议题达成区域贸易一体化。许多国家之所以不愿意在 WTO 成员内部达成妥协的重要原因,就是开始转向了区域经济合作。截至 2014 年,已向 WTO 通报的新建或扩建的区域贸易协定达到 612 个,有 406 个已经生效,其中 50 %以上都是 1995 年以后签定的。

(三) 贸易救济措施的滥用

贸易救济措施即反倾销、反补贴和保障措施作为应对贸易自由化所带来的不可预计风险的安全阀,其意义和价值是毋庸置疑的。然而,WTO 成立 20 年来的实践表明,贸易救济措施易于使用而使其成了贸易保护主义的借口,且呈现不断被滥用的趋势。根据 WTO 统计,从 1995 年到 2014 年底,WTO 成员共发起 4 627 起反倾销调查,355 起反补贴调查和 295 起保障措施调查。在已做出的专家组报告中,绝大多数对提起贸易救济措施的成员做出了不利的裁决。反倾销调查数量从 1995 年的 157 个一路攀升,最高为 2011 年的 364 起。根据乌拉圭回合谈判的目标,《反倾销协议》《补贴与反补贴措施协议》和《保障措施协议》的初衷应该是规范贸易救济措施,使其避免成为贸易保护工具。但是从实践看,这 3 个协议不仅没有阻止贸易保护的倾向,反而为许多原本没有实施过贸易救济措施的成员提供了经验,使贸易救济措施的滥用从发达国家和地区延伸至更多的发展中国家和地区。

(四)发展中国家和地区成员承诺的执行困难

与以往GATT的削减关税和非关税措施不同,执行WTO框架下的义务不仅是取消坏政策,更是要建立好政策,特别如《与贸易有关的知识产权协定》《技术性贸易壁垒协议》《实施卫生与植物卫生措施协议》《海关估价协议》等。要保护知识产权,需要大量人力、物力和财力,不只是制定相关法律。要实现科学的海关估价,要有一整套监控体系以及海关改革管理流程等。这一切都需要大量资金投入和较高的技术水平,而对于发展中国家和地区尤其是最不发达国家和地区,这笔资金是巨大的、难以承受的,如坦桑尼亚估计要达到《海关估价协议》的要求,需要投入1 000万美元左右。与发达国家和地区在纺织业结构调整上获得了近50年的过渡期相比,发展中国家只有10年的时间去履行《与贸易有关的知识产权协定》的严格要求,而其他协议也只有5年过渡期。因此,WTO不仅需要向这些国家提供技术援助,也需要切实评估执行这些协议的成本与效益。

(五)决策机制和决策程序缺乏透明度

从1959年开始,几乎所有的GATT决策(除有关加入和义务免除问题)均采用"协商一致"的方法,它的决策由所有成员的代表通过"协商一致"的原则作出,每一个成员都有否决权。《马拉喀什关于建立WTO协定》(简称《WTO协定》)第9.1条规定,WTO应继续遵循GATT 1947所采用的协商一致的决策方式。除非另有规定,否则如无法经协商一致做出决定,则争论中的事项应通过投票决定。在部长会议和总理事会会议上,每一成员拥有一个投票权。依据《WTO协定》的定义,所谓协商一致是指,在就提交建议事项做决定的会议上,与会成员只要没有正式提出反对,则应视为以协商一致方式做出决定。表面看,协商一致在一定程度上削弱了大国霸权,有利于发展中国家的加入和参与,是一种民主公正的决策程序。但实质上却是为防止发展中国家利用其成员数量优势结成联盟,从而在决策中与数量居劣势的发达国家抗衡,甚至占据主导。随着乌拉圭和多哈回合中一揽子承诺方式和互惠原则的重新抬头,发展中成员发现自己陷入了协商一致的困境:一方面,各项议程及其谈判结果直接影响自身利益;另一方面,就单个成员而言,由经济实力和国内市场规模所决定的谈判地位、能力和资源,无法与任何一个发达成员抗衡,"协商一致"的结果是众多发展中成员无法联合起来。同时,WTO决策程序对发展中国家的开放度不足,主要体现为两个方面:其一,发展中国家难以参与全部"绿屋会议";其二,发展中国家甚至被排除在某些正式会议之外。此外,也存在决策效率低下的问题。在多哈回合谈判期间,发展中国家在许多关键问题上的观点和立场不能被反映到WTO

的会议文件或宣言中,WTO 秘书处也被指责缺乏中立性和在关键时刻为追求行政效率而牺牲发展中国家的利益。当发达国家不顾发展中国家利益强行推进谈判时,投反对票阻碍协议达成成为发展中国家迫使发达国家让步的唯一路径。由此可见,决策制度的不民主和不透明影响着 WTO 成员的团结,损害了发展中国家的利益,威胁着多边贸易体制的进程。

(六) 非歧视原则的退化

非歧视原则是指在 WTO 管辖领域内,各成员应公平、公正、平等地一视同仁地对待其他成员的包括货物、服务、服务提供者或企业、知识产权所有者或持有者等在内的所有与贸易有关的主体和客体。该原则是 WTO 的首要基本原则,它通过最惠国待遇和国民待遇条款贯穿于 WTO 各项制度之中,任何成员不得对运至本国或者其他成员的区域内的产品或者其他成员的国民提供的服务或与贸易有关的知识产权实施歧视或者差别待遇,使所有成员的国民进行贸易并能够获得由于贸易壁垒的减少而带来的利益。WTO 对发展中国家的吸引力主要是在最惠国待遇方面,但是在多边贸易实践中,发达国家经常采取主要供应国的原则,也就是某个产品的关税减让通常是由主要进口供应国提出的,使得无条件最惠国待遇变成了附加条件的最惠国待遇。此外,在 WTO 中,由于最惠国待遇原则的存在,理论上发展中国家在无需减让关税的条件下就可以从发达国家的关税减让中受益,但是事实上,发展中国家对发达国家降低关税的产品没有任何的竞争优势或者是生产能力。发展中国家一些产品即使有供应能力,并且能够进入发达国家市场获益,但是在扩大市场时会面临一系列的问题。2005 年 1 月 1 日,纺织品贸易配额取消,但是美国以中国纺织品出口增长过快而使中美贸易失衡为由,启动了特别保障程序。同样,欧洲也对中国的纺织品重新实施了配额限制。非歧视原则的退化,增加了多边贸易体系的管理成本,阻碍了国际贸易的发展。

参考文献

[1] IMF. World Economic Outlook:Uneven Growth Short-Term and Long-Term Factors[M].http://www.oecd.org/eco/outlook/economicoutlook.htm.

[2] UNCTAD.World Investment Report 2014[R]. http//www.unctad.org/en/pages/DIAE/Word%20Investment%20Report/WIR-Series.aspx.

[3] US Department of Commerce. GDP and the Economy Third Estimates for the Fourth Quarter of 2014.

[4] WTO.World Trade Report[R]. http://www.wto.org/english/res_e/reser_e/wtr_e.htm.

[5] WTO. WTO Annual Reports [R]. www.wto.org/english/res_e/reser_e/annual_report_e.htm.

[6] WTO. WTO Service Statistics [R]. www.wto.org/english/res_e/statis_e/quarterly_comm_serv_e.htm.

[7] 陈泰锋.多边贸易体制 60 周年:成就和挑战[J].国际商务研究,2008(5).

[8] 国家发展和改革委员会对外经济研究所国际形势跟踪课题组. 2014 年世界经济形式分析与 2015 年展望[J].经济形势分析专题,2014.

[9] 屠新泉,张中宁.跨大西洋贸易与投资伙伴关系协议谈判及中国的战略选择[J].国际贸易,2013(7).

[10] 叶扬,张文.新兴经济体对 WTO 规则的冲击与展望[J]. 西部论坛,2014(5).

[11] 赵丽芳.WTO 20 年:捍卫多边贸易功勋卓著[J].WTO 经济导刊,2015(1).

[12] 周念利.RTAs 框架下的服务贸易自由化分析与评估[J].世界经济研究,2008(6).

第二章 世界贸易组织新发展

第一节 2014 年世界贸易组织工作概述

2014 年,WTO 的工作重点是实施 2013 年年底巴厘岛部长级会议做出的决议,并推动解决多哈回合谈判的剩余问题。经历了年中的挫折,WTO 成员通过在 2014 年年底批准一系列用于粮食安全目的的公共储备、贸易便利化及“后巴厘”工作计划等诸多重要决定,成功促使贸易谈判回到正轨。

落实与最不发达国家相关的巴厘决议的工作进展情况良好,与此同时,为帮助发展中国家和最不发达国家实施新批准的《贸易便利化协定》,WTO 设置了新的基金。

2014 年年初,也门成为 WTO 第 160 位成员,塞舌尔加入 WTO 文件于 2014 年 12 月获批通过,总理事会决定在肯尼亚内罗毕主办第十届部长级会议。

一、贸易谈判

2013 年 12 月在巴厘岛召开的 WTO 第九届部长级会议的成功,为多哈发展议程工作增添了新动力。2014 年 2 月,贸易谈判委员会启动了两项源于巴厘岛的工作任务:达成巴厘“一揽子方案”决议及执行达成的协议;解决多哈发展议程剩余问题工作计划的筹备。

在巴厘岛部长们决定,WTO 成员将《贸易便利化协定》纳入 WTO 法律框架协议的截止日期是 2014 年 7 月 31 日,并在 2014 年年底制定解决多哈发展议程剩余问题的工作计划。随着截止期限的到来,相对于其他巴厘“一揽子方案”领域,一些 WTO 成员对贸易便利化工作进度表示担忧,讨论了基于粮食安全目的的公共储备永久性解决方案。尽管成员们做出大量努力,但最终未能弥合分歧,也未能在 7 月的最后期限内通过协议。

(一)重大突破

经过密集磋商,成员们于 2014 年 11 月 27 日的总理事会特别会议上通过三项决议,分别是:基于粮食安全目的的公共储备决议,将《贸易便利化协定》议定书纳入 WTO 规则的决议,“后巴厘”工作计划决议。

公共储备方面,成员们承诺制定时间表,到 2015 年 12 月找到该问题的永久性解决方案。和平条款将在永久性解决方案确定前一直有效。贸易便利化方面,将《贸易便利化协定》纳入 WTO 协定中的批准进程已开始实行。与此同时,为帮助发展中国家实施新批准的《贸易便利化协定》,贸易便利化协定基金实施生效。巴厘"一揽子方案"方面,成员们同意立即恢复工作,并积极实施所有巴厘岛决议,还同意将"后巴厘"工作方案的截止日期延长至 2015 年 7 月。

2014 年 12 月的总理事会会议上,贸易谈判委员会主席宣布谈判小组恢复活动,并宣布 2015 年将继续推进,并在必要时加强该项工作。

(二) 政府采购协议

2014 年年初,约三分之二的参与者接受修订协议后,WTO 协定中修订后的《政府采购协议》正式生效。修订后的协议,预计将给各方市场准入承诺带来 800 亿至 1 000 亿美元的经济增长。

二、执行与监督

(一) WTO 委员会工作

2014 年,农业委员会审查了各国如何兑现补贴和市场准入的承诺,还负责落实 2013 年巴厘岛部长级会议提出的包括出口竞争(如出口补贴)和关税配额在内的几项任务。

卫生与植物卫生措施委员会围绕食品安全、动植物健康等问题,采用新的调解程序以帮助 WTO 成员解决它们在卫生与植物卫生措施方面具体的差异。成员们提交的 1 633 项新的或变更的食品安全和动植物卫生检疫法规通知,将对国际贸易产生影响。此提交数量比 2013 年增长了 25%。

2014 年,技术性贸易壁垒委员会收到新的"特定贸易问题"数量明显上升,其中关于贴标要求和安全相关规定问题数量为 1995 年以来历年最高,发展中国家在反映问题方面日益活跃。

(二) 最不发达国家

原产地规则委员会通过了巴厘岛部长级会议商定的对最不发达国家实行原产地优惠原则的实施步骤。如果能够实施,最不发达国家的出口将更容易获得优惠的市场准入。

2014 年,服务贸易理事会的工作主要是落实一项有利于最不发达国家的关键性巴厘岛决议——服务豁免,以使 WTO 成员能够给予最不发达国家的服务和服务供应商更优惠的待遇,增强其参与世界服务贸易的能力。

(三) 贸易监督

2014 年,WTO 共进行了 13 次贸易政策审议,检查了 21 个成员的贸易政策及实务。WTO 秘书处的贸易监督报告显示,2014 年新的贸易限制手段持续增加。

三、争端解决

（一）自 1995 年以来最活跃的一年

2014 年是 WTO 自 1995 年成立以来争端解决最活跃的一年，共有 34 个有效的专家组、合规和仲裁进程以及 6 项上诉。2014 年 WTO 争端解决机构收到 14 项磋商请求，新成立 13 个专家组。虽然 2014 年收到的磋商申请数，较 2012 年（27 项）和 2013 年（20 项）少，但已有 40 个争端正在裁决之中。2014 年，上诉机构共收到 7 项上诉，并已出具其中 5 项的报告。

2014 年，在新提出的 14 项磋商请求中，发展中国家占 5 个，发达国家占 9 个。其中，欧盟共提出 5 项磋商申请，其中有 3 项是针对俄罗斯提出的磋商要求，这使欧盟 2014 年成为 WTO 成员中最活跃的一员。

截至 2014 年 12 月 31 日，已发布的 9 份专家小组裁决报告中，已有 5 个提出上诉，5 个等待争端解决机构通过或向上诉机构上诉，仅 1 个未经上诉而获得争端解决机构通过。9 份报告中，有 5 份涉及反补贴、保障措施、反倾销。

备受瞩目的澳大利亚烟草包装争议正在解决进程中。5 位 WTO 成员控诉澳大利亚烟草产品普通包装不符合要求，41 位成员表示愿意作为第三方参与争端解决，这使得该案成为争端解决体制中参与成员数最多、影响最大的案件。

争端解决活动的热潮给三大争端解决机构（法律事务部、规则部和上诉机构秘书处）和翻译服务带来持续挑战。对此，总干事重新分配 WTO 秘书处的内部资源，增设了 15 个职位。

（二）新任上诉机构成员

2014 年 9 月，毛里求斯的西瑞 · 巴布 · 柴科顿 · 瑟凡辛（Shree Baboo Chekitan Servansing）被任命为第七位上诉机构成员，任期四年。

四、贸易能力建设

（一）实施巴厘岛决议

2014 年，贸易与发展委员会执行了巴厘第九届部长级会议的多项决议，按照 2013 年年底在巴厘岛所商定的，举办了关于发展中国家特殊与差别待遇监督机制的第一次会议，该机制中既有关于增加贸易机会的条款，又有给予更长过渡期以执行 WTO 协议，提供技术援助的规定。正如部长们在巴厘岛所商定的，委员会将继续对 WTO 成员向最不发达国家提供免税、免配额的市场准入所采取的措施进行年度审查。

2014年7月，最不发达国家提交了一份关于服务业和对其有利的出口模式的集体请求。服务贸易理事会于2015年2月召开一次会议，超过25位成员表示，他们将给予最不发达国家服务业和提供模式优惠待遇。

2014年11月，贸易便利化协定基金开始生效，以帮助发展中国家和最不发达国家实施新批准的《贸易便利化协定》。

（二）最不发达国家的全球贸易增长

WTO秘书处关于最不发达国家贸易和市场准入全球趋势的年度报告表明，2013年最不发达国家货物和服务出口回升了6.0%，超过世界平均水平的两倍。然而，最不发达国家在全球贸易中仍处于边缘地带，贸易量仅占1.23%，其所有商业服务出口仅占全球的0.7%，仍然处于很低的水平。

（三）贸易援助

2014年，针对最贫穷国家的贸易计划“增强一体化计划”（EIF）继续发展，参与“增强一体化计划”的国家中活动项目数量有所上升。“增强一体化计划”指导委员会同意，将在2015年第一阶段结束后，将该计划延伸至第二阶段（2016—2022年）。

（四）培训计划

2014年，WTO增加了培训计划，承接324次政府官员技术援助活动，相比2013的279次有所增加。这些培训活动几乎涵盖所有WTO相关学科，从一般的课程到农业、知识产权这样的专业课题。近一半最不发达国家从技术援助活动中获益。2014年，参加者人数持续上升，已超过15 000人。

五、对外合作

2014年，WTO与非政府组织、议会、其他国际组织、记者和公众保持着经常性对话，以增强其公开性和透明度。

（一）公众论坛

2014年WTO最重要的对外合作活动是举办公共论坛，吸引了来自120多个国家的1 064名参与者（较2013年增长16%）讨论“为什么贸易对所有人来说都至关重要”。

2014年，WTO在泰国曼谷和肯尼亚内罗毕组织了两次区域性活动。众多记者和企业代表也参加了这些活动。

（二）深入受众

2014年，国际贸易欧洲议会委员会与WTO总干事阿泽维多会晤，商谈“后巴厘”议程。WTO秘书处在科威特为非洲阿拉伯国家的国会议员组织一次区域研讨会和在巴拿马同时又为拉丁美洲的国会议员组织一次区域研讨会。

2014年,WTO继续与各种政府间组织合作。WTO总干事阿泽维多参加联合国行政首长协调理事会春季会议,会议汇集各联合国机构、IMF和世界银行首脑。在与联合国秘书长潘基文及其他联合国会议官员的会晤中,WTO总干事阿泽维多强调贸易在可持续增长中发挥的积极作用,还强调这一点需要在讨论国际可持续发展目标时得到体现。

2014年,WTO与联合国贸易和发展会议发布了两份关于G20贸易与投资发展的报告。2014年11月的报告敦促G20采取果断行动,减少其贸易限制,实行新限定时保持自制。11月,WTO总干事阿泽维多出席在澳大利亚布里斯班举行的G20峰会。

2014年,WTO共举办38次简报会和4次新闻发布会。WTO为讲西班牙语的记者组织一次研讨会,还为来自俄罗斯、哈萨克斯坦和乌克兰的记者在WTO总部组织一次区域研讨会。

WTO继续与工商界建立关系。近150名企业代表出席公众论坛,企业共举办15次会议。WTO区域研讨会中私营经济参与程度有所增加。

2014年5月,WTO发布第二阶段的教席计划,并举办七场新教席活动以支持和促进发展中国家大学和研究机构举办与贸易相关的学术活动。

第二节　2014年世界贸易组织发展状况

一、加入WTO

2014年6月26日,也门成为WTO第160位成员,结束与WTO成员13年之久的加入WTO条款谈判历程。2014年12月10日,总理事会通过塞舌尔加入WTO的议定书,为其2015年4月成为WTO新成员铺平了道路。这使得WTO在实现成员普遍性的目标上又迈进了一步。

(一)加入WTO的背景信息

WTO对所有国家或在对外商务关系上拥有完全自主权的独立关税区开放。为加入WTO,该国或该独立关税区政府必须使其经济和贸易政策与WTO规则和原则保持一致,并就其货物和服务进入它们国内市场有保证的最低准入条件与有兴趣的个体贸易伙伴进行谈判。成为WTO成员可能要花费多年时间,因为它要求现有成员的全面支持和一致同意。这种加入程序的设计是为保证新成员从一开始就能够全面参与多边贸易体系。

(二)加强技术援助

2014年,WTO加强了技术援助,加入国政府应邀参加了超过120个技术援助活动,2013 年此类活动仅 100 项。

WTO 秘书处继续实施中国的最不发达国家加入 WTO 计划(也被称为“中国计划”)。该计划旨在帮助最不发达国家加入 WTO 和加强最不发达国家成员在 WTO 中的参与。作为“中国计划”的一部分,5 名来自中国、哈萨克斯坦、利比里亚、尼日利亚和乌干达的实习生被选中参加在 WTO 秘书处的实习计划。

国际贸易中心和 WTO 秘书处继续推进其联合项目,支持申请加入 WTO 的发展中国家和最不发达国家的私营部门。工作小组主席们走访了几个申请加入 WTO 的政府,拜访其国内重要的利益相关者以推广宣传、答疑解惑,提高他们对 WTO 成员身份的理解。加入 WTO 谈判及协调小组对新任命的工作组主席们和新代表们进行了情况简介,还为议员和民间组织举办了几场研讨会。

通过 WTO 入世快报、《总干事关于入世进程的年报》以及与 WTO 各国家集团每年举行的加入 WTO 推广对话,加入 WTO 非正式小组以定期会议形式,进一步提高了加入 WTO 的透明度。

二、欢迎新成员

加入 WTO 推动着新成员加速融入到贸易规则约束并规范的全球经济之中。塞舌尔开始开放其贸易体制,加快融入世界经济的步伐。塞舌尔入世条款中除包含与 WTO 规则绑定的一些特别承诺,还包括特定过渡期,用于响应某一区域的特殊需求;还包含对货物和服务市场准入谈判的让步和承诺。

2015 年 4 月 26 日,塞舌尔在向 WTO 报告其接受加入 WTO 条款的 30 日后,正式成为 WTO 成员。由于其加入 WTO 之时已经加入《信息技术协议》,塞舌尔将在正式加入 WTO 的 12 个月中就加入《政府采购协议》谈判。

12 月 10 日,在总理事会会议上,塞舌尔金融、贸易、投资部长皮埃尔·拉波特(Pierre Laporte)宣称:“加入 WTO 将给我们从企业到消费者的国家经济带来巨大好处。塞舌尔政府和人民一直期待着成为这个国际大家庭的一部分”,他还补充说:“我们已经受益于加入 WTO 过程中所采取的改革。我们的法律和政策现在使用的是最高国际标准,我们的私营部门已经开始从可预测的和透明的贸易体系中获益。我们这样一个小岛国,现在也拥有和大的同行平等的机会,能够在一个平台上发出自己关于贸易问题的声音。”

总干事罗伯托·阿泽维多特别感谢塞舌尔政府“向它所有的贸易伙伴”发出了“一个明确的信号”:塞舌尔已经准备好全面参与多边贸易体系和全球经济。塞舌尔的加入是多边贸易体系的重要性持续上升的另一个标志。

塞舌尔加入 WTO 过程中，WTO 成员一直与塞舌尔保持合作，帮助其变革贸易法规，适应 WTO 规则，还培训其政府官员。这些 WTO 成员们还承诺将继续为塞舌尔提供加入 WTO 后所需的技术援助。

第三节　2014 年世界贸易组织的贸易谈判

一、2014 年多哈回合谈判

2013 年 12 月，在巴厘岛举行的 WTO 第九届部长级会议取得圆满成功，为下一步工作增添了新动力。2014 年，涵盖贸易便利化、农业和贸易争端解决机制的所谓巴厘一揽子方案受到热烈欢迎，被看做是 WTO 一个历史性的里程碑，是完成多哈回合的重要基石。巴厘岛达成的协议证明，WTO 能够带来有利于全球经济，特别是发展中国家和最不发达国家经济发展的谈判结果。

为借助巴厘岛成功带来的政治势头，部长们指示贸易谈判委员会在巴厘岛决议和多哈法令中对完成多哈回合至关重要的其他问题基础上，为多哈发展议程剩余问题在 2014 年年底制定一项明确的工作计划。部长们设定 2014 年 7 月 31 日前将《贸易便利化协定》纳入 WTO 法律框架。

（一）“后巴厘”工作开始

按照部长们的指示，贸易谈判委员会在 2014 年 2 月会晤，商讨启动两项工作任务：执行达成的决议和协议，制定出解决多哈发展议程剩余问题的工作方案。虽然很多工作并不在贸易谈判委员会管理范围内，但为确保整体工作在所有领域的连贯性和进度，总干事罗伯托·阿泽维多同时担任贸易谈判委员会主席及总理事会主席，以监督和报告发展情况。

考虑到要在 2014 年年底筹备出“后巴厘”工作计划，贸易谈判委员会主席和谈判小组主席开始就一些可推进的问题与成员们展开对话。为发现那些可能构成工作计划的要素，整个协商过程一直以不同的形式和组合推进。

（二）一个意外但暂时的挫折

各成员原本计划在夏休之前能取得实质性工作进展，但随着截止时间的临近，一些成员们表达了对贸易便利化工作相对于巴厘一揽子方案其他领域工作进展的担忧，这其中也包括对基于粮食安全目的对公共粮食储备永久解决方案讨论的担忧。《贸易便利化协定》的获批与该领域在政治方面的进展密切相关，尽管成员们做出大量努力，但最终未能弥合分歧，因此也未能在 2014 年 7 月底的最后期限内通过该协议。这些都对“后巴厘”工作（包括为完成多哈发展议程筹备工作计划）产生影响。

在2014年7月31日举行的贸易谈判委员会非正式会议上，贸易谈判委员会邀请成员们思考在这些变化情形下接下来应该采取的步骤。

夏休后立即启动的密集磋商，积极寻求化解僵局的方法。成员们、常设及谈判机构主席、贸易谈判委员会主席以及总理事会主席都参与到磋商中。摆在成员们面前的问题是：考虑到贸易便利化协议和公共储备问题之间的相互关联，如果没有找到解决办法，如何实施巴厘岛决议，制定出“后巴厘”工作计划。

（三）重大突破

2014年11月，WTO成员在公共储备和贸易便利化问题上达成谅解，为打破僵局提供了机会。贸易谈判委员会主席与总理事会主席与各代表团进行进一步磋商，试图将这一双边谅解转变为所有成员可接受的协议。经过密集磋商和讨论，成员们最终通过了总理事会特别会议的三项决议，分别是：基于粮食安全目的的公共储备决议，将《贸易便利化协定》纳入WTO规则附件1A的决议以及立即恢复“后巴厘”工作计划，将截止日期延长至2015年7月。

公共储备方面，成员们同意在2015年12月前提出永久性解决方案。和平条款将在永久性解决方案确定前一直有效。贸易便利化方面，将《贸易便利化协定》纳入WTO协定中的批准进程已开始进行。为帮助发展中国家实施新批准的《贸易便利化协定》，贸易便利化协定基金开始生效并实施。巴厘“一揽子方案”方面，成员们同意立即恢复工作，并积极参与所有巴厘岛决议的实施，还同意将“后巴厘”工作方案截止日期延长至2015年7月。

（四）“后巴厘”工作计划谈判重启

不管是“后巴厘”工作计划的实施还是准备，这些决议的通过将工作拉回到正轨。鉴于任务的紧迫性，2014年12月的总理事会会议上，贸易谈判委员会主席宣布谈判小组恢复活动，2015年将继续推进并在必要时加强该项工作。

二、农业

2014年上半年，农业谈判重点是按照《巴厘部长宣言》要求，为完善多哈回合谈判关于农业的部分制订工作方案。成员们优先考虑了无法在巴厘岛达成具有法律约束力成果的问题，如出口竞争和棉花问题。由于下半年谈判陷入僵局，农业谈判工作也实际上处于暂停状态。11月总理事会化解僵局后，农业谈判工作于12月恢复正常。

2014年上半年，农业谈判委员会主席以多种形式举行非正式磋商会议，以明确成员们对于农业工作计划未来方向的看法和认识。

WTO成员们将他们已有完善想法的出口竞争（出口补贴和其他具有同等效果的措施）看做是达成潜在协议的着陆区。国内支持和市场准入这两大支柱性问题是需要更深入讨论的领域。为推动这些讨论的进行，农业谈判委员会主席于7月15日就成员们对两大支柱性议题的意见提出一些问题；7月23日，非正式会议上便出现对这些提问的初步反馈。

这次会议着重讨论，当前可追溯至2008年的草案谈判文本是否应该继续作为谈判的核心。一些谈判小组，特别是发展中国家粮食进口国G33集团表示应该如此。其他小组说，尽管该文件仍然是继续谈判最合适的基础，但他们也能接受其他方法。还有一些成员们说，被称作"第四修订版"的草案过于复杂。秘书处按照一些成员的请求，举行了两场关于国内支持和市场准入的技术研讨会，以帮助成员们加深对谈判过程中技术层面已出现问题的理解。

然而，由于一些成员担忧贸易便利化方面工作步伐相对于巴厘一揽子方案其他领域工作进展缓慢的问题，也包括对出于安全目的公共粮食储备问题的担忧，2014年7月工作陷入僵局。2014年11月，总理事会发现并通过一项解决方案，与此同时，总理事会也呼吁立即恢复各个巴厘岛部长决议的实施工作，包括要为解决多哈发展议程剩余问题制定明确的工作计划。总理事会将2015年7月设定为工作计划通过的最后期限。

（一）基于安全目的的公共粮食储备

2013年12月在巴厘岛，部长们同意暂时保护发展中国家基于安全目的的公共粮食储备计划免受《农业协议》中国内支持条款的任何挑战和约束。这是对解决粮食安全问题支持者和那些存疑者担忧的折中。存疑者担心，没有任何规则约束地储备粮食，之后发放粮食，可能会压低价格，进而影响其他国家的农民收入和粮食安全。部长们计划于2017年前找到永久解决方案。

2014年年初，一些成员反对说，永久解决方案时限太长。对于时机的意见分歧最终导致7月几乎所有多哈发展议程谈判都被冻结。最后，总理事会于11月底达成协议，表示成员们会努力争取于2015年12月前找到粮食储备的永久解决方案。成员们还表示，应该在农业委员会（特别会议）"专项讨论"下寻求永久解决方案，这不仅将加速工作进展，还将与多哈回合农业谈判的其他部分区别开来。在制定永久解决方案前，只要满足某些条件，粮食储备将继续免受各种法律约束。

（二）棉花

在巴厘岛，部长们一致同意WTO成员应该每年进行两次关于棉花问题贸易发展的讨论，特别是关于市场准入、国内支持和出口竞争问题的讨论。这些专门讨论发生在农业谈判的背景下，旨在提高透明度和加强监督。而这项决议则建立在布基纳法索（Burkina Faso），贝宁（Benin），马里（Mali）和乍得（Chad），也即"棉花四国"，"有利于棉花的部门行动"共同发起人提交的一份提案基础上。

2014 年,WTO 举行了两次与棉花问题相关的贸易发展专项讨论。第一次讨论会于 6 月举行,主要就成员们棉花贸易政策和相关进展进行交流。秘书处从成员通知和其他有关出口补贴、国内支持和市场准入的提案中汇编事实资料和数据,作为讨论的背景文件。第二次讨论在 11 月举行,讨论了更新和修订的秘书处背景文件和国际棉花咨询委员会关于全球棉花市场的演讲。

棉花四国指出,近期价格下跌已损害了他们的生产者,他们呼吁要迅速结束谈判,以解决贸易扭曲政策问题。尽管各成员间共享了很多棉花方面最近的事态发展信息,但很遗憾,一些成员提交的通知中仍缺少其最新的政策动态和延迟信息。参会者们一致认为,有必要通过问卷调查、贸易政策审议报告和国际棉花咨询委员会进一步提供的资讯,搜集更多相关政策发展的信息。主席还指出在“后巴厘”工作计划的背景下棉花问题将成为一个重要部分。

三、非农产品市场准入

巴厘岛部长级会议中关于贸易便利化的决议执行工作陷入僵局,几乎使多哈回合谈判的所有方面瘫痪,非农产品市场准入谈判也因此放缓。不过,随着 11 月下旬僵局被打破,谈判组主席瑞米吉 · 温扎普(Remigi Winzap)说,他将在 2015 年恢复不同形式的磋商。

谈判组在 3 月和 7 月举行的会议上,谈判组主席指出各成员间在如何推进谈判工作问题上缺乏共识,其分歧仍停留在 2008 年非农产品市场准入草案(“第三修订版”)是否能够成为继续谈判的基础上。主席进一步指出,在他看来,那些认为“第三修订版”应该作为进一步谈判基础的成员们要做好准备承认,“第三修订版”并非已“镌刻于石上”。那些反对使用“第三修订版”成员则要做好准备接受成员们向“第三修订版”投入的大量努力,使其可能成为“一项”基础。

主席敦促成员们反思“考虑到以往的经验、目前的现实情况和手头可能的问题,成员们如何以及怎样才能对非农产品市场准入的有益结果贡献力量?”相比 2011 年,积极的方面是,关于非农产品市场准入的讨论已经重新启动,成员们正共同探索解决方法。

谈判小组已收到 3 份秘书处请求他们协助的文件,分别是:世界非农业贸易中成员们的份额、最新的非农产品市场准入和进口关税数据,更新成员关税表状态,以使其符合最新版本的统一制度。

2014 年下半年,由于贸易便利化谈判陷入僵局,非农产品市场准入也没有进行进一步磋商。巴厘岛部长级会议对基于粮食安全的政府储备所做的决议,与这一僵局在政治上密切关联。11 月,总理事会就粮食安全相关的部长决议执行问题达成协议。

四、服务

2014 年,服务贸易理事会讨论了"后巴厘"工作计划,提供了几项指导原则。但在多哈回合谈判的大多数领域中,讨论因受下半年贸易便利化僵局影响而受阻。研究国内规则的工作小组继续探索许可证制度、资格要求和技术标准的原则,还针对区域贸易协定进行国内监管专项讨论。研究《服务贸易总协定》规则的工作小组发起了关于区域和双边贸易协定中紧急保障条款的讨论,以及继续关于政府采购和补贴的技术性讨论。

2014 年,服务贸易理事会举行了两次特别会议,主要讨论了在服务方面"后巴厘"工作计划的过程和内容。WTO 成员针对这项工作提出了一些指导原则,例如保持服务业内部和与其他行业之间的平衡,保持市场开放或其他优惠减让程度使其与农业和非农产品市场准入相称。

WTO 成员们强调要集中力量在"可行的"工作上,在透明和包容的基础上推进工作。成员们需要提交他们修改后的服务条款提议,这是未来服务谈判关键性的一步。在对所有成员提交之前需要做什么的问题上,许多成员着重强调了对新办法保持开放态度的必要性。

成员们建议学习区域贸易协定在服务贸易方面的做法,即许多成员通过接受现有水平的市场准入规定,远超出 GATS 中相关规定的水平限制。其他建议则侧重于与数字经济、电子商务、供应链、贸易便利化和发展中国家利益等相关行业的问题。

然而,《贸易便利化协定》在 2014 年 7 月最后期限的流产,导致下半年服务业相关工作推进显著放缓。2014 年 11 月,总理事会议上达成《贸易便利化协定》,服务贸易理事会随后于 12 月举行非正式会议,讨论如何在 2015 年 7 月之前制定出多哈回合谈判中服务谈判部分的工作计划。成员们强调,"后巴厘"计划中服务业谈判进展将由农业和非农产品市场准入谈判进展情况决定。

巴厘岛部长级会议中关于从最不发达国家进口服务决议的实施取得良好进展。此外,23 名成员参加了《服务贸易协定》谈判,并定期向服务贸易理事会通报其谈判进展情况。

(一) 国内法规

2014 年,研究国内规则的工作小组继续探讨与许可证制度、资格要求和程序、技术标准等规制发展有关的技术问题。WTO 成员完成"潜在技术问题提交讨论列表"下 93 项问题的审查。成员们努力澄清一些国内监管概念和术语的使用,一些成员还针对横向国内法规的影响给予反馈。讨论结束时,主席发布一份关于成员们在审查过程中交换信息和意见的文件。

为便于讨论,WTO 秘书处准备了三场背景说明会,分别是关于普遍适用措施、行业监管问题与供应模式以及服务的技术标准说明会,有助于成员们进一步了解谈判中所考虑的学科可能涉及或影响到国家层面的监管实务。

基于秘书处发布的“行业监管问题与供应模式”,WTO 成员完成对监管问题的讨论。作为讨论的一部分,成员们特别强调在调整服务业时发展中国家所面临的挑战。秘书处发布的《发展中国家所面临的服务相关监管挑战》,为该问题提供了进一步背景补充。

虽然对监管问题进行讨论并不是为达成某一特定结论,成员们还是普遍注意到,这样一项有益的工作能够帮助成员们提高对监管和市场准入之间关系的理解。工作组还受益于若干成员提供的国家监管框架例子以及就发展中国家在实施监管改革时面临的挑战进行意见交流的例子。

2014 年,通过对区域贸易协定下国内法规专项讨论,成员们开启了一项新领域的工作。这次专项讨论旨在为成员提供分享区域贸易协定中不同类型国内法规细节的机会,以及吸引成员关注 GATS 第 6 条第 4 款下谈判问题共性或差异的机会。大部分区域贸易协定中所呈现的信息表明,国内法规一般都立足于现有的 GATS 规则义务,以及第 6 条第 4 款中的谈判要求,且多数情况下,某些修改和额外义务也会被列入横向或部门一级。

(二) GATS 规则

制定 GATS 规则的工作小组履行谈判职责,讨论了 GATS 规则第 10 条(紧急保障措施)、第 13 条(政府采购)和第 15 条(补贴)等条款。然而,和前几年一样,WTO 成员主要在这三方面进行技术讨论。

紧急保障措施方面,由文莱、柬埔寨、印度尼西亚、马来西亚、缅甸、菲律宾、泰国、越南及老挝组成的“ESM 之友”(其中老挝于 2014 年 9 月加入)提交一项提案,工作小组讨论了区域和双边贸易协定中的紧急保障条款。倡议者提出了一些区域贸易协定中所包含的,无论是针对个体,还是针对像东盟那样群体的服务紧急保障措施规定,并解释了他们采用的原因。然而到目前为止,还没有出现引发一项紧急保障措施的情况。应成员们要求,秘书处更新了一份事实说明,详细介绍了 122 项区域贸易协定向 WTO 报备的服务贸易保障类型和保障相关规定。2014 年 9 月,成员们就上述问题进行了初步意见交换。

政府采购方面,工作组讨论了 WTO 全体工作文件的初级版本,“服务贸易和政府采购承诺之间的关系:源于 WTO 相关协定和最近区域贸易协定的一些看法”。经过两轮讨论后,与会者提供了很多有益的改进建议,工作文件的最终版本将于 2015 年发布以供更深入的审查。

补贴方面,应成员请求,秘书处发行了以“服务业补贴—包含在 WTO 贸易政策审查中的信息”为背景的修订版,提供了个别服务业中援助措施的新实际证据。

五、与贸易有关的知识产权

TRIPS 理事会特别会议恢复了工作,但各方关于红酒及烈酒的地理标识的通知和登记系统的立场持续分化。因此,如何找到统一方法仍然具有挑战性。TRIPS 理事会常规会议就发达国家给予最不发达国家企业技术转让的激励情况进行了第 12 次年度审查。2013 年 12 月巴厘岛部长级会议延长了暂停 TRIPS“不违规”投诉的规定。之后,TRIPS 理事会在新提案基础上,继续探讨这一问题。

(一) 地理标识注册谈判

2013 年,关于程序性问题仅召开过一次会议。2014 年,受巴厘岛部长级会议影响驱动,至少在 TRIPS 特别会议上成员们努力恢复谈判。然而,地理标识的问题实质性立场仍保持不变。地理标识注册是否具有法律效力,这种效力是否适用于全部成员,还是仅适用于选择参加注册的成员,对于这些问题,长期以来各方意见不一。对于地理标识注册是否仅限于葡萄酒和烈性酒,还是可以适用于其他产品,如食品和农产品,即在产品范围方面,各方所持的看法也不同。

红酒及烈性酒地理标识注册谈判旨在促进保护地理标识。某些地名(或其他与地名有关的名称或标识)可以用来代表来自该地区产品的特殊品质、名声及其他特点。作为高品质红酒和烈性酒的代名词,“苏格兰威士忌”“法国香槟”“墨西哥龙舌兰”这三个地名便是众所周知的著名例子。1996 年起,TRIPS 便开始就建立地理注册相关问题展开谈判。

2014 年 4 月,经过一系列磋商,TRIPS 主席颁布了自 2011 年发布反映各成员立场的“综合草案”以来第一份 TRIPS 特别会议报告。报告显示,如何找到统一方法来推进地理标识工作仍然具有挑战性,特别是两个与 TRIPS 相关的执行问题,即如何保护红酒及烈酒地理标识及如何处理 TRIPS 与生物多样性协定之间的关系。

尽管这些实质性和程序性问题十分复杂,磋商会议继续就如何将地理标识注册纳入“后巴厘”工作计划进行讨论。2014 年 12 月第二次非正式特别会议上,与会者重申其承诺以 2015 年 7 月为最后截止日期,制定出完成多哈回合谈判和所有其他谈判小组工作的工作计划,涉及 TRIPS 协定中如何设立红酒及烈性酒地理标识的问题。然而,与会者并没有提供新的思路,他们认为在农业、非农产品市场准入和服务谈判前景变得清晰前,这次会谈不会有实质性进展。作为第一步,TRIPS 主席提议于 2015 年 2 月举办非正式信息交流会而不是谈判会,以总结已经达成的谈判项目。这次会议上,WTO 知识产权谈判者总结了近 20 年关于如何设定红酒及烈酒地理标识的会谈内容。

(二)就悬而未决的执行问题进行磋商

2014 年,WTO 成员并没有参与讨论能否把目前仅适用于红酒及烈性酒的地理标识这种“更高”或“更强”保护范围延伸到其他产品的问题。对于地理标识保护扩展到其他类产品是有助于此类产品贸易,还是会因提高保护而增加不必要的法律和商业负担,成员们意见不一。这一关于可能的“地理标识延伸”问题是两个所谓 TRIPS 领域中悬而未决的执行问题之一,由 2005 年《香港部长宣言》总干事提议磋商。

第二个问题涉及 TRIPS 协定和生物多样性协定之间的关系:TRIPS 协定是否应当做得更多以促进达成生物多样性协定的目标,这个目标即平等分享基因资源用于研究和产业时所产生的利益。如果答案是肯定的,那么又如何做到这一点? 讨论焦点集中在修订 TRIPS 协定要求专利申请者公布基因资源或披露国家提供的基因资源以及有关的传统知识等提议上。自总干事 2011 年 4 月公布一份书面报告以来,各方没有再就悬而未决的执行问题进行过磋商。2014 年,TRIPS 理事会对有关项目的讨论中几位成员曾提起该问题,但并没有取得显著进步。

(三)技术转让激励机制

TRIPS 理事会在 2014 年 10 月的常规会议上,对发达国家就公司把技术转让给最不发达国家的激励机制进行了第 12 轮年度审议。TRIPS 协定要求发达国家提供这些激励机制,2003 年理事会已按照多哈部长级会议决议,着手建立监督这一义务的审查机制。

WTO 秘书处组织了第 7 次年度研讨会,讨论如何帮助最不发达国家和发达国家代表深层运用这些激励机制。此外,讨论还包括了最不发达国家的一项“如何统一报告格式”的提议,以及秘书处为提高大量有用信息可用性的努力。

(四)知识产权保护争端

2013 年巴厘岛部长级会议决议再次延长所谓的 WTO 知识产权保护争端的“无违规”控诉后,TRIPS 理事会继续讨论成员们提出的新争端。对于这些案件是否成立,或者这是否能成为争端的合法基础,成员们意见不一。

一般情况下,如果一方违反一项协议或承诺,或一方的预期收益在没有违反书面规定的情况下被取消而受损,那么这些争端都能通过 WTO 争端解决机制来解决。然而,对于 WTO 知识产权保护争端,TRIPS 协定规定 5 年内暂停受理“无违规情势投诉”,且这一暂缓的决定在一系列部长级会议后得到延长。

在筹备巴厘岛部长级会议时,成员同意将增加对“无违规”申诉的范围和形式的研究，以找到跳出这个将其从一个部长级会议推延到另一个部长级会议讨论的做法。当一方违反一项协议或承诺，或一方的预期收益在没有违反书面规定的情况下被取消而受损，WTO 会收到“无违规”申诉。“无违规”申诉适用于商品和服务，但不能应用于知识产权中。

在 6 月的会议上，理事会收到了关于这个问题新提交的一项申请，阐述了向 TRIPS 申诉适用的背景和条件。美国援引 WTO 判例法和其他要素颁布了一份文件，反驳许多国家提出的保留意见。美国声称，“无违规”申诉在《与贸易有关的知识产权协定》下完全合规。TRIPS 理事会将继续负责审查这些争端的范围和形式，并将给 2015 年 12 月在内罗毕举行的部长级会议提出建议。

六、贸易与发展

2013 年 12 月，部长们在巴厘岛制定了发展中国家特殊与差别待遇监督机制。之后，贸易与发展委员会特别会议着重探讨了开展未来工作的提议。

2014 年年初，按照监督机制的实施要求，成员们就如何推进特别会议工作的问题广泛征求相互的意见，进行多轮磋商。这个最初由非洲集团于 2002 年提出的监督机制，可以被用来分析和审查 WTO 协定、部长决议和总理事会决议下的特殊与差别待遇条款执行情况的各个方面。

一些成员表示，他们希望能够全面审查所有的特殊与差别待遇提案，并将其作为特别会议工作的一部分。2015 年 2 月，这些成员列出 25 项特殊与差别待遇条款，希望贸易与发展委员会特别会议将其作为“后巴厘”工作计划的一部分。他们承诺将在之后的第二阶段提交实质性提案，解释各条款存在的问题和缘由。由于谈判组在 2015 年 7 月底的有限时间里很难对“后巴厘”工作计划做出贡献，主席敦促各成员尽快提交详细的书面提案，以确保可以在贸易与发展委员会特别会议上进行实质性讨论。

七、贸易与技术转让

2014 年，贸易与技术转让工作组举行了为期一天的研讨会，讨论贸易与技术转让的关系，并就同一主题举行三次正式会议，探讨了增加发展中国家技术引进的方法。

该工作组在第九届部长级会议的指导下，继续讨论环保技术传播的挑战和机遇，以及其与可持续发展的关系。在巴厘岛，部长们宣称，虽然增加发展中国家技术引进的相关工作已取得进展，但还有更多的工作有待完成。为充分完成《多哈部长宣言》任务，他们指示工作组继续开展工作。

2014 年 6 月举行的研讨会上，来自公共、私营、跨领域的专家们、政府间组织和学术界专家学者讨论了贸易和技术转让间的关系。参会者探讨了技术转让如何提高劳动生产率,促进经济增长和发展。无论是以机器、设备和服务形式直接进行转让,还是较为间接,如以外国直接投资形式进行转让,他们都把贸易看做是影响技术转让的重要因素。

工作组成员虽然认为贸易协定潜在地鼓励了技术转让的发生,至少是减少了政策的不确定性,但他们还是在研讨会上强调,贸易协定只是影响技术转让的一项因素。他们认为,在技术转让和吸收、适应方面,东道国的教育水平、人力资源可利用性、合理的体制、政策环境都发挥重要作用。此外,他们还重点强调了研究与发展机构和知识中心在促进技术创新上的作用。

发言者指出那些最贫穷的国家似乎从来没有从技术转让中获益。他们还认为,向应用技术投资提供更好的融资机会,加强发达国家和发展中国家研究机构之间的联系,可以有效促进技术流入最不发达国家。

八、贸易与环境

2014 年,贸易与环境委员会特别会议举行了多次磋商,讨论如何推进多哈任务中的环境章节和“后巴厘”工作计划中的优先事项。2015 年年初,WTO 秘书处将组织讨论多哈任务中贸易与环境等方面问题的信息交流会。

2015 年年初,成员们就如何推进贸易与环境委员会特别会议工作的问题继续进行磋商。2014 年 12 月的非正式会议上,成员们始终牢记 2015 年将是环境问题至关重要的一年,并以此为基调讨论了下一步工作。

有几个成员强调,贸易与环境方面需要发出将与其他国际发展问题协同一致的信号,特别要将已提出的可持续发展目标纳入 2015 年后发展议程和将于 12 月在巴黎举行的联合国气候变化会议中。其他成员强调,在“后巴厘”工作计划中承认多哈贸易与环境任务重要性的同时,也要注意首先强调多哈议程中的其他关键问题,如农业、非农产品市场准入和服务贸易等问题,这样做可以促进可持续发展。

参会者一致希望, WTO 秘书处下一步将会在 2015 年年初组织信息交流会,审查多哈回合谈判中环境章节下所有三个方面的情况。这些谈判涉及现有 WTO 规则和多边环境贸易协定下具体贸易义务之间的关系、多边环境贸易协定与相关 WTO 委员会之间定期交流信息的程序,以及减少或酌情取消环保产品和服务中的关税与非关税壁垒。

九、贸易便利化

继 2013 年 12 月巴厘岛部长级会议上贸易便利化谈判结束,新成立的贸易便利化筹备委员会开始对新的《贸易便利化协定》进行法律审查,并起草议定书将《贸易便利化协定》纳入 WTO 法律框架中。他们也开始收到成员遵守《贸易便利化协定》的承诺通知。该修正案协定已于 2014 年 11 月在总理事会会议上获得通过。

第十次会议期间,贸易便利化筹备委员会开始落实 2013 年 12 月巴厘岛部长级会议决议所分配的任务。这些任务包括:对新的《贸易便利化协定》进行法律审查,通过修正协定,接收成员遵守《贸易便利化协定》的承诺通知。前两项任务已经于 2014 年完成,接收成员承诺的任务也取得显著成果。

2014 年 7 月,成员们同意采用经过法律审查的《贸易便利化协定》文本。但截止到 7 月底,协议修正案却未获通过,因为修正案的通过与巴厘一揽子方案其他方面的进程密切相关,而成员们还无法就此弥合差异。

然而,在"A 类"承诺通知方面还是取得显著进展。规定发展中国家能够按照在协定生效时照此执行,或者,最不发达国家在生效一年内执行。截至 2014 年 7 月底,贸易便利化筹备委员会共收到 45 份通知。为支持这些国家筹备国内审查,委员会共进行了 45 次便利化需求评估。

经过激烈的协商和讨论,成员们最终在 2014 年 11 月 27 日举行的总理事会特别会议上通过协定修正案。因此,《贸易便利化协定》得以进入 WTO 法律框架。成员们也因此能够启动国内批准程序。中国香港成为正式批准《贸易便利化协定》的首位成员,并于 12 月 8 日将其接受文书存放于秘书处。这标志着《贸易便利化协定》迈出通过 2/3 成员批准通过就开始生效的第一步。

《贸易便利化协定》为发展中国家和最不发达国家实施新协定开辟了新道路,该协定还规定必须对发展中国家和最不发达国家提供援助和支持,以帮助其提升能力水平。为此,WTO 成员建立贸易便利化协定基金以帮助发展中国家和最不发达国家获得援助和支持。

(一)《贸易便利化协定》

《贸易便利化协定》分三个主要部分。

第一部分阐述并改善了《1994 年关税与贸易总协定》的相关条款(Ⅴ,Ⅷ和Ⅹ),并对海关合作提出规定。

第二部分包含发展中国家和最不发达国家在实施《贸易便利化协定》单项条款时可享受的特殊与差别待遇,同时明确这些规定只能体现在接受技术援助和能力建设支持两个方面。为从特殊与差别待遇中获益,成员必须对《贸易便利化协定》每一项规定进行如下所示的分类,并根据《贸易便利化协定》中列出具体时间表,通知这些分类下的其他成员:

A 类:成员将在《贸易便利化协定》生效时起即实施条款(或最不发达成员

在协定生效后1年内实施条款)。

B类:成员将在《贸易便利化协定》生效后至过渡期结束的日期起实施条款。

C类:成员将在指定的《贸易便利化协定》生效后至过渡期结束的日期起实施条款,同时要求通过提供能力建设援助和支持以获得实施能力。

对于指定为B类和C类的成员必须提供开始实施条款的日期。

第三部分包含在WTO建立贸易便利化常设委员会的规定,要求成员成立各自的国家委员会以促进国内对《贸易便利化协定》规定的协调和执行,还提出一些最终规定。

到2014年年底,另有7个成员递交他们的A类承诺,总数已达到52个。一旦《贸易便利化协定》生效,发展中国家的总贸易成本预计可降低15%。

(二)贸易便利化协定基金

贸易便利化协定基金旨在帮助发展中国家和最不发达国家实施《贸易便利化协定》。2014年11月,总理事会通过《贸易便利化协定》修订案时,便开始运作贸易便利化协定基金。基金作为实施《贸易便利化协定》的一个着力点,旨在通过以下方法帮助发展中国家和最不发达国家:

① 帮助成员在执行《贸易便利化协定》具体条款时,评估其实施《贸易便利化协定》的能力及对援助的需求;

② 维护信息共享平台,协助识别潜在捐助者;

③ 通过开发或收集案例研究和培训教材,为实施《贸易便利化协定》提供指导;

④ 承办捐助者和受惠者匹配的活动;

⑤ 当成员确定了潜在的捐助者,但无法制定出项目,无法从其他来源找到资金支持以支持项目计划书筹备时,提供项目筹备补助;

⑥ 当成员吸引其他来源资金的努力都失败时,提供与《贸易便利化协定》实施相关的项目执行补助。这些补助金仅限于"软基础设施"项目,如通过咨询服务、国内研讨会或官员培训实现海关法规的现代化。

贸易便利化协定基金有效补充了区域、多边机构、双边捐助者和其他利益相关者给予贸易便利化相关的技术援助和能力建设支持。

几个主要的国际组织,如国际贸易中心、经济合作与发展组织、联合国贸易与发展会议、联合国欧洲经济委员会、世界银行、世界海关组织,已承诺协助WTO成员执行《贸易便利化协定》承诺。

十、世界贸易组织规则

2014年,WTO规则谈判小组,尤其是技术小组,继续致力于同各成员就反倾销措施进行信息交流。随着 2014 年工作的结束,谈判小组开始审议 WTO 规则在《巴厘部长宣言及决定》要求制定的工作方案中发挥的作用。

谈判小组主席在 2012 年 10 月举行的非正式会议上总结到,多哈回合发展方向明确前,与会代表对恢复谈判的态度并不积极。2014 年情况仍然如此。但 2014 年年底,为与 2013 年 12 月《巴厘部长宣言及决定》保持一致,谈判小组开始反思 WTO 规则中关于反倾销、补贴、反补贴措施和区域贸易协定的规定能否发挥作用的问题,如果其能发挥作用,那么其应该在“后巴厘”工作计划中扮演什么角色。

2014 年,WTO 规则技术小组继续开展工作,为参会者提供反倾销实践信息的交流论坛。技术小组分别于 2014 年 4 月、10 月举办成员工作交流会,讨论了日落复审中超出原有申请时间是否延长反倾销税,出口商为提价替代反倾销税做出的价格承诺协议,以及关于产品受调查范围等一些问题。

十一、《关于争端解决规则与程序的谅解》

2014 年,谈判工作重点探索所有 12 个领域中可实现的成果。2013 年 6 月,感兴趣的参会者探讨了所有领域中可采用的解决方案,并在“横向进程”基础上,继续开展工作。

在该阶段,所有可能的解决方案中概念性要素,既没有全面反映 WTO 成员立场上的趋同,也没有统一反映适当或可接受的利益平衡。要实现立场趋同,不同的问题所需工作量各不相同。目前,某些方面已经实现原则上的趋同,主要体现在法律草案中,例如公布双方同意的解决方案,严格保护涉密信息。而其他方面,为达到最终结果,仍需要确定最终结果的构成要素,并以法律文本形式呈现。

参会者讨论的 12 个问题,既有来自于发展中国家包括特殊与差别待遇在内的问题,也有关于有效合规(确保在成员违反 WTO 规则时及时使其措施合规)和案件发回(通过上诉机构将案件转发给专家小组以采取进一步行动)的问题。

罗纳德・萨沃里奥・索托(Ronald Saborío Soto)主持了 2014 年争端解决谅解谈判大会。WTO 成员在系统性改进《关于争端解决规则与程序的谅解》中有共同的利益,他们希望促进争端解决程序的有效性,将争端解决程序作为多边贸易体系可预测性和安全性的重要手段。迄今为止,不论成员们是否已成为争端解决谅解程序的频繁参与者,《关于争端解决规则与程序的谅解》对所有成员都适用。许多成员强调,他们通过利用争端解决程序来捍卫自己的利益时经常会遇到特殊限制。虽然成员仍在讨论如何运用一些方法来解决这些问题,他们普遍认为要想成功必须充分考虑这一问题。因此,“横向进程”背景下所做的工作特别具有建设性。目前,参会者已准备好在此项工作基础上,继续全面地确认可行性和解决方案。

第三章　世界贸易组织与中国

第一节　2014 年中国贸易政策回顾与展望

一、2014 年中国贸易政策回顾

十八届三中全会决定指出中国要构建开放型经济新体系,这是中国对外经济政策的指导方针,也是中国贸易政策的总体趋向。在此政策指导下,2014 年中国开放型经济新体系构建方面已迈出新的步伐。

(一) 进一步下调进口关税,惠及全球贸易

2013 年 12 月 16 日,中国财政部发布《2014 年关税实施方案》,决定从 2014 年 1 月 1 日起对 767 种进口商品实施低于最惠国税率的年度进口暂定税率,暂定税率从 0%至 20%不等,平均优惠幅度高达 60%。其中,进一步降低税率的产品包括活塞航空发动机、手机和平板电脑取像模块等战略性新兴产业所需设备、零部件和原材料;天然牧草等支农惠农产品;音频生命探测仪等救灾用品等。中国自主大幅降低商品关税,不仅有利于中国进出口贸易发展,也有利于世界其他国家商品对中国出口,为世界经济持续复苏增加动力,实现中国与世界共赢。

2014 年 12 月 16 日,财政部公布 2015 年进出口关税调整政策,2015 年将对部分进口商品实施低于最惠国税率的进口暂定税率。其中,首次实施进口暂定税率和进一步降低税率的产品包括光通信用激光器、全自动铜丝焊接机等先进制造业所需的设备、零部件;电动汽车用电子控制制动器等有利于节能减排的环保设备;乙烯、镍铁等国内生产所需的能源资源性产品;降脂原料药、夏威夷果、相机镜头等药品和日用消费品。对制冷压缩机、汽车收音机、喷墨印刷机等商品不再实施进口暂定税率,适当提高天然橡胶等商品暂定税率水平。2015 年继续对小麦等 7 种农产品和尿素等 3 种化肥的进口实施关税配额管理,并对尿素等 3 种化肥实施 1%的暂定配额税率。对关税配额外进口一定数量的棉花继续实施滑准税,税率不变。2015 年继续以暂定税率形式对煤炭、原油、化肥、铁合金等产品征收出口关税。适当调整化肥出口关税,对氮肥、磷肥实施全年统一的出口关税税率,适当降低煤炭产品出口关税税率。2015 年依据与有关国家或地区签署的自由贸易协定或关税优惠协定,继续对原产于东盟各国、智利、巴基斯坦、新西兰、秘鲁、哥斯达黎加、韩国、印度、斯里兰卡、孟加拉、瑞士、冰岛等国家的部

分进口产品实施协定税率，部分税率水平进一步降低。在内地与中国香港、澳门更紧密经贸关系安排框架下，对原产于港澳地区且已制定优惠原产地标准的产品实施零关税。根据海峡两岸经济合作框架协议，对原产于台湾地区的部分产品实施零关税。对原产于埃塞俄比亚、也门、苏丹等41个国家的部分商品实施特惠税率，其中对埃塞俄比亚等24个国家的97%税目商品实施零关税特惠税率。2015年对进出口税则中部分税目进行调整，2015年税则税目总数由8 277个增加到8 285个。

（二）出台支持外贸稳定增长的政策措施

面临严峻的对外贸易形势，2014年5月4日，国务院办公厅以国办发〔2014〕19号印发《关于支持外贸稳定增长的若干意见》，从着力优化外贸结构、进一步改善外贸环境、强化政策保障、增强外贸企业竞争力等方面提出具体措施，以促进中国对外贸易发展。具体措施主要包括：优化外贸结构，进一步加强进口，保持货物贸易稳定增长，支持服务贸易发展，发挥“走出去”的贸易促进作用；进一步改善外贸环境，提高贸易便利化水平、规范进出口经营秩序，完善贸易摩擦应对等措施；强化政策保障，进一步完善人民币汇率市场化形成机制，推进跨境贸易人民币结算，改善融资服务以及加大出口信用保险支持；增强外贸企业竞争力，支持各类外贸企业发展以及创新和完善多种贸易平台等举措。

（三）强调贸易政策的合规性，积极参与WTO相关活动

1. 加强贸易政策的合规性工作

中国已成为世界第一贸易大国和第二大经济体，中国贸易政策对世界贸易体系的运转影响深远。为使贸易政策符合WTO规则以及中国入世承诺的要求，2014年6月17日，国务院办公厅以国办发(2014)29号发布《关于进一步加强贸易政策合规工作的通知》。要求国务院各部门、地方各级人民政府制定有关或影响货物贸易、服务贸易及贸易的知识产权的规章、规范性文件和其他政策措施时，就是否符合WTO规则和中国入世承诺进一步做好把关工作。为进一步加强贸易政策合规工作，2014年12月商务部发布2014年第86号《贸易政策合规工作实施办法（试行）》，明确了制定的依据和目的、贸易政策涵盖范围、合规性的界定、适用主体、对已制定和拟定中的贸易政策提出合规问题的有关要求和程序、商务部的职责范畴及办理合规问题的程序及时限规定等内容。

2. 全面规范优惠政策，建设统一开放、竞争有序的市场体系

鉴于中国某些地区和部门在税收、非税等收入和财政支出等方面实施的一些优惠政策在一定程度上扰乱了市场秩序，影响国家宏观调控，甚至违反中国对外承诺，从而引发国际贸易摩擦，根据《国务院关于深化预算管理制度改革的决定》（国发〔2014〕45号），《国务院关于清理规范税收等优惠政策的通知》（国发

〔2014〕62 号），要求全面清理已有的各类税收等优惠政策，统一税收政策制定权限，坚持税收法定原则，除依据专门税收法律法规和《中华人民共和国民族区域自治法》规定的税政管理权限外，各地区一律不得自行制定税收优惠政策；未经国务院批准，各部门起草其他法律、法规、规章、发展规划和区域政策都不得规定具体税收优惠政策；未经国务院批准，各地区、各部门不得对企业规定财政优惠政策。对违法违规制定与企业及其投资者（或管理者）缴纳税收或非税收入挂钩的财政支出优惠政策，包括先征后返、列收列支、财政奖励或补贴，以代缴或给予补贴等形式减免土地出让收入等，坚决予以取消。

3. 参与 WTO 对中国的第五次贸易政策审议

2014 年 7 月 1 日，WTO 在日内瓦开始对中国进行第五次贸易政策审议，此次对中国贸易政策审议受到各方高度关注，共收到 WTO 成员提出的 1 700 多个问题，涉及中国的宏观经济政策、贸易政策、服务业、出口补贴等内容。其中不乏涉及中国经贸政策的透明度、政府干预微观经济活动、国有企业特殊待遇、海关执法统一性等各方面的问题。会上共有 47 个成员代表发言，对中国经贸发展现状及相关政策，中国对世界经济发展的贡献，以及中国对多边贸易体制的影响等进行广泛评论。

4. 加入 WTO 环境议题谈判，积极融入全球经济体系

2014 年以来，中国积极参与了 WTO 相关议题的谈判。2014 年 1 月 24 日，中国参与的 WTO 环境产品谈判进程启动，谈判旨在落实 2013 年 APEC 领导人承诺，以 APEC 清单为基础，在 WTO 框架下进一步探讨实现环境产品自由化的各种机会，其最终成果将通过最惠国待遇惠及所有 WTO 成员。在经历了多轮磋商后，2014 年 7 月 8 日，中国、美国、欧盟等 14 个 WTO 成员在瑞士日内瓦正式启动谈判，第一阶段集中磋商环境产品关税减免等议题。中国参与谈判的目的在于与其他成员一同努力对环境产品减免关税，推动环境保护和可持续发展，同时推动多边贸易体制发展。

5. 贸易摩擦频发，积极发起贸易救济调查

2014 年，在全球经济复苏乏力的背景下，贸易保护主义有所升温，一些贸易大国强化了贸易救济调查执法，加大对国内产业保护力度，针对中国的调查数量依然很多。据相关统计，2014 年共有 22 个国家和地区对中国出口产品发起贸易救济调查 97 起。其中，反倾销 61 起，反补贴 14 起，保障措施 22 起，涉案金额 104.9 亿美元。此外，中国产品还遭受美国 337 调查 12 起，欧盟发起的反规避调查和反吸收调查各 1 起。此过程中，高科技产品成为摩擦的新热点，美国、加拿大、澳大利亚都对中国光伏产品发起“双反”调查，除此之外，还有针对风力发电机组、手机等高科技产品的调查。影响产业范围很广，五金矿产、化工、机电、轻

工、纺织、医药保健、食品土畜类产品均有涉及，其中涉及钢铁和钢铁类产品案件多达27起，涉案金额23.2亿美元。

为维护中国对外贸易的正当利益，2014年中国加大了运用贸易救济工具的力度。截至2014年年底，中国共有47起贸易救济案件仍在进行当中。其中，反补贴案件5起，反倾销案件42起；涉及产品41个。2014年，中国新实施的贸易救济案件9起，其中，反倾销案件7起，反补贴案件2起；新增征税产品6个，分别是太阳能级多晶硅、浆粕、高温承压用合金钢无缝钢管、四氯乙烯、单模光纤、特丁基对苯二酚。7起反倾销调查分别是针对原产于日本和美国的进口光纤预制棒，原产于欧盟和日本的进口血液透析机，原产于日本、新加坡和泰国的进口甲基丙烯酸甲酯。其中，血液透析机反倾销案因申请人撤诉已终止调查。从中国发起的贸易救济调查看，7起反倾销调查有6起涉及发达经济体，其中日本最多；从涉案产品所属行业看，化工行业涉案3起，医药行业2起，电子行业2起；从申请调查企业所在省份看，涵盖浙江、江苏、湖北、重庆、黑龙江和吉林。2014年中国共有12起贸易救济案件终止调查或终止措施。其中，因申诉方撤诉终止调查案件3起，行政复议终止措施案件1起，到期终止措施案件8起；涉及停止征税产品11个，分别是葡萄酒、初级形态二甲基环体硅氧烷、X射线安全检查设备、邻苯二酚、铜版纸、血液透析机、邻苯二甲酸酐（苯酐）、丁苯橡胶、甲苯二异氰酸酯（TDI）、三氯甲烷、1,4—丁二醇（BDO）。

（四）继续推进区域、双边贸易谈判，加快构建全球自由贸易区网络

在WTO多边贸易谈判屡屡受挫的背景下，中国也开始探索构建自身的全球自由贸易区网络，对于区域或双边自由贸易协定谈判越发重视，2014年中国继续推动区域或双边贸易协定谈判。

1. 中国—东盟自由贸易区升级版谈判

2014年3月11—13日，中国—东盟自由贸易区联委会在中国成都举行第五次会议，筹备自由贸易区升级版谈判。经过双方磋商，2014年8月中国—东盟经贸部长会议通过中国—东盟自由贸易区升级谈判要素文件，正式宣布启动升级谈判。2014年9月23—24日，中国—东盟自由贸易区联委会在越南河内举行第六次会议，讨论中国—东盟自由贸易区升级谈判工作安排，并召开投资、经济合作、原产地规则和海关程序与贸易便利化四个工作组会议，就具体领域深入交换意见。

2. 中日韩自由贸易区谈判有序推进

2014年1月16—17日、5月12—13日，中日韩自由贸易区的第六轮、第七轮谈判分别在日本东京和韩国首尔举行。三方主要就货物贸易降税模式、服务贸易和投资的开放方式等议题展开磋商，并就协定范围和领域交换意见。经过两轮谈判，三方在各个领域特别是协定范围和领域、谈判未来安排等方面取得积极进展。在货物贸易、服务贸易和投资方面，三方深入交换意见，缩小了分歧；在范围和领域方面，除已成立 11 个工作组外，三方同意将电子商务、环境、合作纳入协定并相应成立工作组。

3. 中韩自由贸易协定正式签署

2014 年中韩自由贸易区谈判加快了进程，共举行五轮谈判，并于 2014 年 11 月 10 日结束实质性谈判。2015 年 2 月 25 日完成中韩自由贸易协定全部文本的草签，对协定内容进行了确认，2015 年 6 月 1 日，中韩正式签署《中华人民共和国政府和大韩民国政府自由贸易协定》。根据谈判文本内容，双方货物贸易自由化比例均超过"税目 90%、贸易额 85%"。协定范围涵盖货物贸易、服务贸易、投资和规则等共 17 个领域，包含电子商务、竞争政策、政府采购、环境等"21 世纪经贸议题"。同时，双方承诺在协定签署后将以负面清单模式继续开展服务贸易谈判，并基于准入前国民待遇和负面清单模式开展投资谈判。

4. 中国—斯里兰卡自由贸易区谈判正式启动

近年来，中国与斯里兰卡双边贸易规模不断扩大，中国已经成为斯里兰卡第二大贸易伙伴和第二大进口来源地，中国也是斯里兰卡主要外资来源国之一。2014 年 9 月 16 日，中国与斯里兰卡共同签署《关于启动中国—斯里兰卡自由贸易协定谈判的谅解备忘录》，宣布正式启动双边自贸区谈判。2014 年 9 月 17 日至 19 日，中国—斯里兰卡自由贸易区首轮谈判在斯里兰卡首都科伦坡举行。此轮谈判双方就谈判工作机制、覆盖范围、推进方式、路线图和时间表、货物贸易降税模式等多项议题进行磋商。双方还讨论通过指导未来谈判的"职责范围"文件，为后续谈判奠定基础。2014 年 11 月 26—28 日，中国—斯里兰卡自由贸易区第二轮谈判在北京举行。双方就货物贸易、服务贸易、投资、经济技术合作、原产地规则、海关程序和贸易便利化、技术性贸易壁垒和卫生与植物卫生措施、贸易救济、争端解决等议题充分交换了意见，谈判取得积极进展。

5. 中国与澳大利亚实质性结束自由贸易协定谈判

中澳自由贸易协定谈判于 2005 年 4 月启动，经过 21 轮谈判，2014 年 11 月 17 日，中澳实质性结束自由贸易协定谈判，并于 2015 年 6 月 17 日正式签署《中华人民共和国政府和澳大利亚政府自由贸易协定》。协定范围涵盖货物贸易、服务贸易、投资和规则共 10 多个领域，包含了电子商务、政府采购等"21 世纪经贸议题"。根据谈判结果，在开放水平方面，澳大利亚对中国所有产品关税最终均降为零，中国对澳大利亚绝大多数产品关税最终降为零；服务领域，彼此向对方作出涵盖众多部门、高质量的开放承诺；投资领域，双方在协定生效日起相互给予最惠国待遇，同时大幅降低企业投资审查门槛，增加企业投资的市场准入机会、可预见性和透明度。

6. RCEP 举行第三轮谈判

2014 年 1 月 20—25 日，区域全面经济伙伴关系（RCEP）第三轮谈判在马来西亚吉隆坡举行，各谈判成员围绕货物贸易、服务贸易和投资领域的技术性议题进行磋商，主要包括：货物贸易领域各方讨论了降税模式、原产地规则、海关程序和贸易便利化等议题；服务贸易各方探讨了章节结构、要素及市场准入等议题；投资领域各方探讨了市场准入模式、章节要素等议题。成立知识产权、竞争政策、经济技术合作和争端解决 4 个工作组，并就部分成员提出的新领域进行了信息交流，召开了知识产权、服务与投资关系研讨会。

7. 中美投资协定、中欧投资协定谈判顺利进行

中美投资协定谈判于 2008 年第四次中美战略经济对话上正式启动，2014 年举行了第 11 至第 18 轮共 8 轮双边谈判。2014 年 1 月 14 日，双方在中国上海进行第 11 轮谈判，首次进入文本的实质性谈判，2014 年 3 月 4 日启动的第 12 轮谈判、6 月 9 日启动的第 13 轮谈判、7 月 29 日启动的第 14 轮谈判、9 月 22 日启动的第 15 轮谈判、11 月 17 日举行的第 16 轮谈判以及 12 月 11 日举行的第 17 轮谈判围绕文本及其核心问题进行磋商和谈判。

中欧投资协定谈判于 2013 年 11 月第 16 次中欧领导人会晤期间正式宣布启动，并于 2014 年 1 月进行了第 1 轮谈判；3 月 24 日启动的第 2 轮中欧投资协定谈判在比利时布鲁塞尔举行，中欧双方就投资协定的概念性问题交换了意见；6 月 17 日，中欧举行第三轮投资协定谈判。

二、2015 年中国贸易政策展望

2014 年，在国际经济贸易复苏乏力和国内经济下行压力逐步加大的背景下，中国经济贸易发展取得了不错的成绩。未来一段时间，中国对外贸易面临的国际环境可能略有改善，世界经济复苏力度加快、国内环境总体稳定，但中国国内经济依然面临较大的下行压力，对外贸易发展形势总体严峻。为促进中国对外贸易发展，为经济增长做出稳定贡献，未来的贸易政策趋势如下：

（一）构建开放型经济新体制是对外贸易政策的主旋律

十八届三中全会决定提出构建开放型经济新体制，这是中国对外贸易政策的纲领性文件，未来的对外贸易政策将紧紧围绕开放型经济新体制的构建进行。具体来说，将会体现在以下几个方面：

一是积极参与 WTO 各项谈判，积极融入全球经济体系。虽然 WTO 多边贸易谈判步履维艰，但是在个别领域，WTO 谈判依然取得一定进展，比如 ITA 扩围谈判、环境产品谈判以及政府采购协议谈判等。对中国来说，20 多年的发展实践证明，中国是多边贸易体制的最大受益者之一，多边贸易体制的发展符合中国

的对外贸易利益。因此,中国也将继续支持多边贸易体制发展,积极推动多边贸易谈判进行,在多边贸易谈判中充分发挥建设性作用。

二是积极构建中国的自由贸易区网络,保障"一带一路"战略实施。2014 年中国在区域贸易谈判方面取得较大进展,先后和韩国、澳大利亚完成自由贸易区实质性谈判,并在 2015 年与韩国、澳大利亚签署自由贸易协定,同时启动与斯里兰卡的自由贸易谈判。未来,为构建中国的自由贸易区网络,保障"一带一路"战略实施,中国将会继续加大自由贸易区谈判力度,尤其是加快中日韩、中国—东盟自由贸易区升级版以及 RCEP 的谈判。

三是加快自由贸易试验区建设,提高对外开放水平。中国上海自由贸易试验区建设取得阶段性成功,在深入推进投资管理、贸易便利化、金融创新、事中事后监管四个领域的制度创新中取得一批可复制、可推广的试验成果。其中,27 项改革事项已先后在全国或部分地区复制推广,包括境外投资备案管理制度、外商投资项目备案管理制度、注册资本认缴制、企业年度报告公示、贸易监管、跨国公司外汇资金运营管理等事项。为推广其成功经验,2015 年 3 月中国政府又审议通过广东、天津、福建三个自由贸易试验区总体方案。未来中国政府会加大自由贸易试验区的建设力度,向更高的对外开放水平迈进。

(二) 出台支持贸易发展政策措施,促进对外贸易稳步发展

2015 年中国对外贸易依然面临较大的压力,中国政府必然会再度出台支持贸易发展的政策措施。2015 年 4 月 28 日,国务院常务会议部署完善消费品进出口相关政策,要求有关部门在科学评估基础上拿出具体方案,一是对国内消费者需求大的部分国外日用消费品,于 2015 年 6 月底前开展降低进口关税试点,逐步扩大降税商品范围;二是结合税制改革,完善服饰、化妆品等大众消费品的消费税政策,统筹调整征税范围、税率和征收环节;三是增设和恢复口岸进境免税店,合理扩大免税品种;四是进一步推进境外旅客购物通关和退税便利化;五是加快推进中国产品品牌提升工程。2015 年 5 月 12 日,国务院印发《关于培育外贸竞争新优势的若干意见》,明确中国将全面提升与"一带一路"沿线国家经贸合作水平,努力实现出口由货物为主向货物、服务、技术、资本输出相结合转变;推动竞争优势由价格优势为主向技术、品牌、质量、服务为核心的综合竞争优势转变;推动增长动力由要素驱动为主向创新驱动转变;推动营商环境由政策引导为主向制度规范和营造法治化国际化营商环境转变;推动全球经济治理地位由遵守、适应国际经贸规则为主向主动参与国际经贸规则制订转变。未来将视中国对外贸易发展具体情况,加大对意见内容的实施,促进中国对外贸易发展。

(三) 进一步反对贸易保护主义,加强贸易救济工具使用

随着中国对外贸易快速发展以及在世界经贸地位的提升,中国一直是贸易

保护主义的最大受害国。在世界经济贸易复苏依旧不甚乐观的背景下，一些国家依旧会采取贸易保护主义措施扶持本国产业发展，对市场开放态度保守，最终造成全球贸易摩擦高发。对于世界第一贸易大国来说，中国仍将是贸易保护主义的最大受害者，2015年其他国家对中国采取贸易救济措施的案件依然会很多，中国也势必在各种场合明确反对贸易保护主义。从另一个层面讲，也将会有不少国家和地区为促进出口，采取不符合WTO规则的非公平竞争措施，对此中国也会为维护自身的贸易利益，加大对贸易救济政策工具的运用。

第二节　2014年中国对外贸易与投资发展

一、2014年中国货物贸易发展

（一）货物贸易发展规模大

2014年，中国货物进出口总额43 030.4亿美元，增长3.4%。其中，出口23 427.5亿美元，增长6.1%；进口19 602.9亿美元，增长0.4%。贸易顺差3 824.6亿美元。分季度和月度看，年内进出口增速总体前低后高。1—4月，受国际市场需求不足、2013年同期异常贸易垫高基数等因素影响，外贸出现多年不遇的进口和出口“双下降”的情况。5月以后，进出口增长开始企稳回升。出口增长在年中由负转正，三、四季度分别实现了13%和8.6%的较快增长。但进口受国际大宗商品价格持续走低和国内投资需求放缓影响，多个月份出现同比下降。中国政府积极扩大进口、促进贸易平衡，出台了一系列促进进口的政策措施，见图3.1。2014年，中国进出口增速比全球贸易增速高出2.7个百分点，也高于美国、欧盟、日本、印度、巴西等主要经济体增速，全球第一货物贸易大国地位进一步巩固。出口占全球份额为12.7%，比2013年提高0.6个百分点。

（二）欧盟成为中国最大贸易伙伴，中日贸易额下滑

2014年，欧盟、美国、东盟、中国香港和日本为中国的前五大贸易伙伴。中国对发达国家市场贸易保持稳定增长，其中，对欧盟、美国的双边贸易额分别为3.78万亿元和3.41万亿元，分别同比增长8.9%和5.4%；开拓新兴市场取得新成效，贸易伙伴更趋多元。2014年中国与发展中国家进出口比重较2013年提高0.4个百分点，中国对东盟、非洲、俄罗斯、印度等新兴市场双边贸易额分别为2.95万亿元、1.36万亿元、5 851.9亿元和4 335.5亿元，分别增长7.1%、4.3%、5.6%、6.8%，对东盟、印度、俄罗斯、非洲、中东欧国家等进出口增速均快于整体增速。同期，中国对香港地区的贸易额为2.31万亿元，下降7.2%。2014年，中国对日本双边贸易进出口总值为1.92万亿元，同比下降1%，占中国外贸进出口

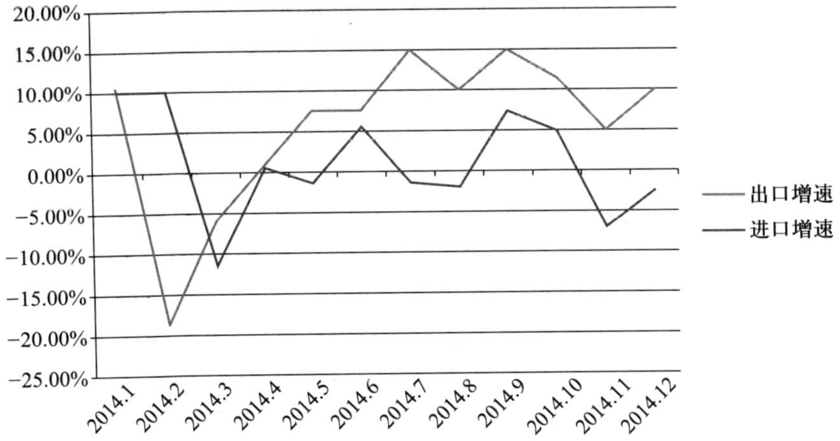

图 3.1　2014 年中国外贸月度进、出口增速

资料来源：根据中国海关官方网站资料绘制，http://www.chinacustomsstat.com.

总值的比重为 7.3%，其中，中国对日本出口 9 186.5 亿元，同比下降 1.4%；进口 1 万亿元，下降 0.5%；贸易逆差 840.4 亿元。

另外，经济全球化深入发展，区域经济一体化加快推进，全球增长和贸易投资格局也正在酝酿深刻的调整。亚欧国家都处于经济转型升级的关键阶段，需要进一步激发区域内发展的活力与合作潜力。2013 年中国国家主席习近平在访问中亚和东盟期间先后提出共建"丝绸之路经济带"和"21 世纪海上丝绸之路"的战略构想。2014 年中国与"一带一路"国家或地区双边贸易值接近 7 万亿元，增长 7%左右，占同期中国外贸进出口总值的四分之一。其中，中国对"一带一路"沿线国家出口增长超过 10%，进口增长约为 1.5%左右。

（三）国际市场与国内外贸潜力逐步显现

2014 年中国进出口企业不断开拓新兴市场，对发达国家出口稳定增长，新兴市场进出口增速快于整体增速。2014 年中国对欧盟和美国进出口分别增长 9.9%和 6.6%；对东盟、印度、俄罗斯、非洲和中东欧国家进出口增速均快于整体增速。2014 年中国自由贸易区战略效果开始显现，对自由贸易区伙伴（不含港澳台地区）出口增长 10.6%，占出口总额比重为 13.4%，较 2013 年上升 0.6 个百分点。2014 年中国前十大贸易伙伴进出口额见图 3.2。

随着沿海及国外产业不断转移到中西部地区，中西部地区贸易往来增加，外贸发展能力增强。2014 年，中国西部地区进出口总额 3 343.8 亿美元，中部地区进出口 3 127.1 亿美元，分别增长 20.2%和 10%，合计占全国进出口总额比重为 15%，较 2013 年上升 1.5 个百分点，对整体进出口增量贡献率首次超

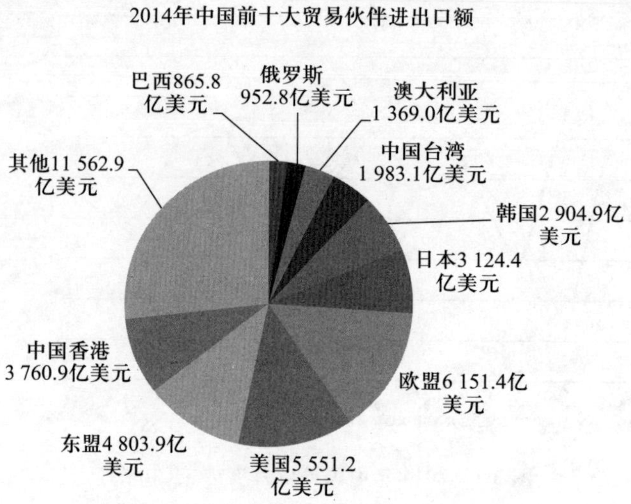

图 3.2　2014 年中国货物贸易伙伴进出口额

资料来源：根据中国海关官方网站资料绘制，http://www.chinacustomsstat.com.

过东部，达到 60.3%。东部地区进出口 3.66 万亿美元，增长 1.6%，占全国进出口总额的 85%，较 2013 年下降 1.5 个百分点。2014 年中国东中西部进出口情况见表 3.1。

表 3.1　2014 年中国东中西部进出口情况　　单位：亿美元，%

地区	进出口额	同比增长	占比	出口额	同比增长	占比	进口额	同比增长	占比
全国	43 030.4	3.4	100.0	23 427.5	6.0	100.0	19 602.9	0.5	100.0
东部	36 559.5	1.6	85.0	19 436.4	3.9	83.0	17 123.0	−0.9	87.3
中部	3 127.1	10.0	7.3	1 816.4	12.8	7.8	1 310.6	6.3	6.7
西部	3 343.8	20.2	7.8	2 174.6	22.0	9.3	1 169.2	17.0	6.0

注：东部 11 省市包括北京、天津、河北、辽宁、上海、江苏、浙江、福建、山东、广东和海南；中部 8 省市包括山西、吉林、黑龙江、安徽、江西、河南、湖北和湖南；西部 12 省市、自治区包括内蒙古、广西、四川、重庆、贵州、云南、西藏、陕西、甘肃、青海、宁夏和新疆。

资料来源：根据中国海关官方网站资料整理绘制，http://www.chinacustomsstat.com.

（四）进出口商品结构优化

2014 年中国进出口商品结构进一步完善。从进口结构看，先进技术设备进口快速增长，生物技术产品、航空航天技术产品、计算机集成制造技术产品等高新技术产品进口增速均在 15%以上，为国内产业结构调整提供了支撑。消费品进口 1 524 亿美元，增长 15.3%，占进口总额的 7.8%，较 2013 年提高 1 个百分点，对满足多层次、多样化消费需求发挥了重要作用。装备制造业成为出口的重要增长点。从出口结构看，2014 年，中国机电产品出口增长 3.7%，占出口总额比重达 56%。装备制造业依靠突出的性价比优势开拓国际市场，电力、通讯、机车车辆等大型成套设备出口增长 10%以上。纺织品、服装等七大类劳动密集型产品出口额为 4 851 亿美元，增长 5%，详见表 3.2。

表 3.2　2014 年中国出口主要商品数量、金额及增速

单位：亿美元，%

商品名称	计量单位	数量	增长	金额	增长
纺织纱线、织物及制品	—	—	—	1 121.4	4.9
服装及衣着附件	—	—	—	1 862.8	5.2
鞋类	万吨	488	4.5	562.5	0.4
家具及其零件	—	—	—	520.2	0.4
自动数据处理设备及其部件	万台	191 835.5	2.6	1 817.2	-0.2
手持或车载无线电话机	万台	131 199	10.6	1 153.6	21.3
集装箱	万个	302	12.1	90.9	14.2
液晶显示板	百万个	2 450.8	-25	317.9	-11.4
汽车及汽车底盘	万辆	90.2	-2.7	126.2	4.7
机电产品*	—	—	—	13 109.0	3.7
高新技术产品*	—	—	—	6 605.3	0.1

注：*“机电产品”和“高新技术产品”包括部分相互重合的商品。

资料来源：根据中国海关官方网站资料整理绘制，http://www.chinacustomsstat.com.

（五）民营企业对外贸易的贡献率突出

民营企业对进出口增长的贡献超过一半。2014 年有进出口实绩的民营企业占外贸企业总数的比重超过 70%，进出口额为 1.57 万亿美元，增长 5.3%，占全国进出口总额的 36.5%，较 2013 年提高 0.6 个百分点，对整体进出口增长的贡献达 55.9%。国有企业进出口额为 7 475.4 亿美元，下降 0.2%，连续三年负增长。外资企业进出口额为 1.98 万亿美元，增长 3.4%，详见表 3.3。

（六）贸易方式结构不断调整

过去，进出口企业主要以代工生产、贴牌出口为主，近几年，中国开始以自创品牌、自主设计、自主研发为重点，在全球价值链中的地位不断提高，一般贸易出口占比恢复到一半以上。2014 年，中国一般贸易进出口 2.31 万亿美元，增长5.3%，占全国进出口总额的53.8%，较2013年提高1个百分点，比重连续两年提高，其中，出口同比增长10.7%，占出口总值比重为51.4%，20年来首次过半，对出口增长的贡献率达87.8%。加工贸易进出口1.41万亿美元，增长3.8%。

新型贸易方式蓬勃发展。为顺应个性化的全球消费潮流，帮助中小企业开拓国外业务市场，跨境电子商务、市场采购贸易、外贸综合服务等新型贸易方式开始成为外贸发展的新增长点。2014年，跨境电子商务增速高达30%以上。

表3.3 2014年中国进出口贸易方式和企业性质情况

单位：亿美元，%

项目		出口			进口		
		金额	同比增长	占比	金额	同比增长	占比
总值		23 427.5	6.1	100.0	19 602.9	0.4	100.0
贸易方式	一般贸易	12 036.8	10.7	51.4	11 095.1	0.0	56.6
	加工贸易	8 843.6	2.7	37.7	5 243.8	5.5	26.8
	其他贸易	2 547.1	-2.7	10.9	3 264.0	-5.0	16.7
企业性质	国有企业	2 564.9	3.1	10.9	4 910.5	-1.9	25.0
	外商投资企业	10 747.3	3.0	45.9	9 093.1	3.9	46.4
	民营企业	10 115.2	10.4	43.1	5 599.3	-2.9	28.5

资料来源：根据中国海关官方网站资料整理绘制，http://www.chinacustomsstat.com.

二、2014年中国服务贸易发展情况

根据商务部统计，2014年中国服务进出口总额6 043.4亿美元，比2013年增长12.6%，增速远高于全球服务贸易4.7%的平均水平。其中，服务出口2 222.1亿美元，增长7.6%；服务进口3 821.3亿美元，增长15.8%。服务贸易逆差扩大至1 599.3亿美元。根据WTO统计，2014年中国服务出口额与进口额全球占比分别为4.6%和8.1%，位居全球第五位和第二位。2014年中国服务贸易发展主要呈现以下特点：

（一）服务贸易规模不断扩大

随着中国经济结构转型升级，服务贸易进入快速发展期，服务贸易占对外贸易总额的比重持续上升。服务进出口额从2007年的2 509亿美元攀升至2014年的6 043.4亿美元，7年时间里增长了1.5倍。“十二五”以来，中国服务贸易

在对外贸易总额(货物和服务进出口额之和)中的比重持续上升。2014 年中国服务贸易增速高出货物贸易增速 10.3 个百分点,如图 3.3 所示,服务贸易占对外贸易总额的比重达 12.31%,比 2013 年提高 0.83 个百分点。

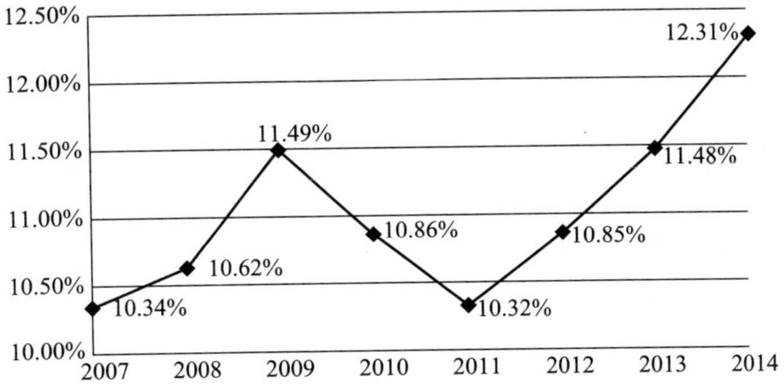

图 3.3 2007—2014 年中国服务贸易占对外贸易总额比重

资料来源:根据中国商务部、国家外汇管理局官方网站资料整理绘制,http://zhs.mofcom.gov.cn/tongji.shtml;http://www.safe.gov.cn/wps/portal/sy/tjsj_szphb.

(二) 服务贸易逆差进一步扩大

2014 年中国服务贸易逆差 1 599.3 亿美元,同比增长 35%。其中旅游贸易逆差为 1 078.9 亿美元,大幅增长 40.3%,占服务贸易逆差总额的 67.5%,是服务贸易逆差的最大来源。其次是运输服务、专有权利使用费和特许费逆差分别为 579 亿美元、219.7 亿美元,均比 2013 年略有增长。保险服务逆差 179.4 亿美元,比 2013 年小幅度减少。

2014 年,中国顺差最大的服务贸易项目为加工服务,其顺差为 212.7 亿美元。咨询、建筑服务顺差均突破 100 亿美元,分别为 166 亿美元和 104.9 亿美元。计算机、信息服务和其他商业服务分别实现 98.6 亿美元和 97.4 亿美元的顺差,广告宣传实现了 12 亿美元的小额顺差。

(三) 传统服务进出口占服务贸易比重仍然较大

旅游、运输服务和建筑服务是中国的三大传统服务,2014 年,这三大传统服务进出口合计 3 765.5 亿美元,占服务贸易总额的 62.6%。三大服务出口合计增长 10.7%,占服务出口总额的 50.4%。其中,旅游出口增长 10.2%,占服务出口总额的比重为 25.6%,仍占据各类服务首位;运输服务出口同比微增 1.7%,占比降至 17.7%,位居第二;建筑服务出口实现了 44.6%的强劲增长,占比上升至 7.1%,建筑服务进口增幅也达到 26.7%。由于“出境游”越来越受到中国居民的欢迎,旅游服务进口增长 28.2%。

（四）高附加值新兴服务进出口迅速增长

2014年，中国高附加值服务进出口快速增长，金融服务、通讯服务、计算机和信息服务进出口增速分别达到59.5%、24.6%、25.4%。其中金融服务出口大幅增长57.8%，达46亿美元；计算机和信息服务出口增长19%，达183.6亿美元。咨询服务出口增长5.8%，达429亿美元，占服务出口的比重为19.8%，仅次于旅游出口；电影音像出口增长22.3%，金额为1.8亿美元。金融服务、计算机和信息服务、通信服务、广告宣传进口分别增长61%、42%、40.7%和21.2%。高附加值服务进出口的快速增长为资本密集型和技术密集型企业发展提供了助力，推动了中国经济转型升级。

（五）服务外包产业发展成效显著

据商务部统计，2014年中国承接服务外包合同金额首次超过1 000亿美元，达到1 072.1亿美元，执行金额813.4亿美元，同比分别增长12.2%和27.4%。其中承接离岸合同金额718.3亿美元，执行金额559.2亿美元，同比分别增长15.1%和23.1%。云计算、大数据、移动互联等技术快速普及应用，推动了中国服务外包产业向价值链高端延伸。知识流程外包业务达186.7亿美元，占离岸执行总额的比重为33.4%。

离岸服务外包市场多元化趋势日益显现，逐渐从美欧日和中国香港地区等传统市场拓展至东南亚、大洋洲、中东、拉美和非洲等近200个国家和地区。2014年，中国承接美国、欧盟、中国香港和日本的离岸服务外包执行金额合计346.5亿美元，占执行总额的62%，比2013年同期下降2.9个百分点。与此同时，中国与“一带一路”沿线国家服务外包合作快速发展，承接“一带一路”沿线国家服务外包合同金额和执行金额分别为125亿美元和98.4亿美元，同比分别增长25.2%和36.3%，均远高于总体增速。

三、2014年中国利用外资和对外投资情况

（一）中国利用外资情况

2014年中国实际使用外资1 195.6亿美元，同比增长1.7% ，高于美国、欧盟、俄罗斯、巴西等主要经济体，连续23年保持发展中国家首位。2014年，外商投资新设立企业23 778家，同比增长4.4%；实际使用外资金额7 363.7亿元人民币。全年利用外资有以下特点：

1. 主要国家/地区对中国投资总体保持稳定

2014年实际投入外资金额排名前十位的国家/地区是：中国香港、新加坡、中国台湾、日本、韩国、美国、德国、英国、法国、荷兰，合计投入1 125.9亿美元，占全国实际使用外资金额的94.2%，同比增长2.7%。其中，韩国和英国对中国投

资增长较快，实际投入金额分别为 39.7 亿美元和 13.5 亿美元，同比增长 29.8% 和 28%。内地与香港经贸关系更加紧密。2014 年香港对内地投资额占内地吸收外资总额的 68%，高出历年累计比重 18.7 个百分点。

2. 利用外资结构不断优化

一是服务业吸收外资占比上升，达到 55.4%，高出制造业 22 个百分点，达 662.3 亿美元，成为吸收外资新增长点。二是资金密集度进一步提升。2014 年新设企业平均合同外资金额 812 万美元，比 2013 年提高 13.9%。三是外资区域布局日趋合理。在外向型产业转移的带动下，中部地区吸收外资增长 7.5%，实际使用外资金额占比升至 9.1%。中西部地区实际使用外资占比为 18.1%，比 2013 年提高 0.5 个百分点。

3. 外商投资企业经营状态稳定，盈利和纳税好于全国平均水平

2014 年，外商投资企业进出口总额同比增长 3.4%，占全国总额的 46.1%。根据国家统计局和税务总局数据，2014 年 1—11 月，规模以上外商投资工业企业实现利润总额 1.37 万亿元，增长 10.3%，高于全国平均增幅 5 个百分点。2014 年 1—9 月，外商投资企业缴纳税收 1.9 万亿元，增长 8.6%，比全国税收增幅高 1 个百分点，占全国税收收入的比重为 19.4%，比 2013 年同期提高 0.2 个百分点。

（二）中国对外投资情况

2014 年中国实际对外投资已经超过利用外资规模，已经成为资本净输出国。共实现全行业对外直接投资 1 160 亿美元，同比增长 15.5%，其中金融类 131.1 亿美元，同比增长 27.5%；对 156 个国家和地区的 6 128 家境外企业进行了直接投资，累计实现非金融类对外直接投资 1 028.9 亿美元，同比增长 14.1%。

1. 对外直接投资产业结构继续优化

2014 年对外直接投资产业门类广泛，涉及租赁和商务服务业、采矿业、批发和零售业、建筑业、制造业、房地产业、交通运输、仓储和邮政业等 15 大类，其中租赁和商务服务业 372.5 亿美元，采矿业 193.3 亿美元，批发零售业 172.7 亿美元，上述 3 个行业成为对外直接投资的主要领域。

2. 地方企业对外直接投资发展迅速

2014 年，地方企业对外直接投资 451.1 亿美元，同比增长 36.8%，占同期对外直接投资总额的 43.8%，较 2013 年增加 7.2 个百分点。其中广东、北京、山东位列前三，对外直接投资额分别为 96.01 亿美元、55.47 亿美元和 44.11 亿美元。

对外投资的高速增长，有中国“走出去”战略的推动作用，更主要的是国际市场对中国企业投资的强劲需求，和中国企业发展到一定阶段必须走向全球对外投资的内在动力。

第三节 加入 WTO 以来中国贸易政策调整与发展成就

一、加入 WTO 以来中国贸易政策调整

2001 年 12 月 11 日，中国正式加入 WTO，为履行入世承诺以及适应新的国际经济环境，更好地执行 WTO 的规则要求，中国对外贸易政策出现大幅调整。

（一）建立社会主义市场经济法律体系，构建统一、开放、竞争、有序的大市场

加入 WTO 以来，致力于提高对外开放政策的稳定性、透明度和可预见性，为建立符合 WTO 要求的法律体系，中央政府共清理各种法律法规和部门规章 2 300 多件，地方政府共清理地方性政策和法规 19 万多件，对贸易体制和政策进行全面调整。货物贸易、服务贸易、与贸易有关的知识产权保护及透明度等各方面法律法规、部门规章进行了细致清理，完善了司法审查制度，提高了立法程序的公众参与度和立法透明度。

加入 WTO 以来，在全国范围内实行统一的对外经贸政策，完善并确保贸易政策法律法规透明和公平；对所有成员实行非歧视待遇，给予外国货物、服务和知识产权国民待遇，并努力实现对外国服务及投资的国民待遇；提倡公平贸易和公平竞争，制止恶性竞争，并有效地管理贸易自由化带来的风险和压力，使得货物、服务、知识产权方面的政策措施逐步规范，并使其更趋于合理化，整体上实现了改革与开放的良性互动。

（二）修订《对外贸易法》，与 WTO 规则全面接轨

2004 年 4 月 6 日，第十届全国人民代表大会常务委员会第八次会议修订通过《中华人民共和国对外贸易法》（简称《对外贸易法》），标志着中国涉及外贸领域的基本法与 WTO 规则进行全面接轨。《对外贸易法》放宽外贸经营权，将对外贸易经营者范围扩大到依法从事对外贸易经营活动的个人；取消对货物和技术进出口经营权的审批，只要求对外贸易经营者进行备案登记；增加国家可以对部分货物的进出口实行国营贸易管理的内容；增加国家基于监测进出口情况的需要，对部分自由进出口的货物实行进出口自动许可管理的内容；增加“与对外贸易有关的知识产权保护”章节；根据对外贸易管理出现的新情况、新问题，结合对外贸易管理的实际需要，补充、修改和完善有关法律责任规定，通过刑事处罚、行政处罚和从业禁止等多种手段，加大对对外贸易违法行为以及对外贸易中侵犯知识产权行为的处罚力度。还增加维护进出口经营秩序、扶持和促进中小企业开展对外贸易、建立公共信息服务体系、对外贸易调查、对外贸易救济等内容。

（三）积极履行入世承诺，建立符合 WTO 规则要求的经济贸易体制

加入 WTO 以来，中国克服种种困难认真履行了各项承诺，建立起符合规则要求的经济贸易体制，成为全球最开放市场中的一员。一是在货物贸易领域，关税平均水平从 2002 年的 15.3%降至 2010 年的 9.8%，降税承诺履行完毕，2011—2015 年均维持 9.8%的关税总水平；严格按时间表全部取消了进口配额和进口许可证等非关税措施，彻底放开了对外贸易经营权。二是按 WTO 规则分类的 160 多个服务贸易部门中，中国已经开放了 104 个，并承诺将进一步开放 11 个分部门，远高于发展中国家的平均水平，涉及银行、保险、电信、分销、会计、教育等重要服务部门，为外国服务提供者提供了广阔的市场准入机会。三是入世以来，WTO 分别在 2006 年、2008 年、2010 年和 2014 年先后四次审议中国的贸易政策，WTO 成员普遍认为中国所表示的决心严肃认真，努力非同寻常。

（四）建立开放型经济体系，形成全方位、多层次、宽领域的开放格局

一是通过履行加入 WTO 承诺，逐步建立了以货物贸易、服务贸易、与贸易有关的投资和知识产权等领域开放为主要内容的开放型经济体系；二是形成了从过去主要以东南沿海较发达地区的对外开放，转向以发达地区为主，东、中、西部并举的全方位对外开放的新格局，中西部地区对外开放的力度进一步加大，西部开发成为重中之重；三是对外开放的领域从过去主要以制造业为主的开放，转变为以农业、制造业、服务业协调进行的对外开放，农业和服务业的对外开放程度不断扩大；四是进一步放宽了对外资的各种限制，除极少数关系国计民生的重要战略及军事工业外，全面放宽了对外资的准入限制，扩大了对外商投资开放的领域，逐渐取消了地域及股权方面的限制，加快了建立开放型经济的步伐。

（五）融入全球经济体系，在多边贸易体制中发挥积极的作用

加入 WTO 以来，通过融入全球经济体系，中国在多边贸易体制中发挥积极的作用，对多边贸易体制做出了重要贡献。

第一，跟踪各国贸易政策变化趋势，建立起长效应对机制。一是积极参与 WTO 对欧盟、日本等中国主要贸易伙伴及其他十几个成员进行的贸易政策审议，充分行使成员权利，以更成熟的姿态全面出现在多边舞台。二是加强多双边磋商，充分利用 TBT/SPS 委员会以及各相关平台进行交涉，积极维护和争取中国利益。三是建立管理机构、行业和企业间的信息收集与共享平台，在联合应诉、法律抗辩、公平贸易培训、课题研究等方面开展深入合作，建立起对内对外良好沟通渠道基础上的快速反应机制及长效联系机制，以维护自身利益。

第二，旗帜鲜明地反对贸易保护主义。面对金融危机中全球保护主义倾向不断加强的复杂形势，始终旗帜鲜明地反对贸易保护主义，坚持对话与合作，充分利用多双边舞台，妥善应对和化解贸易分歧和摩擦。一是针对美国、欧盟等主要成员滥用 WTO 规则对中国发起的贸易救济措施,在不违反规则的前提下及时对企业和行业的发展规划进行修正和相应指导。二是利用 WTO 规则维护中国产业安全,出台一系列政策、建立长效机制,大力扶持贸易法律和政策研究机构,积极保护中国相关产业。三是统筹考虑、权衡利弊,同时通过各种渠道充分反映中国的关注和诉求,敦促各成员继续履行贸易开放的义务,利用 WTO 争端解决机制和程序、特殊措施和补救措施,公平、客观、合理地解决成员间的经贸摩擦,努力争取和维护包括中国在内的发展中国家的正当权益和经济利益。

第三,推动多哈回合谈判,积极参与新贸易规则的制定。入世以来,中国政府积极参与多哈回合谈判,在多种场合明确表达希望多哈回合早日取得全面、均衡的成果,为谈判注入政治推动力,为推动多哈回合谈判取得进展发挥了建设性作用。面对 10 多年悬而未决的多哈回合艰难的谈判形势,中国加强与各方的协调和沟通,积极推动谈判取得进展。在各种场合,如 G20 峰会、G8+5 峰会、APEC 等多边场合及各种双边的会见活动中,中国一如既往地支持多边贸易体制,敦促各方按照多哈宣言和授权,锁定已取得的共识和成果,推动多哈回合早日结束。

(六) 加快实施自由贸易区战略,区域经济融合和经贸关系深入发展

入世以来,中国在坚持多边贸易自由化的同时,积极顺应区域经济合作发展潮流,加快实施自由贸易区战略,促进了区域经济融合和经贸关系的深入发展。截至 2015 年 6 月,中国在建自由贸易区 19 个,涉及 32 个国家和地区。其中,已签署自由贸易协定 13 个,涉及 21 个国家和地区,分别是中国与东盟、新加坡、巴基斯坦、新西兰、智利、秘鲁、哥斯达黎加、冰岛、瑞士和韩国签署的自由贸易协定,内地与香港、澳门的更紧密经贸关系安排(CEPA),以及大陆与台湾签署的海峡两岸经济合作框架协议(ECFA);正在谈判的自由贸易协定 8 个,涉及 23 个国家,分别是中国与海湾合作委员会(GCC)、澳大利亚、斯里兰卡和挪威的自由贸易协定,以及中日韩自贸协定、《区域全面经济合作伙伴关系协定》(RCEP)和中国—东盟自贸协定("10+1")升级谈判、中国—巴基斯坦自由贸易协定第二阶段谈判。此外,中国完成与印度的区域贸易安排(RTA)联合研究;中国正与哥伦比亚等开展自贸区联合可行性研究;中国还加入了《亚太贸易协定》。

二、加入 WTO 以来中国经济贸易发展取得的成就

自从中国加入 WTO 以来,中国经济贸易发展取得了令人瞩目的成就,中国履行对 WTO 的承诺,完善市场经济体系,进一步降低关税,削减非关税措施,全面放开外贸经营权,进一步扩大服务市场开放和营造更为公平的市场竞争环境,加强国际分工与合作,推动了国际经济、贸易、金融体制的发展,对促进世界经济

复苏做出了巨大的贡献。

(一) 中国经济实现跨越式发展,综合国力大幅提升

1. 国民经济持续健康发展,经济总量跃居世界第二

加入 WTO 以来,中国利用国际国内两种资源、两个市场,树立全球性的战略意识,积极参与国际竞争,参与国际经济技术合作,提高对外开放的水平。中国更大限度地发挥市场在资源配置中的基础性作用,增强国有企业的活力和竞争力,健全国家宏观调控体系,使宏观经济保持了长期高速增长,国际经济地位不断提升。国内生产总值(GDP)年均增长率达到 11%,由 2001 年的 10.97 万亿元增加到 2014 年的 63 万亿元,突破 60 万亿元,以美元计,亦首次突破 10 万亿美元大关,中国成为继美国之后又一个“10 万亿美元俱乐部”的成员,同时 GDP 总量稳居世界第二。

2. 实现经济结构战略性调整,产业竞争力不断提升

加入 WTO 以来,面对开放带来的竞争压力,各地区、各部门、各行业高度重视、积极应对,通过对经济结构进行战略性调整,促使产业竞争力不断提升。

第一,对“三农”问题高度重视,实现农业飞跃发展。一是加入 WTO 以来,中国高度重视“三农”问题,国家在市场开放同时,加大对农业的支持保护力度,取消了农业税,实施直接补贴、农资综合补贴、良种补贴、农机具购置补贴、实行最低收购价等一系列强农惠农政策,初步建立了以价格支持为基础、农业补贴为主体的农业支持政策体系,农业发展迅速。二是全面深化农村改革,农产品市场运营环境得到改善,农户市场主体地位得以确立。三是强化政府农业公共服务力度,农业行政管理部门的管理水平和技巧明显提高。四是中国农业发展取得突出成就,在一系列扶持政策与开放改革的推动下,中国农业综合生产能力明显加强。五是农民收入大幅提高,2014 年城镇居民人均可支配收入 28 844 元,比 2013 年增长 9.0%,扣除价格因素实际增长 6.8%;农村居民人均可支配收入 10 489 元,比 2013 年增长 11.2%,扣除价格因素实际增长 9.2%。这已经是农村居民收入增幅连续 5 年超过城市居民。六是农业产业结构得到优化调整,优势农产品区域布局规划深入实施,各主要农产品加工的产业聚集区已初步形成。七是成功应对国际粮食价格剧烈波动、国际市场激烈竞争和贸易摩擦不断升级的巨大冲击,为保持经济持续稳定发展、促进社会和谐稳定大局发挥了基础支撑作用。2008 年国际粮价的剧烈波动,导致全球近十亿人口面临饥饿的威胁。中国成功应对这些挑战,确保了国内市场的有效供给和价格稳定。

第二,加入 WTO 以来,中国制造业发展取得举世瞩目的成就。制造业充分利用两个市场、两种资源,竞争力显著提升,成为世界制造业第一大国,为中国国民经济发展奠定了坚实基础。一是形成门类齐全的工业体系,工业生产总值大

幅提升,工业在整个国民经济中占有绝对主体地位。2000—2014 年,工业增加值从 2.53 万亿元上升到 22.8 万亿元。二是工业企业效益显著增长。2000 年全国规模以上工业企业利润总额为 0.44 万亿元,2014 年实现利润总额 6.5 万亿元,利润增长近 15 倍。三是工业企业实力明显增强,主要工业产品产量位居世界前列。目前工业产品产量居世界第一位的已有 220 多种,制造业净出口居世界第一位,制造业增加值在世界占比达到 20.8%。四是产品质量稳步提高,监督管理体系日趋完善。中国机械工业已完成由小到大"量"的积累和质的变化,跻身世界机械制造大国之列。机械工业主要产品中约有 40%的产品质量已经接近或达到国际先进水平。

第三,服务业规模不断扩大、质量不断提高,国际竞争力明显提高。一是服务业规模扩大,第三产业增加值由 2001 年的 4.4 万亿元增加到 2014 年的 30.7 万亿元,占 GDP 的比重由 39.3%提高到 48.2%。2014 年,服务业固定资产投资同比增长 16.8%,占全社会固定资产投资的 56.2%,创 2005 年以来新高。二是中国已经拥有世界上市值最大的银行业,2014 年中国工商银行、中国建设银行、中国银行、中国农业银行四大中资行跻身全球银行前十名,中国工商银行以 2 076.14 亿美元的一级资本,位居全球银行首位。三是电信业的发展使中国居民享受的通讯服务质量大幅度提升,2001—2014 年全国移动电话用户总数由 1.4 亿上升到 12.86 亿,移动电话普及率从 11.47 部/百人上升到 94.5 部/百人,互联网普及率由 4.6%上升到 47.9%。

(二)对外开放的有利环境造就了中国对外贸易的巨大成就

1. 货物贸易进出口规模持续扩大

自从加入 WTO 以来,积极顺应全球产业分工不断深化的大趋势,充分发挥比较优势、承接国际产业转移,大力发展对外贸易并积极促进双向投资,使开放型经济实现了跨越式发展。2000 年中国货物贸易进出口总额为 4 742.9 亿美元,其中出口额 2 492.0 亿美元,占世界出口比重 3.9%,居世界第七位;进口额 2 250.9 亿美元,占世界进口比重 3.4%,居世界第八位。2014 年,中国进出口总值 43 030.4 亿美元,同比增长 3.4%,其中出口 23 427.5 亿美元,居世界第一位,增长 6.1%,进口 19 602.9 亿美元,居世界第二位,增长 0.4%,贸易顺差 3 824.6 亿美元,同比扩大 47.7%。2014 年中国外汇储备额达 38 430.18 亿美元,居世界第一位。

2. 服务贸易在对外贸易中的地位逐步提高

加入 WTO 以来,中国服务贸易规模迅速扩大。服务进出口额由 2001 年的 726.1 亿美元增加到 2014 年的 6 043.4 亿美元,其中出口额由 333.4 亿美元增加到 2 222.1 亿美元,服务进口额由 392.7 亿美元增加到 3 821.3 亿美元。同期在世界服务出口和进口贸易的地位从第 12 位和第 9 位升至第 5 位和第 2 位。2001 年服务业实际利用外资 114.1 亿美元,2014 年达到 662.4 亿美元,运输、通信、金融、保险等现代服务业的开放深化了与贸易伙伴的经贸关系,引进了先进技术、管理方法与经验,对经济发展起到积极的推动作用。

(三) 中国成为世界经济贸易增长的新引擎,国际地位逐步提升

1. 对世界经济增长做出巨大贡献,成为世界经济增长的新引擎

第一,加入 WTO 以来,中国日益成为世界经济稳定的增长极。一是对世界经济增长贡献不断提高。过去近 20 年中国对世界经济增长贡献率为 22%,高于美国的 17%,2014 年中国对世界经济增长的贡献率达到 27.8%,美国则为 15.3%。就进口商品来说,进口额达到近 2 万亿美元,占世界进口商品总额的 10%。这表明中国经济实力不断增强,国际地位不断提高。二是中国强劲的进口需求为各国提供了广阔的市场和就业空间。一方面,加入 WTO 以来,中国从海外进口不断增长,为各国发展提供了广阔市场,增加了不同国家的就业机会。另一方面,国际金融危机发生后,中国迅速采取了应对危机的一揽子经济刺激计划,经济稳定发展,快速增加的进口需求有效地拉动了各国对中国的出口,为世界经济复苏做出了积极贡献。

2. 中国在国际经贸事务中的话语权得以提升

第一,中国在国际经济决策与治理中的影响力得到提升。2010 年中国在世界银行的投票权从 2.77%提高到 4.42%,中国是国际体系的积极建设者,各方对中国的需求显著上升,中国在重大国际议题上的发言权扩大,影响力上升。第二,在 G20 峰会、APEC 会议、国际气候谈判以及所有与世界经济发展与稳定的合作对话机制中,中国的地位日益突显。

参考文献

[1] WTO.Bali Ministerial Declaration and Decisions. http://wto.org/english/thewto_e/minist_e/mc9_e/tempdocs_e.htm.

[2] 刘似臣.中国对外贸易政策的演变与走向[J].中国国情国力,2004(8).

[3] 杨曼曼.新时期中国对外贸易政策演变研究[D].济南:山东轻工业学院,2012.

第二篇　2014 年 WTO 主要议题分论

第四章 《农业协议》

2014 年,农业委员会在上半年主要集中于制定工作方案,根据巴厘岛部长级会议的内容,完善多哈回合的农业部分,下半年却陷入僵局,工作暂缓。期间共召开 4 次正式会议以及 5 次非正式会议。同时,WTO 各成员共提交审议 192 份通告,报告了 2013 年以前《农业协议》执行情况。此外,2014 年有关《农业协议》的贸易争端仅有 3 例。

第一节 农业谈判会议进程

2014 年农业委员会共召开 4 次正式会议以及 5 次非正式会议,4 次正式会议分别在 2014 年 1 月 29 日、3 月 21 日、6 月 5—6 日和 11 月 13 日。会议回顾了 2014 年各成员对协议的执行情况:首先,根据《农业协议》第 18.1 条款,各国在 2014 年共提交审议 82 份通知,主要涉及市场准入、国内支持、出口竞争、出口禁止和限制,以及有关净粮食进口发展中国家(NFIDC)马拉喀什部长级决定的后续。其次,各成员在会议上提及 237 个相关问题,其中的 76%与国内支持有关,17%有关市场准入,6.5%有关出口补贴,0.5%有关 NFIDC 决定。再次,根据协议第 18.6 条款的承诺,11 个成员提交了 35 组相关问题,其中 16 组问题在 2014 年首次提出讨论,国内支持是最主要的讨论话题。

具体来说,2014 年的 4 次例会各有重点。1 月 29 日的会议着手实施 2013 年 12 月巴厘岛部长级会议做出的 3 项决议,包括关于保持低水平出口补贴的政治宣言,关于进口持续且大幅低于配额水平时的关税配额承诺,关于发展中国家以粮食安全等目的建立的粮食储备不受国内支持限制的决议。3 月 21 日的会议继续更新农业重要出口国的名单,但没有达成一致结果。会议鼓励农产品贸易超过全球贸易量的 5%,但不在 1995 年出口国名单的国家自愿通告表ES:2(出口补贴);农产品贸易小于 5%的国家可以做出(或不做出)表 ES:2 的通告;1995 年名单上的国家则有义务做出表 ES:2 的通告。6 月 5—6 日的会议首次专门讨论出口竞争问题,被认为是巴厘岛部长级会议可交付成果的第一步。11 月 13 日的会议监测了《关于就改革方案对最不发达国家和粮食净进口发展中国家可能产生的不利影响采取措施的马拉喀什部长级决定》的后续进展,由于 2012 年以后没有收到新的申请,粮食净进口国的名单保持不变。

在 1 月、3 月和 6 月进行的非正式会议上,成员就以下问题进行了讨论:

(1) 如何加强委员会的功能,特别是透明度等相关工作;(2) 如何促进各成员通知的提交;(3) 国内支持的趋势、贸易趋势和市场准入承诺执行情况。

非正式和正式会议还讨论了巴厘岛部长级决定的后续工作,包括:(1) 加深理解协议第 2 条款定义的农产品关税税率配额管理规定;(2) 以粮食安全为目的建立的粮食储备;(3) 巴厘岛部长级会议的出口竞争宣言。

2014 年 6 月 10—13 日在日内瓦组织了第五次《农业协议》通告研讨会,来自全球的 23 个学院参加了此次研讨会,主要包括委员会审议过程的实际演练,以及农业信息管理系统(AG-IMS)使用的培训。另外,2014 年,秘书处在五个国家(多米尼加共和国、马来西亚、巴拉圭、卡塔尔和阿拉伯联合酋长国)开展了有关《农业协议》通告的讲座。

第二节 主要成员《农业协议》通告

2014 年 WTO 各成员共提交审议 192 份通告,报告了 2013 年以前的《农业协议》执行情况。欧盟、美国、中国、日本和挪威提交审议通告的主要内容见表 4.1。

表 4.1 主要成员提交审议的《农业协议》通告

国家	通告文件	主要报告内容
欧盟	6 份:G/AG/EU/17-G/AG/EU/22	欧盟 2011 年和 2012 年的出口补贴、2010 年和 2011 年的国内支持、2012 年的特殊保障以及 2012 年和 2013 年的 LDCs/NFIDCs 的食品和营养援助
美国	8 份:G/AG/N/USA/93-G/AG/N/USA/100	美国 2012—2013 年的关税配额、2011—2012 年的出口补贴、2012 年的国内支持、2012 年的特殊保障以及 2011—2012 年的 LDCs/NFIDCs 的食品和营养援助
中国	2 份:G/AG/CHN/26 G/AG/CHN/27	中国 2012 年的关税配额和 2012 年的出口补贴
日本	10 份:G/AG/N/JPN/190-G/AG/N/JPN/199	日本 2012 年的关税配额、2011—2013 年的出口补贴,2010—2012 年的国内支持、2013 年的特殊保障以及 2011 年的 LDCs/NFIDCs 的食品和营养援助
挪威	9 份:G/AG/N/NOR/71-G/AG/N/NOR/79	挪威 2012—2013 年的关税配额、2012—2013 年的出口补贴、2012—2013 年的国内支持,以及 2013 年的 LDCs/NFIDCs 的食品和营养援助

资料来源:根据 WTO 农业委员会资料整理,https://www.wto.org/english/tratop_e/agric_e/ag_work_e.htm.

一、欧盟

2014 年欧盟提交审议 6 份《农业协议》通告（G/AG/EU/17－G/AG/EU/22），主要更新了欧盟有关出口补贴、国内支持、特殊保障以及 LDCs/NFIDCs 的食品和营养援助数据。2012 年，欧盟农产品出口补贴支出仅为 5 910 万欧元；2011 年，欧盟综合支持量为 68.6 亿欧元，"绿箱"措施支出为 709.8 亿欧元，"蓝箱"29.8 亿欧元，仍然以"绿箱"措施为主；2013 年欧盟共实施食品和营养援助 3.819 亿欧元。另外，2012 年欧盟农产品中的活牛、葡萄、番茄等关税配额完成率达到或接近 100%，活羊、果脯等关税配额完成率小于 1%。2015 年提交的 3 份通告报告了 2013 年的关税配额、出口补贴和特殊保障情况。

二、美国

2014 年美国提交审议 8 份通告（G/AG/N/USA/93－G/AG/N/USA/100），主要更新了美国有关关税配额、出口补贴、国内支持、特殊保障以及 LDCs/NFIDCs 的食品和营养援助的数据。具体而言，美国 2012 年对 54 个关税税号实施配额管理，黄油、黄油制品和低脂粉末等产品的关税配额完成率很低，冰激凌和青橄榄的配额完成率超过 100%；自 2010 年起，美国取消了出口补贴；美国 2012 年综合支持量为 68.6 亿美元，"绿箱"措施支出为 1 274.4 亿美元，远远高于"黄箱"措施；2012 年美国对 57 种农产品实施基于价格的特殊保障；2012 年美国共实施食品援助 16.24 万公吨，技术和金融援助 38.21 亿美元。2015 年的 2 份通告公布了美国 2013 年的关税配额和 2014 年 10 月后的关税等管理工作情况。

三、中国

2014 年中国提交审议两份通告（G/AG/CHN/26－27），分别报告了 2012 年中国关税配额和出口补贴情况。2012 年中国实施配额管理的关税税号变为 7 个（豆油、棕榈油和菜籽油的进口关税配额自 2006 年起取消），包括小麦、玉米、大米（短期和中期）、大米（长期）、糖、羊毛和棉花。其中，糖、羊毛和棉花关税配额完成率为 100%，大米和小麦关税配额完成率不足 50%，玉米关税配额完成率为 72.3%。中国在入世时曾明确承诺，农产品贸易取消出口补贴，因此 2012 年无出口补贴数据。2015 年提交的 1 份通告报告了 2009 年和 2010 年的国内支持情况。

四、日本

2014 年日本提交审议了 10 份通告（G/AG/N/JPN/190—G/AG/N/JPN/

199)，主要更新了日本有关关税配额、出口补贴、国内支持、特殊保障以及2011年的LDCs/NFIDCs的食品和营养援助数据。日本对20个关税税号实施关税配额管理，配额完成率相对较高，其中炼乳、食用脂肪、大麦及其加工产品等的关税配额完成率接近100%，小麦及其加工品的完成率超过100%，脱脂奶粉、婴儿奶粉的乳清和酥油等农产品的关税配额完成率相对较低；日本2012年的综合支持量为6 089亿日元，“绿箱”措施支出为18 769亿日元，远远高于“蓝箱”措施的1 552亿日元；2013年日本对11种农产品实施基于价格的特殊保障；2011年日本共提供2.07亿美元的食物援助以及2.44亿美元的技术和金融援助。2015年提交的4份通告报告了2013年的关税配额和2014年的特殊保障数据。

五、挪威

2014年挪威提交审议了9份通告（G/AG/N/NOR/71-G/AG/N/NOR/79），更新了挪威有关关税配额、出口补贴、国内支持以及LDCs/NFIDCs的食品和营养援助数据。挪威对232个关税税号实施配额管理，2013年，牛羊肉和奶酪等产品的关税配额完成率达到100%，鸡鸭肉、鸡蛋和黄油及包心菜等的关税配额完成率不足70%；挪威2013年的出口补贴为264亿挪威克朗；挪威2013年的综合支持量为98.75亿挪威克朗，“绿箱”措施支出为78.39亿挪威克朗；2013年挪威提供紧急救灾援助1.27亿挪威克朗，提供双边食物援助共59.37亿挪威克朗。2015年提交的1份通告是关于挪威新的或修正的国内支持措施。

第三节　主要成员就《农业协议》执行情况的问答

2014年4次正式会议中，WTO各成员就其关心的农产品贸易问题进行问答，WTO秘书处整理了问答记录并公布（G/AG/W/118、G/AG/W/126、G/AG/W/135和G/AG/W/138）。4次会议中，包括欧盟、美国、巴西、土耳其和中国在内的30多个国家和地区参与了问答。

一、欧盟

在2014年的四次正式会议中，加拿大、美国和澳大利亚等成员向欧盟提出14个问题，并得到一一解答。加拿大在2014年1月29日的会议上就欧盟征税问题进行提问，主要涉及欧盟对水果和蔬菜的征税以及对糖征收的产量税。加拿大希望欧盟能够明确说明水果和蔬菜征税的细节，该征税对国内、欧盟成员国和非欧盟成员国是否有所不同，以及欧盟对糖征收产量税的国家和厂商数额等细节。美国就欧盟通告中的国内支持提出问题，表示怀疑公众介入欧盟市场价格支持的可能性。澳大利亚针对欧盟的关税配额和出口补贴透明度问题提问,认为欧盟没有完成糙米的进口关税配额,2011 年仅为 6%,2012 年则没有进口;同时澳大利亚还重申欧盟应提供其糖出口的数据,以保持出口补贴的透明度。

二、美国

2014 年,阿根廷、印度、印度尼西亚、欧盟和加拿大等成员对美国的《农业协议》执行情况共提出 47 个问题,得到详细回答。其中在 3 月和 6 月的会议中集中针对美国农业法案的各项目提出了 41 个问题。首先,加拿大、印度和欧盟对美国的国内支持报告提出疑问,加拿大表示美国非特定的国内支持中,附加收入援助支付和农村能源项目都有大幅度增加,印度质疑美国公布的通告中没有提到农产品保险计划,欧盟主要针对国内支持中的一般服务部分进行提问。其次,印度、印度尼西亚和阿根廷就美国农业法案提问,主要希望了解美国消除反周期性付款(CCP)、补充收入援助(SURE)和平均作物收入选择(ACRE),用农业风险保障(ARC)和价格损失覆盖(PLC)替代,以及乳制品价格支持项目(DPPSP)、乳制品收入损失补偿项目(MILC)和乳制品出口刺激项目(DEIP)被取消的原因;同时怀疑美国农业法案和 WTO《农业协议》承诺的一致性。最后,欧盟还提出美国有关出口信贷、出口信贷担保和保险项目的问题。

三、中国

2014 年中国共参与回答国内支持、关税配额和透明度等 11 个相关问题,主要是美国和加拿大两个成员的提问。美国在前两次会议中质疑中国国内支持的透明度,认为中国应尽快更新国内支持数据,尤其是棉花的国内支持数据。另外,美国还针对中国国家发展和改革委员会对公共部门的关税配额情况提问。在 2014 年 6 月的正式会议上,加拿大表示希望了解中国 2012 年的小麦关税配额几乎是 2011 年的 3 倍,但关税配额完成率仍然小于 50%,以及 2011—2012 年中国小麦进口大幅度增加的原因是什么。

四、其他国家

2014 年其他国家如日本和挪威,也就关税配额、出口补贴和透明度等问题进行了问答。如新西兰、印度尼西亚表示日本某些农产品的关税配额透明度欠缺。加拿大表示日本在通告中提到的农业、林业和渔业积极政策,目的是发展新的市场和实现价值链升级,希望了解更多的细节。欧盟认为挪威通告中的猪肉出口补贴在 2013 年有大幅增加,大麦市场价格支持在 2012 年也增加了 27%,但挪威并没有解释原因。

第四节 涉及《农业协议》的贸易争端

2014 年涉及《农业协议》的贸易争端仅有 3 例，2014 年 3 月 8 日，新西兰和美国针对印度尼西亚的园艺产品、动物和动物产品的进口申请协商（DS477 和 DS478），认为印度尼西亚违反《农业协议》第 4.2 条款，对蔬菜、水果、花卉、牛肉和禽肉等园艺产品、动物和动物产品采取非自动进口许可机制并对进口产品实施低于国内同类产品的优惠措施，限制或禁止这些产品进口。澳大利亚、中国等第三方成员依次加入该磋商，新西兰和美国在 2015 年 3 月请求成立专家组。2014 年 10 月 16 日，巴西就印度尼西亚保护鸡肉和鸡肉产品进口的措施请求协商（DS484），巴西认为印度尼西亚的限制性规则和程序实际上禁止了巴西同类产品进入印度尼西亚市场，印度尼西亚对鸡肉和鸡肉产品的非自动进口许可具有不可预测性，农业部长对农产品进口有很大的裁决权，运输和检疫的要求可能造成不合理延迟。巴西表示这些保护措施违反了《农业协议》第 4.2 条和第 14 条。2014 年 10 月 31 日后，澳大利亚、新西兰、中国台北和美国相继加入磋商。

参考文献

[1] Brink L. Support to Agriculture in India in 1995-2013 and the Rules of the WTO[J]. International Agricultural Trade Research Consortium (IATRC) Working Paper, 2014(14).

[2] Schnepf R D, Hanrahan C. WTO Doha Round: Implications for US Agriculture[C]. Congressional Research Service, Library of Congress, 2008.

[3] WTO. Annual Report 2015[R]. World Trade Organization, 2015.

[4] 马晓河，蓝海涛. 加入 WTO 后我国农业补贴政策研究[J]. 管理世界，2002(5).

[5] 唐忠，李众敏，江东坡. WTO 农业国内支持政策执行情况及其改革方向探讨[J]. 管理世界，2003(1).

[6] 王玉学，罗从清. WTO《农产品协议》中的补贴问题研究——兼论 WTO 背景下我国农业保护政策的契合[J]. 农村经济，2004(12).

第五章　贸易救济措施

第一节　反　倾　销

一、《反倾销协议》实施情况

WTO反倾销实施委员会于2014年10月31日发布的2014年年度报告，涵盖了委员会在2014年召开的春季和秋季会议情况以及WTO成员有关反倾销法律法规的新通报、半年度报告和临时报告、采取的临时和最终反倾销措施情况。委员会主席在春季和秋季会议上呼吁未通报的WTO成员尽快提交有关反倾销法律法规及措施情况的最新通报。截至2014年10月29日，76个WTO成员通报了反倾销法律法规情况，37个WTO成员通报了其尚无反倾销法律法规，19个WTO成员未进行任何反倾销法律法规通报。从半年度报告的提交情况来看，截至2014年10月29日，34个WTO成员通报了在2013年7月1日至12月31日期间采取的反倾销措施情况，23个WTO成员通报了在此期间无反倾销措施情况。34个WTO成员通报了在2014年1月1日至2014年6月30日期间采取的反倾销措施情况，15个WTO成员通报了在此期间无反倾销措施情况。从WTO成员履行通报义务的整体情况看，各成员采用2008年修改后的模板通报其半年度反倾销报告，许多采取反倾销措施的成员采用2009年修改后的提供最小信息量模板进行临时通报，更多成员开始以电子版形式进行通报。目前反倾销通报的问题包括半年度报告的延迟提交、报告中的技术性错误以及对秘书处再三要求修改意见的缓慢回应。这些问题由于获取准确信息的滞后性降低了透明度，不利于建设实时更新和可靠的数据库。

2014年春季和秋季会议上，《反倾销协议》执行工作组重点讨论了巴西提出的关于产业损害原因（“非归因性”）、抽样调查和其他税率的问题。在秋季会议上，巴西提议在当前谈判中增加新议题。其他WTO成员表示对上述提案感兴趣，委员会主席决定以非正式的咨询方式征集WTO成员的意见并反馈给委员会。此外，WTO成员提出的其他议题包括：美国呼吁巴林（阿拉伯国家）通报其最新通过的反倾销法律；日本对韩国向其发起的气压传动阀反倾销调查提出质疑；中国对欧盟的贸易救济工具现代化过程提出质疑；土耳其对澳大利亚向其发起的盘条反倾销调查提出质疑；墨西哥对哥伦比亚向其发起的增塑剂反倾销调查提出质疑；秘鲁对阿根廷对其拉锁链片进行的日落复审和情势变迁复审提出质疑。鉴于谈判进展缓慢，委员会主席建议组织技术研讨会，讨论如何完成半年度报告和提交新的反倾销通报。巴西、智利、哥伦比亚、日本、挪威和中国台湾对此表示支持。

从反倾销具体实施情况来看，2013 年共有 28 个 WTO 成员发起了 287 起反倾销调查，最终共实施反倾销措施 161 起。2014 年 1—6 月，共有 34 个 WTO 成员发起 106 起反倾销调查，相比于 2013 年 1—6 月发起的反倾销调查数量下降了 16.5%，最终共实施反倾销措施 65 起。2014 年，有 5 起贸易争端案件援引《反倾销协议》提起磋商请求，见表 5.1。

表 5.1　2014 年反倾销贸易争端情况

争端编号	起诉时间	起诉方	被诉方	涉案产品	争端主题
DS479	2014.5.21	欧盟	俄罗斯	轻型商用车	征收反倾销税
DS480	2014.6.10	印度尼西亚	欧盟	生物柴油	欧盟《反倾销条例》和反倾销措施
DS482	2014.6.25	中国台湾	加拿大	碳钢焊接管	临时和最终反倾销措施
DS483	2014.10.15	加拿大	中国	纤维素纸浆	征收反倾销税
DS488	2014.12.22	韩国	美国	石油工业用管材	反倾销调查方法和反倾销措施

资料来源：根据 WTO 官方网站资料整理，https://www.wto.org/english/tratop_e/dispu_e/dispu_agreements_index_e.htm? id=A6.

二、《反倾销协议》谈判进展

2015 年 4 月 1 日，反倾销谈判工作组发布了第 TN/RL/W/256 号文件，重申了《反倾销协议》谈判的 6 大目标，包括减轻反倾销措施的过度影响、防止反倾销措施成为长期手段、增强反倾销的法定诉讼程序和过程的透明性、降低官方和应诉人的成本、在初期阶段停止不正当和不必要的反倾销调查、为完善和澄清倾销和产业损害的实质性规则提供规范。反倾销谈判工作组除重申 2011 年主席文本包括的归零法、损害的因果关系、对与进出口商相关或自身为进口商或生产商的排除、被调查产品范围、各关联方的信息要求、公共利益、从低征税原则、反规避、日落复审、第三国倾销、特殊与差别待遇或技术援助等多个议题，还提出微量倾销幅度、可忽略不计进口、累计评估以及反倾销调查申请方的资质要求等议题，这些议题并未包含在主席文本中，但一些成员在谈判中提交了具体提案。

2015 年 2 月 26 日规则谈判小组召开的非正式咨询会议上，各成员仍然对《反倾销协议》谈判进程持有不同观点。部分成员认为应通过评估会议的形式立即进行反倾销和其他规则谈判；其他成员则认为应推迟反倾销等相关规则谈判，直至在农业、工业品和服务三大核心领域的谈判取得实质性进展。日本代表反倾销谈判之友（FANs）重申了将反倾销谈判纳入后巴厘工作计划的重要性，认为应立即进行反倾销谈判，并从争议较小的议题入手。澳大利亚、加拿大、美国和巴西对召开评估会议、回溯形成僵局的旧议题是否有效表示了质疑。欧盟认为多哈回合必然要以规则谈判有进展成果之一而告终。鉴于各成员在是否召开评估会议上的分歧，欧盟提议 WTO 秘书处应提供规则议题的相关背景材料，并进行类似于与贸易有关的知识产权（TRIPS）委员会所做的信息通报工作。关于规则谈判在多哈工作计划中的作用，中国、菲律宾和智利认为规则谈判以及其他多哈回合主题是已经被确认的议题。

2015 年 4 月 14 日，WTO 成员通过了规则谈判小组主席的提案，WTO 秘书处于 2015 年 5 月 4 日召开了关于规则谈判的信息通报会。随后规则谈判小组将针对规则谈判在后巴厘工作计划中的作用进行单独开放式的讨论。

在 2015 年 5 月 4 日规则谈判小组召开的非正式会议上，日本代表反倾销谈判之友（FANs）提出，后巴厘工作计划中的反倾销谈判应重点围绕法定诉讼程序和透明度问题。日本认为反倾销谈判是后巴厘工作计划中的重要组成部分，应尽早开始进行谈判。其他成员如智利、哥伦比亚、哥斯达黎加、以色列、韩国、挪威、新加坡、瑞士、中国台湾、泰国和中国香港均支持日本的观点。澳大利亚认为反倾销谈判之友设定了不现实的谈判目标，会使成员们倒退至无法取消分歧的议题。美国强调应将可行性作为谈判议题的主要标准。欧盟认为规则谈判小组应聚焦目标的现实性，关于渔业补贴应审视导致产能过剩的原因；制定更加严格和有效的透明度条款，涵盖规则谈判小组的所有议题，包括反倾销、横向补贴、渔业补贴和区域贸易协定。巴西、印度和加拿大认为规则谈判小组无法超越多哈回合核心议题的谈判进度。规则谈判小组主席表示，规则谈判必须与其他多哈回合议题谈判相一致，将与成员们就下一步的工作计划进行协商。

第二节　反　补　贴

一、《补贴与反补贴措施协议》实施情况

WTO 补贴与反补贴措施委员会于 2014 年 11 月 3 日发布了 2014 年年度报告，涵盖了委员会在 2014 年春季和秋季召开的常规和特殊会议情况，以及 WTO

成员有关补贴与反补贴法规的新通报、反补贴的半年度报告、采取的临时和最终反补贴措施情况。截至2014年10月28日,40个WTO成员通报了2013年的补贴情况,22个WTO成员通报了无补贴情况。2014年的春季特殊会议上,委员会审议了45个成员提交的2013年补贴通报。2014年的秋季特殊会议上,委员会审议了13个成员提交的2013年补贴通报。此外,在2014年的春季和秋季特殊会议上,委员会还审议了之前未审议完的2007年、2009年和2011年补贴通报,以及喀麦隆和刚果的2001年补贴通报。2014年秋季特殊会议上,委员会审议了约旦和圣卢西亚岛的透明度通报。截至2014年10月28日,106名成员通报了国内反补贴法律法规或与委员会进行了沟通,26名成员尚未进行任何反补贴法律法规通报。2014年的春季和秋季常规会议上,委员会审议了13个成员的反补贴法律法规通报。此外,2014年的春季常规会议上,委员会继续审议了智利和俄罗斯之前提交的反补贴法律法规通报。

从半年度报告的提交情况看,截至2014年10月28日,14个WTO成员通报了在2013年7月1日至12月31日期间采取的反补贴措施情况,70个WTO成员(包括进行了一次性通报的成员)通报了在此期间无反补贴措施情况,47个成员未进行通报。16个WTO成员通报了在2014年1月1日至2014年6月30日期间采取的反补贴措施情况,55个WTO成员(包括进行了一次性通报的成员)通报了在此期间无反补贴措施情况,61个成员未进行通报。截至2014年10月28日,29个WTO成员进行了一次性通报,说明其不具备反补贴调查资质、尚未实施并在短期内不会实施任何反补贴措施。在2013年10月22日至2014年10月28日的审查期内,委员会收到12个WTO成员的临时反补贴措施和最终反补贴措施通报,并于春季和秋季的常规会议上对这些通报进行了审查。

2014年春季和秋季会议上,委员会讨论的议题包括:通报的及时性和完整性问题;印度对纺织和服装产品的出口补贴;2012年和2014年美国对中国补贴通报的要求;印度和俄罗斯关于美国新能源补贴方案的地方成分要求提出质疑;巴西关于日本支线客机项目的政府支持提出质疑;2011年和2014年美国对中国未通报补贴项目提出质疑;美国对印度未通报补贴项目提出质疑。在2014年春季和秋季的常规会议上,委员会还讨论了其他议题,包括澳大利亚对印度糖业补贴提出质疑;中国对美国中央下级补贴项目提出质疑;美国关于加拿大对霍克斯伯里造纸厂提供的省级政府支持提出质疑;巴西关于日本对支线飞机发展提供的政府支持提出质疑;美国关于加拿大对在魁北克建设新水泥厂提供的支持措施提出质疑;哥伦比亚提议召开通报研讨会;委员会主席关于任命常任专家组的通知。

从反补贴具体实施情况来看,2013年共有7个WTO成员发起了33起反补贴调查,最终共实施反补贴措施 13 起。2014 年 1—6 月,共有 6 个 WTO 成员发起了 20 起反补贴调查,最终共实施反补贴措施 3 起。2014 年有 3 起贸易争端案件援引《补贴与反补贴措施协议》提起磋商请求,见表 5.2。

表 5.2　2014 年补贴与反补贴贸易争端情况

争端编号	起诉时间	起诉方	被诉方	涉案产品	争端主题
DS476	2014.4.30	俄罗斯	欧盟	能源产品	欧盟第三能源改革方案
DS486	2014.11.5	巴基斯坦	欧盟	聚乙烯对苯二甲酸酯	临时和最终反补贴措施
DS487	2014.12.19	欧盟	美国	大型民用飞机	华盛顿州有条件的税收优惠

资料来源:根据 WTO 官方网站资料管理,https://www.wto.org/english/tratop_e/dispu_e/dispu_agreements_index_e.htm? id=A20.

二、《补贴与反补贴措施协议》谈判进展

近期的补贴与反补贴规则谈判特别涉及了渔业补贴问题。在 2015 年 2 月 26 日规则谈判小组召开的非正式咨询会议上,新西兰代表渔业之友表示将致力于在后巴厘工作计划中保留渔业补贴。圣卢西亚岛代表非洲、加勒比海和太平洋集团以及小型脆弱经济体强调渔业是其收入的重要来源。加纳代表非洲集团表示如果规则评估会议讨论的议题中包含渔业补贴议题,将支持召开评估会议。

2015 年 5 月 4 日规则谈判小组召开的非正式会议上,很多成员支持将渔业补贴纳入后巴厘工作计划,探讨对发展中国家渔业补贴的特殊与差别待遇。渔业补贴谈判中埃及代表阿加迪尔集团(还包括约旦、摩洛哥和突尼斯),斐济代表 ACP 集团(非洲、加勒比海和太平洋)和小型脆弱经济体,所罗门群岛代表最不发达国家和大西洋集团。新西兰代表渔业之友表示其正在与其他成员协商如何进行渔业补贴谈判。

第三节　保障措施

WTO 保障措施委员会于 2014 年 11 月 5 日发布了 2014 年年度报告,涵盖了委员会在 2014 年召开的春季和秋季会议情况,以及 WTO 成员有关保障措施法规的新通报和所采取的保障措施情况。截至 2014 年 10 月 27 日,111 个 WTO 成员通报了保障措施法规情况或与委员会进行了沟通,22 个 WTO 成员未进行任

何保障措施法规的通报。

在2014年的春季会议上,委员会审议了10个成员的保障措施法规通报以及35个成员所采取的保障措施。应美国、欧盟和中国台湾要求,会上重点讨论了俄罗斯的保障措施通报情况。美国认为,俄罗斯未能很好地履行保障措施通报义务,未能通报与说明对于耐腐蚀管、不锈钢餐具、紧固件、活性炭、焦糖、石墨电极等产品发起的保障措施调查以及采取的保障措施,敦促俄罗斯尽快完成通报并说明采取的保障措施情况。中国台湾、欧盟、加拿大、日本、乌克兰表示支持美国的观点,澳大利亚敦促俄罗斯全面遵守透明度的义务。俄罗斯表示,无论是《保障措施协议》还是俄罗斯入世议定书均未规定需要通报未发现重大损害的调查以及未打算采取保障措施或延长保障措施的决定。因此俄罗斯并未违反任何WTO项下的规定。应澳大利亚、加拿大、欧盟、日本等12个成员要求,会上还重点审议了保障措施的执行程序问题。其他议题包括澳大利亚、土耳其和斯里兰卡呼吁印度尼西亚不要对进口小麦粉实施保障措施;美国呼吁巴林通报其在2011年通过的海湾合作理事会(GCC)公共法的保障措施条款;韩国关于泰国对进口热轧扁钢材实施保障措施提出质疑;越南关于印度尼西亚对进口铁或非合金钢扁轧产品进行的保障措施调查提出质疑;新西兰建议举办保障措施通报的相关论坛以提高通报的质量。美国、哥伦比亚、加拿大、日本、中国台湾、澳大利亚、多米尼加共和国支持新西兰的建议,澳大利亚建议举办保障措施的主题论坛。

2014年的秋季会议上,委员会审议了5个成员的保障措施法规通报以及36个成员所采取的保障措施。美国继续抗议俄罗斯不履行保障措施通报义务,澳大利亚、欧盟、日本、中国台湾、加拿大、挪威表示支持美国的主张。俄罗斯对各起保障措施进行了简要回顾,认为俄罗斯并未违反WTO项下的规定。此外,美国继续呼吁巴林通报其在2011年通过的海湾合作理事会(GCC)公共法的保障措施条款,巴林对此进行了解释,说明各个海湾国家需共同通报相关法规,将与美国和委员会随时沟通进展,美国对此表示理解。其他议题包括日本认为印度对冷轧不锈钢板材产品保障措施的通报不及时,呼吁WTO秘书处制定各成员通报时间表;澳大利亚想获得关于菲律宾对镀锌钢材以及预涂板和卷材的保障措施最新进展,菲律宾表示将核对最新进展。

从保障措施的具体实施情况看,2013年共有10个WTO成员发起了18起保障措施调查,最终实施保障措施共8起。2014年共有11个WTO成员发起了23起保障措施调查,最终实施保障措施共11起。

2014年,无WTO成员援引《保障措施协议》提起磋商请求。

参考文献

[1] WTO. Report of the Committee on Anti-dumping Practices 2014 [EB/OL]. https://www.wto.org/english/tratop_e/adp_e/adp_e.htm.

[2] WTO. Report of the Committee on Subsidies and Countervailing Measures 2014 [EB/OL].https://www.wto.org/english/tratop_e/scm_e/scm_e.htm.

[3] WTO. Reprot of the Committee on Safeguards to the Council for Trade in Goods 2014 [EB/OL]. https://www.wto.org/english/tratop_e/safeg_e/safeg_e.htm.

[4] 锦天城(北京)律师事务所. 值得特别关注的补贴与反补贴规则议题[EB/OL]. http://www.allbrightlawbj.com/CN/NEW/201303241107.html, http://www.allbrightlawbj.com/CN/NEW/201303241108.html, http://www.allbrightlawbj.com/CN/NEW/201303241109.html.

[5] 刘勇. 多哈回合反倾销规则改革的最新成果探析[J]. 世界贸易组织动态与研究,2008(8).

[6] 中国贸易救济信息网. 多哈回合反补贴规则谈判的方向[EB/OL]. http://www.cacs.gov.cn/cacs/newcommon/details.aspx? articleid=94014.

[7] 张新娟,贾毓琪. 浅析多哈回合修订《反倾销协议》的“主席文本”[J]. 中国青年政治学院学报,2009(6).

第六章　非关税措施

第一节　《原产地规则协议》

根据《原产地规则协议》的规定，原产地规则委员会（以下简称"委员会"）每年需至少召开一次正式会议，对前一年协议各部分的实施和运行情况进行审查，并就原产地规则的协调工作与各成员代表展开磋商。2014年，委员会分别于4月10日和10月30日召开了两次正式工作会议，主要就2013年12月巴厘岛部长级会议上通过的有关对最不发达国家适用的优惠性原产地规则决议的执行和非优惠性原产地规则协调工作的未来进行了讨论，同时也关注了原产地规则技术方面的最新进展。此外，委员会在2014年还举行了若干次非正式会议并就上述问题与部分成员之间展开了一系列双边磋商。

2013年12月，WTO第九届部长级会议在巴厘岛召开，会议通过一项关于WTO成员对最不发达国家适用的优惠性原产地规则的决议。部长级会议认识到各国在确定某件商品是否符合给予最不发达国家贸易优惠待遇时所使用的原产地规则标准各不相同，因而在决议中就这一优惠性原产地规则给出了一系列多边指引，要求各成员在制定或建立各自对最不发达国家的原产地规则安排时必须以决议指引中的规定为基础。为方便最不发达国家理解和执行，指引明确要求各成员的优惠性原产地规则及相关文书必须尽可能地透明和简单。此外，决议还要求各成员及时将各自对最不发达国家的优惠性原产地规则通知WTO以提高其透明性，使规则能够更好地被理解并提升规则具体实践的交流层次，WTO的相关部门也将对这些原产地规则进行年度审查①。巴厘岛优惠性原产地规则决议的通过意味着各国政府之间将首次出现一系列统一的多边原产地规则指引，将使最不发达国家出口的市场准入难度降低，有助于落实最不发达国家享受贸易优惠待遇。

一、原产地规则委员会2014年第一次会议

2014年4月10日，原产地规则委员会召开当年的第一次正式会议，各方就巴厘岛会议通过的最不发达国家优惠性原产地规则决议的执行步骤初步达成一

---

① WTO.https://www.wto.org/english/news_e/news14_e/roi_10apr14_e.htm.

致。原产地规则委员会和与会代表们激烈磋商后，最终同意以委员会主席 Marhijn Visscr 提出的如下 3 点建议作为巴厘岛优惠性原产地规则决议 2014 年度的执行路线图①：

（1）各成员应尽快就那些对各自从最不发达国家进口有影响的新颁布或经修改的原产地规则履行通知义务。上述通知行为应当按照现有的常规程序来进行，也就是说依据《原产地规则协议》附件二第四节的要求通知原产地规则委员会或者联合国贸发会议。对于已经按要求提交过通知的成员，他们应当确保所提供的通知信息的完整性和准确性。

（2）原产地规则委员会将在下一次会议上审查各成员提交上来的通知信息。审查过程中各成员可以就已提交的通知信息进行质询和答辩。

（3）委员会在上述问答环节结束之后会将收到的通知信息编译出来并对各成员在问答过程中的评议进行记录。这也是委员会向总理事会和最不发达国家小组会议提交的报告的基础。

此外，原产地规则委员会还批准了委员会主席 Marhijn Visser 提出的关于强化对现有最不发达国家原产地规则的信息交流行动的另一项独立倡议。委员会将和 WTO 秘书处一起举行一场透明的扩大会议以审查截止到目前为止与最不发达国家相关的所有通知的执行状态。在扩大会议期间，各方可以对自己的优惠性原产地规则向会议作出解释说明。这一倡议和前面提到的巴厘岛优惠性原产地规则决议执行路线图在 2014 年 10 月召开的委员会会议上得到了贯彻。

乌干达代表最不发达国家集团在 4 月 10 日的会上进行了发言，表示支持委员会主席 Marhijn Visser 提出的建议，并提议将巴厘岛相关决议的执行列为委员会的一个长期议程。该代表声称最不发达国家集团将向委员会提交一份关于他们在遵守优惠性原产地规则时所遭遇困难的书面说明，同时呼吁向优惠国公布其在向最不发达国家提供零关税和零配额的优惠政策时所应用的优惠性原产地规则。哥伦比亚和尼泊尔支持乌干达的表态。美国、土耳其、日本、印度、加拿大、韩国和中国重申了他们对最不发达国家的优惠承诺，并且对委员会主席 Marhijn Visser 的提议表示支持。

4 月 10 日会议的另一个重要主题是非优惠性原产地规则协调工作项目（HWP）未来的发展方向和可能的推进方法，委员会主席 Marhijn Visser 向大会报告了他与各成员代表关于这一问题的磋商结果。主席先生的报告显示，各成

---

① Committee on Rules of Origin - Minutes of the Meeting of 10 April 2014. WTO G/RO/M/62.

员对待协调工作的态度存在着根本性分歧①：一些成员仍然认为全面协调非优惠性原产地规则有助于促进全球贸易，因而愿意继续支持协调工作组进一步开展工作直至协调工作的最终完成；但另一部分成员认为目前的全球贸易形势与20世纪90年代中后期相比已经发生根本性改变，已经没有必要再寻求统一协调的原产地规则，其中一些成员甚至认为协调非优惠性原产地规则本身已毫无意义。作为WTO多边贸易体制下《原产地规则协议》的核心，协调原产地规则的谈判自1995年开始以来在数千个关税条目的原产地规则协调上取得了实质性进展，但由于各成员在协调非优惠性原产地规则的适用范围等核心政策问题上存在巨大分歧，协调谈判工作在2007年陷入停顿，总理事会于2007年7月冻结了有关协调工作核心政策问题的讨论，委员会的工作重心被迫转向协调原产地规则文本草案的技术问题②。

根据原产地规则技术委员会和WTO秘书处在4月10日的会议上就协调原产地规则文本草案HS编码版本更新工作向委员会做出的报告，协调原产地规则文本草案的转换工作已经全部完成，所有的协调规则文本草案都已经调整到最新版本的HS编码体系。最新转换后的协调原产地规则文本草案中还包含了技术委员会就规则简化工作提出的意见和建议。

二、原产地规则委员会2014年第二次会议

2014年10月30日，原产地规则委员会召开了2014年度第二次正式工作会议。在4月第一次会议成果的基础上，委员会进一步审议巴厘岛会议最不发达国家优惠性原产地规则决议的落实和执行情况。

根据巴厘岛决议的要求，委员会在这次会议上发起了对与最不发达国家相关的优惠性原产地规则执行情况的第一次年度审查，一个不错的结果是已经有一些成员向秘书处提交了有关优惠性原产地规则的通知。在这次年度审查过程中，WTO秘书处建立的优惠性贸易安排数据库为委员会提供了相当程度上的技术支持。该数据库建立于2010年，从该数据库可以方便地获得各成员关于优惠性原产地规则的立法和通知情况。此外，委员会还听取了智利代表关于该国对最不发达国家最新的贸易优惠安排的报告，智利代表在报告中表示该国最新实行的零关税和零配额计划（DFQF）已经将适用范围扩大到所有最不发达国家和

① Committee on Rules of Origin-Exchange of Letters between the Chairman of the Committee on Rules of Origin and the Chairman of the General Council Regarding the Harmonization Work Programme. WTO G/RO/W/152.

② Committee on Rules of Origin-Report (2013) of the Committee on Rules of Origin to the Council for Trade in Goods. WTO G/L/1047.

除蔗糖和小麦之外的所有产品，根据巴厘岛决议而制定的新的优惠性原产地规则也已经开始适用于该计划并且向联合国贸发会议提交了通知。

乌干达再一次代表最不发达国家集团向委员会作报告，强调了最不发达国家在遵守单边优惠安排下现有的原产地规则时所面临的挑战。这份报告从细节上审查了加拿大和欧盟分别于 2003 年和 2011 年采用的优惠性原产地规则改革对贸易的影响，报告的结论是这种改革"引起了最不发达国家对现有优惠利用率的大幅增长，而且最重要的是由于新的投资和生产运营中心配置到最不发达国家，引发了全球贸易的总体增长"。这份报告还强调反映全球价值链的原产地规则变化在投资和贸易流动方面产生的市场反应，并且说明了在满足以百分比标准为基础的原产地标准方面所存在的种种困难①。乌干达提请美国和日本（这两个国家的优惠性原产地规则自 20 世纪 70 年代以来就没有发生过变化）审视问题的实质并在这一领域形成他们自己的体系。加拿大、巴西、印度、瑞典和欧盟对最不发达国家集团所作的报告表示欢迎，但他们也需要更多的时间去研究报告的细节问题。在 2014 年 4 月的会议上新当选的来自中国台湾的委员会主席 Ken Chang-keng Chen 表示将在 2015 年 4 月的会议上继续讨论这份报告。

在非优惠性原产地规则的协调工作方面，委员会在 10 月 30 日的会议上做出了两项举措。第一项举措是委员会决定在等待协调谈判工作重启期间，发起一项透明度运动以便于了解目前各成员非优惠性原产地规则的具体执行情况。实际上，在缺乏协调的原产地规则的情况下，非优惠性原产地规则的唯一约束只是《原产地规则协议》第二部分的规定。第二项举措是同步推进协调原产地规则的技术工作，委员会仔细审查了技术委员会在 4 月的会议上提交的最新 HS 编码版本的转换协调文本草案的第一至第四十章的内容，以验证该转换文本的技术准确性，同时呼吁各成员协助完成这项技术工作。委员会主席 Ken Chang-keng Chen 表示欢迎各成员在任何时候对协调文本草案提出意见②。

在这次会议上，原产地规则委员会还通报了各成员通知义务的履行情况。截至会议召开之日，也就是 2014 年 10 月 30 日，已经有 92 个成员向委员会通知了其非优惠性原产地规则的情况，其中有 42 个成员至少在执行一套非优惠性原产地规则，另外 50 个成员则没有执行任何非优惠性原产地规则；还有 40 个成员

① Committee on Rules of Origin-Challenges Faced by LDCS in Complying with Preferential Rules of Origin under Unilateral Preference Schemes-Paper Presented by Uganda on Behalf of the LDCS Group. WTO G/RO/W/148.

② Committee on Rules of Origin-Minutes of the Meeting of 30 October 2014. WTO G/RO/M/63.

尚未按照协议第五段的要求履行通知义务①。此外,委员会还收到了许多关于优惠性原产地规则的通知,这些通知中的绝大多数都是由各成员提交给区域贸易安排委员会和联合国贸发会议之后转交给原产地规则委员会传阅的。结果表明所有的 WTO 成员目前都在执行至少一套优惠性原产地规则,这反映了 WTO 成员对区域贸易安排的广泛参与。

第二节 《进口许可程序协议》

一、《进口许可程序协议》实施情况

根据《进口许可程序协议》的规定,2014 年进口许可委员会对 WTO 成员《进口许可程序协议》执行情况进行两年一次的审议。2014 年 4 月 15 日和 10 月 20 日,进口许可委员会举办了《进口许可程序协议》第 39 期和第 40 期会议,会议对 WTO 成员《进口许可程序协议》下通告责任承诺履行情况表示了担忧,并对不同 WTO 成员相应的具体进口许可措施产生的问题进行了审议。会上,进口许可委员会主席 Tsotetsi Makong 指出,截至 2014 年年底仍有 16 个成员自加入 WTO 后没有递交本协议下的任何通告,此外还有 9 个成员没有递交协议第 7.3 条款要求填写的 2014 年度调查问卷。而情况较好的方面是,包括萨摩亚、俄罗斯和塔吉克斯坦在内的一些成员首次递交了本协议相关条款中规定的进口许可通告。同时,考虑到过去对进口许可条款等边境措施限制进口的担忧,他认为通过告知来改善透明度是本协议的一个重要目的。

根据《进口许可程序协议》的规定,各成员有权对其他成员在国际贸易中的进口许可程序要求提出质疑,这是增加国际贸易中进口行政程序透明度的重要途径。2014 年部分 WTO 成员对其他成员的具体进口许可措施提出一系列新质疑,进口许可委员会对其进行了审议。

(一) 尼日利亚的水产品进口管制要求引起质疑

在 2014 年 10 月 20 日的会议上,欧盟、冰岛、挪威、智利和乌拉圭代表对尼日利亚的水产品进口管制要求表示关切并提出相关质疑。欧盟代表认为尼日利亚采取这些水产品进口管制要求很明显是为了降低相应的进口,并要求尼日利亚说明采取这一进口许可程序要求的原因。随着冰岛和智利对尼日利亚水产品出口的下降,冰岛、挪威、乌拉圭、美国和智利也表达了同样的关切。

---

① Committee on Rules of Origin – Twentieth Annual Review of the Implementation and Operation of the Agreement on Rules of Origin. WTO G/RO/W/149.

冰岛代表呼吁尼日利亚应及时向进口许可委员会通告其进口机制的变化，这包括现有进口许可程序的详细信息，该水产品进口许可政策的影响范围以及采取该政策的目的等。挪威代表强调，水产品的出口对于挪威非常重要。挪威对尼日利亚水产品的出口从 2012 年以来出现大幅下降，这很大一部分是由于出口环境方面的不确定性。乌拉圭代表强调，提前获取可预测的进口许可程序信息对于乌拉圭贸易商是非常重要的，他希望尼日利亚进一步提供信息，对其水产品进口体制做出具体说明。智利代表指出，尼日利亚是智利冷冻鲭鱼出口的重要市场，自 2012 年起智利对尼日利亚的水产品出口在不断下降。他呼吁尼日利亚能够及时提供关于其进口许可运作机制的完善信息。

针对相关国家的质疑，尼日利亚代表做出了回应。尼日利亚的水产品进口政策还在制定过程中，并且与该政策的利益相关方还在持续地进行磋商，力求达到一个各方共赢的结果。同时，尼日利亚已经就回应相关国家提出的问题向进口许可委员会递交了相关的报告，详细说明了尼日利亚的水产品进口政策仍然在规划设计阶段。尼日利亚也充分意识到该政策草案必须遵守《进口许可程序协议》规定的程序，其中包括及时就该措施向 WTO 进口许可委员会通告。尼日利亚也会进一步加强与各相关成员的磋商，尽快就这一问题制定解决方案。

（二）巴西的硝化纤维进口管制要求引起质疑

欧盟代表在 2014 年 10 月 20 日的会议上对巴西的硝化纤维进口管制要求表示关切并提出相关质疑（硝化纤维在工业以及军事领域都有所应用）。欧盟认为巴西对工业用硝化纤维进口实施非自动进口许可管制实际上是禁止硝化纤维进口，它要求巴西提供硝化纤维进口许可要求限定数额的具体情况以及过去 5 年批准的相关进口数额。同时，欧盟指出巴西对硝化纤维的进口管制违背了巴西关于《进口许可程序协议》的承诺，巴西有责任确保其非自动进口许可政策不会对进口产生贸易限制或者贸易扭曲效应，并敦促巴西立即取消对硝化纤维的进口管制措施。

对此，巴西代表做出了回应。过去 5 年，巴西对高浓缩和低浓缩硝化纤维的进口维持在正常水平，其中很大一部分是来自欧洲，巴西只是拒绝了一小部分硝化纤维的进口许可申请。硝化纤维具有高危险性，无视浓缩水平会带来风险，因此，巴西对硝化纤维采取的进口许可管制主要是出于安全方面的考量，是合理的。

（三）印度尼西亚的手机、便携式电脑和平板电脑进口许可要求引起质疑

美国代表在 2014 年 10 月 20 日的会议上对印度尼西亚的手机、便携式电脑和平板电脑的进口许可要求再次表示严重关切并提出相关质疑。对于手机、便携式电脑和平板电脑的进口，印度尼西亚要求进口商在三年内将相关商品的制

造委托印度尼西亚国内生产商生产。美国指出,印度尼西亚对手机、便携式电脑和平板电脑的进口许可要求很明显是一种贸易壁垒,会严重扭曲地区贸易。

会上,日本代表也表示了同样的担忧。日本代表指出,之前印度尼西亚的解释主要是从系统性视角出发。他强调,印度尼西亚制定的这些进口许可政策必须与 WTO《进口许可程序协议》的规定相一致。同时,他质疑印度尼西亚采取的这些进口许可政策同样可以被理解为是出于保护消费的目的。

对于美国等国家的质疑,印度尼西亚代表做出了回应。印度尼西亚代表重申,文件 G/LIC/Q/IDN/33 中关于印度尼西亚的回应是有误的,这可能导致美国的困惑,印度尼西亚将会向 WTO 进口许可委员会递交关于进口许可要求的最新通告,希望能够解决早期通告给各方带来的困扰。

(四)印度的大理石、大理石制品和硼酸进口管制措施引起质疑

欧盟和美国代表在 2014 年 10 月 20 日的会议上对印度采取的大理石、大理石制品和硼酸进口管制措施提出了相关质疑。

欧盟代表指出,欧盟收到本地区大理石和大理石制品行业对于印度设立最新进口配额和最低价格许可管制的申诉,并希望印度方面就相关产品进口管制措施的调整原因进行解释。针对欧盟代表的问题,印度代表做了相应的回答。印度对相关产品进口管制措施的出台是基于《关税与贸易总协定》(GATT)第 20 条中关于耗竭性自然资源的保护条款,并指出开采和加工大理石对生态环境有害。

关于印度的硼酸进口管制措施,美国代表指出其担忧主要集中在最终用途执照要求,表达担忧的同时也表示在与印度方面就这一问题进行磋商,并希望磋商能够不断取得进展。

二、《进口许可程序协议》谈判进展

《进口许可程序协议》对各成员进口许可措施的使用做了强制规定:各成员必须为贸易商提供充足的信息,使他们充分了解进口许可证获得的标准是怎样的;各成员进口许可程序的变化要及时向进口许可委员会通告。

关于自动进口许可程序,本协议为各成员制定了相应的标准,避免对贸易产生限制效应。关于非自动进口许可程序,本协议要求各成员在实施进口许可程序过程中给贸易商带来的行政负担必须降低到最低水平。同时,它也对各成员进口许可程序的实施设置了最长 60 天的考察期。

WTO《进口许可程序协议》规定进口许可的行政程序应该是简单、中立、公平和透明的,进口许可程序不应该阻碍国际贸易,同时要求成员提供以下四个方面信息:进口许可的国内法律法规,最新的进口许可程序,关于进口许可管理体制的信息以及每年填写一次《进口许可程序协议》年度调查问卷。

2013—2014 年,进口许可委员会主席组织各成员进行了多次正式磋商,对《进口许可程序协议》第 7.3 条款下通告模板的新范式进行了探讨。多次正式磋商表明,尽管各成员普遍支持进一步提高对本协议下第 7.3 条款的通告承诺水平,但是各成员在如何实现这一目标上产生了分歧,特别是对目前的年度调查问卷是否需要重新修订分歧严重。一些成员认为,对通告模板进行重新修订,制定标准更加规范的通告模板,同时增加新的通告语言,这将有助于各成员做出各自通告,从而改善各成员的通告执行情况。然而,其他一些成员则担心使用新通告模板可能会导致各成员提供的信息过度简化,进而影响通告的质量。2013 年年底,由于巴厘 WTO 部长级会议的召开,磋商一度停止。之后,除了一些非官方的积极信号之外,进口许可委员会没有收到任何成员关于这一议题的新提议。在 2014 年 4 月 15 日会议上,进口许可委员会主席 Tsotetsi Makong 在向委员会提交的报告中指出,关于这一议题目前各成员普遍没有提出新的提议,因此进一步推进磋商的难度很大。这次会议之后,关于这一议题非官方的磋商也没有进一步举行。

三、涉及《进口许可程序协议》的贸易争端

2014 年 WTO 监测报告显示,作为主要贸易限制措施之一的进口许可程序开始被很多政府采用。从 WTO 成立到 2014 年年底,各成员提起的贸易争端案件中共有 44 起涉及《进口许可程序协议》,其中 2012—2014 年有 10 起争端解决磋商请求涉及本协议,具体见表 6.1。

表 6.1　2012—2014 年涉及《进口许可程序协议》的争端解决磋商请求

案件编号	标题	申诉方	磋商时间
DS484	印度尼西亚—与鸡肉以及鸡肉制品有关的措施	巴西	2014.10.16
DS478	印度尼西亚—园艺产品、牲畜以及畜禽产品进口措施	美国	2014.5.8
DS477	印度尼西亚—园艺产品、牲畜以及畜禽产品进口措施	新西兰	2014.5.8
DS466	印度尼西亚—园艺产品、牲畜以及畜禽产品进口措施	新西兰	2013.8.30
DS465	印度尼西亚—园艺产品、牲畜以及畜禽产品进口措施	美国	2013.8.30
DS455	印度尼西亚—园艺产品、牲畜以及畜禽产品进口措施	美国	2013.1.10
DS446	阿根廷—影响货物进口的措施	墨西哥	2012.8.24
DS445	阿根廷—影响货物进口的措施	日本	2012.8.21
DS444	阿根廷—影响货物进口的措施	美国	2012.8.21
DS438	阿根廷—影响货物进口的措施	欧盟	2012.5.25

资料来源:根据 WTO 官方网站资料整理,https://www.wto.org/english/tratop_e/dispu_e/dispu_status_e.htm.

第三节 《装运前检验协议》

2014 年 5 月 12 日，海关估价委员会召开会议，会议决定在 2014 年秋季的会议中以各成员的书面意见为基础对《装运前检验协议》的实施展开第三次审议。为此，海关估价委员会建议各成员应在不迟于 2014 年 10 月 30 日就《装运前检验协议》的执行情况向委员会提交书面报告。此外，为防止重蹈 2006 年第二次审议时的覆辙，出现无法达成书面成果的局面，委员会还要求秘书处届时根据审议情况产生一份事实性报告①。

2014 年 10 月 9 日，海关估价委员会召开秋季会议，按照 5 月 12 日会议决议的要求，本次会议的议程中加入了对《装运前检验协议》的审议。海关估价委员会主席首先就与《装运前检验协议》有关的通知事项的状态向各成员作了通报，他提醒各成员注意委员会秘书处已根据协议第 5 条的规定和国际检验联合会(IFIA)提交的最新信息制定了一份修正版的通知汇编，汇编就 2014 年 WTO 成员正在执行的装运前检验制度做出了详细说明。在此前 IFIA 向委员会提交的关于使用装运前检验服务国家的报告中，该机构主席提到委员会秘书处收到的通知信息没有在 G/VAL/W/63/Rev.16 文件的基础上及时更新。此外，委员会主席还应美国代表的强烈要求将上一次会议中美国就印度尼西亚实施的装运前检验制度提出的若干问题提交委员会讨论。美国代表表示，美国的出口商正在遭受越来越多的装运前检验要求，而相关成员却没有将这些新的装运前检验要求通知委员会，这一情况迫使美国不得不通过委员会向印度尼西亚提出上述问题。美国代表还要求印度尼西亚尽快将这些新的装运前检验要求以书面形式通知委员会并期待印度尼西亚就这一问题给出答复。印度尼西亚代表则表示已将美国提出的问题报告给了国内，目前正在与雅加达方面就这些问题进行磋商。

由于截止到会议召开之日，委员会没有收到任何一份 WTO 成员提交关于《装运前检验协议》实施的书面报告，原定以此为基础进行的审议工作不得不转向一些非实质问题的口头讨论，委员会秘书处也因此无法体现出事实性的审议报告，只能以草案的形式记录会议的结果。海关估价委员会主席提醒与会各成员代表，《装运前检验协议》的审议仍旧是委员会的一个长期议程项，希望各成员给予这个问题以充分的重视。

2014 年 11 月 3 日，《装运前检验协议》框架下的独立审议机构向货物贸易

---

① Committee on Customs Valuation .Draft third review of the Agreement on Preshipment Inspection ,WTO G/VAL/W/253.

理事会提交了 2014 年度的工作报告①，截止到报告提交之日，独立审议机构没有收到新的独立审议请求。自 2006 年以来，独立审议机构已经连续 8 年做出无独立审议请求的报告。

第四节　《实施卫生与植物卫生措施协议》

一、卫生与植物卫生措施委员会工作概述

卫生与植物卫生措施委员会（简称“SPS 委员会”）在 2014 年举行了三次例行会议，时间分别是：3 月 25 日至 26 日、7 月 9 日至 7 月 10 日、10 月 15 日至 10 月 17 日。费里佩·艾斯（Felipe Hees）（巴西）为现任卫生与植物卫生措施委员会主席。

卫生与植物卫生措施委员会在每次例行会议上都对私人部门食品安全与动植物健康标准的定义进行了讨论。3 月的会议中，委员会接受了来自加拿大的建议，考虑在其他国际场合使用的对私营部门标准的定义，并尽量将这些定义应用到《实施卫生与植物卫生措施协议》（SPS）。但一直到 10 月的会议，委员会仍没有对私营部门 SPS 标准的定义达成共识，并将讨论推迟到 2015 年 3 月。

在标准和贸易发展基金（STDF）委员会举办的会议之后，委员会代表和其他专家讨论了 SPS 和贸易便利化之间的关系。会议讨论了对一些发展中国家提供必要的援助，以此加强其实施卫生与植物卫生措施的能力。9 月，委员会通过了新的调解程序，以帮助成员解决他们在食品安全和动植物卫生措施方面的争端。该调解书，有时也被称为“特设协商”，是该委员会为促进进口商和出口商面临非关税壁垒情形下贸易流动而提出的最新举措。它增加了解决具体贸易争端的工具，同时也避免了 WTO 争端解决程序下昂贵和复杂的法律挑战。

另外，卫生与植物卫生措施委员会同意在 2015 年 3 月 24～25 日、7 月 14～15 日、10 月 13～14 日举行例行会议。

二、《实施卫生与植物卫生措施协议》实施与监督情况

在 2014 年 3 月的会议上，由于对私人部门食品安全和动植物健康标准的定义尚未达成共识，委员会听取了加拿大代表的建议，考虑在其他国际场合使用的对私营部门标准的定义，并尽量将这些定义应用到 SPS。因为没有对私营部门

① Independent Entity .Report (2014) of the Independent Entity to the Council for Trade in Goods.WTO G/L/1083.

标准的定义达成共识,委员们提出了一些具体的关注,既包括新的关注,也包括一些重复性的关注。包括肉类、动物产品、活体动物、虾等产品的措施,还涉及非洲猪瘟和更经常被提到的疾病如疯牛病(BSE)和口足疾病。有9项具体贸易关注从会议议程中撤出,包括日本取消对来自阿根廷、澳大利亚、智利、意大利和土耳其的新鲜水果的禁令,这是多年谈判的结果。

WTO成员会议上商定了一个新的程序,以帮助解决各成员间食品安全和动植物卫生措施的争端。该提案在卫生与植物卫生措施委员会已被讨论了很长时间,在没有反对的情况下于2014年9月5日通过。卫生与植物卫生措施委员会更多的日常工作还关注具体的贸易,包括采取措施应对非洲猪瘟和果蝇等其他害虫的侵袭,日本核电站事故之后的辐射污染,转基因蜂蜜和疯牛病等。

2014年9月委员会通过了新的调解程序,以帮助成员解决他们在食品安全和动植物健康措施方面的摩擦。这种调解,通常由成员向委员会提出,成员寻求该委员会通过协商决议,委员会进行讨论。在同行业的压力下,双方将自行解决他们的分歧。新系统将委员会发起提议和全面仲裁分隔开。这种安排是自愿的,不具有法律约束力,但它确实为双方提供了听取第三方意见的机会。SPS协议已经允许成员寻求主席作为服务中介(第12.2条)。只要成员们都同意使用该系统,新的决定将阐明调解的步骤,并且有关成员和主席都应遵循。

在2014年召开的4次会议中,卫生与植物卫生措施委员会考虑了一系列具体的贸易关注,包括从巴西进口虾的风险评估、俄罗斯联邦对欧盟出口的生猪及猪肉制品的贸易措施和对非洲猪瘟的贸易措施、美国对从巴西进口的肉类的贸易措施。2014年有14项具体新贸易关注被提出,之前提出的30项关注再次被讨论。1995—2014年,共有382项具体贸易关注被提出,见图6.1。

三、《实施卫生与植物卫生措施协议》相关的争端案件

2014年,涉及《实施卫生与植物卫生措施协议》的争端共有3起:(1) 俄罗斯——影响自欧盟生猪及其遗传物质、猪肉、猪肉产品以及部分其他产品进口的相关措施(原告:欧盟)。欧盟认为,俄罗斯实施的上述措施违反了其在WTO《实施卫生与植物卫生措施协议》以及GATT中关于最惠国待遇的规定。欧盟于2014年4月8日提出上诉。(2) 印度——对自美国进口的部分农产品的限制措施(原告:美国)。2012年3月6日,美国针对印度对自美国进口的部分农产品的限制措施诉至WTO争端解决机构。2012年6月25日,WTO争端解决机构就该案做出成立专家组的决定,中国、哥伦比亚、厄瓜多尔、欧盟、危地马拉、日本、越南、阿根廷、澳大利亚、巴西以第三方参与该案专家组程序。2014年10月14日,WTO就美国诉印度对自美国进口的部分农产品的限制措施案(DS430)发

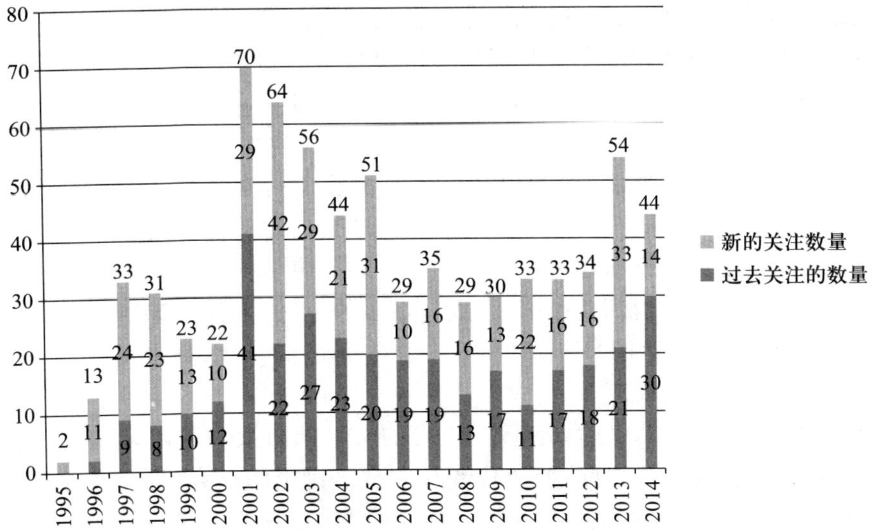

图 6.1　1995—2014 年 WTO 成员提出的 SPS 具体贸易关注数量

资料来源:根据 WTO 官方网站资料绘制,http://www.wto.org/english/news_e/archive_e/sps_arc_e.htm.

布专家组报告。专家组做出如下认定:印度的禽流感(AI)措施违反了 SPS 协议第 3.1 条,理由是该措施的制定并未依据相关的国际标准——《陆生动物卫生法典》,尤其是第 10.4 章的规定;AI 措施违反了 SPS 协议第 5.1 条,理由是该措施的制定并未以适合有关情况的风险评估为基础,同时考虑有关国际组织制定的风险评估技术;AI 措施违反了 SPS 协议第 5.2 条,即在进行风险评估时未考虑该条规定的各项因素;AI 措施违反了 SPS 协议第 2.2 条,理由是其制定并未根据科学原理,其维持实施也无充分的科学证据;违反了 SPS 协议第 2.3 条第一句话和第二句话;违反了协议第 5.6 条、第 6.1 条、第 6.2 条、第 7 条、附件 B 第 2 段和第 5 段。(3) 印度尼西亚——鸡肉和鸡肉产品的进口限制措施(原告:巴西和欧盟)。2014 年 10 月 16 日,巴西和欧盟就印度尼西亚关于鸡肉和鸡肉产品的进口限制措施诉至 WTO 争端解决机构。

第五节　《技术性贸易壁垒协议》

一、技术性贸易壁垒委员会工作概述

(一) 委员会会议

2014 年(3 月 18—20 日、6 月 18—19 日、11 月 24—28 日)共举行三次会议。

讨论了如何运用产品的法规和标准,才不会造成不必要的贸易障碍。这些会议中,委员会继续将注意力集中于对环境与健康持续的讨论。讨论的范围从生物燃料的可持续发展标准到烟草制品、食物及酒类商标、转基因生物和医疗设备等。

在6月的会议上,提出的46项具体贸易关注中有三分之一是关于健康保护,包括健康食品、饮料和商标。11月的会议破纪录地提出了许多新的贸易关注,主要是如何处理健康和环境问题,这是自2009年以来,WTO成员在技术性贸易壁垒委员会上提出新的贸易关注数量最多的一次。同时,2014年提出的新的贸易关注数量也是自1995年WTO成立以来最多的一年,其中四分之三的新关注由发展中国家提出。

技术性贸易壁垒(TBT)委员会在11月的会议期间强调了许多"现实世界"的讨论。例如,营养标签,目前是消费者日常生活讨论的重点;许多关于健康要求的提案,如"红绿灯"营养标签即根据食品的健康程度添加带有红色或绿色的标签。烟草也是讨论的重点,有四项关于普通包装的措施正在被讨论。讨论还涉及很多其他产品,包括电子产品、汽车零部件、化工、食品饮料、酒类、化妆品和药品、玩具。11月的会议上提出的53项关注中有18项是新的关注。

11月24日,来自28个发展中国家和2个发达国家的政府官员和观察员参加了关于贸易和公共卫生的研讨会,主要讨论知识产权和健康。与以往的研讨会一样,这个最新的研讨会由WTO秘书处、世界卫生组织(WHO)和世界知识产权组织(WIPO)的秘书处合作举办,其目的是提升国家政策制定者在贸易、知识产权和公众健康领域分析政策选择的能力。这将通过对这些领域政策问题彻底的理解,以及它们与WTO中多边贸易协定的关系来实现。涵盖的主题包括医疗技术的可获得性和创新,更广泛议题包括贸易和卫生政策。

(二)技术性贸易壁垒审查机制

自第一次委员会会议以来,成员就把技术性贸易壁垒委员会当做一个讨论有关其他成员具体措施(技术法规、标准或合格评定程序)的论坛。这些措施涉及具体的贸易关注,可能是向技术性贸易壁垒委员会建议的措施,这些措施符合协议的通知要求,也可能是最近生效的措施。委员会会议间隙的成员间非正式会谈为成员们创造了机会,使他们通过双边或多边渠道审视贸易关注,进一步阐明立场。2014年,委员会共提出85项具体贸易关注。迄今为止提出的453个关注的信息如表6.2。2014年,新提出了47个关注,解决了之前提出的38个关注。图6.2说明了自1995年以来每年被讨论的具体贸易关注的数量。

表 6.2　1995—2014 年技术性贸易壁垒委员会提及的具体贸易关注

年份	过去关注的数量	新的关注数量	总关注数
1995	0	4	4
1996	0	6	6
1997	0	11	11
1998	3	13	16
1999	6	5	11
2000	4	13	17
2001	7	15	22
2002	12	20	32
2003	12	15	27
2004	13	14	27
2005	12	12	24
2006	12	24	36
2007	19	27	46
2008	26	32	58
2009	28	47	75
2010	32	29	61
2011	32	44	76
2012	59	35	94
2013	31	42	73
2014	38	47	85

资料来源：根据 WTO 官方网站资料整理，https://www.wto.org/english/news_e/news14_e/tbt_04nov14_e.htm.

（三）技术援助

2014 年 5 月 16 日，新出版了一本关于《技术性贸易壁垒协议》的小册子，强调了该协议及技术性贸易壁垒委员会在帮助政府解决影响货物贸易的规章和标准工作中的作用。

这本小册子简要概述了 TBT 协议的背景、目的和范围。它描述了该协议覆盖措施的类型，确定了关键的规章和原则（包括参照最新的 TBT 判例），同时介绍了 TBT 委员会的任务、作用和工作。这本小册子还包含了该协议的法律文

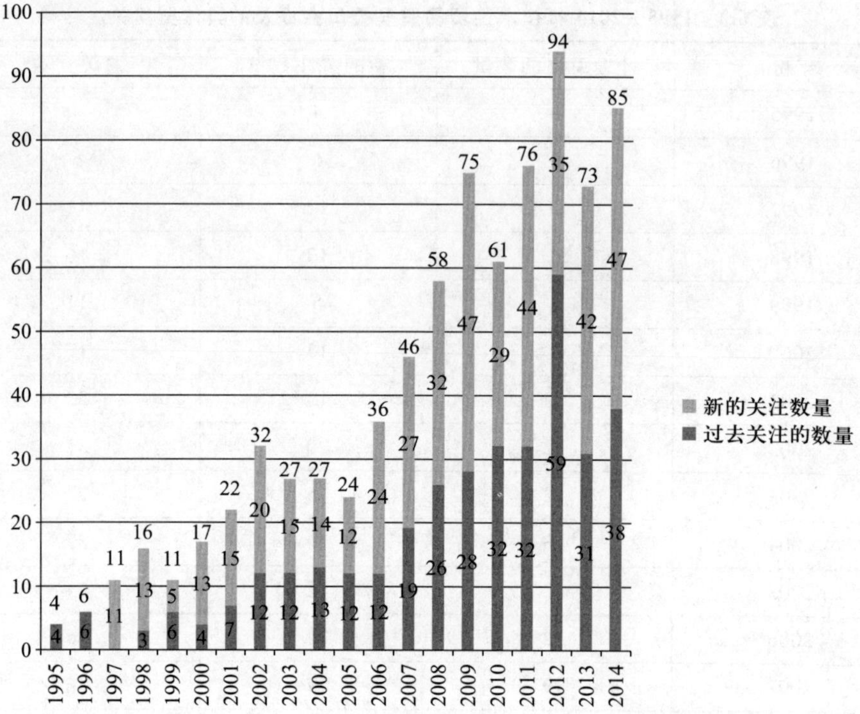

图 6.2　1995—2014 年 WTO 成员提出的 TBT 具体贸易关注数量

资料来源:根据 WTO 官方网站资料整理绘制,https://www.wto.org/english/news_e/news14_e/tbt_04nov14_e.htm.

本,以及自 1995 年以来委员会的所有决定和建议汇编。

政府使用法规和标准,以实现各种公共政策目标。他们可能会使用条例,以保护人类健康或保护环境,并设置商品进口的具体要求。例如,可以设置在儿童玩具中使用的油漆铅含量限值,医疗设备需要符合的质量标准,在酒精饮料中使用的健康警告标签,这些规定往往会对贸易产生很大影响。

一个根本的问题是,如何以正当理由进行调节,同时将其与其他保护国内生产者的措施区分开来。由于这些非关税措施是不透明的,技术复杂性使其更难以量化,因此很难确定他们的真实目的和充分了解他们的影响。《技术性贸易壁垒协议》作为技术性贸易壁垒委员会决定和建议不断发展的支撑体,旨在帮助 WTO 成员迎接这一挑战。

二、《技术性贸易壁垒协议》实施与监督情况

2014 年,在技术性贸易壁垒委员会召开的三次会议中,WTO 成员提出了 47

项新的具体贸易关注。委员会也听取了成员确保《技术性贸易壁垒协议》实施和管理的措施概述。改善实施的讨论仍在继续。由于技术性贸易壁垒通知数量的增多以及委员会关于具体贸易关注讨论的延长,这显得尤为重要。

技术性贸易壁垒委员会讨论了 47 项新的贸易关注以及 38 个旧议题,涵盖生物燃料、烟草、转基因生物、医疗设备、电子产品、汽车零部件、化工、食品饮料、酒类、化妆品和药品、玩具、环境和健康、营养标识的规制措施。其中,讨论最为广泛的是环境与健康问题。从 1995 年到 2014 年年底,技术性贸易委员会共提及了 453 项具体的贸易关注。

另外,观察员组织的代表更新了与技术性贸易壁垒委员会相关的工作,包括技术援助活动。这些组织有联合国粮农组织、世界卫生组织食品法典委员会、国际电工委员会、国际标准化组织、国际贸易中心、OECD、国际法制计量组织、联合国欧洲经济委员会、联合国工业发展组织、国际电信联盟和世界卫生组织。

参考文献

[1] WTO.Technical Barriers to Trade[EB/OL].https://www.wto.org/english/news_e/archive_e/tbt_arc_e.htm.

[2] WTO. Disputes by Agreement. TBT. [EB/OL]. https://www.wto.org/english/tratop_e/dispu_e/dispu_agreements_index_e.htm? id=A22#.

[3] WTO. Sanitary and Phytosanitary Measures.[EB/OL].https://www.wto.org/english/news_e/archive_e/sps_arc_e.htm.

[4] WTO. Committee on Sanitary and Phytosanitary Measures - Specific Trade Concerns[R].World Trade Organization,2014.

[5] WTO. Sanitary and Phytosanitary Measures.[EB/OL].https://www.wto.org/english/tratop_e/sps_e/sps_e.htm.

[6] 齐俊妍.技术性贸易壁垒协议及其实际执行状况分析[J].世界贸易组织动态与研究,2002(2).

[7] 隋军.TBT 新近案例关键争议点分析:趋势与启示[J].国际经贸探索,2013(10).

第七章　服务贸易、投资措施与知识产权

第一节　服务贸易

一、多哈回合服务贸易谈判进程

依据《服务贸易总协定》(GATS)第19条第1款规定,成员应自WTO协定生效之日起5年内开始定期连续举行多回合谈判以实现更高水平贸易自由化。多哈回合谈判的目标应是减少或取消对服务贸易具有不利影响的措施,以提供有效的市场准入。因此,从1995年WTO协定生效起5年后,WTO总理事会于2000年2月7日做出决议,服务贸易谈判由服务贸易理事会以特别会议方式进行,服务贸易理事会的例行会议日程由其主席负责,并定期向总理事会报告谈判进展。2000年2月25日,WTO服务贸易理事会召开特别会议,开启新回合服务贸易领域的谈判。2001年,服务贸易谈判被纳入多哈回合,成为多哈发展议程"一揽子协议"中的一部分。2013年12月7日,在WTO第九届部长级会议上,多哈回合第一份成果——《巴厘一揽子协定》以159个成员赞成获全数通过,首次实现零的突破。WTO成员强调后巴厘工作中服务贸易的重要性,自2013年12月的巴厘岛部长级会议之后,他们于2014年4月1日举行了第一次有关服务贸易的正式会议。在巴厘岛会议上,各成员同意为多哈回合结束实质性谈判部署周详的工作计划。

在4月1日的会议上,各成员进一步强调了服务贸易的重要性,并且表达了在后巴厘工作计划中,他们将服务贸易谈判列入其中的强烈意愿。在谈判期间,对于市场准入这个重要的谈判议题,各成员认为服务市场准入、农业市场准入、非农市场准入问题应该给予相同重视。代表团认为谈判应该更加关注谈判中的可行性问题,同时应该更加注重谈判的透明度和包容性。

一些成员认为,与农业和非农市场准入问题相比,各国对服务贸易应该树立更大的决心,进一步提高开放程度,并且应该在服务贸易市场准入和规则制定上寻求平衡。一些代表团重申了谈判的核心是推动多哈回合继续前进—将发展作为谈判重要的维度。

许多代表团认为应该避免在不同市场准入问题之间出现"排序"问题,这将会使服务贸易谈判更加复杂且难以推进。他们希望服务贸易谈判与其他类型的

贸易谈判同时进行,尽管有些人认为多哈回合谈判的重心依然是农业谈判。

对于 WTO 框架之外的区域贸易协议中的服务贸易谈判,谈判代表们意见各异。大多数成员认为他们与多边谈判并行不悖。尽管有人认为应该进一步探讨区域服务贸易协议与 GATS 之间的协同效应,仍然有一些成员担心诸边协议的谈判会对多边进程造成阻碍。

新一轮修正的服务出价之前做好相应的准备工作是未来服务贸易谈判的关键一步。很多成员强调应该寻求服务开放的新思路以促进多边服务贸易谈判。有些成员建议多边服务贸易谈判应从诸边谈判即区域服务贸易协议谈判中汲取经验,实际上很多区域贸易协议在服务市场准入问题上已经获得对多边规则如 GATS 的超越。其他成员建议服务贸易谈判应该更加关注数字经济、电子商务、供应链、贸易便利化和发展中国家的利益。一些代表团也表达在谈判议题的选取过程中会出现"摘樱桃"问题。

服务贸易谈判组主席,哥伦比亚大使 Gabriel Duque 支持成员的"进一步推动谈判的意愿",并敦促各成员提出更精确详实的提案,以便于进一步讨论工作计划中关于服务贸易的内容。服务贸易理事会于 2014 年 12 月 17 日举行了非正式会议,讨论如何在 2015 年 7 月前达成多哈回合谈判中关于服务贸易部分初步共识的意见。在 2014 年 11 月 27 日的服务贸易谈判取得突破后,服务贸易理事会在 12 月 17 日就服务贸易展开进一步谈判。会议上,WTO 成员一致同意将 2015 年 7 月作为完成多哈回合整体工作谈判的新期限。哥伦比亚大使 Duque 在对 WTO 的成员讲话中敦促服务贸易谈判代表要"务实",并专注于问题的可行性和现实性研究,同时指出谈判成员应该避免在相同的问题上裹足不前,其目的是希望听取关于 WTO 成员在 2013 年 11 月巴厘岛部长级会议之后如何进一步推动服务贸易谈判的意见。代表团强调了后巴厘议程中服务贸易谈判的重要性以及他们为完成 2015 年 7 月期限的承诺将要做出的实质性努力。有些代表团建议使用"基于结果"的方法来定义谈判的范围、目标和结构,包括建议举行非正式会议来听取成员对服务贸易谈判的决心。他们同样建议可以将已经开展的服务贸易谈判作为恢复谈判的基准。这些工作主要包括:

① 请求和提供谈判;

② 服务贸易理事会特别会议 2005 年建议(附件 C《香港部长级宣言》);

③ 2008 年新闻发布会上所有主要服务部门在提供模式上作出的积极的市场准入承诺;

④ 2011 年贸易谈判委员会主席的报告;

⑤ 一些代表团则继续提出解决已经存在的谈判问题的重要性和迫切性;

⑥ 实现与其他多哈回合谈判议题(农业和非农业市场准入)的均衡,一些成

员重申农业谈判应该置于更重要的位置；

⑦ 解决服务贸易谈判议程、服务部门之间、服务模式以及市场准入和规则制定之间的内部平衡问题；

⑧ 避免自选择问题，在谈判中应该平等对待所有的服务部门以及平等看待所有服务提供模式；

⑨ 将发展目标作为谈判维度的核心；

⑩ 为成员提供新的服务市场准入出价途径。

一些成员重申他们应该在服务贸易理事会特别会议的背景下重申多边服务贸易谈判的紧迫性。

二、2014 年以来服务贸易谈判的进展

（一）市场准入谈判情况

市场准入议题非常复杂，基本上归为三大方面：农业补贴、农产品关税和工业品关税。长期以来，WTO 成员无法在农业补贴、农产品关税和工业品关税的削减幅度、削减公式和削减方法上达成一致。根据 2011 年部长级会议的指示，各成员也在努力探讨非正式的谈判方式，争取通过各种形式的服务贸易谈判，在市场准入的某些方面达成共识。但在 2014 年一整年，没有召开正式会议进行谈判，尽管在 2013 年年末，在 WTO 第九届部长级会议上，多哈回合第一份成果——《巴厘一揽子协定》以 159 个成员的赞成获全数通过，实现了多哈回合谈判零的突破。但实际上，在 2014 年一整年中，在市场准入的问题上并没有取得实质性突破。

（二）国内规则谈判情况

2014 年，服务贸易委员会国内规则工作组（WPDR）分别于 2 月、5 月和 9 月召开了三次正式会议。在此期间，工作组继续依照《服务贸易总协定》第 6 条的国内监管纪律进行讨论，其中主要涉及三个议题：第一是对基于成员提出的与规则草案相关的技术问题进行最终讨论；第二是对来自成员和秘书处的监管问题进行审查；最后则是将区域贸易协议中的国内规则问题提上议事日程。

1. 技术问题

成员完成了包含在“潜在的技术问题列表”中的 93 号问题的审议工作，并进行了广泛的信息交流。WPDR 主席分发了包含工作组进程以及各个成员交流信息的编译文件，以便更好地促进后续工作的开展。编译文件的附件是根据各个特定主题如成员的许可证以及资格认证等汇总而成的摘要。委员会成员对于国内规则结构和惯例相关的术语和概念的使用进行了阐述，有些成员对技术问题中的国内规则水平发展状况进行了进一步说明。在讨论期间，应成员要求，

秘书处准备了三个背景说明文件:(1)技术措施的一般适用,载于文件 S/WPDR/W/47 中;(2)部门和服务提供模式的监管问题,载于文件 S/WPDR/W/48 和附件 1 中;(3)服务技术标准问题,载于文件 S/WPDR/W/49 中。对该问题的文件编译以及详细讨论有助于进一步阐明服务谈判中涉及国家层面的监管措施、惯例以及其可能造成的影响。

2. 部门以及服务模式的监管问题

2014 年,成员完成了对秘书处提出的"监管问题的部门和供应模式(S/WPDR/W/48 和 Add.1)"的讨论。成员们还特别强调将发展作为讨论的主题,并要求秘书处编写一份补充文件,说明"发展中国家面临的服务相关的监管挑战(S/WPDR/W/51)"。在讨论中,大家对各自的监管改革、能力建设的国家经验以及发展中国家所面临的具体挑战交换了意见。一些成员也提供了有关国家监管框架的具体部门概述。虽然该讨论的目的并不是达成任何具体结论,但对该问题的讨论有助于对影响服务部门以及服务供应模式的监管问题提供有益的经验。

3. 区域贸易协议中国内规则的详细讨论

2014 年,成员对区域贸易协议中服务国内规则的实施经验进行了详细讨论,该讨论的目的是让成员们有机会分享区域贸易协议中不同类型的国内规则条款的细节,同时对其与《服务贸易总协定》第 6 条谈判规则的异同进行对比分析,一些成员也分享了他们对规则谈判与执行的经验。虽然谈判尚在进行,但是现有信息表明区域贸易协议中有关国内规则的条款一般都基于现有的《服务贸易总协定》的规定,只是有一些区域贸易协议在水平或者部门上做了少量修改或者规定了额外的义务。

(三)GATS 规则谈判情况

《服务贸易总协定》国内规则工作组分别于 2014 年 2 月 25 日、5 月 7 日以及 9 月 18 日举行了三次正式会议,工作组继续进行所有有关 GATS 规则的讨论,然而,谈判仍然局限于多哈回合进程,并未取得实质性成果。

1. 紧急保障措施谈判(第十条)

2014 年,工作组开始专门探讨区域贸易协定中的紧急保障措施的规定——在区域和双边贸易协定中规定的紧急保障措施,并对此进行了细致的讨论,同时在讨论中提出了"紧急保障措施之友"的概念。提案的支持者们对涵盖了个人和集体的区域贸易协议中的紧急保障措施的政治和经济原因做了解释。目前为止,还没有一个支持者在服务上提出保障措施。委员会主席的一份说明总结了 2014 年 2 月的专门讨论中各成员所提出的观点。此外,应成员要求,WTO 秘书处准备了一份综合清单,用于说明在 GATS 第 5 条规定下的并已向 WTO 提请的

122个区域贸易协议中与服务贸易相关的保障性措施条款的相关规定。在2014年9月的会议上,部分代表团对该说明清单做了初步评价。

2. 政府采购的谈判(第十三条)

工作组初步讨论了WTO题为"服务贸易与政府采购承诺的关系:从近期的WTO协议与区域贸易协议的视角进行分析"的工作论文,该论文分析了包括《政府采购协议》《服务贸易总协定》和68个区域贸易协议中服务采购的涵盖范围、调度的方法等,工作组分别于2013年10月和2014年2月进行了两轮讨论,在讨论过程中,代表团成员提出了有效促进政府采购的建议,并决定于2015年对相关工作论文的最终版本进行更深入的讨论。秘书处的代表从法律和经济的角度强调了《政府采购协议》和《服务贸易总协定》之间的互补性,并认为对《政府采购协议》的修订包含了服务贸易重要方面,特别是增加了涉及各缔约方政府采购的公共实体和服务部门方面。

3.谈判补贴(第十五条)

根据工作组的要求,秘书处发布修订版的背景说明——"补贴服务业——包含于WTO贸易政策审议中的信息"。与前一个版本不同的是,根据个人服务部门的情况,以最新的经验证据为基础,对补贴方案(根据WTO贸易政策审查报告所提交的资料)进行了更新。某些代表团成员对此更新说明持支持态度,然而其他代表团强调该说明并没有确切描述与补贴有关的任何贸易问题。成员一致认为,要开展更多基础性工作,以更好地了解如何对服务政府采购进行补贴,并评估它们可能带来的影响。

三、2014年服务贸易政策的实施与监管

(一)金融服务的审议

服务贸易委员会下设的金融服务委员会分别于2014年2月26日、5月6日、7月19日和9月18日举行了4次正式会议,继续审议第五议定书的状态,目前该议定书尚未被巴西所接受。4次会议所探讨的问题主要有以下三项。一是对金融服务贸易与发展进行了审议并着手讨论"金融包容性"问题。中国台湾对台湾地区金融机构及其分支机构的规则修订做了说明,指出该修正旨在促进金融服务市场准入。南非分享了有关南部非洲发展共同体(SADC)和最近开始运营的集成区域电子结算系统(SIRESS)的相关信息。中国简单说明了手机银行的金融政策。为进一步促进谈判和审议工作的开展,委员会提请秘书处对"金融包容性"问题以及《服务贸易总协定》中的金融监管和审议问题进行备注。2014年9月的会议上,中国提交了有关手机银行的政策审议,委员会于2014年10月举行了有关中国手机银行的研讨会。二是对金融服务监管问题进行审议。

2014 年 5 月,委员会听取了来自巴塞尔银行监管委员会(BCBS)、金融稳定委员会(FSB)、国际保险监督官协会(IAIS)和国际证监会组织(IOSCO)的陈述意见,这些组织对正在进行监管改革的金融服务部门做了介绍,并对金融服务贸易的潜在影响进行了讨论,这些组织的介绍文件以及附加文件已在会议前作为内部文件刊发。此外,委员会还强调了关于南非非银行服务的监管问题。三是讨论基于秘书处提交的新的金融服务的问题。关于该问题的详细讨论将会载于主要的说明文件中。

(二)具体承诺的审议

具体承诺委员会监督和审查了 GATS 相关承诺的实施情况、最惠国待遇例外以及修订安排的程序。委员会旨在提高成员在履行服务承诺和 GATS 操作上的技术准确性与连贯性。

服务贸易理事会具体承诺组(CSC)分别于 2014 年 2 月 25 日、2014 年 5 月 7 日和 2014 年 9 月 18 日举行了三次正式会议。委员会主要强调了两个问题。

1. 分类问题

委员会审议了有关教育、卫生、旅游和娱乐服务的分类问题。此前两年,为方便交换意见,该讨论是以非正式的方式进行的,并且该程序由主席负责并以非正式、非总结性的讨论方式进行。为进一步促进讨论,秘书处为各个部门进行审查时提供了一份非正式的文件,该文件提供了有关分类问题的概述,并对成员提出的具体问题提出了建议。委员会认为始于 2011 年年末的分类问题的部门审查重点关注 GATS 分类系统(W/120)面临的挑战问题,并且这是 20 年技术和商业取得巨大发展的必然结果。基于委员会的提请,秘书处编译了 40 份相关文件并将其于 2014 年 3 月 14 日向各成员分发。其次,建立在分类问题的部门讨论之上,委员会在 2014 年 9 月 18 日的会议中首次讨论了关于“新服务”的问题。作为该问题的出发点,并根据委员会的要求,秘书处编写了一个说明性的服务清单,包含了以前的讨论中不被明确提及的文件(W/120)的内容。秘书处还提供了一个关于“新服务”问题的简要背景,并提出一些一般性的问题供参考。会议上关于新服务问题的见解意见纷呈:是否存在“新服务”,定义“新服务”是否有必要,现有的“新服务”的承诺的含义和可能造成的影响等。委员会一致认为,委员会主席将举行关于如何继续讨论“新服务”问题的协商会议。巴西代表团作了有关 SISCOSERV 的陈述,这是由巴西的发展、工业和贸易部开发的在线系统。

2. 协调问题

在此期间,对协调问题没有进行实质性讨论。在 2013 年的会议上,有人建议,成员可以共享 WTO 之外的已积累的智力和教育基础,以确保未来谈判在服务上的承诺的统一性。成员们就这一提议进行了持续的磋商。

第二节　投资措施

一、《与贸易有关的投资措施协议》相关谈判

根据《与贸易有关的投资措施协议》(TRIMs)第 9 条规定,货物贸易理事会在《WTO 协定》生效后最迟不超过 5 年,应对 TRIMs 的运行情况进行评估审议以决定是否应该增加或者修正协议的内容。2000 年 11 月底在美国西雅图举行的 WTO 第三届部长级会议在新一轮谈判议程中列入了投资和贸易问题的议题,但由于各种原因"新千年回合"的谈判宣告失败。在多哈回合谈判中,美国和欧盟提出修正的 TRIMs,并扩展所有投资措施。但发展中国家认为,美国和欧盟提出的 TRIMs 政策和投资措施对发达国家有利,因而坚持 TRIMs 不应被扩展,并强烈要求对发展中国家延长过渡期。由于印度和巴西坚决阻止,最终没有就 TRIMs 谈判达成任何实质性协议。WTO 原本希望在墨西哥坎昆部长级会议上就多边投资框架的谈判模式达成一致,然后启动多边投资框架的实质性谈判。但由于 2003 年 9 月的坎昆会议未实现这一任务,因而 WTO 多边投资框架的谈判未能启动。2004 年"7 月法案"仅明确了今后谈判的一些指导原则和基本内容,许多棘手的、分歧较大的问题被搁置,其中即包括投资措施,因而 TRIMs 协议的修订亦无法取得实质性突破。

二、投资措施谈判进展以及焦点问题讨论

2014 年,与贸易有关的投资措施委员会在成员支持下举办的投资措施会议内容如表 7.1 所示。

表 7.1　2014 年主要会议事件

2014 年 6 月 11 日	美国等国家对乌拉圭风电场投资的本地含量要求表示关切并就此展开讨论
2014 年 6 月 15 日	美国对俄罗斯对该国机动车生产商补贴提出质疑并展开讨论
2014 年 9 月 16 日	欧盟与美国对尼日利亚石油和天然气领域的本地含量要求提出质疑并展开讨论
2014 年 10 月 1 日	印度对美国可再生能源计划的本地含量要求提出质疑
2014 年 7 月 11 日	美国对印度尼西亚的专营权条款和本地采购提出质疑

资料来源:根据 WTO 官方网站资料整理,https://www.wto.org/english/tratop_e/trims_e.htm.

(一) 乌拉圭风电场投资的本地含量要求引质疑

2014 年 6 月 11 日,在之前提交给予贸易有关的投资措施委员会的文件(G/TRIMS/W/125)中,美国提请 WTO 委员会成员关注乌拉圭总统于 2009 年 8 月 24 日签署的并通过工业、能源和矿业部颁发的 403/009 号法令。

该法令涉及乌拉圭风电场建设的招投标,除其他事项外,在第二条第三部分提到:"对于被视为投标的风电场建设项目,其国内投资额必须达到该项目总投资额的 20%,而无论它们是否是国内能源网投资建设的必要基础性投入。"本次招标条款中将囊括一个奖励机制,该机制规定风电场投资中本地投资必须占到总投资的 20%以上。乌拉圭在 G/TRIMS/W/132 号文件回答了对该项问题的质疑。然而这些回应却引发各成员对乌拉圭对本地含量要求的进一步关注。美国要求乌拉圭政府就以下三个问题解释该法令的潜在影响:第一,乌拉圭在文件 G/TRIMS/W/132 中的答复,看似承认 403/009 号法令对乌拉圭风电场投资强加了 20%的本地含量投资要求。然而,在乌拉圭提供的官方信息中,本地含量要求却远远大于该值,达到了 35%的阀值。乌拉圭理应澄清 403/009 号法令下投资的本地含量要求是 20%还是 35%。第二,在其答复中,乌拉圭指出,403/009 号法令规定的程序已全部完成,且该法令颁布之后并没有签订新的合同,那么在可再生能源领域是否还有其他法令对投资有本地含量要求。第三,乌拉圭是否预见了除可再生能源外其他部门投资的本地含量要求。

三个执行法令先后敦促国家电力发电厂和输电管理局(UTE)通过国外企业或者本地企业开发有竞争力的风能(法令 159/011 和 424/011)和太阳能光伏发电(法令 133/013)的采购程序。这三种情况都被纳入 403/009 号法令的本地含量要求下。对于最后一个问题,乌拉圭给出答复,在能源领域,并没有其他的本地含量要求。

(二) 俄罗斯对机动车生产商补贴引质疑

俄罗斯联邦决定于 2014 年 1 月 15 日对参与产业重整计划的俄罗斯机动车生产商提供补贴,并提供了一系列具体方案。这些方案是:对有关的研究和开发活动和测试费用支持(2014 年 1 月 15 日的第 29 号决议)、对有关能源效率的费用支持(2014 年 1 月 15 日的第 30 号决议)、涉及与欧洲排放标准符合的保修费用支持(2014 年 1 月 15 日的第 31 号决议)、维护一定的就业水平费用支持(2014 年 1 月 15 日第 32 号决议)。

这些资金支持引入后不久,俄罗斯于 2013 年 12 月 26 日便通过第 1291 号决议开始对国内汽车生产企业征收车辆回收费用,而该费用此前只对国外生产商征收。因此,美国要求俄罗斯解释这些支持方案是不是专门作为对国内厂商征收费用的补偿。

此外,美国认为,在参与工业装配程序中,有可能使用国内厂商的零部件。因此美国担心这些支持项目同样会涉及使用国内厂商的产品或者零部件。美国要求俄罗斯明确到底哪些厂商能够接受补贴以及明确该支持项目的合格条件,并解决以下问题:第一,是否使用进口投入品的生产商同样有资格获得金融支持?第二,如果汽车制造商采用进口的中间品进行生产,那么该补贴项目是否有以按照体积或者价值计的最低门槛,并且明确列出哪些生产商将不会获得支持项目的资格?第三,如果根据决议,支持仅限于俄罗斯的汽车制造商,那么俄罗斯方面必须对如何认定某一个汽车生产商是否属于俄罗斯生产商做出说明。

俄罗斯随后对该问题进行了回复,根据2014年1月15日第29、30、31、32决议案,那些使用进口汽车零部件的俄罗斯汽车生产商将获得金融支持。俄罗斯认为上述决议的文件并没规定任何体积或者价值的阀值限制来排除哪些生产商获得金融支持的资格。能接受金融支持的俄罗斯厂商必须在俄罗斯境内生产汽车,并且他们的生产必须满足两个条件,其一是必须以工业装配模式进行生产,其二是必须在海关联盟的海关区或免费海关区以及自由经济区项目中符合海关手续规定的第10条第2款第6项模式下进行。

(三)欧盟与美国对尼日利亚石油和天然气领域的本地含量要求引质疑

尼日利亚于2010年4月通过本地含量法案。根据该法,在石油和天然气领域中,所有使用的服务和材料必须达到规定的本地含量标准。各运营商在竞投任何项目许可或执行任何项目之前,必须提交展示符合本地含量要求的计划。

该法的覆盖面非常广泛,应用于"所有与尼日利亚石油和天然气行业相关的交易或者运营",并涉及"所有参与了尼日利亚石油和天然气行业的任何项目、经营、活动或交易的监管部门、运营商、承包商、分包商、联盟合作伙伴"。除了具有一般要求的"将尼日利亚本地含量要求作为项目开发和执行的重要组成部分"外,法律还强制规定本地采购,并就具体的活动规定了全方位的本地含量要求。欧盟和美国一再对其草案讨论阶段提出质疑,并通过双边讨论,以及在2011年6月贸易政策审议期间的TRIMs和前几次会议中对他们所关心的问题进行了讨论。尼日利亚尚未回答此前提交的与此相关的法律和本地含量要求的问题,特别是它并未对其与TRIMs协议、《1994年关税与贸易总协定》和《服务贸易总协定》的兼容性问题做出合理解释,欧盟于是再次提交问题清单。根据尼日利亚本地含量法案的具体规定,石油和天然气部门的经营活动的每笔投入必须达到法令规定的本地含量标准。对于某些商品和服务,本地含量要求达到100%(如钢管和板材、审计服务或物探服务),并且很多商品和服务的本地含量要求通常高于80%(对附表中所列的货物和服务的40%)。欧盟再次提出质疑:第一,所采取的措施是否可能影响尼日利亚相关部门的生产能力和供给能力;第二,所采取的评估措施是否考虑到了获得优惠的本地厂商的经济效率以及他们是否能对列明的产品和服务商提供竞争性价格? 更具体地讲,运营商为了遵守本地含量要求,必须购买本地生产的产品,如钢管等,而这些产品是否反映了更优惠的市场价格? 就效率而言,这些部门的供应能力和价格竞争力差强人意,然而石油和天然气部门的本地含量要求是否会实际上削弱该法案的目标? 欧盟方面提出了对尼日利亚该法案的理解:尼日利亚发展法第 31 条(1) 规定,“对于每一个公司的运营,经营者应当提交董事会继任计划,董事会成员并不一定是尼日利亚人,但公司必须在四年之后可以接受尼日利亚授权”。尼日利亚发展法第 32 条规定,“对于它的每一个企业,经董事局批准,在项目操作中至少可以最多保留 5%的管理职位为外派职位以保护投资者的利益”;尼日利亚发展法第 35 条规定:“所有在尼日利亚的石油和天然气行业的运营商在对其初级和中级管理人员招聘时只能雇用尼日利亚人。”

欧盟就此提出三点质疑:第一,如果没有合适的尼日利亚籍劳工即在尼日利亚劳动市场出现尼日利亚籍劳工短缺问题,应该做出何种应对措施;第二,当政府准备吸引新的投资并且同时为了限制管理人员和员工的国籍问题时,如何协调两者之间的关系;第三,政府应该采取何种措施来提供适当的教育和培训机会,使更加熟练和受过教育的劳动力能够同时满足双方的工作要求和本地含量要求。

同时,在投资方面,欧盟认为在“计划 A”中,很多要求被定义为“支出”,因此需要尼日利亚方面准确澄清此表达的含义。它是否可以解释为尼日利亚实体所开具的发票金额,那么在这种情况下,根据第 106 条的规定,一个企业的股票份额中必须由尼日利亚人持有至少 51%,该规定是对尼日利亚境外投资者的歧视,从而不利于他们在尼日利亚进行投资以及为该国提供产品、服务。据报道,该种情况已经在某些行业(如电信)出现。这种情况对国外投资实际上造成了强烈的抑制作用,并不利于经济效率的提高与实体供应链的健康运行。

尼日利亚发展法第 105 条规定:“除本部长的批准,董事会应对这项法案的时间表进行审查,并在短于两年的时间内作出决定”。欧盟随即就此问题提出质疑:第一,审查日程是否已确定? 第二,审查如何进行,有没有其他透明度措施,是否听取操作者的意见? 第三,审查筹备工作如何开展以确保审查工作得到确切的反映,同时如何审查尼日利亚的经济潜力,以匹配尼日利亚经济当前的生产能力? 第四,修订草案现在仍在搁置状态,而国民议会可以提供一个机会来审查该法案与 WTO 的兼容性问题。不过,审查可以更密切地关注股权,特别是其本地含量要求,提供相应的方案,以达到提升在石油和天然气行业国内产能的既定目标;第五,该方案将于 2013 年 4 月到期,因此欧盟要求尼日利亚解释企业主将如何面对产能不足的问题。

（四）印度对美国可再生能源计划的本地含量要求提出质疑

印度对美国可再生能源部计划的本地含量要求提出质疑后，美国于2013年10月4日递交了G/TRIMS/W/129文件来回应印度于2013年4月17日提出的质疑文件G/TRIMS/W/117，该质疑文件主要涉及联邦下属的4个可再生能源的计划，印度对美国的回应给予了肯定。尽管如此，印度对美国给出的承诺仍然留有疑问，印度认为美国对有些问题并没有做出明确回答，同时有些问题必须得到进一步解释。

印度赞赏美国在文件G/TRIMS/W/129和G/TRIMS/W/129/ Rev.1号中回答印度提出的质疑文件G/TRIMS/W/117中的问题。印度质疑美国的可再生能源项目是否确实在各级联邦中保持一致。印度认为美国需要进一步澄清关于可再生能源项目的相关问题，特别是在密歇根的清洁、可再生能源信用，高效的能源法案（法案公众295）项下的能源信用问题，即美国并未对其宪法和法律地位以及密歇根公共服务委员会的职能和组成给予明确的解释。密歇根州公共服务委员会在制定、审批、实施、授予和分配可再生能源方面发挥的作用也是印度关心的问题。印度已要求美国就关于在清洁、可再生、高效的能源法案（法案公众295）中能源信用的授权、批准、转让和买卖的方法提供细节。印度要求美国再次对此提供详细的信息。

1. 有关加州的洛杉矶水电局（LADWP）太阳能光伏激励计划

美国在加州相关网站公布了太阳能激励计划的状态和水平，LADWP指出：只有从洛杉矶市的设备生产商购买及安装光伏组件或安装光伏建筑一体化系统（BIPV）的企业才可能有资格获得更高的优惠税率，此外，目前LADWP对洛杉矶生产商提供担保（LAMC）以使得洛杉矶生产商根据第8节的指导规则获得LADWP的批准。LAMC的目标是通过在洛杉矶城内生产和劳动创造来促进经济效率的提高，并减少成本增加产量和竞争优势。

该准则还规定：(1) 要符合LAMC，光伏组件和太阳能发电设备必须在洛杉矶市的范围内进行制造。制造商必须收到书面批准才能被LAMC视为合格。(2) 对于产品安装，制造商必须通过文档向LADWP证明，包括库存控制、实体工厂参观的方式，和其他由LADWP确定的方式，并同时保存在LAMC付款前生产的记录。(3) 要符合LAMC的生产要求并被认为是本地制造的条件是，成品光伏组件或设备组成部分的50%必须是在洛杉矶生产或者组装的。(4) LAMC状态可通过由LADWP批准的国内制造商提交的计划获得。在这样的本地业务计划中，应该清楚表明并记录所使用本地劳动力、本地制造的零部件、或生产的产品中50%的价值是从本地的经济资源中获得。商业计划书的提交应该及时，且必须每年更新，同时必须提供季度财务及业务的劳动报告。

鉴于上述情况，印度将要求美国提供有关这一计划的以下信息：

当申请者满足提交的所有条件或者任一条件，是否给其提供 LAMC 激励。LADWP 太阳能光伏激励计划的指导方针指出，“LADWP 将保留自行决定，以确定其是否符合 LAMC 资格，只有那些接收 LADWP 书面批准才可能会收到 LAMC 激励的资格”。在行使其“自行决定”的过程之中，LADWP 决定合格的“制造过程”和“生产设备”的衡量标准是什么？印度方面要求美国提供详细的文件予以说明。根据 LADWP 太阳能光伏激励计划指南，“光伏组件和太阳能发电设备”必须就在洛杉矶范围内生产的实施标准条件以及这些条件和标准是如何决定地做出详细说明。已完成的太阳能光伏组件和符合激励计划的设备中最少 50%必须在洛杉矶生产和组装，印度要求美国对该条款决定的实施条件以及决定该条件的程序作出说明。对于激励计划，美国需要指明具体的激励金额是多少。

2. 有关加州的自发电激励计划（SGIP）

SGIP 计划发起于 2001 年，是用来奖励那些使用风力涡轮机、燃料电池和各种形式的热电联产来发电的企业。该计划原定在 2011 年年底结束，2009 年 SB 412公共事业修正法将该激励计划延长至 2016 年 1 月 1 日。

自发电激励计划将提供 20%的额外奖励给来自加州的供应商以支持其进行分布式发电和先进储能技术的研究。“加州供应商”是指任何个人独资企业、合伙企业、合资企业、公司或其他商业实体，他们必须符合下列条件：（1）业主或决策者居住在加州，或受该供应商管理和领导的营业企业地点位于加利福尼亚州。（2）在对 SGIP 接受者提供合格的分布式发电技术之前的 5 年，企业或者公司必须受到以下条件的制约：首先是拥有及经营位于加利福尼亚州一家制造工厂或生产符合条件的分布式发电技术；其次是国家授权给加州开展业务的企业。（3）雇用加利福尼亚州居民在州内工作，但分销或销售管理处的企业并不视为符合条件的制造商。

鉴于上述情况，印度要求美国提供有关这一计划的以下信息：（1）是否有“加州供应商”批准的名单？如果有，必须提供供应商名单并指出哪个机构负责审批合格的“加州供应商”。（2）是否有拥有“合格分布式发电或先进储能技术”的名单？如果有，请提供并说明由什么机构进行合格的认定。在上述规则中，“安装”的含义是什么？这是否意味着不同的设备或符合条件的分布式发电和储能技术组件应该由加州认可的供应商制造或组装？是否那些由加州物理系统供应的组件，仍然有资格获得这 20%的额外奖励？如果是的话，在什么条件下将获得这些奖励？

在它的响应文件 G/TRIMS/W/129/Rev.1 中,美国表示,"加州公共事业委员会(CPUC)监督自发电激励计划(SGIP)"。美国需要澄清加州公共事业委员会的法律地位,以及它的组成和职能。美国被要求提供过去 3 个财务年度预算支出的细节方案。此外,必须提供该激励信息提到的现金、支票、银行转账、信用卡客户对账单。对此,美国未做出回应。

(五) 印度尼西亚的专营权条款和本地采购引质疑

据了解,印度尼西亚贸易部(MOT)通过了有关传统市场、购物中心以及现代商场规划方针,这些法规建立在 2012 年和 2013 年的有关专营权(第 53 条和 2012 年第 68 条和 2013 年的第 7 条),包括现代零售专营权的规定之上。该法规第 70 条规定,"当代商店销售点中库存中的市场私营标签或者家庭标签的产品不得超过 15%;购物中心和现代商场销售的国内产品数量和被交易的产品类型不得低于 80%。"尽管这两个要求均适用于国内和国外的公司,但这些条款似乎更倾向于投资者售卖本地产品。

欧盟要求印度尼西亚对该条款规定的执行做出进一步说明,首先提供该条款实施的豁免程序信息,其次由于投资者有两年的时间来适应印度尼西亚方面提出的要求,因此是否现在该条款已经开始生效了,印度尼西亚是否能提供该条款的更新信息等。类似的法规也同样适用于专营机构。贸易部法规 53/2012 规定,"特许商和加盟商必须使用国内生产的商品或国内提供的服务,企业设备和销售的至少 80% 使用本地原料。这个本地采购要求也体现在 68/2012 和 7/2013 文件中。

第三节 知识产权

一、《与贸易有关的知识产权协定》(TRIPS)实施情况

2014 年, WTO 与世界知识产权组织(World Intellectual Property Organization, WIPO)通力合作,举办了一系列旨在保护国际知识产权的会议,探讨了最贫穷国家医疗水平、生物技术和技术合作等问题,举办培训课程对各成员官员尤其是欠发达国家官员进行了知识产权相关培训,取得了一定的成绩。同时,TRIPS 理事会致力于进一步增进贸易透明度,对各成员的知识产权法律进行了审议,并对最不发达国家适用本协定前的缓冲期延长了 8 年。

(一) TRIPS 与公共健康

2014 年 11 月 24 日到 28 日,30 位来自发展中国家和发达国家的官员参加了由 WTO 秘书处与 WIPO 及 WHO 联合举办的专题研讨会,这次会议的主要议

题是探讨涉及贸易、知识产权和公共健康三者交叉领域的政策选择问题，并且使各国政策制定者深入了解这3个领域的政策问题以及与WTO多边贸易协定的关系，增强各国政策制定者在该交叉领域分析政策选择的能力。

本次会议已经是WTO秘书处与WIPO、WHO联合举办的第十次专题研讨会，会议旨在应对当前知识产权与公共健康领域更加复杂的政策环境形势，内容十分广泛。首先，研讨会探讨了各国政策制定者如何制定切实可行的政策以应对当前公共健康的新形势，并为各国政策制定者制订了相应的培训计划。该培训计划包括专家报告、互动辩论和案例学习等课程，同时也挑选一部分参会者进行报告讲解。该培训计划首先回顾了多边贸易协定体系在解决公共健康需求中所起的广泛作用，并对公共健康决定因素，知识产权体系，定价与采购政策，竞争政策与规则，关税、配额和进口许可证，以及公共健康服务等方面的内容进行了深入分析。其次，研讨会探讨了一系列与贸易协定密切相关的具体时事问题，如非传染性疾病问题，环境与健康问题，以及营养问题。实践案例学习将这些问题设定在实际环境中，使参会者对这些关键性问题有了深入了解。这其中包括设计支持研究和发展的知识产权框架，分析行业政策、当地药物生产与技术转移、生产药物知识产权的使用、竞争政策工具的使用以及他们对公共健康目标的影响，并探讨了与公共健康相关的TBT或SPS措施草案。同时，与会专家为各国政策制定者进行了一些实践技能培训：如何分析与落实贸易协定，如何评估与实施自己的政策选择；如何获取并充分利用相关的政策落实信息；如何处理贸易协定与国内法律和制度框架之间的关系。

（二）最不发达国家的特殊需要

2011年WTO部长级会议希望TRIPS理事会能够充分考虑最不发达国家成员关于延长适用《与贸易有关的知识产权协定》缓冲期的请求，在缓冲期内最不发达国家可以不执行本协定，这也符合《与贸易有关的知识产权协定》第66.1条款关于授权延长缓冲期的规定。

在TRIPS理事会2012年11月会议上，最不发达国家集团提出了关于延长政策缓冲期的请求。2013年3月，TRIPS理事会第一次对其进行了审议。在TRIPS理事会主席的协调下，最不发达国家与某些发达国家就这一问题进行了一系列的磋商。2013年5月，相关国家代表向理事会主席递交了关于开启集体磋商流程的请求。除与这些代表举行磋商之外，理事会主席在整个理事会内部也就这一议题举行了一系列非正式会议。最终，在2013年6月的会议上，TRIPS理事会通过了关于延长最不发达国家第66.1条款下缓冲期的决定。该决定对最不发达国家成员的缓冲期延长了8年（截至2021年6月1日），同时也有进一步延长缓冲期的可能。TRIPS理事会也充分意识到最不发达国家由于经济、金融和管理的限制,需要更灵活的政策,这样他们就可以创建切实可行的技术基础,为保护知识产权做准备。

2014年6月12日至13日,TRIPS理事会在日内瓦举办了一场题为“实现知识产权体系发展目标:最不发达国家的技术和金融合作需求”研讨会。会议探讨了下一阶段如何推进技术和金融方面的合作,以识别最不发达国家落实《与贸易有关的知识产权协定》过程中的首要任务,满足最不发达国家在落实本协定过程中的迫切需要。会议充分考虑了最不发达国家在与本协定相关的技术和金融合作方面的实际现状,并回顾了协调与分享适当能力建设的实际经验,以及TRIPS理事会对于延长最不发达国家缓冲期IP/C/64号决定的落实情况。

(三)烟草控制措施

2013年,TRIPS理事会继续就烟草制品的控制措施进行探讨。应多米尼加的要求,理事会对新西兰关于对烟草制品引入简易包装的提议进行了讨论。尽管许多WTO成员对该项提议措施与TRIPS协定的兼容性表示了担忧,但其他一些成员坚持认为各国基于公共健康的目标应该有权利更灵活地适用TRIPS协定,其中就包括烟草控制措施的适用。此外,尼加拉瓜和古巴对欧盟关于烟草制品提议的指令表示了担忧。这项指令涵盖了与欧盟区内烟草制品的包装设计以及销售有关的广泛规定。

在2014年2月25日的TRIPS理事会会议上,WTO各成员继续就烟草控制措施进行了激烈的讨论,这也是自2011年以来TRIPS理事会第七次就这一问题进行讨论。古巴、多米尼加、洪都拉斯、津巴布韦、乌克兰、尼加拉瓜和印度尼西亚代表重申了他们基于公共健康的目的对该政策的支持,但也对该政策禁止生产商使用商标和地理标识可能违背TRIPS协定表示了担忧。他们认为简易包装政策过于极端,可能与实现保护公共健康的目标适得其反,因为这项政策使得假冒产品更容易制造也更便宜,从而增加了人们的吸烟量。他们同时也认为,这项政策会伤害到他们国内的小生产者。多米尼加共和国代表也担心类似政策可能会被应用于那些含有高糖分、脂肪和酒精的产品中。

(四)机构间合作

2014年11月5日,WTO与WIPO及WHO联合举办专题研讨会,探讨在创新与中等收入国家医疗技术使用等方面进一步深化三方之间的合作。本次研讨会在WTO总部日内瓦召开,来自WTO、WIPO和WHO的参会者强调,满足各国能够获得负担得起的医疗费用,同时要营造有助于创新的环境,协调好这两方面的需求是非常重要的。此外,会议也对中等收入国家的创新形势进行了回顾,分析了他们在获取医疗技术中的策略与挑战,并探讨了WTO、WIPO和WHO如何加强相互的合作以及调整技术援助计划,以帮助各国政府在公共健康、知识产权和贸易三者交叉的关键领域制定相适应的政策。

二、知识产权议题谈判新进展

2014年,关于葡萄酒与烈酒地理标识通告和注册的磋商仍旧停滞不前。TRIPS 理事会针对某一程序事项只召开过一次特别会议,这并不能解决实质性问题。2014年,TRIPS 理事会定期会议就给予发达国家公司向最不发达国家转移技术的激励措施进行了第11次年度回顾。WTO 部长级会议批准了 TRIPS 理事会延长非违反协定争端的暂缓期。

(一) 关于地理标识注册的谈判

2014年,WTO 各成员之间在以下两方面依然存在严重分歧:关于地理标识注册的法律效应以及这种法律效应适用于所有 WTO 成员还是只适用于选择参与其中的 WTO 成员;地理标识注册只针对葡萄酒和烈酒,还是将食物和农产品等其他产品也囊括进来。

葡萄酒和烈酒地理标识注册的目的是为了更好地对地理标识进行保护,地理标识注册是通过在产品上标识特定的地名(或者是与地名有关的其他标识)来对产品区分,它们各自的产地赋予了它们特有的品质、声誉或者其他特征。威士忌、香槟和龙舌兰就是其中为人们所熟悉的例子。TRIPS 协定明确规定应推进有关建立注册制度的谈判,相关的工作自1996年以来也一直在进行中。自从反映 WTO 各成员对注册制度态度的草案文本发布之后,理事会主席一直努力寻找一种各方普遍接受的方式来推进这项工作,但最终未获得成功。进一步推进谈判的困难之处在于一些代表提到的有关 TRIPS 协定实施存在的两方面问题,也就是延长地理标识保护期以及 TRIPS 协定与生物多样性保护条约二者之间的关系问题。

2014年12月12日,TRIPS 理事会就地理标识注册问题组织了开放式非正式特别会议,WTO 各成员就推进后巴厘计划中地理标识注册部分谈判进行了磋商。与会各方代表在磋商中都没有提出更新的想法,但普遍认为只有等到农业、非农产品市场准入和服务的谈判有了更明确的进展,地理标识注册的磋商才可能有实质性进展。一些国家代表提出,地理标识的保护水平应该加以提高,扩展到其他产品,而目前只适用于葡萄酒和烈酒。其他一些国家提议应要求生物专利申请者公开基因资源和其他与他们发明有关的传统知识的来源,以及拥有"优先通知授权"(生物多样性条约中术语)和公允利益分享的证据。"联合提议"(2011年3月31文件 TN/IP/W/10/Rev.4)的发起国代表重申了他们的观点,磋商应该围绕授权内容进行,即围绕地理标识注册展开,而不是其他内容。

（二）鼓励国家间技术让渡

发达国家成员就各自给予企业向最不发达国家进行技术让渡的激励政策向TRIPS理事会递交了相关报告，2013年10月，理事会定期会议对该报告进行了第11次年度审议。应TRIPS协定对发达国家成员出台技术让渡相关的激励政策的要求，2003年理事会开始执行多哈部长级会议做出的关于建立审议机制以监管责任履行的指令。2014年，WTO秘书处组织了关于鼓励国家间技术让渡的第6次年度研讨会，来自最不发达国家和发达国家的代表就激励措施的运作进行了深入探讨。基于最不发达国家成员的提议，与会代表探讨建立一种协调报告格式，以帮助分析和理解各国报告的措施。同时，会议也探讨了如何获取大量有用信息，以及如何改进获取信息的方式以更好地反映最不发达国家的需要。

在2014年6月11日TRIPS理事会正式会议上，WTO各成员就通过技术让渡应对气候变化交换了各自的意见。关于绿色技术的讨论应厄瓜多尔的要求而提上议程，厄瓜多尔提议缩短对环境有益技术的专利期限，以加强TRIPS的灵活性，这样绿色技术就会更容易进行让渡。一些发展中国家（如古巴、萨尔瓦多、秘鲁）的代表对厄瓜多尔的提议表示支持，另一些国家（如智利）的代表强调TRIPS协定中已经存在的相关政策和工具应该充分加以利用。一些发达国家代表认为，知识产权保护不会阻碍对发展中国家的技术让渡。一些发达国家（如美国）代表阐述了他们将成功的发明传播到全球，以及知识产权在他们发展过程中的重要作用。另一些发达国家（如欧盟）代表指出，只有很小一部分绿色技术在发展中国家进行了专利权申请，这意味着这些国家可以免费使用在发达国家申请专利的绿色技术，而获取绿色技术的真正困难在其他方面，如缺乏金融资源，比较高的投资成本、补贴和进口关税。厄瓜多尔代表呼吁在下次会议之前召开有外部专家参加的简短信息会议，一些国家代表支持这一提议，而其他一些国家代表则表示在支持这一提议之前需要对提议的有关事项进行深入的了解。

（三）非违反协定争端

非违反协定案件是指一个国家质疑其他国家行为的合法性，该国认为他应有的利益被剥夺，而在这中间并没有违反实际的协定或承诺。非违反协定争端已经适用于货物和服务，但在现行规定下还不适用于知识产权。TRIPS中的非违反协定争端还处在暂缓期，而其暂缓期已经延长了几次，最近一次是2013年12月巴厘岛部长级会议对TRIPS中非违反协定争端暂缓期延长了两年。

2014年6月11日TRIPS理事会正式会议对美国关于非违反协定争端的提议进行了审议。美国在本次会议之前递交了关于TRIPS中非违反协定争端的报告（文件IP/C/W/599），报告通过引用WTO案例法和其他因素对其他国家提出的疑义进行了反驳，并呼吁结束TRIPS中非违反协定争端暂缓期，认为TRIPS协定下的非违反协定起诉完全合理。报告指出，与《关税与贸易总协定》相关的裁决和《关于争端解决与程序的谅解》的指导充分阐明了相关争端应如何适用。瑞士代表对报告表示支持。其他国家代表(包括日本和欧盟)表示需要更多的时间研究该报告，但大部分国家仍认为将非违反协定争端应用于知识产权不恰当。

在 2014 年 10 月 28 日至 29 日举行的 TRIPS 理事会正式会议上，WTO 各成员对 TRIPS 协定中非违反协定争端进行了磋商。美国和瑞士代表继续认为非违反协定案件应该被接受，不过目前还需要延长其暂缓期。许多其他国家代表认为非违反协定案件不应该适用于知识产权，因为 TRIPS 协定不是关于市场准入的纪律。他们中一些代表认为在暂缓期结束前，各方需要就如何处理非违反协定案件达成共识。日本代表重申了各成员应该基于实际情况对非违反协定案件的范围和尺度进行审核的意见。

三、涉及《与贸易有关的知识产权协定》的贸易争端情况

从 WTO 成立到 2014 年年底，各成员提起的贸易争端案件中共有 34 起涉及《与贸易有关的知识产权协定》，其中 2012—2014 年有 5 起争端解决磋商请求涉及本协定，具体如表 7.2 所示。

表 7.2　2012—2014 年涉及《与贸易有关的知识产权协定》的争端解决磋商请求

案件编号	标题	申诉方	磋商时间
DS467	澳大利亚—烟草制品包装的商标、地理标识和其他简易包装有关规定措施	印度尼西亚	2013.9.20
DS458	澳大利亚—烟草制品包装的商标、地理标识和其他简易包装有关规定措施	古巴	2013.5.3
DS441	澳大利亚—烟草制品包装的商标、地理标识和其他简易包装有关规定措施	多米尼加	2012.7.18
DS435	澳大利亚—烟草制品包装的商标、地理标识和其他简易包装有关规定措施	洪都拉斯	2012.4.4
DS434	澳大利亚—烟草制品包装的商标、地理标识和其他简易包装有关规定措施	乌克兰	2012.3.13

资料来源：根据 WTO 官方网站资料整理，https://www.wto.org/english/tratop_e/dispu_e/dispu_status_e.htm.

参考文献

[1] Joscelyn Magdeleine and Andreas Maurer. Measuing GATS Mode 4 Trade Flows[R].WTO Staff Working Papers,2008.

[2] Martin Roy. Services Commitments in Preferential Trade Agreements: An Expand Dataset[R].WTO Staff Working Papers,2011.

[3] Quamrul Alam, Mohammad Abu Yusuf and Ken Coghill. Unilateral Liberalisation and WTO GATS Commitments: the Telecommunications Sector in Selected Countries[J].Asia-Pacific Economic Literature,2010(1).

[4] Rudolf Adlung and Marta Soprana. SMEs in Services Trade—A GATS Perspective [R].WTO Staff Working Papers,2012.

[5] Rudolf Adlung, Peter Morrison, Martin Roy and Weiwei Zhang. Fog in GATS Commitments—Boon or Bane[R].WTO Staff Working Papers,2011.

[6] Jiahua Che and Gerald Willmann. The Economics of a Multilateral Investment Agreement[R].CESifo Working Paper Series, No.2562,2009.

[7] WTO.Service Trade[EB/OL].https://www.wto.org/english/tratop_e/serv_e/s_negs_e.htm,2014.

[8] WTO.Trade and Investment[EB/OL].https://www.wto.org/english/tratop_e/invest_e/invest_e.htm,2014.

[9] 孙振宇.WTO 多哈回合谈判中期回顾[M].北京:人民出版社,2005.

第八章 争端解决

第一节 2014年争端解决机构的主要活动

2014年争端解决机构（Dispute Settlement Body，DSB）收到WTO成员基于《关于争端解决规则与程序的谅解》（Understanding on Rules and Procedures Governing the Settlement of Disputes，DSU）提起的14起正式磋商请求，与2013年的20起相比有小幅下降，涉案产品包括轻型商务车、生物柴油以及猪肉、鸡肉产品等。这是继2013年之后，连续第二年磋商请求数量呈下降趋势。从案件的相关情况来看，作为常年频繁参与争端解决的成员，美国和欧盟依旧保持着高参与率；俄罗斯虽然加入WTO年限尚短，但在2014年表现得十分活跃，作为申诉方和应诉方参与了5起案件，占到2014年14起案件的三分之一。值得注意的是，2014年度仅有一项涉及中国的案件。有关案件的概况如表8.1所示。

表8.1 2014年WTO成员提出的争端解决磋商请求

案件编号	标题	申诉方	磋商时间	涉及协议
DS475	俄罗斯—从欧盟进口的生猪、猪肉和其他猪肉产品的措施	欧盟	2014.4.8	《实施卫生与植物卫生措施协议》、GATT 1994
DS476	欧盟—关于能源部门的一些措施	俄罗斯	2014.4.30	《服务贸易总协定》、GATT 1994、《补贴与反补贴措施协议》《与贸易有关的投资措施协议》《WTO协定》
DS477	印度尼西亚—影响园艺产品、动物及动物产品的进口措施	新西兰	2014.5.8	GATT 1994、《农业协议》《进口许可程序协议》《装运前检验协议》
DS478	印度尼西亚—影响园艺产品、动物及动物产品的进口措施	美国	2014.5.8	GATT 1994、《农业协议》《进口许可程序协议》《装运前检验协议》

续表

案件编号	标题	申诉方	磋商时间	涉及协议
DS479	俄罗斯—产自德国、意大利的轻型商用车反倾销税	欧盟	2014.5.21	《反倾销协议》GATT 1994
DS480	欧盟—产自印度尼西亚的生物柴油的反倾销措施	印度尼西亚	2014.6.10	《反倾销协议》《WTO 协定》、GATT 1994
DS481	印度尼西亚—诉诸争端解决机构关于"美国—丁香香烟争端条款"第22.2条	欧盟	2014.6.13	
DS482	加拿大—进口自中国台湾、澎湖、金门、马祖"单独"关税区的某些碳钢焊管的反倾销措施	中国台湾	2014.6.25	GATT 1994、《反倾销协议》
DS483	中国—进口自加拿大的纤维素纸浆的反倾销措施	加拿大	2014.10.15	GATT 1994、《反倾销协议》
DS484	印度尼西亚—鸡肉和鸡产品的进口措施	巴西	2014.10.16	《实施卫生与植物卫生措施协议》《技术性贸易壁垒协议》《农业协议》《进口许可程序协议》《装运前检验协议》、GATT 1994
DS485	俄罗斯—某些农产品和制造业产品的关税待遇	欧盟	2014.10.31	GATT 1994、《海关估价协议》
DS486	欧盟—巴西斯坦某些聚对苯二甲酸乙二醇脂的反补贴措施	巴基斯坦	2014.11.5	GATT 1994、《补贴与反补贴措施协议》
DS487	美国—大型民用飞机的税收优惠条款	欧盟	2014.12.19	《补贴与反补贴措施协议》

续表

案件编号	标题	申诉方	磋商时间	涉及协议
DS488	美国—韩国某些石油专用管的反倾销措施	韩国	2014.12.22	《反倾销协议》、GATT 1994、《WTO 协定》

资料来源：根据 WTO 官方网站资料整理，http://www.wto.org/English/tratop_e/dispu_e/dispu_e.htm.

在 2014 年新提起的磋商案件中，涉及中国的案件只有一起，这起案件是加拿大对中国提起的有关纤维素纸浆反倾销措施的诉讼。有关涉案国家或地区的案件数量统计见表 8.2 和 8.3。

表 8.2　2014 年作为申诉方的涉案国家或地区的案件数

成员	案件数	成员	案件数	成员	案件数
巴基斯坦	1	韩国	1	新西兰	1
巴西	1	美国	1	印度尼西亚	1
俄罗斯	1	欧盟	5	中国台湾	1
加拿大	1				

资料来源：根据 WTO 官方网站资料整理，http://www.wto.org/English/tratop_e/dispu_e/dispu_e.htm.

表 8.3　2014 年作为应诉方的涉案国家或地区的案件数

成员	案件数	成员	案件数
俄罗斯	3	欧盟	3
加拿大	1	印度尼西亚	4
美国	2	中国	1

资料来源：根据 WTO 官方网站资料整理，http://www.wto.org/English/tratop_e/dispu_e/dispu_e.htm.

第二节　2014 年争端解决案件的最新进展

总体来看，在 2014 年 WTO 争端解决活动保持了较为平稳的态势。无论是发达国家还是发展中国家成员，在 WTO 争端解决机制下能够以一种公正有效的方式解决争端这一点上都十分认可，对于争端解决机制在处理复杂问题方面也表现出了足够的信心。

以下是 2014 年 DSB 审理案件的最新进展。案件顺序按照其编号大小（即提起的时间先后）排列。

1. DS429:美国—对产自越南的冷藏虾的反倾销措施

申诉方:越南

被诉方:美国

2014 年 11 月 17 日,专家组报告散发给成员。专家组认为针对越南的某些措施与 GATT 1994 和《反倾销协议》中的有关条款不一致,并指出美国有义务使得这些相关措施符合 GATT 1994 和《反倾销协议》中的相关条款。

2. DS430:印度—某些农产品的进口措施

申诉方:美国

被诉方:印度

2014 年 10 月 14 日,专家组报告散发。

2014 年 11 月 6 日,印度和美国要求 DSB 根据 DSU 第 16.4 条将决议草案延长 60 天至 2015 年 1 月 26 日。在 2014 年 11 月 18 日,DSB 接受了印度和美国的请求,将不晚于 2015 年 1 月 26 日接受专家组的报告,除非 DSB 达成不接受请求的共识或者印度或美国根据 DSU 第 16.4 条对 DSB 的决定提起上诉。

3. DS431、D432、DS433:中国—对稀土、钨和钼的出口措施

申诉方:美国、欧盟、日本

被诉方:中国

2014 年 3 月 26 日,专家组报告散发。

2014 年 4 月 8 日,美国通知 DSB 其决定就专家组报告中的某些法律条款和司法解释提起上诉。2014 年 4 月 17 日,中国在该争端解决案件下也提起了上诉。

2014 年 4 月 25 日,中国对专家组报告中关于另外两起争端解决问题提起上诉(DS432 和 DS433,分别由欧盟和日本提出磋商申请)。上诉机构对 DS431、DS432、DS433 进行了合并,对三个案件的上诉程序进行了协调,并对三个程序进行了口头审理。2014 年 6 月 24 日,根据 DSU 第 17.5 条,DS432 和 DS433 规定期限到期后 60 天,上诉机构通知 DSB,三个上诉案件的合并上诉报告将于 2014 年 8 月 7 日即周四前散发至 WTO 各成员。

2014 年 8 月 29 日,DSB 通过了上诉机构报告和专家组报告。

2014 年 9 月 26 日,中国表示将执行 DSB 的裁决,这是其对 WTO 的义务。中国同时指出,需要一个合理的期间来执行。2014 年 12 月 8 日,中国和美国通知 DSB,双方达成共识,中国将在上诉报告通过后 8 个月内,执行 DSB 的裁决。因此,合理的履行期限为 2015 年 5 月 2 日前。

4. DS434:澳大利亚—对烟草产品的商标、地理标识及其他包装要求

申诉方:乌克兰

被诉方：澳大利亚

2014 年 3 月 24 日，乌克兰要求总干事指定专家组成员。2014 年 5 月 5 日，总干事确定了专家组成员。2014 年 10 月 10 日，专家组通知 DSB 其有望在不早于 2016 年上半年散发其最终报告，这与磋商请求所要求的时间相一致。

5. DS435：澳大利亚—对烟草产品的商标、地理标识及其他包装要求

申诉方：洪都拉斯

被诉方：澳大利亚

2014 年 3 月 26 日，澳大利亚要求总干事指定专家组成员。2014 年 5 月 5 日，总干事确定了专家组成员。2014 年 10 月 10 日，专家组通知 DSB 其有望在不早于 2016 年上半年散发其最终报告，这与磋商请求所要求的时间相一致。

6. DS436：美国—对某些热轧碳钢产品的反补贴措施

申诉方：印度

被诉方：美国

2014 年 7 月 14 日，专家组报告散发。

2014 年 8 月 8 日，印度通知 DSB 其决定就专家组报告中的某些法律条款和司法解释提起上诉。2014 年 8 月 13 日，美国在同一争端解决案件中也提起上诉。2014 年 10 月 6 日，上诉机构主席通知 DSB 预计将不晚于 2014 年 12 月 8 日散发上诉机构报告。

2014 年 12 月 8 日，上诉机构报告散发。2014 年 12 月 19 日，DSB 通过了上诉机构报告和专家组报告。

7. DS437：美国—对某些产品的反补贴措施

申诉方：中国

被诉方：美国

2014 年 7 月 14 日，专家组报告散发。

2014 年 12 月 18 日，上诉机构报告散发。

8. DS438：阿根廷—影响货物进口措施

申诉方：欧盟

被诉方：阿根廷

2014 年 8 月 22 日，专家组报告散发。

2014 年 9 月 26 日，阿根廷通知 DSB 其决定就专家组报告中的某些法律条款和司法解释提起上诉。2014 年 10 月 1 日，欧盟在同一争端解决案件中也提起上诉。

9. DS440：中国—对汽车的反倾销反补贴税

申诉方：美国

被诉方:中国

2014 年 5 月 23 日,专家组报告散发。

2014 年 6 月 18 日,DSB 通过了专家组报告。

10. DS441:澳大利亚—对烟草产品的商标、地理标识及其他包装要求

申诉方:多米尼加

被诉方:澳大利亚

2014 年 4 月 25 日,DSB 决定设立专家组(DS441)。阿根廷、巴西、加拿大、智利、中国、古巴、欧盟、危地马拉、洪都拉斯、印度、日本、韩国、马来西亚、墨西哥、新西兰、尼加拉瓜、挪威、菲律宾、俄罗斯、新加坡、中国台湾、泰国、特立尼达和多巴哥、土耳其、乌克兰、美国、乌拉圭和津巴布韦以第三方的身份加入磋商。随后,印度尼西亚、尼日利亚、沙特阿拉伯、南非和秘鲁也以第三方的身份加入。

2014 年 4 月 25 日,澳大利亚请求总干事指定专家组成员。2014 年 5 月 5 日,总干事确定了专家组成员。2014 年 10 月 10 日,专家组主席通知 DSB 将不晚于 2016 年上半年散发最终报告,这与磋商请求所要求的时间相一致。

11. DS442:欧盟—对某些高脂酒精饮料的反倾销措施

申诉方:印度尼西亚

被诉方:欧盟

2014 年 12 月 8 日,印度尼西亚要求总干事指定专家组成员。2014 年 12 月 18 日,总干事确定了专家组成员。

12. DS444、DS445、DS446:阿根廷—影响货物进口的措施

申诉方:美国、日本、墨西哥

被诉方:阿根廷

2014 年 8 月 22 日,专家组报告散发。

2014 年 9 月 26 日,阿根廷通知 DSB 其决定就专家组报告中的某些法律条款和司法解释提起上诉。

13. DS449:美国—对部分中国产品反倾销反补贴措施

申诉方:中国

被诉方:美国

2014 年 3 月 27 日,专家组报告散发。

2014 年 4 月 8 日,中国通知 DSB 其决定就专家组报告中的某些法律条款和司法解释提起上诉。2014 年 4 月 17 日,美国通知 DSB 其决定就专家组报告中的某些法律条款和司法解释提起上诉。

2014 年 6 月 6 日,上诉机构主席通知 DSB,由于报告的完成和翻译占用了很多时间,没有能够在要求的时间到期后 60 天内散发报告。预计将不晚于

2014 年 7 月 7 日散发最终的上诉机构报告。

2014 年 7 月 7 日，上诉机构报告散发。

14. DS453：阿根廷—与货物和服务贸易有关的措施

申诉方：巴拿马

被诉方：阿根廷

2014 年 4 月 28 日，专家组主席通知 DSB 由于秘书处高级律师的原因，专家组的启动推迟。专家组预计将于 2015 年年中散发其最终报告。

15. DS456：印度—有关太阳能电池和模块的某些措施

申诉方：美国

被诉方：印度

2014 年 2 月 10 日，美国就印度在"尼赫鲁国家太阳能任务"第二阶段的国内条款中对于太阳能电池和太阳能组件的某些补充协议，提起 WTO 争端解决机制下的磋商请求。

2014 年 2 月 21 日，日本请求加入磋商。

2014 年 4 月 14 日，美国要求成立专家组。在 2014 年 4 月 25 日，DSB 决定延迟设立专家组。2014 年 5 月 23 日，DSB 决定设立专家组（DS456）。巴西、加拿大、中国、欧盟、日本、韩国、马来西亚、挪威、俄罗斯和土耳其作为第三方参加。随后，厄瓜多尔、沙特阿拉伯和中国台湾作为第三方参加。经过多方协商，2014 年 9 月 24 日组成了专家组。

16. DS457：秘鲁—某些农产品的额外进口关税

申诉方：危地马拉

被诉方：秘鲁

2014 年 3 月 17 日，专家组主席通知 DSB 其有望在 2014 年 9 月底散发其最终报告，这与磋商请求所要求的时间相一致。2014 年 9 月 25 日，专家组主席通知 DSB，根据问题双方所要求修改后的时间表，专家组预计将在 2014 年 10 月散发其最终报告。

2014 年 11 月 27 日，专家组报告散发至各成员。

2014 年 12 月 3 日，秘鲁和危地马拉请求 DSB 采取 DSU 第 16.4 条规定，将决定草案延长至 60 天，不早于 2015 年 2 月 9 日且不晚于 2015 年 3 月 25 日。在 2014 年 12 月 17 日，DSB 同意了该请求，将于不晚于 2015 年 3 月 25 日采用专家组的报告，除非 DSB 达成不采用报告的共识或者秘鲁或危地马拉对专家组的报告提起上诉。

17. DS458：澳大利亚—有关适用于烟草制品和包装的商标、地理标志和其他普通包装要求的某些措施

申诉方：古巴

被诉方：澳大利亚

2014年4月4日，古巴要求成立专家组。

2014年4月25日，DSB决定设立专家组（DS458）。阿根廷、巴西、加拿大、智利、中国、多米尼加、欧盟、危地马拉、洪都拉斯、印度、日本、韩国、马来西亚、墨西哥、新西兰、尼加拉瓜、挪威、菲律宾、俄罗斯、新加坡、中国台湾、泰国、土耳其、乌克兰、美国、乌拉圭和津巴布韦作为第三方参加。随后，印度尼西亚、尼日利亚、沙特阿拉伯、南非和秘鲁作为第三方加入。

2014年4月25日，澳大利亚要求总干事成立专家组。2014年5月5日，总干事成立专家组。2014年10月10日，专家组主席通知DSB其有望在不早于2016年上半年散发其最终报告，这与磋商请求所要求的时间相一致。

18. DS461：哥伦比亚—纺织品、服装和鞋类进口的相关措施

申诉方：巴拿马

被诉方：哥伦比亚

2013年12月30日，巴拿马要求总干事成立专家组。2014年1月15日，总干事成立专家组。2014年11月4日，专家组主席通知DSB，由于秘书处高级律师的原因，专家组的启动推迟。专家组最晚将于2015年8月散发其最终报告。

19. DS464：美国—产自韩国的大型住宅垫圈的反倾销反补贴措施

申诉方：韩国

被诉方：美国

2014年1月22日，DSB决定设立专家组（DS464）。巴西、加拿大、中国、欧盟、印度、日本、挪威、泰国和土耳其以第三方的身份参加。随后，沙特阿拉伯和越南也表示以第三方的身份参与争端解决。

2014年6月10日，韩国要求总干事确定专家组成员。2014年6月20日，总干事指定了专家组成员。

2014年12月15日，专家组主席通知DSB，由于秘书处高级律师的原因，专家组的启动推迟。专家组最晚将于2015年底散发其最终报告。

20. DS467：澳大利亚—有关适用于烟草制品和包装的商标、地理标志和其他普通包装要求的某些措施

申诉方：印度尼西亚

被诉方：澳大利亚

2014年3月3日，印度尼西亚要求成立专家组。

2014年3月26日，DSB决定设立专家组（DS467）。巴西、加拿大、中国、古巴、欧盟、危地马拉、洪都拉斯、印度、印度尼西亚、日本、韩国、马拉西亚、墨西哥、

新西兰、尼加拉瓜、尼日利亚、挪威、阿曼、菲律宾、俄罗斯、中国台湾、泰国、土耳其、乌克兰、美国和乌拉圭以第三方的身份加入磋商。随后，阿根廷、智利、多米尼加、马拉维、秘鲁、新加坡和津巴布韦也以第三方的身份加入磋商。2014 年 4 月 23 日，澳大利亚要求总干事确定专家组成员。2014 年 5 月 5 日，总干事确定了专家组成员。2014 年 10 月 10 日，专家组主席通知 DSB 有望在不早于 2016 年上半年散发其最终报告，这与 2014 年 6 月 17 日磋商请求所要求的时间相一致。

21. DS468：乌克兰—某些客车的保障措施

申诉方：日本

被诉方：乌克兰

2014 年 2 月 13 日，日本要求成立专家组。在 2014 年 2 月 26 日，DSB 决定延迟设立专家组。2014 年 3 月 26 日，DSB 决定设立专家组（DS468）。欧盟、印度、韩国、俄罗斯和土耳其以第三方身份加入磋商。随后，澳大利亚和美国也以第三方的身份加入磋商。

2014 年 6 月 10 日，日本要求总干事指定专家组成员。2014 年 6 月 20 日，总干事确定了专家组成员。2014 年 10 月 1 日，专家组主席通知 DSB 其有望在 2015 年 3 月散发最终报告。

22. DS469：欧盟—大西洋-斯堪的安鲱鱼的有关措施

申诉方：丹麦

被诉方：欧盟

2014 年 1 月 8 日，丹麦、法罗群岛要求成立专家组。2014 年 1 月 22 日，DSB 决定延迟设立专家组。2014 年 2 月 26 日，DSB 决定设立专家组（DS469）。澳大利亚、中国、危地马拉、洪都拉斯、冰岛、印度、日本、新西兰、巴拿马、俄罗斯、中国台湾、土耳其和美国以第三方的身份加入磋商。随后，阿根廷、巴西、墨西哥、挪威、秘鲁和泰国也以第三方的身份加入磋商。

2014 年 8 月 21 日，丹麦、法罗群岛和欧盟通知 DSB，所涉及的争端问题已经得到解决。

23. DS470：巴基斯坦—对印度尼西亚的某些纸制品的反倾销反补贴调查

申诉方：印度尼西亚

被诉方：巴基斯坦

2014 年 5 月 12 日，印度尼西亚要求成立专家组。2014 年 5 月 23 日，DSB 决定延迟设立专家组。

24. DS471：美国—涉及中国的方法及应用程序的反倾销诉讼

申诉方：中国

被诉方:美国

2014 年 2 月 13 日,中国要求成立专家组。在 2014 年 2 月 26 日,DSB 决定延迟设立专家组。2014 年 3 月 26 日,DSB 决定设立专家组(DS471)。巴西、加拿大、欧盟、印度、日本、韩国、挪威、俄罗斯、沙特阿拉伯和乌克兰以第三方的身份加入磋商。随后,中国台湾、土耳其、越南也以第三方的身份加入磋商。2014 年 8 月 18 日,中国要求总干事指定专家组成员。2014 年 8 月 28 日,总干事确定了专家组成员。

25. DS472:巴西—关于税收和收费的某些措施

申诉方:欧盟

被诉方:巴西

2014 年 1 月 15 日,日本请求加入磋商。2014 年 1 月 16 日,阿根廷请求加入磋商。2014 年 1 月 17 日,美国请求加入磋商。2014 年 10 月 31 日,欧盟要求成立专家组。在 2014 年 11 月 18 日,DSB 决定延迟设立专家组。

2014 年 12 月 17 日,DSB 决定设立专家组(DS472)。阿根廷、澳大利亚、中国、印度、日本、韩国、俄罗斯、中国台湾、土耳其和美国以第三方身份加入磋商。随后,加拿大、哥伦比亚和南非也以第三方的身份加入。

26. DS473:欧盟—对产自阿根廷的生物柴油的反倾销措施

申诉方:阿根廷

被诉方:欧盟

2014 年 1 月 9 日,俄罗斯请求加入磋商。2014 年 1 月 15 日,印度尼西亚请求加入磋商。随后,欧盟通知 DSB 其接受了印度尼西亚加入磋商的请求。

2014 年 3 月 13 日,阿根廷要求成立专家组。2014 年 3 月 26 日,DSB 决定延迟设立专家组。2014 年 4 月 25 日,DSB 决定设立专家组(DS473)。澳大利亚、中国、马来西亚、挪威、俄罗斯、沙特阿拉伯、土耳其和美国以第三方身份加入磋商。随后,哥伦比亚、印度尼西亚和墨西哥也以第三方的身份加入磋商。

2014 年 6 月 13 日,阿根廷要求总干事指定专家组成员。2014 年 6 月 23 日,总干事确定了专家组成员。2014 年 12 月 10 日,专家组主席通知 DSB,由于秘书处高级律师的原因,专家组的启动推迟,专家组预计将在 2015 年年底散发其最终报告。

27. DS474:欧盟—成本调整方法和从俄罗斯进口的某些反倾销措施

申诉方:俄罗斯

被诉方:欧盟

2014 年 1 月 14 日,中国请求加入磋商。2014 年 1 月 16 日,印度尼西亚要求加入磋商。

2014 年 6 月 4 日,俄罗斯要求成立专家组。2014 年 6 月 18 日,DSB 决定延迟设立专家组。2014 年 7 月 22 日,DSB 决定设立专家组(DS474)。阿根廷、澳大利亚、加拿大、中国、印度尼西亚、挪威、土耳其、乌克兰和美国以第三方的身份加入磋商。随后,巴西、墨西哥、沙特阿拉伯和越南也以第三方的身份加入。

28. DS475:俄罗斯—从欧盟进口的生猪、猪肉和其他猪肉产品的措施

申诉方:欧盟

被诉方:俄罗斯

2014 年 4 月 8 日,欧盟就俄罗斯以可能涉及非洲猪瘟为由,对进口自欧盟的生猪、猪肉、猪肉制品以及其他相关的商品实行的影响措施,提起 WTO 争端解决机制项下的磋商请求。

2014 年 6 月 27 日,欧盟要求成立专家组,2014 年 7 月 10 日,DSB 决定延迟设立专家组。2014 年 7 月 22 日,DSB 决定设立专家组(DS475),澳大利亚、中国、印度、日本、韩国、挪威、中国台湾和美国作为第三方参加。随后,巴西、南非也相继作为第三方加入。2014 年 10 月 13 日,欧盟要求总干事指定专家组成员。2014 年 10 月 23 日,总干事指定了专家组成员。

2014 年 10 月 30 日,专家组中的一名成员请求退出,随后根据欧盟在 2014 年 11 月 3 日提出的要求,总干事在 2014 年 11 月 6 日任命了一名新的专家组成员。2014 年 11 月 26 日,专家组中的一名成员请求退出,随后根据欧盟在 2014 年 11 月 28 日提出的要求,总干事在 2014 年 12 月 4 日任命了一名新的专家组成员。

29. DS476:欧盟—关于能源部门的一些措施

申诉方:俄罗斯

被诉方:欧盟

2014 年 4 月 30 日,俄罗斯就欧盟及其成员国以“第三能源一揽子计划”为由对能源部门实施的措施、法规、执行立法决议,提起 WTO 争端解决机制项下的磋商请求。

30. DS477:印度尼西亚—影响园艺产品、动物及动物产品的进口措施

申诉方:新西兰

被诉方:印度尼西亚

2014 年 5 月 8 日,新西兰就印度尼西亚影响园艺产品、动物及动物产品的进口措施,提起 WTO 争端解决机制项下的磋商请求。

2014 年 5 月 20 日,美国请求加入磋商。2014 年 5 月 22 日,泰国请求加入磋商。2014 年 5 月 23 日,加拿大、欧盟和中国台湾请求加入磋商。2014 年 5 月 26 日,澳大利亚请求加入磋商。随后,印度尼西亚通告 DSB 其接受了澳大利亚、

加拿大、欧盟、中国台湾和泰国加入磋商的请求。

31. DS478:印度尼西亚—影响园艺产品、动物及动物产品的进口措施

申诉方:美国

被诉方:印度尼西亚

2014 年 5 月 8 日,美国就印度尼西亚影响园艺产品、动物及动物产品的进口措施,提起 WTO 争端解决机制项下的磋商请求。

2014 年 5 月 16 日,新西兰请求加入磋商。2014 年 5 月 22 日,泰国请求加入磋商。2014 年 5 月 23 日,加拿大、欧盟和中国台湾请求加入磋商。2014 年 5 月 26 日,澳大利亚请求加入磋商。随后,印度尼西亚通告 DSB,其接受了澳大利亚、加拿大、欧盟、中国台湾和泰国加入磋商的请求。

32. DS479:俄罗斯—产自德国、意大利的轻型商用车的反倾销税

申诉方:欧盟

被诉方:俄罗斯

2014 年 5 月 21 日,欧盟就俄罗斯根据欧亚经济学院 2013 年 3 月 14 日发布的第 113 号文件对产自德国、意大利的轻型商用车征收反倾销税,提起 WTO 争端解决机制项下的磋商请求。

2014 年 9 月 15 日,欧盟要求成立专家组。在 2015 年 9 月 26 日,DSB 决定延迟设立专家组。2014 年 10 月 20 日,DSB 决定设立专家组(DS479)。中国、印度,日本、韩国和美国作为第三方参加。随后,巴西、土耳其和乌克兰也相继作为第三方加入。

2014 年 12 月 8 日,欧盟要求总干事指定专家组成员。2014 年 12 月 18 日,总干事确定了专家组成员。

33. DS480:欧盟—产自印度尼西亚的生物柴油的反倾销措施

申诉方:印度尼西亚

被诉方:欧盟

2014 年 6 月 10 日,印度尼西亚就欧盟以下两点规定和措施,提起 WTO 争端解决机制项下的磋商请求:(1) 2009 年发布的理事会条例第 1225 条,为防止来自非欧盟成员国的倾销而采取的保护措施;(2) 2013 年发布的对生物柴油进口(特别是原产地为印度尼西亚)的反倾销措施。

34. DS481:印度尼西亚—诉诸争端解决机构在“美国—丁香香烟争端条款第 22.2 条”的有关决定

申诉方:欧盟

被诉方:印度尼西亚

2014 年 6 月 13 日,欧盟就印度尼西亚追索争端解决机构在美国—丁香香

烟争端条款第 22.2 条的规定以及将第三方排除在进程之外，提起 WTO 争端解决机制项下的磋商请求。

2014 年 6 月 26 日，澳大利亚请求加入磋商。2014 年 6 月 30 日，巴西请求加入磋商。随后，印度尼西亚通告 DSB，其接受了澳大利亚和巴西加入磋商的请求。

35. DS482：加拿大—进口自中国台湾、澎湖、金门、马祖“单独”关税区的某些碳钢焊管的反倾销措施

申诉方：中国台湾

被诉方：加拿大

2014 年 6 月 25 日，中国台湾就加拿大对进口自中国台湾以及其他地区的某些碳钢焊管实行的反倾销措施，提起 WTO 争端解决机制项下的磋商请求。

36. DS483：中国—进口自加拿大的纤维素纸浆的反倾销措施

申诉方：加拿大

被诉方：中国

2014 年 10 月 15 日，加拿大就中国商务部 2013 年 11 月 6 日发布的 2013 年第 75 号文件及其附件（初裁）和 2014 年 4 月 4 日发布的 2014 年第 18 号文件及其附件（终裁）中对进口自加拿大的纤维素纸浆实行的反倾销措施，提起 WTO 争端解决机制项下的磋商请求。

37. DS484：印度尼西亚—鸡肉和鸡产品的进口措施

申诉方：巴西

被诉方：印度尼西亚

2014 年 10 月 16 日，巴西就印度尼西亚鸡肉和鸡肉产品的进口措施，提起 WTO 争端解决机制项下的磋商请求。

2014 年 10 月 31 日，澳大利亚、新西兰、中国台湾和美国请求加入磋商。2014 年 11 月 3 日，欧盟请求加入磋商。随后，印度尼西亚通告 DSB，其接受了澳大利亚、欧盟、新西兰、中国台湾和美国加入磋商的请求。

38. DS485：俄罗斯—某些农产品和制造业产品的关税待遇

申诉方：欧盟

被诉方：俄罗斯

2014 年 10 月 31 日，欧盟就俄罗斯对某些农产品和制造业产品的关税待遇，提起 WTO 争端解决机制项下的磋商请求。

2014 年 11 月 6 日，乌克兰请求加入磋商。2014 年 11 月 14 日，印度尼西亚、日本和美国请求加入磋商。

39. DS486：巴基斯坦—欧盟对某些聚对苯二甲酸乙二醇脂的反补贴措施

申诉方:巴基斯坦

被诉方:欧盟

2014年10月28日,巴基斯坦就欧盟对某些聚对苯二甲酸乙二醇脂实施的临时和最终的反补贴措施,以及针对这些措施调查的某些方面,提起WTO争端解决机制项下的磋商请求。

40. DS487:美国—大型民用飞机的税收优惠条款

申诉方:欧盟

被诉方:美国

2014年12月19日,欧盟就美国在华盛顿州实施的大型民用飞机在开发、制造和销售方面的税收优惠条款,提起WTO争端解决机制项下的磋商请求。

41. DS488:美国—对产自韩国的某些石油专用管的反倾销措施

申诉方:韩国

被诉方:美国

2014年12月22日,韩国就美国对产自韩国的某些石油专用管的反倾销措施,以及针对这些措施调查的某些方面,提起WTO争端解决机制项下的磋商请求。

第三节　上诉机构

一、上诉机构新成员

2014年9月26日,在WTO争端解决机构(DSB)举行的全体会议上,来自毛里求斯的Shree Baboo Chekitan Servansing被任命为上诉机构新成员,任期4年。他接替了2013年12月卸任的来自南非的David Unterhalter。

截至2014年12月31日,WTO争端解决机构的7名上诉机构成员分别是:Ujal Singh Bhatia(印度,任期2011—2015年);Seung Wha Chang(韩国,任期2012—2016年);Thomas R. Graham(美国,任期2011—2015年);Ricardo Ramírez-Hernández(墨西哥,任期2009—2017年);Shree Baboo Chekitan Servansing(毛里求斯,任期2014—2018年);Peter Van den Bossche(比利时,任期2009—2017年);Yuejiao Zhang(中国,任期2008—2016年)。

二、上诉机构工作概况

2014年上诉机构共收到13起对专家组报告提出的上诉申请,见表8.4。

表 8.4　2014 年 WTO 上诉案件情况

争端名称	上诉日期	上诉方	报告编号
欧盟—禁止海豹产品进口的措施	2014.1.24	加拿大	WT/DS400/8
欧盟—禁止海豹产品进口的措施	2014.1.24	挪威	WT/DS401/9
美国—对部分中国产品反倾销反补贴措施	2014.4.8	中国	WT/DS449/6
中国—对稀土、钨和钼的出口措施	2014.4.8	美国	WT/DS431/9
中国—对稀土、钨和钼的出口措施	2014.4.25	欧盟	WT/DS432/9
中国—对稀土、钨和钼的出口措施	2014.4.25	日本	WT/DS433/9
美国—对某些热轧碳钢产品的反补贴措施	2014.8.8	印度	WT/DS436/6
美国—对某些产品的反补贴措施	2014.8.28	中国	WT/DS437/7
阿根廷—影响货物进口的措施	2014.9.26	欧盟	WT/DS438/15
阿根廷—影响货物进口的措施	2014.9.26	美国	WT/DS444/14
阿根廷—影响货物进口的措施	2014.9.26	日本	WT/DS445/14
美国—某些原产地标签要求(DSU21.5)	2014.11.28	加拿大	WT/DS384/29
美国—某些原产地标签要求(DSU21.5)	2014.11.28	墨西哥	WT/DS386/28

资料来源：根据 WTO 官方网站资料整理，http://www.wto.org/English/tratop_e/dispu_e/dispu_e.htm.

2014 年上诉机构经过审理对 8 起案件发布了上诉机构报告，详见表 8.5。

表 8.5　2014 年 WTO 上诉机构报告发布情况

争端名称	上诉机构报告发布日期	报告编号
欧盟—禁止海豹产品进口的措施	2014.5.22	WT/DS400/AB/R
欧盟—禁止海豹产品进口的措施	2014.5.22	WT/DS401/AB/R
美国—对部分中国产品反倾销反补贴措施	2014.7.7	WT/DS449/AB/R
中国—对稀土、钨和钼的出口措施	2014.8.7	WT/DS431/AB/R
中国—对稀土、钨和钼的出口措施	2014.8.7	WT/DS432/AB/R
中国—对稀土、钨和钼的出口措施	2014.8.7	WT/DS433/AB/R

续表

争端名称	上诉机构报告发布日期	报告编号
美国—对某些热轧碳钢产品的反补贴措施	2014.12.8	WT/DS436/AB/R
美国—对某些产品的反补贴措施	2014.12.18	WT/DS437/AB/R

资料来源:根据 WTO 官方网站资料整理,http://www.wto.org/English/tratop_e/dispu_e/dispu_e.htm.

参考文献

[1] WTO.Annual Report 2014[EB/OL].https://www.wto.org/english/res_e/publications_e/anrep14_e.htm.

[2] WTO.Annual Report 2015[EB/OL].https://www.wto.org/english/res_e/publications_e/anrep15_e.htm.

[3] 郭双焦.当前 WTO 争端解决机制存在的主要问题及对策[J].经济师,2003(6).

[4] 齐飞.WTO 争端解决机构的造法[J].中国社会科学,2012(2).

[5] 世界贸易组织秘书处.贸易走向未来:世界贸易组织(WTO)概要[M].张江波、索必成译,北京:法律出版社,1999.

[6] 中国贸易救济信息网. http://www.cacs.gov.cn.

第九章 贸易政策审议

第一节 2014 年贸易政策审议

2014 年,WTO 贸易政策审议机构共召开 13 次会议,审议了 21 个 WTO 正式成员的贸易政策和措施,至此 WTO 贸易政策审议机构已经对 149 个 WTO 成员开展了 405 次贸易政策审议。

一、2014 年参与贸易政策审议的成员情况

按照 WTO 贸易政策审议机制的规定,审议频率与经济规模正相关。排名前 4 位的经济体(目前为欧盟、美国、中国和日本)每两年审议一次,第 5~20 位的经济体每四年审议一次,其他成员每六年审议一次,对于最不发达国家和地区成员,审议周期还可以延长。

2014 年参加贸易政策审议的 WTO 成员包括缅甸、汤加、巴林、阿曼、卡塔尔、中国、吉布提、毛里求斯、加纳、中国香港、马来西亚、蒙古、东加勒比国家组织(包括安提瓜和巴布达、多米尼加、格林纳达、圣基茨和尼维斯岛、圣露西亚、圣文森特和格林纳丁斯等 6 个成员)、巴拿马、台澎金马单独关税区和美国等 21 个国家和地区,其中缅甸和汤加是第一次参加贸易政策审议。乌克兰本应在 2014 年度接受贸易政策审议,但因其国内的各种突发事件,审议被推迟。各成员参加贸易政策审议的具体时间参见表 9.1。

表 9.1 2014 年参加贸易政策审议的 WTO 成员一览表

成员	审议日期
缅甸	2014 年 3 月 11—13 日
汤加	2014 年 2 月 11—13 日
巴林	2014 年 4 月 22—24 日
阿曼	2014 年 4 月 22—24 日
卡塔尔	2014 年 4 月 22—24 日
中国	2014 年 7 月 1—3 日
吉布提	2014 年 10 月 22—24 日

续表

成员	审议日期
毛里求斯	2014 年 10 月 22—24 日
加纳	2014 年 5 月 26—28 日
中国香港	2014 年 11 月 19—21 日
马来西亚	2014 年 3 月 3—5 日
蒙古	2014 年 9 月 24—26 日
东加勒比国家组织	2014 年 6 月 17—19 日
巴拿马	2014 年 7 月 23—25 日
台澎金马单独关税区	2014 年 9 月 16—18 日
美国	2014 年 12 月 16—18 日

资料来源：根据 WTO 官方网站资料整理，www.wto.org/tpr.

至此，美国已经参加了 12 次贸易政策审议，日本和欧盟为 11 次，加拿大为 9 次，中国香港为 7 次，澳大利亚、韩国、马来西亚、挪威、新加坡、泰国、印度尼西亚、瑞士、巴西为 6 次，中国、印度、墨西哥、土耳其为 5 次，另有 22 个成员为 4 次，38 个成员为 3 次。2015 年贸易政策审议机构将对包括欧盟、日本、澳大利亚、印度、加拿大、新西兰等在内的 25 个成员开展贸易政策审议。

二、2014 年贸易政策审议机构的活动情况

（一）采用新的程序规则

2013 年贸易政策审议机构开展的第五次贸易政策审议机制评价，重点强调审议活动的互动性和有效性。作为本次评价产生的重要成果之一，2014 年 4 个成员开始使用新的时间表。新的时间表要求在贸易政策审议机构召开审议会议前 4 个星期提交书面问题，审议会议前 1 个星期提交书面答复。接受审议的成员可以选择使用电子视听设备参加贸易政策审议机构的会议，这是本年度的重大创新之一。视听资料在成员页面中公布。成员对“7 分钟提问”规则的执行也很满意。

（二）举办培训研讨会

2014 年贸易政策审议委员会举办了两次培训研讨会。第一次是应吉尔吉斯斯坦共和国邀请举办的当地培训活动，另一次是应中非经济与货币共同体邀请举办的区域培训活动。

研讨会有助于增进贸易政策审议对发展中国家成员，特别是最不发达国家

成员的帮助。贸易政策审议扮演了独立外部审计各成员贸易体制的角色，并帮助发展中国家明确其技术援助（包括能力建设）需求何在。培训研讨会帮助发展中国家讨论和理解审议结果，并帮助国家政策制定者指出其他成员对其贸易体制的担心和顾虑。尽管如此，申请贸易政策审议研讨会的需求仍相对较低。

第二节　2014 年主要成员贸易政策审议情况

WTO 成员参加贸易政策审议产生的主要文件包括由成员政府提交的审议报告（WT/TPR/G/ * ）、由 WTO 秘书处独立完成的审议报告（WT/TPR/S/ * ）、贸易政策审议机构会议纪要（WT/TPR/M/ * ）和其他成员与被审议成员关于其贸易政策的问答（WT/TPR/M/ * /Add * ）。其中尤以第二和第四项文件更加重要，WTO 秘书处独立完成的贸易政策审议报告更加客观和全面，而第四项文件体现了其他成员对该成员贸易政策关注的焦点问题。

一、2014 年美国参加贸易政策审议情况

（一）WTO 秘书处对美国贸易政策的审议情况

WTO 秘书处于 2015 年 3 月 13 日公布了美国第 12 轮贸易政策审议报告全文，文件编号为 WT/TPR/S/307/Rev.1。报告共 174 页，包括经济环境、贸易与投资制度、贸易政策和实践、行业贸易政策四大部分。

1. 美国经济环境总体情况

本轮贸易政策审议期内，美国经济已经从 2007—2009 年的萧条中逐步复苏，经济增长趋于稳定，尽管来自欧盟市场的进口需求仍相对疲软。伴随美国国内劳动力市场改进，个人可支配收入增加，股市及房市价格回暖带来的家庭财富增加，个人消费继续稳定增长，国内投资和出口贸易状况也逐渐转好。

2. 美国贸易与投资制度变化

美国国内大幅提高页岩油气的产量对经济产生多种影响。首先，降低了能源价格，从而降低了制造业行业的生产成本，拉动了就业；其次，由于占美国货物和服务贸易总赤字近半的石油贸易逆差的显著降低，2013 年美国经常账户逆差缩减至四年内的新低；再者，美国货物贸易继续增长，出口在 2013 年再创新高，但进口在五年内第一次出现减少。

尽管连续两年外资流入下降，美国仍是世界上吸收外国直接投资最多的单一经济体。为了应对下降的趋势，美国政府发起了许多鼓励外商投资的项目，如 2011 年的“选择美国”项目仍是吸引和保留外资的核心项目，2012 年的“在美国成功”项目旨在吸引资本和引导工作机会回流。

3. 影响贸易的措施和政策变化

审议期内美国最重要的一项贸易政策变化就是 2014 年 2 月 7 日起实施的新农业法案(the New Farm Bill)。新农业法案取消了奶制品市场长期实施的两项补贴:价格支持和出口补贴,对特定商品影响显著;取消了美国自乌拉圭回合谈判以来农业政策的核心——单一支付体系,代之以与价格和收益挂钩的商品支持计划,包括价格损失保障计划和农业风险保障计划等。2014 年新的农业法案还将长期政策从传统商品、保护和灾害转移支付转向补贴性农作物保险。

美国对多数贸易伙伴仍执行最惠国待遇,但近 22%的进口是通过自由贸易安排(Free Trade Agreement,FTA)或单边优惠措施实现的。由于在审议期内,国会未对优惠贸易安排等再授权,美国未完成新的 FTA 谈判。

影响进口的政策方面,贸易便利化措施包括逐步实施单一窗口、扩大实施简化通关计划以及新增可信赖贸易商计划等。

影响出口的政策方面,美国目前仍在进行出口管制改革计划,目的是建立一套集单一管制机构和统一管制清单为一体的新的出口管制体系。另外推出了国家出口计划的后续项目 NEI/NEXT,为持续支持和促进出口提供帮助。美国出口促进的传统措施仍在进行中,包括进出口银行的出口信贷项目、海外个人投资公司发展融资项目等。

审议期内美国贸易救济体制大体没有变化,仅在以下四个方面有所调整:倾销调查规则、提交材料的国内程序、行政复议程序中应诉方的选择,以及非市场经济体的调查。2013 年美国反倾销和反补贴调查再掀高潮,特别是针对钢铁产品的调查,而保障措施仍属少数。

在与专利相关的贸易中,美国仍处于显著优势。2012 年美国收到的专利和许可使用费占全球总额的 43%,美国的知识产权工业是全球最成熟的,随着美国经济中知识产权的不断变化和需要,审议期内美国对知识产权相关立法进行了 21 项改进,包括专利规制改革、减少美国贸易秘密窃取行为战略、2013 知识产权执行联合战略计划等。

4. 行业贸易措施及政策变化

服务部门仍是美国经济的主体,审议期内美国部分服务行业实施了一些改革措施,包括建立更严谨的金融服务标准,内容覆盖流动性、风险管理和资产等,目的是加强对金融机构的监督和管理。根据新的标准,在美国拥有 500 亿美元以上资产的外资银行必须建立中间控股公司从事在美金融活动,并且与美国同等规模的银行股权公司适用相同的资本、流动性和其他要求标准。美国本国银行需在 2015 年 1 月 1 日完成这一要求,外资银行的截止日期为 2016 年 7 月 1 日。

审议期内,美国修改了国际电信规则中的国际清算政策,进一步降低了国际长途的价格，增加竞争，并采取了一系列用于提高语音和宽带服务的可获得性的措施。2014 年年底美国出台新的开放互联网规则，增加透明度、无障碍获得等，要求宽带（包括固定和移动）服务提供商保证其运营商业化、市场化。

美国是目前为止全球最大的健康服务市场，2010 年市场规模达到 2 500 亿美元，个人消费约为 1 200 亿美元，人均支出近 8 000 美元。健康保险市场也居全球第一。2010 年《保护患者及合理医疗费用法案》（Patient Protection and Affordable Care Act）旨在扩大覆盖人群，改进医疗服务条件，进而影响健康服务和健康保险服务的供给和需求，从而影响贸易。事实上，美国是少数将健康服务列入服务贸易减让承诺表的 WTO 成员之一。

美国的视听产业也是世界最大的，2011 年美国电影生产和分销收入为 460 亿美元，电视收入（包括广播电视台、有线电视、卫星电视和在线视频等）1 610 亿美元，广播收入 180 亿美元，音乐收入（包括专辑生产和销售）80 亿美元。而且出口远大于进口。审议期内，按照《服务贸易总协定》（GATS）和自由贸易安排的相关承诺，美国联邦通信委员会（Federal Communication Commission，FCC）进一步放宽了对外国所有者所有权限制的政策。

（二）其他成员与美国就审议期内贸易政策的问答

WTO 于 2015 年 2 月 16 日公布了美国贸易政策审议会议中其他成员就其关心的贸易问题与美国政府代表的问答记录（WT/TPR/M/307/Add.1）。文件共 444 页，包括中国、欧盟、印度、日本等在内的 41 个 WTO 成员向美国贸易政策提出近千个问题，并得到了一一解答。

中国就审议期内美国的贸易政策提出了 289 个问题，是所有成员中提问最多的，涉及美国国内财政货币政策、巨型区域贸易谈判（RCEP、TPP 和 TTIP）、贸易便利化实施现状、市场规制与行业措施、服务业准入要求等领域。欧盟提出 47 个问题，涉及技术性贸易壁垒、信息安全、食品安全与标准、政府采购承诺、农业补贴改革和出口促进措施等领域。日本提出 23 个问题，主要涉及贸易救济措施、政府采购、农业和电信领域的改革措施等。

二、2014 年中国参加贸易政策审议情况

（一）WTO 秘书处对中国贸易政策的审议情况

WTO 秘书处于 2014 年 10 月 7 日公布了中国第五轮贸易政策审议报告全文，文件编号为 WT/TPR/S/300/Rev.1。报告共 197 页，包括经济环境、贸易与投资制度、贸易政策和实践、行业贸易政策四大部分。

1. 中国经济环境总体情况

2012—2014 年审议期内，中国经济保持了年均 7.5%左右的稳定增长。增

长动力来自强劲的国内需求,特别是私人消费。中国政府出台的一系列促消费措施,包括税制调整、增加收入、鼓励信贷等,不仅增加了国内市场需求,也刺激了进口需求,从而对全球经济贡献巨大。消费的快速增长缩减了中国储蓄与投资的差距,2013 年经常账户余额与 GDP 之比降至 2%(2010 年这一比例为 4%)。

审议期内,中国执行了较为积极的财政政策,2012 年财政赤字占 GDP 比例为 1.7%,尽管中央政府债务水平较为适度(2012 年占 GDP 比例为 14.9%),但政府总负债水平仍较高(2012 年为 39.4%)。经济中的国有成分仍占主导,约有 40%的固定资产投资和近三分之二的出口由国有经济实体完成。

审议期内,中国对外贸易升至全球第一。2013 年出口总额达到 2.21 万亿美元,进口总额达到 1.95 万亿美元,但货物贸易依存度有所降低,出口为 24%,进口为 21.3%。出口仍以制造业产品为主,占总出口额的 94%,主要产品包括办公用品、电信设备、纺织品与服装。进口也以制造业产品为主,占总进口额的 58%,主要产品包括办公设备、电信设备和化工产品,燃料和其他矿产品,占总进口比例约为 30%,农产品占比约为 8%,进一步体现出中国产业内贸易这一重要特征。2013 年中国服务贸易出口占出口总额的 8.7%,服务贸易进口占进口总额的 14.4%。

外资方面,中国仍是吸引外资的重要国家,2013 年外国直接投资流入 1 176 亿美元,主要行业为制造业、房地产和批发零售业。2012 年中国对外直接投资为 701 亿美元。中国香港仍是中国内地吸引外资和对外投资的主要来源地和目的地,占比分别为 62.4%和 67%。

中国目前仍是《政府采购协议》的观察员,并在加入谈判中。审议期内,涉及中国的争端案件有 27 件,包括 4 件起诉方,8 件应诉方和 15 件第三方成员案件。中国完成了与 20 多个国家和地区的 12 项 FTA 谈判。

2. 中国贸易与投资制度变化

2013 年 8 月以中国(上海)自由贸易试验区正式成立为标志,中国在吸引外资、引导外资等措施上不断改进,包括使用负面清单、准入登记制等。

审议期内,中国关税制度没有实质变化,2013 年中国执行的最惠国待遇税率仍主要是从量税(占总税目的 99.5%),平均税率水平为 9.4%,其中农产品平均税率为 14.8%,非农产品平均税率为 8.6%。

3. 影响贸易的措施和政策变化

审议期内,中国继续实行进口许可和限制措施,并与国际承诺相符。贸易救济措施制度没有改变,审议期内,中国正在执行的反倾销措施共 113 项,其中化工产品占 62.8%,涉及 16 个国家和地区。反倾销措施的执行期有所延长(6

年)。2012 年,中国发起 3 项反补贴调查,涉及美国和欧盟。

出口限制也是中国贸易体制的一项重要内容。2013 年特别出口税率为 75%,临时税率为 5%~35%,适用于 HS8 位税目的约 4.2%的产品有出口限制,由于中国在部分产品的国际贸易中是主要出口国,因此出口限制措施也带来了这些产品在国际市场上的价格波动。

中国商务部联合其他部委制定了出口管制或禁止产品清单,目的是为保护环境和自然资源,但是一些措施也有可能含有行业发展目的。

4. 行业贸易措施及政策变化

审议期内,中国对农业部门的主要补贴包括促进优良品种和种子的使用补贴,购置农业机械和工具补贴,农业投入综合补贴,以及对农民的直接补贴四类。

审议期内,中国开始实施旨在加强遵守自由贸易协定和打击垄断行为的竞争政策。采取的措施包括对经营者反垄断审查,外国公司并购国内企业的并购审查(国家安全审查)。规定还界定了主导价格滥用的相关措施,与价格相关的行政垄断和价格垄断。竞争法涵盖所有类型的企业,但对国有企业有所豁免。

中国对直接影响国家经济和人民生计的商品和服务实行价格管制。价格管制可能采取“政府定价”的形式,由政府设定固定价格,或“政府指导价”,允许一定范围的价格波动。政府定价或政府指导价的确定依据包括产品或服务的类型,市场情况,社会平均成本,对居民生活水平的影响,以及经济区域性、季节性因素。虽然价格制定方法跨省份是相同的,但可能会在不同的地区设置不同的价格水平。

中国政府采购法规定,在一些特定情况下要求政府采购国内货物,工程和服务,这些情况包括:国内无法获取,缺乏合理的商业条款,在国外使用的采购,或另有其他法律、行政法规规定的采购。政府采购可集中采购或分散采购,2012 年集中采购额占中国政府采购总额的 87.6%。分散在集中采购目录中未列出、但超过门槛价值的物品采购由各级政府指定的采购代理机构执行。中国商品,服务和工程采购的五种方法为公开招标、邀请招标、竞争性谈判、询价和单一来源采购。

(二) 其他成员与中国就审议期内贸易政策的问答

WTO 于 2014 年 9 月 9 日公布了中国贸易政策审议会议中其他成员就其关心的贸易问题与中国政府代表的问答记录(WT/TPR/M/300/Add.1)。文件共 456 页,包括美国、欧盟、印度、巴西等在内的 30 个 WTO 成员向中国贸易政策提出近 1 600 个问题,并得到一一解答。

具体来看,这些成员就中国需要提高所有与贸易相关信息的透明度,改善法律、法规和政策执行的一致性,并对政府在市场中的角色、贸易技术壁垒和检验检疫等方面表达了关注。尽管中国承诺用 WTO 语言，但就所有中央和地方的法律、法规和其他贸易相关（或是影响货物服务贸易、知识产权和外汇）措施发布官方通报而言，尚未有效做到。一些成员认为，中国从中央到地方再到行业的不同层级的投资指导政策不易理清，且容易产生冲突。在法律、法规和政策执行的一致性上，WTO 成员理解在“一个如此泱泱大国”中做到这点很困难，但是执行的不一致直接影响到 WTO 成员在中国国内以及跟中国之间的商业往来。

WTO 成员也提到，中国支持国有企业控制一些行业，这“有时”引起产能过剩和急剧的信贷扩张。政府的介入也影响到资源分配，以及在中国境内和境外企业的竞争环境。另外，对于中国的贸易支持政策，出口限制和出口税的使用，服务业市场的准入限制，贸易救济措施的使用，知识产权执法力度，贸易机密的保护，以及特定领域内对外国投资者的限制等方面，WTO 成员也表示关心和关注。

参考文献

[1] Carmichael Bill.Trade Policy at the Cross-Roads[R].Canberra: Australian National University, 2005.

[2] Craig Vangrasstek.The History and Future of The World Trade Organization [R]. World Trade Organization, 2013.

[3] Ghosh Arunabha.Information Gaps, Information Systems, and the WTO's Trade Policy Review Mechanism[R].Oxford: University of Oxford, 2008.

[4] WTO.Annual Report 2015[R]. World Trade Organization, 2015.

[5] 薛荣久.世界贸易组织（WTO）教程[M].北京：对外经济贸易大学出版社，2003.

[6] 索必成.乌拉圭回合协议导读[M].胡盈之译，北京：法律出版社，2000.

第十章　WTO 其他协议

第一节　《信息技术协议》

2014 年,《信息技术协议》(Information Technology Agreement, 简称 ITA)保持了稳健的发展态势。截至 2014 年 12 月,ITA 已经有 52 个参与方(涵盖了 80 个 WTO 成员,见表 10.1),其中阿富汗和塞舌尔分别于 2014 年 3 月 17 日和 2014 年 10 月 17 日加入 ITA。从贸易份额来看,ITA 参与方的贸易额覆盖了全球 96%的信息技术产品贸易额,其中有近 90%的进口产品已实现零关税,全球的信息通信和技术(ICT)产品的贸易额已从 1997 年的 1.2 万亿美元增长到了 2014 年的 5 万亿美元。

政府间国际组织对观察员地位的要求是以每一个特定案件为基础的。目前,国际贸易中心(ITC)和经济合作与发展组织(OECD)已被授予观察员地位,世界海关组织(WCO)在 HS 归类和 HS 修正问题被列入议程的会议中也获得观察员地位。

2014 年期间,信息技术产品扩围委员会分别于 3 月 17 日、6 月 26 日和 10 月 31 日召开正式会议。来自瑞士的 Frederic Payot 当选为 2014 年委员会的主席。

一、ITA 的执行情况

ITA 的参与方如果在参与 ITA 时已经是 WTO 成员,必须遵循关税减让表的修订程序(关于关税减让表的修订办法见 1980 年 3 月 26 日的决定,BISD27S/25),依照附件部长宣言第 2 段内容执行。目前已收到 37 名参与方提交的文件(在表 10.1 中采用加粗表示),并按照上述程序进行推荐。萨尔瓦多已表示将在完成国内法律程序要求之后开始执行协定。但摩洛哥尚未提交正式文件。阿富汗、阿尔巴尼亚、中国、克罗地亚、格鲁吉亚、约旦、吉尔吉斯斯坦、摩尔多瓦斯坦、阿曼、沙特阿拉伯、塞舌尔、塔吉克斯坦、乌克兰和越南将他们的承诺日程附在加入协议中,因此没有必要按照程序进行关税时间表的整改和修改。

表 10.1　ITA 的参与方以及已经提交关税减让表修订文件的参与方名单

阿富汗	**马来西亚**
阿尔巴尼亚	**毛里求斯**
澳大利亚	摩尔多瓦
巴林	**黑山共和国**
加拿大	摩洛哥
中国	**新西兰**
哥伦比亚	**尼加拉瓜**
哥斯达黎加	**挪威**
多米尼加	阿曼
埃及	**巴拿马**
萨尔瓦多	**秘鲁**
欧盟(包含 28 个成员国)	**菲律宾**
格鲁吉亚	**卡塔尔**
危地马拉	俄罗斯
洪都拉斯	沙特阿拉伯
中国香港	塞舌尔
冰岛	**新加坡**
印度	**瑞士**(瑞士和列支敦士登)
印度尼西亚	**中国台湾**
以色列	塔吉克斯坦
日本	**泰国**
约旦	**土耳其**
韩国	乌克兰
科威特	**阿拉伯联合酋长国**
吉尔吉斯斯坦	**美国**
中国澳门	**越南**

资料来源:根据 WTO 官方网站资料整理,https://www.wto.org/english/tratop_e/inftec_e/inftec_e.htm.

二、2014 年 ITA 的重点项目

2014 年,委员会继续审议非关税措施(Non-Tariff Measures,简称 NTMs)项目。至于其对 EMC/EMI(电磁兼容性/电磁干扰)试点项目工作,50 个参与方中已有 29 个提供了调查结果,因此,委员会希望那些尚未提交结果的成员尽快提交。在考虑如何推进和扩大其在非关税措施而不是 EMC/ EMI 的工作时,委员会决定举行一个产业导向的研讨会,以进一步讨论 IT 行业的非关税措施问题。本次研讨会定于 2015 年 5 月 7 日举行。

三、争议分歧的处理

在分类的分歧方面,关于委员会的决定(G/IT/27)涉及 18 个 ITA 项目(G/IT/W/34),秘书处已与其中 4 个 ITA 参与者进行了接触,并要求提供相应的技术援助。对于附件 A 的第 2 条所列或附件 B 中剩余的 37 个项目,委员会讨论了瑞士的建议(JOB/ IT/12),并采纳了其提案中涉及的三个步骤的解决方案。

委员会审查了协议的执行情况,相关的总结在文件 G/IT/1 及其修订中。该文件指出,大多数与会者已向 WTO 提交了整顿和修改时间表的正式文件,以兑现部长级宣言的承诺和配合刚被任命的总干事的工作。目前,仅有一位与会者仍尚未提交必要的文件。

2014 年 3 月 17 日、6 月 26 日以及 10 月 31 日的会议上,与会者报告了由一些代表团发起的关于产品扩容的双边和多边技术咨询。他们还同意在今后的会议中重新审议这一事项。

四、ITA 扩围的新进展

2014 年,ITA 扩围谈判虽然经历了一些波折,但总体上取得了突破性进展。尤其是,2014 年 11 月 11 日,在北京举行的 APEC 领导人非正式会议期间,中美两国达成了一项旨在扩大 ITA 内容的协定,达成约 1 万亿美元的信息技术产品交易,超过 200 种关税细目适用的关税将降至零。中美达成协议,对《信息技术协议》实现免税类别扩围的目标至关重要。2014 年 12 月 12 日,WTO 总干事罗伯托・阿泽维多在回应 ITA 扩围谈判时指出,ITA 成员已经明显缩小了扩围谈判存在的分歧。

目前,已有 27 个参与方加入 ITA 扩围的技术性工作组中,他们是:阿尔巴尼亚、澳大利亚、加拿大、中国、哥伦比亚、哥斯达黎加、多米尼加、萨尔瓦多、欧盟、危地马拉、中国香港、冰岛、以色列、日本、韩国、马来西亚、毛里求斯、黑山共和国、新西兰、挪威、菲律宾、中国台湾、新加坡、瑞士、泰国、土耳其、美国。如果分

别计算每一个欧盟成员,共有55个WTO成员加入到ITA扩围谈判,这些成员贸易额占谈判涉及商品贸易额的近90%,包含近250种新产品。粗略估计,一旦ITA扩围协定得以达成,使得参与方获得由于关税减让创造的高达150亿美元的价值。除关税减让带来的收益外,ITA扩围也将提高各成员市场进入的可预期性和确定性。因为目前尚有很多ICT产品并没有完全放开或仍然征收很高的关税,一旦ITA达成,各成员有义务对扩围产品实施相应的关税减免措施。因此,ITA扩围将是WTO在近20年的发展中第一个重大的市场准入扩围协定,预计将每年为全球GDP增长贡献1 900亿美元。

谈判最主要的争议点在于扩围产品的范围,也涉及了包括ICT服务和非关税壁垒问题的讨论。由于每个国家的经济发展水平和信息技术产业的发展现状不同,不同国家在权衡本国的利害得失时存在不同的侧重点,因此ITA扩围谈判在实际的协商过程中必然存在较大的争议。

(一) 美国

美国是ITA扩围谈判的核心倡导者和推动者。从作为核心成员参与最初的非正式ITA扩围谈判,到最近在北京召开的中美战略经济对话中,美国始终在ITA扩围谈判中扮演核心倡导者,这也与扩围清单中涵盖的产品是美国的优势产品密切相关。就ITA产品扩容的范围看,美国等国家主张ITA扩围产品清单应当包括几乎所有电子产品,实现消费类电子产品零关税,也就是实现美国核心利益产品零关税。此次ITA扩围,非IT产品和泛IT产品占据大半,其中多芯片集成电路协议和多元件集成电路是美国力求纳入的产品,也是美国具有优势的通用型产品。

此外,针对非关税壁垒加入的问题,美国认为,《信息技术协议》本质上是一项关税协定,反对将非关税壁垒问题纳入ITA谈判中,并且认为ITA产品的非关税壁垒谈判难度较大,可能会影响ITA扩围协议的最终达成。最后,对于IT服务加入ITA谈判的问题,美国不希望基于最惠国待遇将利益扩大到其他成员,认为由于巴西、印度和中国对加入服务贸易谈判兴趣不大,因此这些国家不应从中获益。

(二) 欧盟

与美国一样,欧盟也是ITA扩围谈判的重要推动者,但是在涉及扩围的具体内容时会更多地平衡欧盟内部各国的利益,对扩围持较为谨慎的态度,尤其是关于扩围产品范围的问题。欧盟担心将全部的消费类电子产品纳入ITA产品清单中将给欧盟带来较大的经济冲击,因为消费类电子产品是欧盟的高度防守类产品。同时,对于与信息技术产业相关的服务业是否纳入ITA扩围的问题,欧盟并不同意美国提出的将所有数字产品和服务纳入ITA清单中,认为将计算机及相关领域的服务和电信服务纳入 ITA 范围内即可。此外,欧盟还提出服务贸易的优惠范围仍应当坚持最惠国待遇,将利益扩大到其他成员,而不是美国所倡导的有条件的最惠国待遇。

(三) 日本

作为美国在 ITA 谈判中的积极拥护者,日本的核心主张跟美国的态度几乎保持一致。日本也提出应该将全部消费类电子产品纳入 ITA 产品清单中,实现消费类电子产品零关税。同时,日本也反对将非关税壁垒纳入《信息技术协议》,主张《信息技术协议》本质上是一项关税协定。

(四) 印度

印度作为 WTO 的老成员,对此次 ITA 的扩围并不抱有十分积极的态度,认为 ITA 的扩围并不会对印度的信息技术产业和未来的经济发展带来太多促进效应。印度目前主要采取了支持一些发展中国家提出的加强 ITA 的透明度、涵盖范围以及向发展中成员授予灵活性的要求。印度认为,美国、日本和欧盟极力倡导的 ITA 扩围,不过是新一轮以美国为核心的部分国家发展本国信息技术产业的战略。根据美国国际贸易委员会(2013)发布的报告,ITA 的扩围将是美国企业增加 MOCs 等扩围清单涵盖产品市场占有率的重要机遇。虽然作为诸边贸易协定的 ITA 在原则上会通过减少贸易的障碍达到改善参与方的福利效应,但是在福利的分配上却会因为不同国家经济的发展阶段和信息技术产业的发展水平不同而存在异质性的结果。

(五) 中国

中国作为最大的发展中国家,在参与 ITA 扩围谈判时更多的还是以一位积极参加者的身份存在,同时谨慎地对待涉及本国信息技术产业长远发展的切身利益问题。从 ITA 扩围的第四轮谈判开始,中国就正式加入并积极参与谈判的相关事宜。为了促进谈判达成协议,中国表现出了很大的诚意,在几轮谈判中逐渐降低自己的要价。

2015 年 12 月 16 日,WTO 的 ITA 扩围谈判参加方在肯尼亚内罗毕宣布就扩围谈判达成全面协议,并发表《关于扩大信息技术产品贸易的部长声明》。

第二节 《政府采购协议》

2014 年,《政府采购协议》(GPA)保持了近年来的良好发展势头,黑山和新西兰先后结束加入谈判,使得 GPA 参加方增加到 17 个,其他成员包括加拿大、亚美尼亚、欧盟及其 28 个成员国、中国香港、冰岛、以色列、日本、韩国、列支敦士登、荷属阿鲁巴、挪威、新加坡、瑞士、中国台湾和美国。GPA 也是 WTO 少数能够取得新的谈判进展的领域。

2014 年塔吉克斯坦成为 GPA 新的观察员,使观察员的数量增加到 29 个(包括 2014 年结束谈判的两个成员)。他们是:阿尔巴尼亚、阿根廷、澳大利亚、巴林、喀麦隆、智利、中国、哥伦比亚、格鲁吉亚、印度、印度尼西亚、约旦、吉尔吉斯斯坦、马来西亚、摩尔多瓦、蒙古、黑山、新西兰、阿曼、巴拿马、俄罗斯、沙特阿拉伯、斯里兰卡、马其顿、塔吉克斯坦、土耳其、乌克兰、越南、南斯拉夫共和国。4 个政府间组织,即国际货币基金(IMF)、联合国国际贸易中心(ITC)、经济合作与发展组织(OECD)和联合国贸易与发展会议(UNCTAD)也具有观察员地位。

2014 年期间,政府采购委员会分别于 3 月 12 日、6 月 25 日、10 月 29 日和 11 月 25 日召开正式会议。2014 年 1—7 月的委员会主席是来自加拿大的 Bruce Christie,2014 年 8 月之后由来自波兰的 Krzysztof Trepczynski 接任。

一、GPA 修订文本的生效

2013 年 12 月,在印度尼西亚巴厘岛部长级会议期间举行的政府采购委员会会议上,参加方一致同意尽快实施已于 2012 年达成的修订版 GPA。2014 年 4 月 6 日,在 10 个 GPA 参加方(包括列支敦士登、挪威、加拿大、中国台湾、美国、中国香港、欧盟、冰岛、新加坡和以色列)递交接受函一个月后,GPA 修订文本正式生效。随后,日本和荷属阿鲁巴也递交了接受函,但韩国、亚美尼亚和瑞士尚未提交。

在多次委员会会议上,参加方还讨论了仲裁程序和政府对涵盖实体的控制消除的指示性标准等问题,这也是修订文本所强调的未来工作内容。修订文本中包含的其他工作计划,如加强中小企业的参与、减少参加方附件中的排除和限制等,也在 2014 年进行的委员会非正式会议得到了深入讨论。

二、加入谈判

2014 年 10 月 29 日,黑山和新西兰的加入谈判正式结束,使得正在进行 GPA 加入谈判的 WTO 成员减少到 8 个,包括:阿尔巴尼亚、中国、格鲁吉亚、约旦、吉尔吉斯斯坦、摩尔多瓦、阿曼和乌克兰。此外,还有 5 个成员根据其加入 WTO 时做出的承诺,正就加入 GPA 作准备,包括:南斯拉夫共和国、蒙古、俄罗斯、塔吉克斯坦和沙特阿拉伯。随着 GPA 成员队伍的壮大,其国际影响力日益深远,许多非 GPA 成员国家和地区对 GPA 的关注程度不断提高。

(一) 黑山的加入过程

黑山是在 2013 年 10 月 4 日提交加入 GPA 申请的,在随后举行的 WTO 政府采购委员会会议上,黑山表示为了未来加入欧盟,其已经根据欧盟有关指令和

GPA 规则对国内采购体系和制度进行了改革。

2013 年 11 月 4 日，黑山提交了第一份出价清单，在经过巴厘岛会议的讨论之后，27 日黑山即提交了修改出价。2014 年 3 月 23 日，参加方对黑山的出价所带来的市场准入机会表示满意，但部分参加方对其加入 GPA 出价和加入欧盟出价之间的差异表示质疑。随后，黑山修改了出价，并于 6 月 18 日提交第三份出价。其他参加方没有再提出问题。7 月 18 日，黑山提交最终出价。7 月 31 日，委员会会议对其出价表示支持，但欧盟要求给予其时间进行内部讨论。10 月 29 日，委员会会议通过了黑山加入 GPA 的决议草案。

（二）新西兰的加入过程

新西兰是在 2012 年 9 月 28 日提交加入 GPA 申请的。随后在 10 月 1 日提交初步出价清单，2013 年 9 月 24 日提交第二份出价清单。在 2013 和 2014 年的多次讨论中，参加方对新西兰的出价总体表示满意，但是其附件 2 次中央实体出价和附件 3 其他实体出价遭到部分参加方的质疑。

对此，新西兰回应称其政府采购体系高度集中于中央政府层面，但其仍然在 6 月 25 日的会议上表示将提高次中央实体和其他实体出价。7 月 21 日，新西兰提交其最终出价。10 月 29 日，参加方一致同意接受新西兰加入 GPA。

（三）中国的加入谈判进展

2014 年 1 月 6 日，中国提交了其第 4 份修改出价（即第 5 份出价清单）。在 3 月、6 月和 10 月的委员会会议上，参加方对这一出价开展了广泛和深入的讨论。

第 5 份出价是中国第一次按照 GPA 修订文本做出的出价，因而包括 7 个附件。附件 3 是采购实体开放清单，分别载明了承诺开放的中央政府实体、次中央政府实体、其他实体及各自开放项目的门槛价。附件 4、附件 5、附件 6 分别是货物、服务、工程采购项目开放清单，附件 7 是总备注，列明了执行 GPA 规则的例外情形等。

对比第 4 份出价清单，第 5 份出价清单中附件 1“依据本协议条款进行采购的中央政府实体”中的货物、工程和服务项目门槛价没有调整。但因进行机构改革，部分部委合并或撤销，新的出价清单对中央政府实体做出了相应调整。附件 2“依据本协议条款进行采购的所有次中央政府实体”中货物和服务项目的门槛价保持不变，但下调了工程项目门槛价，由原先实施后第 1 年 1 亿 SDR（特别提款权）、第 2 年 8 000 万 SDR、第 3 年 5 000 万 SDR、第 4 年 4 000 万 SDR、第 5 年起降至 3 000 万 SDR 的门槛价调整为实施后第 1 至第 2 年 6 000 万 SDR、第 3 年 5 000 万 SDR、第 4 年 4 000 万 SDR、第 5 年起降至 2 000 万 SDR。值得注意的是，第 5 份出价清单附件 2“依据本协议条款进行采购的所有次中央政府实体”

名单按照 A 组和 B 组划分公布,变化比较大。在 A 组公布名单中,除原先公布的 5 省 3 市外,新增辽宁省和重庆市,B 组则列入了河南、河北、湖南、湖北 4 个省份。第 5 份出价清单附件 3"依据本协议条款进行采购的所有其他实体"门槛价也有较大变动,大幅降低了工程项目门槛价,货物和服务项目门槛价均没有调整。工程项目门槛价调整为,实施后第 1 至第 2 年 8 000 万 SDR、第 3 年 6 000 万 SDR、第 4 年 5 000 万 SDR、第 5 年起降至 4 000 万 SDR。第 4 份出价清单中设定的工程项目门槛价是,实施后第 1 年 2 亿 SDR、第 2 年 1.8 亿 SDR、第 3 年 1.5亿 SDR、第 4 年 1.3 亿 SDR、第 5 年起降至 1 亿 SDR。第 5 份出价清单在附件 7"总备注"中明确提出,为全面履行本协议各项义务,本协议对中国的实施期为 3 年。中国保留对履行相关义务采取过渡性措施的权利。同时,出于国家安全考虑,中国保留对特定供应商适用本协议的权利。

2014 年 12 月 22 日,中国向 GPA 委员会提交了第 6 份出价。本次出价在各个方面与第 5 次出价相比都有较显著进步。首先在附件 1 实体的门槛价方面,货物和服务门槛价为第 1、2 年 20 万 SDR,第 3 年降至 13 万 SDR,工程门槛价为第 1、2 年 2 500 万 SDR,第 3 年降至 1 500 万 SDR。这意味着中国在加入 GPA 三年后即与其他参加方出价水平一致。附件 1 实体清单没有变化。附件 2 次中央实体的门槛价也在第 3 年达到其他参加方的水平,分别为 35.5 万 SDR 和 1 500万 SDR。同时,新增了 5 个省份,包括江西、湖南、海南、湖北、河南(出价省份达到 19 个)。附件 3 实体首次列入北京大学、清华大学等 5 所大学、3 家医院和 3 家国有企业。这是中国出价的重大进展。此外,在采购项目方面,新增了废物处理服务、建筑物清洗服务、管理咨询服务等,工程服务新增了 CPC513,从而涵盖了全部子项目。

和之前的出价相比,中国第 6 份出价已经在形式上接近于其他参加方的水平,为此中国政府宣称这份出价已与参加方一般出价水平大体相当。但是,从以往参加方的要价来看,中国的这一出价在实质内容上与要价相比仍然有相当大的差距。

(四)摩尔多瓦的加入谈判

摩尔多瓦于 2002 年 1 月 7 日提出加入 GPA 的申请,其第二份出价清单直到 2012 年 9 月才提交。但随后谈判进程加快,摩尔多瓦又先后于 2014 年 1 月和 6 月两次提交修改后的出价。2014 年 3 月,摩尔多瓦还散发了其修订后的政府采购法草案,以使其相关法律符合 GPA 规则。鉴于此,多数参加方认为摩尔多瓦的加入谈判已经接近尾声。

(五)乌克兰的加入谈判

乌克兰是在 2011 年 2 月 8 日提交加入 GPA 申请的。2014 年 3 月,它提交了其修改出价，在讨论中，参加方对其门槛价、总注释以及其他问题提出了疑问。10 月，乌克兰又提交了第二份修改出价。同时，乌克兰已经根据欧盟指令和 GPA 规则，对其政府采购法作出了修改，并已经付诸实施。参加方对乌克兰的出价及法律修改表示满意。

第三篇　2014年WTO主要成员贸易政策回顾与展望

第十一章　美　　国

第一节　2014 年美国贸易政策变化及趋势

一、美国 2014 年贸易政策变化

美国贸易代表办公室在《2014 年贸易年度报告》中指出,美国要继续通过贸易政策来支持就业以及经济增长,并巩固中产阶层。2014 年美国加强了同贸易伙伴之间的友好合作关系,通过开放市场以及营造公平的竞争环境,在消除贸易壁垒上做出了努力。2014 年美国贸易政策的重心依旧是大力促进出口,采取的政策措施主要体现在两方面:一方面有效地执行现有协议,另一方面进行新的高标准协议谈判。

美国贸易政策正逐渐从自由贸易向公平贸易倾斜,从而美国更注重贸易执法,以及更多地运用贸易措施。2014 年美国贸易政策在多边层面没有明显变化,贸易政策重心更多的是在区域和双边层面,以《跨太平洋伙伴关系协定》(Trans-Pacific Partnership Agreement,TPP)和《跨大西洋贸易与投资伙伴协定》(Transatlantic Trade and Investment Partnership,TTIP)为主,在诸边层面上则积极参与《服务贸易协定》(Trade in Services Agreement,TISA)谈判和《环境产品协议》(Environmental Good Agreement,EGA)谈判。

(一) 货物贸易政策

1. 农业协议

在 WTO 有关农业谈判中,美国起着主导作用,即鼓励参加谈判各国实事求是地共同推动多哈回合谈判进程。谈判中美国的重点主要在于如何在农业领域达成一个包含实质性市场准入承诺的平衡协议。

2. 贸易便利化协定(TFA)

美国参与了新成立的贸易便利化筹备委员会 2014 年会议,并为贸易便利化提供实质性能力建设援助,其中包括美国国际开发署(USAID)为发展中国家成员组织培训,帮助他们提高评估自身实力的能力,帮助实施其在 TFA 谈判中的承诺。

3. 实施卫生与植物卫生措施协议(SPS)

卫生与植物卫生措施协议委员会在 2014 年 3 月、6 月以及 10 月举行了三

次会面,美国以对其他国家政策提出疑议为主,焦点在于风险评估、透明度、区域化以及特殊病虫害保护。2014 年美国对其他成员提出一系列质疑,包括越南对内脏类制品的限制,欧盟评估、分类、监管内分泌干扰物的提案等。此外,美国向 SPS 委员会提交了一份全新的基于透明度的对美国国内卫生与植物卫生措施的报告。在私人和商业标准问题上,美国的观点与过去几年保持一致,即私人和商业标准是不是一个恰当的议题,是否值得 SPS 委员会投入大量资源和精力去研究。另外,美国在 2014 年向 WTO 秘书处提交了 150 份有关卫生和植物卫生措施的声明,并对 94 份其他成员的通报表达了意见,远低于 2013 年的 183 和 119 份。

4. 技术性贸易壁垒(TBT)

TBT 委员会于 2014 年 3 月、6 月和 11 月进行了会面,会面中并未提及美国的问题,而是讨论澳大利亚、巴西、中国、韩国、越南相关的技术标准、条例、评定程序是否满足 WTO 协定的要求。美国在 2014 年修订了技术贸易法,出台了新的贸易措施及技术要求,并对以前的一些要求进行了豁免。修订主要集中在测试程序以及节能标准、监管程序、技术标准等方面,主要涉及的领域有能源产品及节能产品、玩具及儿童用品、医疗器械产品等,其中节能产品在 2014 年继续受到重视。

5. 贸易救济

美国是世界上最频繁运用反倾销反补贴措施的国家,也是最频繁发起反倾销反补贴调查的国家。2014 年美国国际贸易委员会发起的反倾销与反补贴调查共 41 起,比 2013 年多 5 起,其中初审 8 起,终审 15 起,日落复审 18 起。

6. 与贸易有关的投资措施

TRIMs 委员会于 2014 年 6 月、10 月进行了两次正式会面。美国提出议案讨论那些会对其造成贸易扭曲的不正当本地含量要求。美国连续 5 年重点关注该问题。例如,美国在 2013 年、2014 年对印度信息技术部(DIT)在 2012 年 2 月 10 日颁布的政策提出质疑。美国认为该政策明显对印度国内产品有优惠倾向,对来自美国的产品产生了歧视。

除上述议案之外,美国从 2009 年以来提出的有关议案大部分依旧悬而未决。近年来,美国、欧盟和日本等国家和地区矿产品、石油、天然气开采逐步增加,在其出口国遇到越来越多的有关本地含量要求的措施壁垒,其中包括:印度尼西亚限制未加工矿产品的措施、尼日利亚对石油和天然气行业的本地含量要求的规定等,这两个国家一直未对美国提出的质疑作出回应。在电信行业亦是如此。美国、欧盟以及日本质疑印度尼西亚电信部门存在潜在的违反 TRIMs 本地含量要求的措施。美国还质疑巴西强制要求在提供商业移动无线电服务时必须使用特定无线电频率的本地含量要求也违反了 TRIMs。

另外,2014 年美国还提出了两项新质疑:一是有关印度尼西亚零售行业的本地含量要求;二是有关印度尼西亚新通过的投资贸易法律,该法律被认为会为新的投资贸易壁垒提供法律依据。2014 年与美国相关的 TRIMs 案件见表 11.1。

表 11.1　2014 年与美国相关的 TRIMs 案件

案件编号	质疑国家	被质疑国家	投资领域	主要内容
G/TRIMs/W/135、G/TRIMs/W/136	美国	乌拉圭	可再生能源(风电场)	美国提出质疑,认为"国内投资必须达到总投资的 20% 以上,无论是否为基础设施建设的必要工作。超出 20% 的部分将能获得奖励"违反了相关条例;乌拉圭对美国的质疑进行回复
G/TRIMs/W/134、G/TRIMs/W/146	美国	俄罗斯	汽车	美国提出质疑,认为俄罗斯 2014 年 1 月 15 日通过的一系列决议为参与工业组装环节的俄罗斯汽车生产商提供了资金支持。俄罗斯对美国的质疑进行回复
G/TRIMs/W/137	美国	印度尼西亚	能源(矿业、石油和天然气)	印度尼西亚对美国的质疑进行回复;G/TRIMs/W/128 后续的新问题
G/TRIMs/W/139	美国	印度尼西亚	现代零售业	美国提出质疑,认为印度贸易部通过的有关传统市场规划与发展、购物中心和现代商铺的 70/2013 规定涉及本地含量要求的问题

资料来源:根据 WTO 官方网站资料信息整理,https://www.wto.org/english/tratop_e/trims_e.htm.

(二) GATS 下的服务贸易政策

2014 年美国参加了服务贸易理事会召开的 6 次会议。

美国 2014 年在服务贸易领域的重点是 TISA 谈判以及 TPP 和 TTIP 中的高水平服务贸易问题谈判。因此,根据"服务贸易最新发展"议程的要求,美国和其他参与 TISA 谈判的国家基于提高透明度的目的提供了谈判的最新进展情况。在金融服务方面,美国并未提出突出性意见。在国内规制领域,美国坚持认为在符合国家和地方监管部门和合理的政策目标的基础上,任何横向原则或标准都必须尊重成员拥有的管制权，即尊重 GATS 的要求。美国关注的重点仍在于供给服务授权过程的透明度问题。

（三）《与贸易有关的知识产权协定》

在知识产权与创新方面，美国在 2014 年与其他成员共同发起一项议程来讨论知识产权对创新的作用。2014 年 2 月美国发起了一项议程来讨论高校科研合作问题。2014 年 6 月美国同中国台湾联合发起一项讨论创新孵化器的议程。同年 10 月，美国、欧盟和瑞士联合主办了针对知识产权意识的讨论会。可以说，美国因知识产权领域的优势在 WTO 框架下的知识产权讨论上一直保持主导地位。除上述美国支持的议题之外，在有关执法趋势、对发展中国家 TRIPS 实施的审议、药品准入等领域的讨论都不乏美国代表团的身影。美国在 TRIPS 各项会议中的目标一直非常明确且坚定：确保发展中国家全面实施 TRIPS 协定；与成员开展建设性对话，包括技术援助；确保 TRIPS 协定内容不被削弱；继续发起有关知识产权和创新的讨论，包括通过数据驱动的讨论。

（四）争端解决

1. 2014 年美国新增申诉和被申诉的案件

2014 年新增的与美国相关的争端解决案件共 3 起，分别涉及《农业协议》《补贴与反补贴措施协议》以及《反倾销协议》。其中，美国作为申诉方的有 1 起，作为被诉方的有 2 起，详见表 11.2。

表 11.2　2014 年美国新增申诉和被申诉的案件

案件编号	标题	主要涉及协议	申诉方	提出时间
DS478	印度尼西亚—对来自美国的园艺产品、动物及动物产品进口的限制措施	农业协议	美国	2014.5.8
DS487	美国—华盛顿州对大型民用飞机的发展、制造和销售存在条件性税收优惠政策	补贴与反补贴措施协议	欧盟	2014.12.19
DS488	美国—对来自韩国的石油工业用管材（OCTG）施加的反倾销措施	反倾销协议	韩国	2014.12.22

资料来源：根据 WTO 官方网站资料整理，http://www.wto.org/english/tratop_e/dispu_e/dispu_e.htm.

从数量看，2014 年反倾销与反补贴争端解决案件新增数目继续下降，分别远低于 2012 年的 5 起和 6 起。从产生区域看，美国 2014 年所提出的贸易救济争端解决案件的主要对象仍为亚洲国家和欧盟等贸易关系较为紧密的国家。2014 年虽然中美之间并未就反倾销与反补贴问题向 WTO 提出新申诉，但并不代表中美之间的贸易摩擦有所减缓。从内容看，案件也主要发生在近几年受关注程度较高的行业。美国同欧盟在民用飞机补贴与反补贴的问题上从未断绝。韩国诉美国的案件在 2013 年便已埋下伏笔。美国因致力于开发非传统能源资源,对石油运输管和钻井用钢管的需求大大增加。进口的增加严重威胁到美国本土钢管制造业的利益,因此美国国际贸易委员会开始对来自土耳其等 9 个国家和地区的相关产品进行反倾销调查。

2. 2014 年美国申诉成功的案件

美国在对其出口产品造成歧视或扭曲贸易带来利益损害的问题上能够进行强势地反击,并且取胜策略具有显著的优势。美国 2014 年在四次争端解决案件中取得了成功,详见表 11.3。

表 11.3　2014 年美国申诉成功的案件

案件编号	标题	主要涉及协议	申诉时间
DS431	中国—对稀土,钨和钼实施出口限制措施	GATT1994;入世议定书	2012.3.13
DS440	中国—对来自美国的汽车施加特定反倾销和反补贴税	《反倾销协议》《补贴与反补贴措施协议》	2012.7.5
DS444	阿根廷—对来自美国的货物实施措施	GATT1994; TRIMs 协议;《保障措施协议》	2012.8.21
DS430	印度—对来自美国的特定农产品施加进口限制措施	SPS 协议	2012.3.6

资料来源:根据 WTO 官方网站资料整理,http://www.wto.org/english/tratop_e/dispu_e/dispu_e.htm.

美国利用争端解决机制来保护自身利益的出发点依旧是增加出口和促进就业。根据美国贸易代表办公室公布的报告显示,上述 4 个案件对四类美国劳动者带来影响:稀土作为原材料的制造行业劳动者,主要是中产阶层;85 万汽车行业的工人,特别是分布在密歇根、俄亥俄州以及加利福尼亚州的劳动者;向阿根廷出口美国产品的工人、制造商;超过 35 万养鸡业雇佣工人和大约 5 万家庭农场。

(五)贸易政策审议

2014 年 12 月,WTO 对美国开展了为期 3 天的第十二次贸易政策审议。WTO 成员肯定了美国的经济复苏及其在全球贸易中的重要地位。WTO 成员在此次审议中向美国提出了 1 600 多个问题,比 2012 年的审议多出近 100 个问题。美国新农业法案、出口控制改革以及奥巴马医改法案等,成为此次审议期内被提及较多的贸易相关法律。2014 年 2 月美国通过新农业法案,取消了农业直接补贴项目。这一重大贸易政策变动引起了广泛关注,WTO 成员对此普遍表示支持,但同时担忧新法案会造成其他补贴、支持性项目的出现。

（六）诸边贸易协定

1. TISA 谈判

TISA 谈判始于 2012 年年初，并在过去两年取得快速进展，其草案的核心条款内容已相对固定成文。TISA 谈判各方在 2014 年 3 月首次就市场准入提案展开审议。谈判议题包括金融服务、电信和电子商务、境内法规及透明度、专业服务、海运，以及外籍自然人跨境提供服务的服务贸易模式四。除了巴基斯坦和巴拉圭，绝大多数成员在 2014 年 2 月以前都提交了市场开放出价。各成员在“最惠国待遇自动转发”（MFN-Forward）①问题上未能达成一致。中国加入问题仍然悬而未决，美国虽然表示担心中国不能够达到 TISA 的标准，但其试图让中国在谈判达成后以全盘接受现有协议的方式加入 TISA 的目的已很明显。

2. ITA 扩围谈判

2014 年 11 月，在亚太经合组织领导人会议上，美国总统奥巴马宣布中美之间已就扩大 ITA 覆盖产品范围达成双边谅解，这为 2014 年 12 月恢复诸边谈判提供了良好的基础。可惜的是，12 月的谈判并未达成诸边协议。

3. 政府采购协议

2013 年 12 月第 24 次中美商贸联合委员会（China-US JCCT）会议上，中国承诺将在 2014 年给出进一步修订的报价。2014 年 12 月 22 日，中国提交了第五次修改后的报价。虽然中国履行了在会议上的承诺，但美国认为中国的报价并未按照美国提出的要求进行修改。

修订后的《政府采购协议》于 2014 年 4 月 6 日正式生效，为美国货物、服务的供给带来了更广阔的市场。一方面，美国承诺的中央政府实体进行政府采购的最低门槛不变，但增加了 12 个属于中央政府实体类别下的机构。另一方面，地方政府实体以及其他实体的最低门槛和数量基本不发生变化，但增加了列入清单的部分州行政机构实体的透明度。美国会联合其他成员不断催促中国加入 GPA，因为中国政府采购市场有着巨大的潜力。2011 年其规模已经达到 1 800 亿美元，并仍在继续扩大。因此，对于希望大力促进出口的美国来说，中国政府采购市场无疑充满着巨大的吸引力。

（七）区域贸易政策及双边贸易协议

WTO 的多哈回合多年来陷入僵局。虽然在巴厘岛会议上达成了《巴厘一揽子协定》，但许多核心和实质性的内容并未得到有效解决。国际贸易格局中区域贸易逐渐占据越来越重要的位置，美国贸易重心也逐渐开始向区域贸易或双

① 即在 TISA 中包含一项条款，该条款规定将给予第三方的优惠市场开放待遇给予所有 TISA 成员。

边贸易转移,直接表现是 TPP 以及 TTIP 等由美国主导的巨型区域自由贸易协定正在如火如荼地谈判中。其主要原因是美国希望通过推动贸易发展来促进出口,加快美国经济复苏并促进国内就业,并且拆散东亚现有合作架构,重构亚太和全球贸易版图,试图强化其在全球经济的主导地位,在战略上保持主动,还希望通过建立高标准的区域贸易协定来"重塑"国际经贸规则。TPP 以及 TTIP 同美国出口的关系详见表 11.4。

表 11.4 2014 年美国对 TPP 和 TTIP 国家出口占美国总体相应行业出口的比例

	货物贸易	制造业	农业	服务业	被雇佣工人数
TPP	45%	45%	42%	29%	150 万人
TTIP	12%	17%	8%	30%	330 万人

资料来源:根据美国商务部网站资料整理,https://www.commerce.gov.

1. TPP 谈判继续推进

2014 年,TPP 谈判共举行了两轮正式谈判。美国希望同其他 TPP 成员国最终达成一个能够体现新兴贸易议题以及 21 世纪贸易新挑战的协定,其中包括市场准入、非关税壁垒、知识产权保护、跨境服务、投资、竞争政策、环境以及劳工问题等议题。每轮谈判过后,尽管成员国都在声明中表示在一些领域取得了重大进展,但在知识产权、政府采购、环境、国有企业等议题上却始终未能取得共识,这些分歧也直接导致了 2014 年完成谈判的目标未能实现。第 20 轮谈判的焦点是美日之间的双边谈判,双方在大米、小麦、猪牛肉、乳制品和甘蔗等农产品关税和汽车的问题上难以达成一致。第 21 轮谈判中,各方在市场准入谈判方面仍存在较大分歧,知识产权、国有企业等领域规则制定也远未完成。

2014 年年底,TPP 谈判开始加速,美国和日本之间关于农产品和汽车的谈判可望很快取得突破,双方均做出让步。日本尽管保留了大米的进口关税,但提高了"数万吨"的关税配额;美国不再要求日本放宽进口汽车的安全标准。因而 TPP 谈判中关键的美日谈判得到了有效推进,整体谈判可能迎来曙光。

2. TTIP 谈判在间歇性停滞中开展

2014 年,美国和欧盟共进行 4 轮 TTIP 谈判,具体如下:

(1) 第 4 轮谈判于 2014 年 3 月 14 日在比利时布鲁塞尔举行。该轮谈判就市场准入、监管集群和规则三大支柱问题进行了全面讨论。在市场准入问题上,主要就关税、服务和采购三个核心要素进行讨论。关税问题上,双方已经有初始报价。在监管领域,双方共同讨论了如何提高监管的兼容性。值得注意的是,美国和欧盟在几个涉及关键经济利益的部门就更高的监管兼容性进行了讨论,这些部门包括药品、化妆品、医疗器械、汽车和化工等。规则方面主要包括可持续发展、劳工和环境,能源和原材料贸易,贸易便利化,中小企业等问题。

(2) 第5轮谈判于2014年5月23日在美国华盛顿举行。本轮谈判内容与第4轮基本一致,还讨论了金融服务市场准入和监管问题。

(3) 第6轮谈判于2014年7月14日在比利时布鲁塞尔举行。双方就关税减让、技术标准和审批程序等问题继续进行协商。双方在诸多领域的分歧短期内难以消除,例如,敏感的英国国家医疗服务系统(NHS)议题。该谈判在欧盟内部和美国国内均受阻,人们担忧TTIP协定可能使消费者权益、食品安全和环境质量等领域的标准降低。

(4) 第7轮谈判于2014年10月3日在美国华盛顿举行。本轮谈判重点讨论了服务领域。双方已就欧盟服务报价约15%的内容进行了讨论。此外,美欧还讨论了语言差异在拟定协议的法规和标准方面的问题,特别是针对工业产品和农产品,从而避免可能由于大西洋两侧法规和标准的差异产生不必要的成本。

美国和欧盟计划在2014年完成TTIP谈判,但最终未能实现。这主要受到两方面原因的影响。一方面是政治原因。2014年欧盟主要机构均将换届,美国也迎来中期选举,这都会不同程度地影响TTIP谈判进程。从政府层面来看,欧盟和美国高层之间虽达成共识,但美国总统奥巴马一直未能取得贸易促进授权(TPA)。另一方面是来自民众的阻力。由于欧盟和美国的关税水平已经很低,谈判重点更多集中在规则标准等非关税壁垒。无论是行业标准还是管理体制文化,美国和欧洲都存在着明显差异。双方在谈判中试图提高标准的一致性和监管的兼容性,民众和行业利益相关者因此担心会受到损害,于是走上街头进行反TTIP抗议游行。

(八) 其他贸易相关政策

1. 国家出口倡议(NEI)与国家出口倡议的后续计划(NEI-next)

国家出口倡议(National Export Initiative)又称出口倍增计划。2010年奥巴马提出了到2014年年底美国出口总额翻一番的目标,为实现这一目标,美国政府实施了国家出口倡议政策。2014年美国出口总额为23 445.1亿美元,相比于2009年的15 830.5亿美元增长了48.1%,与原定的出口翻一番相差甚远。国家出口倡议的目标未能在2014年实现有多方面的因素影响。美国政府虽然通过鼓励企业出口融资,推动制造业回流等系列政策使得美国出口再次快速增长,但受制于全球经济复苏弱于预期的宏观背景,以及美元汇率走强对美国出口造成的负面影响,美国的出口倍增计划受到多方面限制。奥巴马政府任期内未能达成TPP与TTIP谈判,也是造成美国出口不如预期的重要原因。

尽管未能在2014年实现预期目标,但国家出口倡议计划还是会对美国企业出口的快速增长起到重要推动作用,美国政府在推动出口额达到历史新高的同时,使与出口相关的就业岗位达到 1 130 万,相比 2009 年给国内创造出了 160 万个新的就业岗位。因此美国政府在 2014 年重新对企业进行了调研,并根据过去实施国家出口倡议的经验提出了国家出口倡议的后续计划(National Export Initiative NEXT,NEI-next)。具体有以下几个战略措施:(1) 推动美国企业更好地寻找到他们未来的海外消费者。(2) 推动未来国际物流更加廉价、便利。(3) 推动美国贸易企业在未来的交易中更容易获得贸易融资。(4) 在美国社区与区域中,将推动出口与提升对外投资吸引力作为未来经济发展的首要任务。(5) 创造、培育美国企业能够迎接未来的国际机会。

2. TPA 仍有很大不确定性

TPA 被称作"贸易促进授权",亦或是"贸易快车道"。在国际贸易协议谈判中,贸易促进授权给美国政府执行部门设置优先级,同时保证任何达成的合约上交至国会,只将面临一轮直接表决,不用进行修正。美国政府通过 2014 年一整年的努力却未能获得 TPA。经过数周的政治角逐和激烈辩论,美国参议院于 2015 年 5 月通过了贸易促进授权(TPA)法案。立法争斗现在将转移到众议院,结果仍有很大的不确定性。对于 TPP 和 TTIP 谈判而言,TPA 是达成最后协议的一个必要前提。

二、美国贸易政策趋势

首先,美国贸易发展的主题仍旧是支持就业与经济发展。美国的目标是要保证其在全球贸易中的领先以及领导地位,大力促进出口以增加国内就业。一方面,美国开始实施国家出口倡议后续计划,通过在 WTO 框架下的谈判以及 FTA 的签订来为国内企业不断扩宽海外市场。此外,美国的"再工业化"也将推动美国制造业回流,发展本土制造业,提升美国出口和国内就业。另一方面,严格控制国外进口对国内的冲击。美国的货物贸易优势在于其具有较高的科技含量和创新性,所以美国会充分利用 WTO 各项措施来维护其贸易利益。同时,美国也会增加其对 WTO 体制内各成员反倾销与反补贴的调查。美国将继续推动"页岩气革命"来减少对能源的进口依赖,并加强政府干预来实施"能源独立"战略。

其次,美国将继续寻求在区域层面制定贸易规则。当然,这也并不代表美国会放弃多边体制。美国会进一步加强其在 WTO 体制下的领导作用,督促各国严格遵守 WTO 协定要求的各项规定,特别是针对以中国为首的一些发展中国家。具体措施应该是进一步在既有的知识产权协定的基础上,增加对于货物贸易以及服务贸易,特别是服务贸易的知识产权要求。目前,亚太地区以及欧盟为美国主要关注焦点。美国将加快 TPP 与 TTIP 的谈判进程,增加 FTA、TISA 缔约对象，充分发挥现有 FTA 增强贸易合作的作用，减少美国出口面临的贸易壁垒。

第三，美国将继续推动国际贸易规则的重塑，以在新一轮规则中牢牢把握主导权。无论是区域和双边的 TPP 或者 TTIP 谈判，还是 TISA 谈判，美国的政策目标都是打造高水平、高标准的协议。虽然这些谈判的前景存在许多不确定性，但美国仍将坚持推动谈判，并充分利用协议谈判中涉及的诸多规则来制定新的国际贸易规则，进而在未来贸易发展中占据主导权。

第二节　2014 年美国贸易发展回顾与展望

一、美国 2014 年贸易发展回顾

（一）贸易逆差增大，出口倍增计划未能完成

美国贸易进出口在近两年依旧保持相对稳定。国家出口倡议以及一系列鼓励美国贸易的措施虽未能实现预期目标，但美国贸易仍保持稳定发展，且是本轮美国经济复苏的一大亮点。

如图 11.1 所示，2014 年美国贸易逆差为 5 047.1 亿美元，较 2013 年的 4 763.9亿美元有所上升，逆差减小趋势未能保持。其中，总出口额为 23 445.1 亿美元，增长了 2.8%；总进口额为 28 492.4 亿美元，增长了 3.4%。显然，美国总统奥巴马在 2010 年年初提出的在 2014 年年底实现出口倍增的计划未能顺利完成。但不可否认的是，美国贸易在 NEI 期间较金融危机时期有了明显的复苏。NEI 提出初期，出口增速迅速恢复到了危机前的水平。但自 2011 年后，出口增速有所回落。

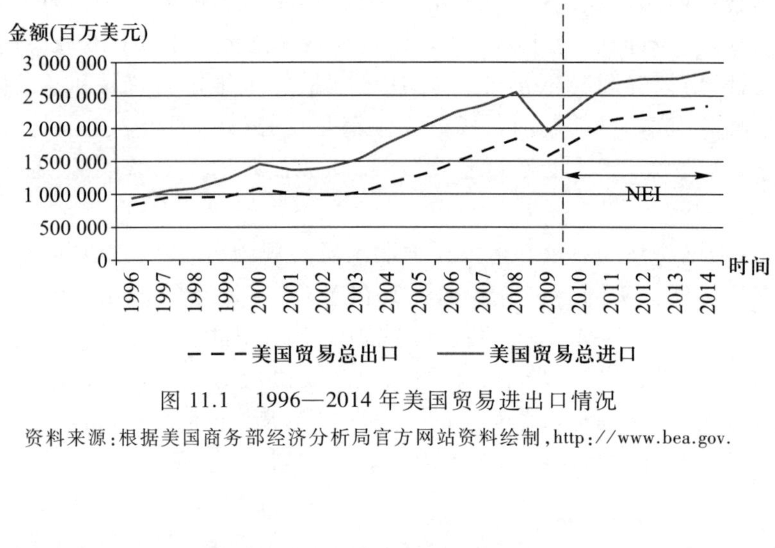

图 11.1　1996—2014 年美国贸易进出口情况

资料来源：根据美国商务部经济分析局官方网站资料绘制，http://www.bea.gov.

其中,出口基本保持自 2010 年以来的增速,2013 年 1 月为 1 868 亿美元,2014 年 1 月上升至 1 927 亿美元,9 月达到近 3 年来最高值的 1 987 亿美元。进口额在同一时期保持相对稳定,增长波动低于 50 亿美元。2014 年 12 月进口为 2 406 亿美元,与 2013 年 1 月比有一定增长。因此,贸易赤字有小幅反弹,从 2013 年 1 月的 422 亿美元上升至 2014 年 12 月的 456 亿美元,见图 11.2。

2014 年两次逆差下降是因为工业供给、生产资料以及汽车出口增加和石油进口减少。贸易赤字反弹的主要原因在于强势美元汇率对贸易造成压力、非石油类进口创历史新高、原油价格下跌和亚洲和欧洲经济表现不佳。

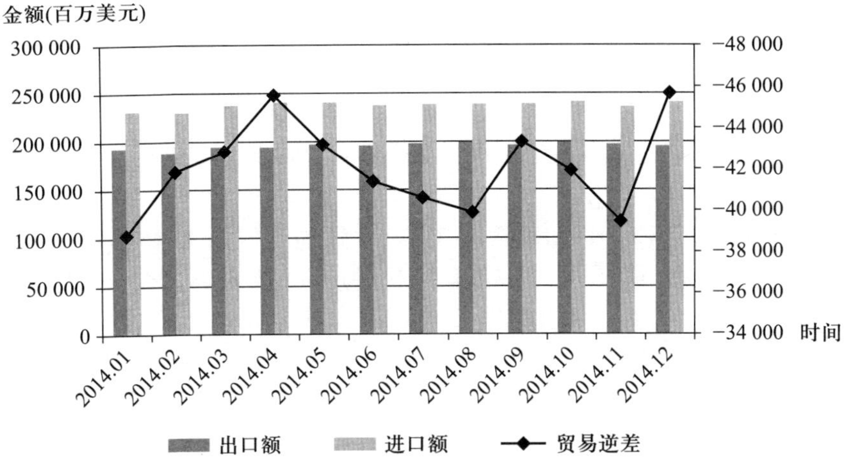

图 11.2 2014 年 1—12 月美国贸易状况

资料来源:根据美国商务部经济分析局官方网站资料绘制,http://www.bea.gov.

(二)货物出口先升后降,服务贸易作用突出

2014 年货物贸易出口稳中有升,进口增长明显,服务贸易出口与进口均保持小幅增长。因此,美国货物贸易逆差逐渐放大,服务贸易顺差持平。如图 11.2 所示,货物贸易赤字从 2014 年年初的 388 亿美元上升至 2014 年 3 月的高值 455 亿美元,而后略有回落,并继续上升到 2014 年 12 月的 456 亿美元。服务贸易顺差由 2013 年 1 月的 187 亿美元持续上升至 2014 年 12 月的 194 亿美元。近两年,美国货物贸易及服务贸易出口均表现可观,服务贸易尤为突出。

(三)进出口结构中制造业与私人服务占绝对比重

1. 货物贸易出口结构不变,矿产品出口表现突出

美国货物贸易出口中,机电产品、运输设备、化工产品、矿产品 4 大门类总和占比 61.1%,远超过一半,较 2013 年的 60.5%略有上升,如图 11.3。各类产品占比变化较小,运输设备出口同比增长由 2012 年的 14.6%放缓至 1.8%。矿产品出口同比增长 4%。其他产品的比例都保持相对稳定。

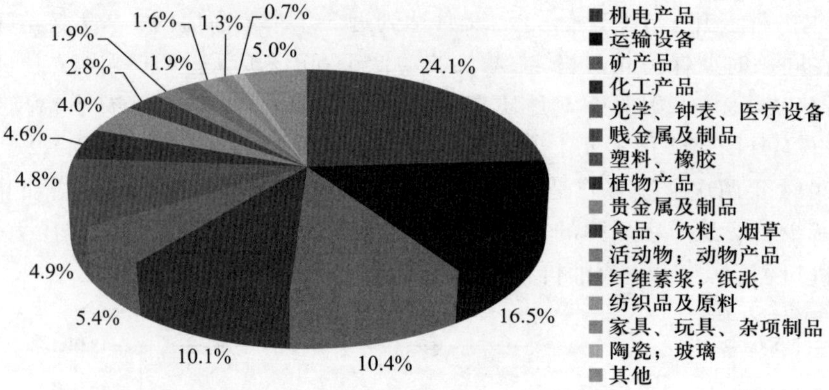

图 11.3　2014 年美国货物贸易出口结构

资料来源：根据中国商务部官方网站资料绘制，http://countryreport.mofcom.gov.cn

2. 货物贸易进口结构与出口结构类似，矿产品进口有所减少

货物贸易进口方面，结构类似出口结构，种类比较集中，占比最高的依旧是机电产品、运输设备、矿产品以及化工厂品，其占比总和为 62.9%，略高于同类别产品的出口，见图 11.4。2014 年美国货物进口中矿产品同比跌幅最大，达 11.7%。

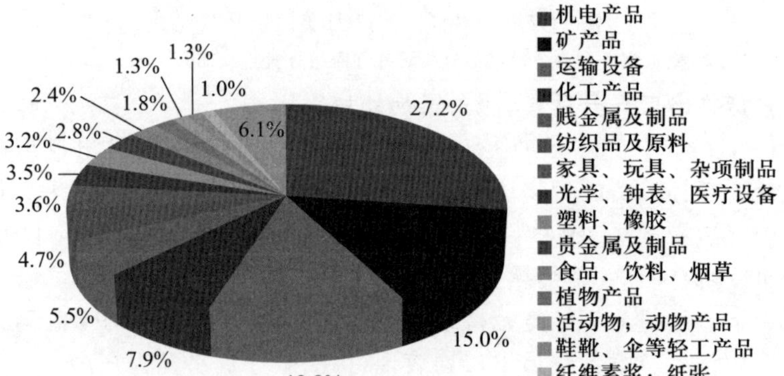

图 11.4　2014 年美国货物贸易进口结构

资料来源：根据中国商务部官方网站资料绘制，http://countryreport.mofcom.gov.cn.

3. 其他私人服务进出口占比下降，旅行服务占比上升

美国经济分析局过去将服务贸易分为旅行、乘客服务、其他运输服务、版税

和许可费、其他私人服务、直接防务支出、美国政府杂项服务七大类。为更好地统计美国服务贸易发展情况，2014 年 6 月开始，美国经济分析局采用新的统计方法。修改后的服务贸易分为维修服务，交通服务，旅行服务，保险服务，金融服务，知识产权使用费，通信、计算机和信息服务，其他商务服务，政府货物和服务九大类。2014 年美国服务贸易中，旅行服务占比进一步上升，其中出口占比 24.9%，进口占比 23.4%，成为新分类体系下的进出口的第一类项目。交通服务和其他商业服务的进出口比重也较为接近。知识产权使用费与金融服务领域则分别占到 18.7%与 12.5%的出口份额，合计的进口份额约占到 13%，反映出美国在这两个行业具有较强的出口竞争力。

（四）欧盟以及北美为主要出口对象，从中国进口继续增长

1. 欧盟以及北美地区仍旧为最重要出口对象

在美国出口国家排名前五位中，加拿大占比 16.0 %，墨西哥占比 11.5%，中国 7.1%，日本 4.9%，英国 5%。总体出口集中度较低，出口流向遍布欧洲发达经济体、东亚地区及北美地区，如图 11.5。

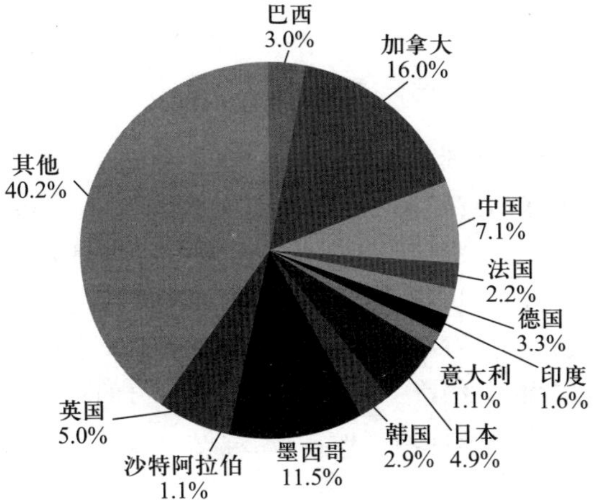

图 11.5　2014 年美国出口主要对象国情况

资料来源：根据美国商务部经济分析局官方网站资料绘制，http://www.bea.gov/newsreleases/international/trade/trad_geo_time_series.xls.

2. 中国在美国进口产品比例继续上升

美国从中国进口的总额一直处于增加的状态。2005 年，中国向美国出口总额为 2 516 亿美元，在美国贸易总额中占比仅 12.6%。2014 年，中国向美国出口总额上升至 4 826 亿美元，在美国贸易总额中占比 16.9%，高于 2013 年的 16.5%。其他国家占比变动均在 0.5 个百分点以下，详见图 11.6。

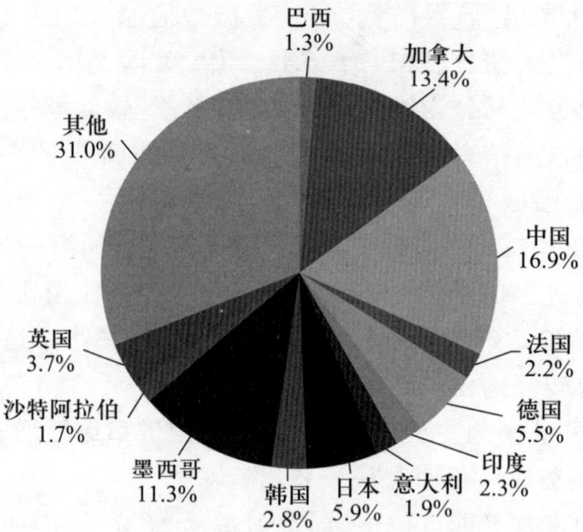

图 11.6　2014 年美国进口主要来源国情况

资料来源:根据美国商务部经济分析局官方网站资料绘制,http://www.bea.gov/newsreleases/international/trade/trad_geo_time_series.xls.

二、美国贸易发展展望

(一) 出口倍增后续计划推动美国出口稳定增长

世界银行预计全球的贸易不平衡在未来会保持稳定,随着国内需求的增长,美国经常账户赤字预计将会扩张。全球经济虽仍受到债务危机、地缘政治等因素影响,仍存在不确定性,但未来发展趋势较为乐观。此外,虽然出口倍增计划未能顺利实现,但美国趁热打铁推出了出口倍增后续计划。无论是多边、区域、双边以及国内政策层面,美国都会努力配合促进出口的目标。因此,即使美国贸易出口的增长速度不能达到计划目标,但保持稳定的增长不成问题。

(二) 贸易逆差减少趋势较难持续

美国目前贸易发展目标依旧是希望依赖出口的增长带动整体经济增长并促进国内就业。因此,美国的贸易政策将会持续推动美国的贸易出口。

总体而言,美国贸易逆差继续减少的趋势较难持续。一方面,贸易逆差的改善主要是因为能源净进口的减少,但这与石油价格的波动息息相关,可持续性不强。另一方面,随着经济的好转,进口增速将因需求增强而占据主导地位。纵然出口增速保持,但进口增速将呈超出出口增速的趋势也会带来贸易逆差的反弹。此外,虽然服务贸易的顺差继续扩大的可能性较大,但因其占总体贸易比重较小,其顺差扩大也难敌货物贸易逆差扩大的影响。随着石油价格、美元汇率的波动,贸易逆差未来变动趋势会存在不确定性。

参考文献

[1] Office of the U.S. Trade Representative. The President's Trade Agenda-Made in America[R]. USTR,2015.

[2] United States International Trade Commission. AD&CVD Investigation [DB].2015.

[3] U.S. Bureau of Economic Analysis. Gross Domestic Products [EB/OL]. http://www.bea.gov/newsreleases/national/gdp/2014/pdf/gdp4q13_3rd.pdf.

[4] U.S. Bureau of Economic Analysis. U.S. International Trade in Goods and Services [EB/OL].http://www.bea.gov/newsreleases/international/trade/tradnewsrelease.htm.

[5] U.S.Government. Trade Policy Review-United States [R].https://www.wto.org/english/tratop_e/tpr_e/g307_e. pdf.

[6] U.S. International Trade Administration. The Role of Exports in the United States Economy[R]. Department of Commerce,2014.

[7] U.S. International Trade Administration. Trade Agreements Benefit U.S. Export[R] .Department of Commerce,2014.

[8] U.S.Trade Promotion Coordinating Committee & Export Promotion Cabinet. National Export Initiative NEXT-Strategic Framework[R].USTR,2014.

[9] USTR. 2015 Trade Policy Agenda and 2014 Annual Report [R]. https://ustr.gov/sites/default/files/2015%20AR%20Compiled%20FINAL_0.pdf.

[10] USTR. High Level Working Group on Jobs and Grows[EB/OL]. http://www.ustr.gov/sites/default/files/02132013%20FINAL%20HLWG%20REPORT.pdf.

[11] WTO.争端解决数据库[DB] .https://www.wto.org/english/tratop_e/dispu_e/find_dispu_cases_e.htm#results.

[12] WTO. International Trade Statistics 2014[EB/OL] .http://www.wto.org/English/res_e/statis_e/its2014_e/its12_toc_e.htm.

[13] WTO SECRETARIAT. Trade Policy Review-United States[R].https://www.wto.org/english/tratop_e/tpr_e/s307_e.pdf.

[14] WTO.The TISA Initiative: An Overview of Market Access Issues [EB/OL]. http://www.wto.org/english/res_e/reser_e/ersd201311_e.pdf.

[15] 中华人民共和国商务部. 国别贸易报告——2014 年美国货物贸易及中美双边贸易概况[EB/OL]. http://countryreport. mofcom. gov. cn/record/qikan110209.asp? id=5958.

第十二章 欧 盟

第一节 2014 年欧盟贸易政策变化及趋势

贸易一直是欧盟经济发展最重要的依靠力量，正如欧盟委员会主席巴罗佐提到的那样，"贸易是经济增长和就业增加必不可少的手段……未来全球 90% 的增长将发生在欧洲以外，而抓住这一机会对保持并提升欧盟的活力至关重要……"。自欧盟成立后，一体化就成为其始终坚持的目标，如今欧盟已经成为全球一体化程度最高的区域组织，欧盟也越来越多地以整体的姿态出现在各种国际事务中。虽然自金融危机以来，欧盟遭遇重创，但一体化进程并未止步。经济陷入衰退后，欧盟各大机构和各国成员纷纷出台各种贸易政策，努力解决经济发展中的困难，从而推动欧盟经济不断向前发展。

一、欧盟 2014 年贸易政策变化

欧盟是世界最大的经济体，也是全球最大的出口方。欧盟 2010 年出台的《欧盟 2020 战略》，是未来十年欧盟经济与社会发展的指南。作为《欧盟 2020 战略》的重要组成部分，欧盟发布的《贸易、增长与全球事务》，描绘了欧盟未来五年贸易政策的基础，并提出了一系列促进欧盟贸易发展的战略。

（一）直接影响进口的措施

1. 关税

2014 年欧盟使用的最惠国税率实质上没有变化。平均税率数字上的变化只是反映欧盟在关税目录的调整以及基于产品价格变化造成的那些非从价计税商品税率的变化。欧盟 2012 年发布的《关于修改第（EEC）2658/87 号规则附件一的第（EC）1326/2013 号欧委会规则》中制订了 2014 年海关关税表，于 2014 年 1 月 1 日起正式生效实施。

2014 年欧盟最惠国关税在 8 位数字下有 9 100 个条目，简单平均最惠国税率为 6.3%，略低于 2008 年的 6.7%。WTO 定义下的农产品平均税率为 10.4%，比 2008 年下降了 7.4%，这一变化反映了非从价计税的农产品价格上升造成它们从价等量计算下的税率下降；而非农产品的税率为 3.8%，略有下降，详见表 12.1。

表 12.1 欧盟 2008—2014 年最惠国税率结构表 单位:%

	最惠国关税		
	2008	2013	2014
简单平均税率	6.7	6.5	6.3
农产品(WTO 定义)	17.8	14.8	10.4
非农产品(WTO 定义)	4.0	4.4	3.8
农、林、牧、渔(ISIC1)	9.3	8.6	8.6
采掘业(ISIC2)	0.2	0.2	0.2
制造业(ISIC3)	6.7	6.4	6.2
免税商品条目(占总条目数百分比)	25.3	24.7	23.7
应税条目的简单平均税率	9.05	8.7	8.8
关税配额(占总条目数的百分比)	4.8	5.0	5.1
非从价关税(占总条目数的百分比)	10.1	10.7	10.2
无从价等量的非从价关税(占总条目数的百分比)	2.7	2.9	2.8
微量税率(占总条目数百分比)	9.6	7.0	7.0

注:微量税率指的是税率大于 0%而小于或等于 2%的条目。

资料来源:根据 WTO 官方网站资料整理,http://www.wto.org/english/tratop_e/tpr_e/tpr_e.htm.

对于欧盟无法生产的商品或者欧盟生产能力不足的商品,欧盟在关税上分别实行关税缓征和关税配额政策。各成员国可以根据自身情况向欧盟委员会提出申请。根据欧盟委员会的说明,经济衰退导致成员国在申请关税缓征和关税配额上的金额有所上升。

2. 应急措施

作为欧盟"贸易防御工具",应急措施是欧盟共同商业政策的一部分,欧盟在应急措施的制定上具有专属权。欧盟的贸易防御工具主要包括反倾销、反补贴和贸易保障措施。2014 年,欧盟没有实施新的贸易保障措施。

欧盟反倾销措施的法律依据是 2009 年第 1225 号法规(反倾销法规),反补贴措施的法律依据是 2009 年第 597 号法规(反补贴法规),基本法律在 2014 年没有改变。2014 整年发起的反倾销和反补贴调查一共 16 起,其中 2 起已确定最终实施反倾销、反补贴措施或接受承诺告终,有 2 起措施因为时间到期自动停止。在政策复审方面,欧盟 2014 年发起复审为 22 起,其中因为时间到期和撤销的复审有 5 起,8 起复审确定实施反倾销和反补贴措施,详见表 12.2。

表 12.2 截至 2015 年 5 月 4 日欧盟正在进行的反倾销、反补贴调查

案件号	产品	国家	类型	发起时间
R614	柠檬酸	中国、马来西亚	反规避调查	2015 年 5 月 1 日
R587	钢铁管件	韩国	部分临时复审	2015 年 2 月 18 日
R612	环形夹机构	中国	日落复审	2015 年 2 月 25 日
R611	太阳能电池板	中国	反吸收调查	2014 年 12 月 19 日
R610	不锈钢丝	印度	反吸收调查	2014 年 12 月 3 日
R609	钢丝绳和电缆	乌克兰	完全临时复审	2014 年 11 月 18 日
R607	铝箔	巴西、中国	日落复审	2014 年 10 月 4 日
R606	无缝钢管	中国	日落复审	2014 年 10 月 3 日
R605	玻璃纤维	印度	期中复审	2014 年 9 月 23 日
R603	钢制管件	中国	日落复审	2014 年 9 月 4 日
R608	脚踏车	巴基斯坦、柬埔寨、中国、菲律宾	反规避调查	2014 年 9 月 3 日
R604	聚对苯二甲酸乙二醇酯	印度	期中复审	2014 年 8 月 8 日
R602	钢丝	中国	日落复审	2014 年 8 月 2 日
R600	生物柴油	美国	日落复审	2014 年 7 月 10 日
R598	聚对苯二甲酸乙二醇酯(PET)	印度	期中复审	2014 年 6 月 6 日
R597	蜡烛等	中国	日落复审	2014 年 5 月 14 日
R596	钢纹线	中国	日落复审	2014 年 5 月 8 日
R615	太阳能电池板	中国	部分临时复审	2014 年 5 月 5 日
R613	钼丝	中国	反规避调查	2014 年 3 月 11 日
AD605	虹鳟鱼	土耳其	初次调查	2014 年 2 月 15 日
R586	瓷砖	中国	期中复审	2014 年 1 月 31 日
R591	铁或钢的紧固件	中国	日落复审	2014 年 1 月 30 日
R590	手托盘卡车	中国	新出口商复审	2014 年 1 月 15 日

资料来源：根据欧盟委员会官方网站资料整理，http://trade.ec.europa.eu/tdi/index.cfm? sta = 1&en = 20&page = 1&c_order = date&c_order_dir = Down.

3. 技术性法规和标准

欧盟层面和成员国层面都有欧盟技术性法规和合格评定程序,许多程序均在欧盟层面实现了统一协调。根据 WTO 的 TBT 协议,欧盟有义务向 WTO 提交 TBT 通报。在欧盟层面,2014 年欧盟一共向 WTO 递交 87 条 TBT 通报,高于 2013 年的 73 条,在成员国层面,2014 年共有 33 起 TBT 通报,其中捷克最多,达 13 起。详见表 12.3。

表 12.3　2012—2014 年欧盟成员国 TBT 通报情况

国家	2012 年 TBT 通报数量	2013 年 TBT 通报数量	2014 年 TBT 通报数量
法国	10	12	6
捷克	8	2	13
瑞典	4	5	2
立陶宛	3	3	4
意大利	3	2	0
丹麦	4	1	3
匈牙利	4	0	3
斯洛文尼亚	2	2	0
爱沙尼亚	2	1	0
芬兰	1	2	0
拉脱维亚	0	0	1
克罗地亚	0	0	1

资料来源:根据 WTO 官方网站资料整理,https://docs.wto.org/dol2fe/Pages/SS/directdoc.aspx? filename=q:/G/TBT/36.pdf.

欧盟及各成员国均设有技术法规和合格评定程序的通报机构,各成员国的通报机构需要获得该国认可机构的授信。在欧盟或欧洲自由贸易联盟内,认可机构根据欧洲认可合作组织的相关政策工作,同时欧洲认可机构在国际认可论坛(IAF)多边认可协议(MLA)下与非欧洲自由贸易联盟的国家以及欧盟邻国展开合作。在共同认可制度下,欧盟建立了市场监测。

4. 卫生与植物卫生措施

为促进成员国间就针对食物和饲料安全采取的措施进行信息沟通,欧盟建立了食品和饲料快速预警系统(RASFF)。该系统的标准操作程序于 2013 年发布,标准操作程序的发布能帮助成员国间在使用 RASFF 时更加规范和协调统一。2012—2014 年欧盟 RASFF 系统分类通报数见表 12.4。欧盟将 RASFF 通报分成两类:针对那些被发现有危险的在市食品和饲料的警告类;禁止类通报禁止入境内是指那些被测试出有危险而被欧盟拒绝入境的食品和饲料,该类信息发布的目的在于加强对该产品的监控以防再次试图入境。RASFF 还通过注意信息类通报分享那些只在通报国出现的有威胁的产品,或者尚未进入市场或已经不在市场上流通的产品;而跟踪信息类则指该产品已经或者可能出现在其他成员国的市场上;此外,信息类产品是指某种食品或饲料已经被通报国发现危险,但其他成员国尚无必要采取快速行动的产品。

表 12.4 2012—2014 年欧盟 RASFF 系统分类通报数

	2012 年	2013 年	2014 年
警告	523	584	732
禁止入境	1 711	1 438	1 358
信息	0	0	0
注意信息	680	679	609
跟踪信息	507	429	398

资料来源:根据欧盟 RASFF 数据库网站资料整理,https://webgate.ec.europa.eu/rasff-window/portal.

(二)直接影响出口的措施

2014 年欧盟基本出口法律和制度没有发生新的变化,欧盟对产品出口仍然不征税,对产品出口欧盟也没有特别限制,仍然以国际出口控制制度为依据,主要包括澳大利亚集团的《禁止化学武器公约》《禁止生物武器公约》《核不扩散条约》和《瓦圣那协议》等关于传统武器和耐用商品和技术的出口控制内容以及导弹及其技术控制制度。

(三)影响生产和贸易的措施

1. 政府采购

欧盟所有高于特定阈值的政府采购都需要符合欧盟颁布的相关指引的规定,对于这些超出额度以外部分的政府采购,都必须要在欧盟范围内进行公告,同时要符合统一程序要求。2012 年 1 月 1 日开始,欧盟委员会新法规生效,规定了用品、服务以及建筑工程三种采购的阈值,不同指引下的阈值均有所提高,见表 12.5。

2013 到 2014 年,欧盟继续在多边和双边领域推进政府采购谈判进程。在已经完成的 GPA 谈判中,欧盟承诺在政府采购上给予更多的市场准入机会,一些新的部门和缔约机构都被纳入欧盟的减让表中。在双边领域,在欧盟与 CARIFORUM、中美洲国家、智利、哥伦比亚、伊拉克、墨西哥、秘鲁、韩国和瑞士等国签署的双边协议中包含了政府采购内容。

表 12.5 2012-2014 年欧盟最低公共采购阈值 单位:欧元

	用品		服务		工程	
	2012—2013	2013—2014	2012—2013	2013—2014	2012—2013	2013—2014
欧盟 GPA 缔约机关	130 000	120 000	130 000	140 000	5 000 000	4 000 000
其他公共部门缔约机关	200 000	210 000	200 000	200 000	5 000 000	5 000 000
补贴高于 50%的缔约机关	无	无	200 000	190 000	4 845 000	4 600 000
服务定制竞标（中央政府机构）	无	无	130 000	140 000	无	无
服务定制竞标（其他机构）	无	无	200 000	220 000	无	无
服务定制竞标（特定部门）	无	无	200 000	180 000	无	无
公共事业（除服务定制竞标）	400 000	380 000	400 000	420 000	5 000 000	4 000 000
公共事业（服务定制竞标）	无	无	400 000	390 000	无	无

资料来源:根据 WTO 官方网站资料整理,http://www.wto.org/english/tratop_e/tpr_e/tpr_e.htm.

2. 知识产权

欧盟继续推进知识产权方面法律制度和框架的完善,同时加强知识产权的执法工作。版权方面,欧盟强调了在推进版权制度现代化并促进授权便利上的重要性,同时确保在保护文化多样性前提下对知识产权的高水平保护。为了促进知识产权保护的统一与协调,欧盟理事会和欧洲议会达成了关于单一专利政策的一致意见。法规《单一专利保护创新领域加强合作》(No.1257/2012)和《考虑适于转化的单一专利保护创新领域加强合作》(No.1260/2012)在 2014 年 1 月 1 日开始生效。

3. 逐步取消太阳能等可再生能源补贴

2014 年 4 月 9 日,欧盟委员会发布新规,宣布逐步取消对太阳能、风能、生物能等可再生能源产业的国家补贴。新规定 2014 年 7 月 1 日正式生效,且自 2017 年起,所有欧盟成员国都将被强制限制对可再生能源产业进行补贴。欧盟的新规中设定了一些特例。例如,欧盟范围内一些小型的可再生能源产业,如生产在屋顶安装的太阳能电池板的产业,不受缩减及取消补贴的限制。此外,一些能源密集型产业也不受新规限制,欧委会指出,其目的是为了保障这些产业的国际竞争力。根据新规定,欧盟所有 28 个成员都需要逐步取消对可再生能源产业的特别补贴政策,以确保"更具成本效益的"可再生能源发展。

(四) 多边贸易谈判

欧盟是 WTO 中最重要的成员之一,尽管多哈回合谈判目前步履维艰,但欧盟仍希望在诸边谈判舞台上取得阶段性突破。2014 年 7 月,欧盟和澳大利亚、加拿大、中国等另外 13 个 WTO 成员发起了关于促进环境友好产品全球贸易自由化谈判。这项"绿色产品"的首创精神旨在减少在绿色产品、服务和技术方面的壁垒。产品的绿色发展是欧盟经济和环境政策的一部分,绿色产品和服务的开放有助于欧盟绿色产品的发展。这些产品:(1) 有助于净化空气和水;(2) 有助于减少浪费;(3) 有助于节能;(4) 有助于控制空气污染;(5) 有助于发展太阳能、风能、水利能源等新能源。第一阶段的谈判主要聚焦于减少一组 54 种产品的关税,亚太经济合作组织(APEC)成员国已经就这些产品承诺到 2015 年将关税降低到 5%或者更低,除此之外还有更大范围的承诺。这样的目的是为了创造一个动态的协定,以至于将来能够反映在新的技术和增加新的产品上。

二、欧盟贸易政策趋势

多哈回合谈判仍然步履维艰,诸多议题中农产品和非农产品市场准入谈判很难在成员之间达成一致,主要问题仍集中在农产品关税、农产品补贴和工业品市场准入上。在工业品市场准入上,欧盟一直要求各成员降低工业产品关税,既包括发达国家,也包括新兴经济体国家,对于中国、巴西和印度这些发展中大国,欧盟一直坚持完全互惠原则,全然不顾在之前谈判中发展中国家做出的巨大让步。在短期内欧盟不会放弃自己在多哈回合谈判中的主张,即要求这些发展中大国以完全对等的条件互相开放市场,这也使得多哈回合在工业品市场准入上的谈判前景不容乐观。

欧盟在促进多边谈判的同时不断加快双边谈判的步伐,美国、日本、加拿大等欧盟重要的贸易伙伴都被欧盟纳入双边谈判的日程中。在多边贸易体系已经不能再为欧盟提供太多的利益空间的情况下,加上欧盟在多边贸易谈判中可能会做出让步,有理由认为欧盟会越来越重视双边领域的贸易谈判。在所有谈判中,最引人关注的是欧盟和美国间的 TTIP 谈判,在欧盟发布的报告中,表达了希望与美国在贸易管制、公共采购领域、原材料和能源、贸易与可持续发展等内容上展开磋商。另根据伦敦经济政策研究中心的一项研究表明,如果 TTIP 协议最终能完成,并且关税、服务、采购等协议谈判顺利实施,最终将能为欧盟带来最高达 1 192 亿欧元的收益。除了美国之外,欧盟与日本的贸易谈判也在进行,欧盟希望通过一系列的双边贸易谈判,扭转双边贸易近年来持续下滑的趋势。

第二节 2014 年欧盟贸易发展回顾与展望

一、欧盟 2014 年贸易发展回顾

（一）总体货物贸易进口出现下滑，出口持续衰退

2014 年欧盟货物进口总额 16 805 亿欧元，同比下降 0.26%；欧盟货物贸易出口总额为 17 029 亿欧元，同比下降 1.94%。2015 年第一季度，欧盟货物贸易进口总额 4 236 亿欧元，比 2014 年同期增长 2.2%；2015 年第一季度出口总额 4 274亿欧元，比 2014 年同期增长 4.6%。由于油价持续下跌、全球经济稳步增长、欧元贬值以及欧洲央行实施量化宽松政策等因素影响，欧盟近期迎来复苏迹象。总体看，2014 年欧盟进出口双双下降：出口由增长转为下滑，进口继续下降，降幅收窄。这与整个欧盟地区缓慢复苏的宏观经济形势有关。

（二）机械和运输设备产品进出口比重较大，矿物材料、润滑剂和相关材料类产品进出口均下降

如图 12.1 所示，欧盟与盟外货物贸易进口产品分类中，机械和运输设备产品处在第一位，2014 年达到 4 560.7 亿欧元，占全部货物贸易进口的 27%，进口总额比 2013 年增长 3.7%。占第二位的是矿物材料、润滑剂和相关材料类产品，占比 26%，进口总额为 4 435.2 亿欧元，较 2013 年下降 11.4%。第三位的其他制造产品进口额为 4 074.2 亿欧元，占比 24%，比 2013 年增长 6.7%。

货物贸易出口方面，机械和运输设备产品具有较大优势，总额达 7 089.7 亿欧元，占货物贸易出口额的 42%，与 2013 年基本持平，仅增加 0.05%。处在出口第二位的是其他制造业产品，总额为 3 867.9 亿欧元，比 2013 年增长 1.06%，化学及相关产品排在第三位，总额为 2 789.7 亿欧元，同比增长 2.08%。此外，除饮料、食品和烟草的出口量同比增长 3.1%，其他产品出口均下降：原材料出口额为 433.1 亿欧元，同比下降 4.76%；矿物燃料、润滑剂和相关材料的出口额为 1 095.1亿欧元，同比下降 10.6%；未分类产品的出口额为 676.5 亿欧元，同比下降 32.1%。

（三）贸易伙伴

2014 年欧盟对美国、中国、瑞士、俄罗斯和土耳其的出口额分别为 3 108.6 亿美元、1 647.3 亿美元、1 403.5 亿美元、1 032.9 亿美元和 746.3 亿美元，分别占欧盟出口总额的 18.3%、9.7%、8.2%、6.1%和 4.4%；对美国和中国的出口分别增长 7.4%和 11.2%，但对瑞士、俄罗斯、土耳其的出口分别减少 17%、13.5%和 3.8%。自中国、美国、俄罗斯、瑞士和挪威的进口额分别为 3 025.0 亿美元、

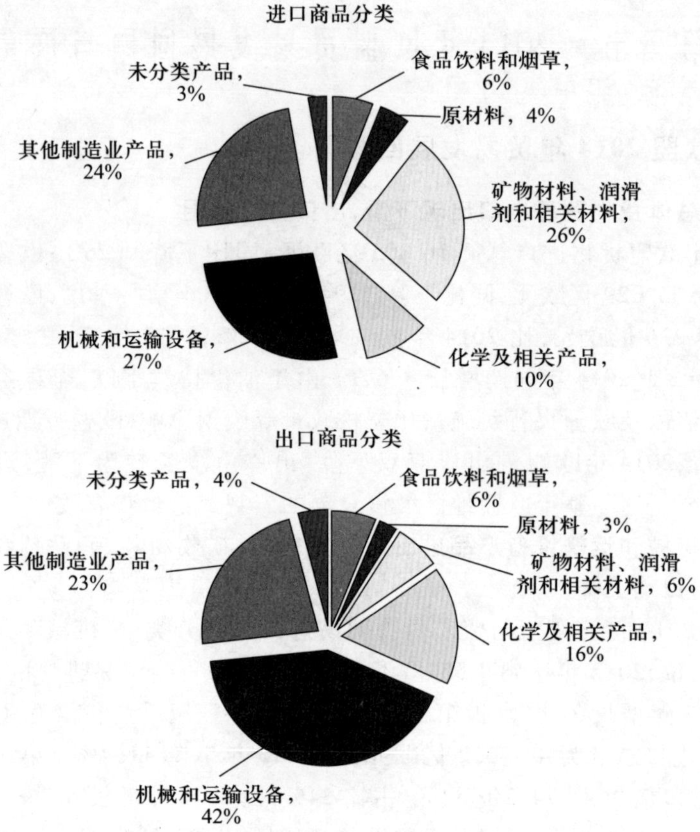

图 12.1　2014 年欧盟货物贸易分类产品

资料来源：根据欧盟数据库官方网站资料整理，http://epp.eurostat.ec.europa.eu.

2 048.7亿美元、1 818.0 亿美元、965.6 亿美元和 839.6 亿美元，占欧盟进口总额的 18%、12.2%、10.8%、5.7% 和 5%；从中国、美国和瑞士的进口分别增加 8%、4.4%和 2.1%，从俄罗斯和挪威的进口分别减少 12.1%和 7%。欧盟前五大逆差来源地依次是中国、俄罗斯、挪威、尼日利亚和阿尔及利亚，逆差分别为 1 377.7 亿欧元、785.1 亿欧元、337.8 亿欧元、116.1 亿欧元和 60.1 亿欧元；顺差主要来自美国、瑞士和阿联酋，分别为 1 060.0 亿美元、438.0 亿美元和 346.5 亿美元。2014 年欧盟货物进出口主要贸易伙伴贸易额占比情况见图 12.2。

根据欧盟统计局的数据，2014 年欧盟最大的货物贸易伙伴仍然是美国，双边贸易额达 5 156 亿欧元，占欧盟贸易总额的 15%。第二大贸易伙伴是中国，双边贸易额为 4 673 亿欧元，占欧盟贸易总额的 14%。俄罗斯和瑞士分别位居第三名和第四名，与欧盟贸易额分别为 2 851 亿欧元和 2 369 亿欧元，占比分别为

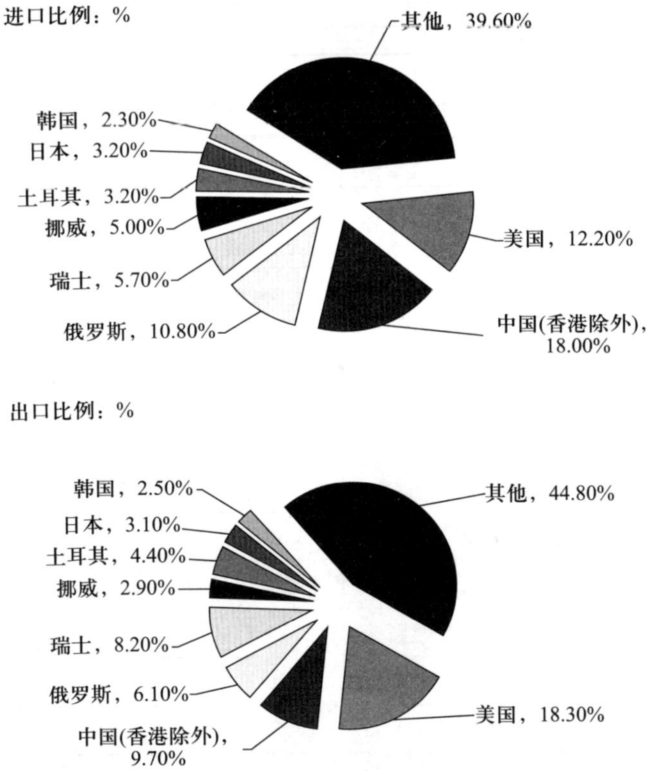

图 12.2　2014 年欧盟货物贸易进口和出口主要贸易伙伴

资料来源：根据欧盟数据库官方网站资料整理，http://epp.eurostat.ec.europa.eu.

8%和 7%。欧盟最大出口目的地是美国，而最大进口来源国为中国。

近年来，欧盟主要货物贸易伙伴的占比趋势变化不尽相同。美国占欧盟贸易总额的比重持续下降，从 2002 年的 24%下降至 2014 年的 15%，降幅显著。相比之下，中国占欧盟贸易总额的比重则翻了一番，从 2002 年的 7%上升至 2014 年的 14%。特别值得注意的是，美国和中国的占比在 2010 年变得相当接近，此后一直保持稳定。与俄罗斯贸易额占欧盟贸易总额的比重变化不明显，从 2002 年的 5%小幅提高至 2014 年的 8%，而瑞士则几乎稳定在 7%。

根据欧盟统计局数据，2014 年美国仍然是欧盟最大的货物贸易伙伴，也是欧盟第一大出国和第二大进口国。2013 年美国占欧盟总出口和总进口的份额，分别为 18.3%和 12.2%。2014 年欧盟与美国货物贸易总额为 5 156 亿欧元。2014 年欧盟对美国的出口产品中，机械和运输设备占 43.5%，化学品及有关产品占 21.7%，杂项制品占 12.1%，详见表 12.6。2014 年欧盟从美国的进口总金额为 2 048 亿欧元,同比上升 4.4%。机电产品、运输设备、化工产品和矿产品是主要的进口产品。

表 12.6 2014 年欧盟向美国出口产品分类统计 单位:亿欧元,%

SITC 编码	SITC 产品目录	金额	占欧盟对美国出口比重	占欧盟该类产品出口总量比重
	总额	3 107.7	100	18.3
SITC7	机械和运输设备	1 352.6	43.5	19.1
SITC5	化学品及有关产品	672.8	21.7	24.1
SITC8	杂项制品	377.0	12.1	20.1
SITC6	主要以材料分类的制成品	308.3	9.9	15.5
SITC3	矿物燃料、润滑剂及相关原料	161.0	5.2	14.7
SITC1	饮料和烟草	80.1	2.6	27.8
SITC0	食品和活畜	65.7	2.1	8.3
SITC2	粗材料,不能食用,非燃料	27.7	0.9	7.1
SITC9	分类商品,其他分类商品	26.3	0.9	3.9
SITC4	动物和植物油,油脂和蜡	8.7	0.3	20.2

资料来源:欧盟贸易委员会官方网站资料整理,http://trade.ec.europa.eu/doclib/docs/2006/september/tradoc_113465.pdf.

据欧盟统计局的统计,2014 年中欧双边贸易额为 4 673.1 亿欧元,其中,欧盟对中国的货物贸易出口额为 1 647.3 亿欧元,增长了 11.2%;从中国进口的货物贸易额 3 025.8 亿欧元,增长 8%;欧盟与中国货物贸易逆差 1 378.5 亿美元。中国是欧盟第二大贸易伙伴,同时也是欧盟的第二大出口国和第一大进口来源国。机电产品、运输设备和化工产品是欧盟对中国出口的主要产品,2014 年这三类产品出口额合计占欧盟对中国出口总额的 78.2%,分别为 958.9 亿欧元、188.8 亿欧元和 140.0 亿欧元,分别增长了 12.2%、8.7%和-0.2%。欧盟自中国进口的主要产品为机电产品、杂项制品和以材料分类的制成品及原料等,2014 年进口额合计占欧盟自中国进口总额的 82.4%,分别为 1 469.9 亿欧元、924.1 亿欧元和 403.2 亿欧元,分别增加了 5.6%、9.6%和-14.9%,这些产品在欧盟进口市场中分别占有 32.7%、39.3%和 23.4%的份额。另外,欧盟自中国进口的矿物燃料、润滑剂及相关原料的进口额减少最为明显,减少了 16.5%,详见表 12.7。

表 12.7 2014 年欧盟从中国进口产品分类统计 单位:亿欧元,%

SITC 编码	SITC 产品目录	金额	占欧盟从中国进口比重	占欧盟该类产品出口总量比重
	总额	3 025.8	100	18
SITC7	机械和运输设备	1 469.9	48.6	32.7
SITC8	杂项制品	924.1	30.5	39.3
SITC6	主要以材料分类的制成品	403.2	13.3	23.4
SITC5	化学品及有关产品	142.8	4.7	8.7
SITC0	食品和活畜	41.9	1.4	4.6
SITC2	粗材料,不能食用,非燃料	27.0	0.9	4.2
SITC9	分类商品,其他分类商品	6.5	0.2	1.5
SITC3	矿物燃料、润滑剂及相关原料	1.8	0.1	0
SITC1	饮料和烟草	1.7	0.1	2.2
SITC4	动物和植物油,油脂和蜡	0.8	0.0	0.9

资料来源:根据欧盟贸易委员会官方网站资料整理,http://trade.ec.europa.eu/doclib/docs/2006/september/tradoc_113366.pdf.

随着俄罗斯加入 WTO,欧盟与俄罗斯贸易合作越来越密切。欧盟成为俄罗斯第三大贸易伙伴,2014 年俄罗斯与欧盟的贸易总额为 2 851.4 欧元,在欧盟外贸总额中占比为 8.4%。

在欧盟内部,2014 年德国仍然是最大的贸易国,货物贸易出口额为 1 1347.7 亿欧元,增长了 3.8%;进口 9 150.5 亿欧元,增长了 2.0%;贸易顺差 2 197.1 亿欧元,增加了 12.1%,创历史新高,位居全球首位。2014 年,法国货物贸易出口额为 4 384.8 亿欧元,增加了 0.25%;进口额为 5 100.7 亿欧元,下降了 0.59%;贸易逆差 715.9 亿欧元,减少了 5.4%。

(四) 服务贸易

2014 年欧盟服务贸易出口额为 7 731 亿美元,比 2013 年的 7 375 亿美元增长了 4.8%,进口额为 6 514 亿美元,比 2013 年的 6 226 亿美元增长了 4.6%。服务贸易顺差增长至 1 217 亿美元。由于出口增速快于进口增速,2014 年欧盟服务贸易盈余约为 2004 年的 4 倍。

二、欧盟贸易发展展望

(一) 内部需求将是欧盟复苏的主要因素

欧盟春季经济预测报告称,由于能源价格走低,2015 年上半年欧盟通胀率预计为0%,下半年至2016年消费者物价指数将逐步走高。2015年欧盟和欧元区通胀率将为0.1%,2016年上升到1.5%。经济趋于活跃将推动就业市场缓慢复苏,预计2015年欧盟和欧元区的失业率将分别下降到9.6%和11%,2016年进一步降到9.2%和10.5%。欧盟近期迎来的复苏迹象得益于有利的经济形势,如油价的持续下跌、全球经济的稳步增长、欧元贬值以及欧洲央行实施的量化宽松所带来的显著影响。随着个人消费预期的增高和下一年投资的增加,国内需求是各国GDP增长的主要因素。

(二)现有的贸易政策促进经济增长

欧盟广泛参加双边经济合作,积极对外寻求签订双边贸易协定。近年来欧盟与一系列国家或国家集团达成双边贸易协议,展开双边贸易协议谈判,未来欧盟与这些国家的贸易联系会进一步增强。欧盟已与南部非洲发展共同体以及东非共同体完成贸易协议谈判,同时正在与非洲、加勒比和太平洋国家集团进行双边协议的谈判,双边协议一旦达成,将促进未来欧盟与非洲的贸易继续稳定增长。此外,欧盟对非洲的优惠贸易安排也将继续推动欧盟与非洲的贸易发展。在亚洲,欧盟对韩国的货物贸易出口是双边协议的最大受益者,自欧盟与韩国的自由贸易协定生效,欧盟对韩国出口显著增长,预计未来随着双边贸易协定在更多领域得到落实和发挥效应,韩国市场对欧盟出口贡献将进一步增强。

参考文献

[1] European Central Bank. Annual Reports[R]. http://www.ecb.europa.eu/pub/annual/html/index.en.html.

[2] European Central Bank. Financial Stability Reviews[R]. http://www.ecb.europa.eu/pub/fsr/html/index.en.html.

[3] European Commission. European Economic Forecasts[R]. http://europa.eu/rapid/press-release_IP-15-4903_en.htm.

[4] European Commission. European Business Cycle Indicators[R]. http://ec.europa.eu/economy_finance/publications/cycle_indicators/index_en.htm.

[5] European Commission. Quarterly Reports On The Euro Area[R]. http://ec.europa.eu/economy_finance/publications/qr_euro_area/index_en.htm.

[6] IMF. World Economic Outlooks[R]. http://www.imf.org/external/ns/cs.aspx? id=29.

[7] IMF. World Economic Outlook Updates[R]. http://www.imf.org/external/ns/cs.aspx? id=231.

[8] WTO. Trade Policy Review of EU[R]. http://www.wto.org/english/tratop_

e/tpr_e/tpr_e.htm.

[9] European commission. The'Green Goods Initiative': Liberalising Trade in Environmental Goods and Services[R].http://trade.ec.europa.eu/doclib/press/index.cfm? id=1116.

[10] European commission. Trade Defence Statistics Covering the First Four Months of 2015 [R]. http://trade. ec. europa. eu/tdi/index. cfm? sta = 1&en = 20&page=1&c_order=date&c_order_dir=Down.

[11] WTO.Trade Policy Review of EU[R].http://www.wto.org/english/tratop_e/tpr_e/tpr_e.htm.

[12] WTO. WTO TBT Committee[EB/OL].https://docs.wto.org/dol2fe/Pages/SS/directdoc.aspx? filename=q:/G/TBT/36.pdf.

[13] European Commission. RASFF Annual Report 2014[R].http://ec.europa.eu/food/safety/rasff/docs/rasff_preliminary_annual_report_2014_en.pdf.

第十三章 日 本

第一节 2014年日本贸易政策变化及趋势

为克服长期通货紧缩、重振经济，并推进2011年日本大地震后的重建工作，日本实施了宽松的货币政策、积极的财政政策和结构性改革“三支箭”政策，即“安倍经济学”。2013年前，日本已先后实施前两项改革：首先，央行提高基础货币供应量；其次，大幅度增加政府投资。此后，根据2013年《日本振兴战略》（该战略于2014年进行了修订），日本又开始推进结构性改革。

2014年以来，虽然“安倍经济学”的三项改革举措均已实施，但日本经济环境依旧萎靡不振。首先，2014年世界经济增长缓慢，但在发达国家总体工业生产比2013年同期小幅加快的情形下，日本生产却自第二季度以来持续恶化；其次，2014年日本国内由于消费税上调引发提前消费潮，GDP在第一季度环比增长1.4%，第二、第三季度环比分别下降1.7%和0.5%，经济出现技术性衰退；再次，2014财年日本工薪阶层实际工资较2013财年下降3%，创历史最大降幅。

一、日本2014年贸易政策变化

（一）积极参与诸边协议谈判，克制使用贸易救济措施

日本是多边贸易框架的重要参与者。多边贸易体系秉持非歧视、开放、规则导向等原则，日本也在多边贸易实践中积极促进贸易自由化、政策透明化的实现，在规则制定、贸易争端解决、贸易决议实施等方面也发挥着重要影响。

2014年日本积极参与多边框架下诸边贸易协议的谈判，如《政府采购协议》《信息技术协议》《服务贸易协定》《环境产品协议》等。同年，日本对国内《知识产权保护法》进行了较大范围的修订，涉及专利、商业模式、贸易标识、版权等内容。在促进国际贸易与发展方面，日本是“贸易发展倡议”的提出者，该倡议包括对最不发达国家无限额开放市场、提供100亿美元的融资支持、提供约10 000名贸易相关领域的人员与专家交流等。

在贸易争端方面，日本采取的贸易救济措施相对较少。2014年，日本仅对中国发起了1起甲苯二异氰酸酯的反倾销调查。同时也只有1项电解二氧化锰被中国、南非及西班牙征收反倾销税，该项反倾销税预计于2019年5月进行日落复审。但由于日本福岛核事故引发各国对日产品安全性问题担忧，中国大陆、

中国台湾地区以及韩国均对原产自日本相关区域的出口水产品出台了不同程度的禁令。2014 年，日本在 WTO 卫生与植物卫生检疫委员会会议上第四次就此议题表达关切，之前日本已三次表达关切，并希望通过在 WTO 反复提出关切以获得国际社会理解，并解除禁令。2015 年中国台湾再次收紧日本进口水产品禁令。

（二）以 TPP 为重心，多路径推动区域贸易协定谈判

2014 年日本积极参与并促进区域贸易协定谈判。首先，日本国内经济形势不容乐观，工业生产持续恶化，实际工资水平创历史最大降幅，这些问题导致日本需要积极促进区域自由贸易协定谈判，以期通过更大的国际市场盘活国内经济。其次，相比多边贸易协议谈判，区域贸易协议谈判范围更小，参与成员更有针对性，谈判难度相对较小，这也导致区域贸易协议逐渐成为国际贸易谈判的主流。

2013 年 6 月安倍政权公布“日本再兴战略”，作为其重要组成部分的“国际展开战略”明确提出要积极推进《跨太平洋伙伴关系协定》（TPP）、《区域全面经济伙伴关系协定》（RCEP）、中日韩 FTA、日欧 FTA 等经济合作。日本计划将适用区域贸易协定的贸易所占比例从目前的 19%增加到 2018 年的 70%，并在 2020 年实现外国直接投资翻倍。

1. 日本参与 TPP 谈判

进入 2014 年以来，美日双方在 2、4、6、9 月的谈判中均出现重大分歧。美日 TPP 谈判迟迟未能达成一致的症结在于美日在关税减让等关键问题上的矛盾始终无法调和，日本不会轻易就 TPP 谈判做出让步。在农产品问题上，分歧聚焦在牛肉、猪肉和乳制品的关税，以及进口激增时启动紧急进口限制措施时的关税水平。

2. 中日韩 FTA 进展

中日韩 FTA 自 2013 年 3 月启动以来，截至 2015 年 5 月，已进行七轮谈判。2014 年 3 月，第四轮谈判在韩国首尔举行，议题包括货物贸易的降税模式、服务贸易和投资的开放方式、自贸协定的范围和领域等。此次谈判就货物贸易降税模式包括谈判步骤、产品分类、处理方式等基本框架达成共识。2014 年 5 月 17 日，《中日韩投资协定》生效，这是中日韩第一个促进和保护三国间投资行为的法律文件和制度安排，协定将为三国投资者提供更为稳定和透明的投资环境。2014 年 9 月与 11 月，第五轮与第六轮谈判分别在中国北京与日本东京举行，其中，第六轮谈判对之前分歧最大的商品特许协商方针、服务和投资自由化等问题展开集中讨论。

总体看，由于中日韩三国经济发展程度、行业竞争力不同等因素，中日韩

FTA 谈判过程中分歧较大，难以达成共识，目前谈判面临瓶颈。日韩两国与中国的贸易结构、政策有很多不同，三国对自由化标准的构想存在较大分歧。谈判焦点依然是能否设定具体的自由化率目标。例如，2013 年 11 月在东京举行的谈判中，中韩曾提议，用 20 年的时间取消 90%以上种类关税，但几乎没有提及具体种类。日本以自由化率水准过低为由，拒绝了中韩的提案。再如，在 2015 年 4 月中旬的谈判中，中韩两国在中日韩 FTA 谈判中着眼于已撤销关税的产品在所有进出口商品中所占的比例。中国为 8%左右，韩国约 16%，日本约 40%。在 FTA 谈判以 90%商品的零关税为目标的前提下，中韩需要追加撤销关税的商品种类比例分别约达 82%和 74%，而日本仅为 50%左右。中韩要求将自身需要撤销关税的比例与日本保持同等水平，希望事实上减轻关税撤销带来的负担。基于以往的贸易谈判经验，日方设想的不是各国追加撤销关税带来的负担，而是在协定生效后当事国应遵守的统一撤销比例。而中韩两国则希望将已撤销关税商品所占比例作为谈判前提。此类谈判分歧的存在为中日韩 FTA 的进展蒙上了阴影。

3. 日本参加 RCEP 谈判

RCEP 谈判于 2013 年启动，目标为 2015 年年底结束。截至 2014 年年底已进行了六轮谈判。对日本而言，在中日韩 FTA 谈判触礁的情况下，积极参与 RCEP 谈判并促进谈判取得实质性进展显得尤为重要。相较日本参与 TPP 谈判及早参与制订全球贸易规则的主要目的，加入 RCEP 的主因包括加快日本产业供应链在东南亚的布局、获得中国大陆及印度等大型消费市场以及推动区域内服务贸易、投资的自由化。

2014 年 8 月在缅甸举行的部长级会议上，包括日本在内的部分参加国决定率先达成将印度排除在外的协议方案，这成为 RCEP 谈判的重要转折点。因为此前由于印度在进口关税取消比率的自由化率方面与他国存在较大分歧，从而使 RCEP 谈判陷入停滞。

4. 日欧自由贸易谈判

2013 年 3 月，日欧启动有关自由贸易的经济合作协议（EPA）谈判，该协议以降低关税与撤销关税壁垒为目的，对提振日欧双方经济均有重要意义。2014 年 7 月，日欧双方就在 2015 年年底前签署 EPA 达成一致。2014 年 12 月，日欧就双边 EPA 举行了第 8 轮谈判，谈判议题涉及货物贸易、服务贸易、投资、知识产权、非关税措施、政府采购等方向。虽然日欧双方均有意加快谈判进程，但双方仍在一系列议题上存在分歧，如日本要求欧盟取消针对日本汽车和电子产品 10%~14%的关税，欧盟则针对性地提出日本对欧盟葡萄酒、奶酪和肉类等农产品的关税问题，双方迄今多次磋商未果。谈判还涉及非关税领域，主要包括汽车和食品的安全标准，欧盟在谈判中提出了40项削减标准限制的措施，但日本表示难以接受。谈判难度最大的是政府采购问题。欧盟的要求直接涉及铁路、电力和煤气等公共领域，因为目前欧盟在相关领域的政府采购中对外开放度达80%，而日本的开放度不足30%。欧盟不仅希望日本放开中央政府采购，而且要求日本地方政府也增加开放度。此外，欧盟还提出旨在保护产品品牌的"产地标识"问题，要求日本扩大产地和品种的标识范围，而日本市场上的产地标识度并不高。

5. 2014年日本双边贸易协定进展

截至2015年1月，日本共有14个现行有效的区域或双边贸易协定，比2013年增加了1个，即在2014年8月与澳大利亚签署的双边协定。自2012年3月日本与蒙古启动第一轮双边EPA谈判以来，至2014年，日本已与蒙古进行了七轮会谈，2014年7月双方就协定谈判原则达成共识。此外，2014年日本与土耳其也开始了双边EPA谈判，并于2014年12月进行了第一轮会谈。

日澳EPA于2015年1月15日生效，该协议将有助于提升日澳双边货物、服务贸易的自由化水平与便利性，提升日澳双边伙伴关系。该协议还将加深日澳双方在食物供应、能源、矿产资源、自然人流动、竞争与消费者保护、知识产权与政府采购等方面的合作。日澳双方都期待通过该EPA为本国经济注入活力，并进一步深化两国关系。

二、日本贸易政策趋势

1. 多边贸易政策

WTO陷入僵局后，日本已经将贸易政策重心转移到区域和双边贸易体系建设，但日本在多边贸易体系下仍有多项核心利益。未来日本仍将努力推动《贸易便利化协定》纳入多边贸易体制，同时，《信息技术协议》产品范围的扩大、《环境商品协议》谈判进程、服务贸易自由化等议题也是日本关注的重点。

2. 双边、区域贸易政策

日本2013年制定的振兴战略中提到"把推动贸易合作作为一项基本的经济活动，到2018年将自贸区比提高到70%"的目标。在未来，日本将继续推进同加拿大、哥伦比亚、海湾合作委员会和韩国的自贸区谈判。

3. 国内贸易政策

日本意识到结构问题是导致贸易下滑和经济衰退的重要原因。随着双边和区域贸易谈判的深入，日本力图在服务业、能源、医疗健康行业、政府采购、企业投资等方面作出改革。日本为振兴经济也愈发看重外国资本的作用。比如，在基础设施建设方面扩大对公私伙伴关系和私人融资计划（PPP/PFI）的利用；利用2020年东京奥运会的契机推出投资优惠政策大力吸引外国资本进入。同时日本也将在6个国家战略特区(NSSZ)推行监管改革,比如将东京和关西地区打造成为国际商业和创新中心。

值得注意的是,日本将继续采取措施保护该国农业,在进口方面将继续推行高关税和关税配额,并保留采取农业特殊保障(SSG)的权利。

第二节 2014年日本贸易发展回顾与展望

一、日本2014年贸易发展回顾

(一)出口持续萎缩

日本贸易出口额在2012年和2013年连续两年出现负增长,分别下降3.0%和10.5%,2014年这一情况并未得到太多改善。受抑于外部需求的低迷与美国经济复苏步伐放缓,2014年前两个季度,日本出口表现疲软。其中,一季度出口拖累经济增长0.3个百分点,二季度出口环比下降0.5%。随着外部贸易市场出现好转,三季度日本出口有所改善,但整体上日本2014年出口形势依旧严峻。根据日本海关统计,2014年日本贸易出口额为6 909.1亿美元,同比下降3.4%,出口形势持续萎缩。

从出口国别看,美国、中国和韩国是日本的三大出口目的地。2014年日本对三国的出口额分别为1 287.8亿美元、1 264.8亿美元和515.9亿美元,三国出口额分别占日本出口总额的18.6%、18.3%和7.5%。但是与2013年同期相比,日本对三国的出口额分别下降2.7%、2.0%和8.7%。从表13.1中看出,2014年日本前15大出口目的地中,对9个国家或地区的出口出现不同程度的负增长。

表13.1 2014年日本对主要贸易伙伴出口金额 单位:百万美元

国家和地区	金额	同比(%)	占比(%)
总值	690 906	-3.4	100.0
美国	128 782	-2.7	18.6
中国	126 483	-2.0	18.3
韩国	51 594	-8.7	7.5
中国台湾	40 034	-3.8	5.8
中国香港	38 119	2.0	5.5
泰国	31 400	-12.8	4.6

续表

国家和地区	金额	同比(%)	占比(%)
新加坡	21 033	0.3	3.0
德国	19 119	1.0	2.8
印度尼西亚	14 781	-13.3	2.1
澳大利亚	14 227	-16.1	2.1
马来西亚	14 172	-7.0	2.1
荷兰	13 084	-5.9	1.9
越南	11 787	12.0	1.7
英国	11 175	0.5	1.6
墨西哥	10 629	9.7	1.5

资料来源：根据中国商务部官方网站资料整理，http://countryreport.mofcom.gov.cn/record/view110209.asp? news_id=43693.

按商品类别看(表 13.2)，2014 年，日本各类主要产品的出口额几乎全面下降。机电产品、运输设备和贱金属及制品是日本的主要出口商品，2014 年这三类商品的出口分别占日本全年出口总额的 34.2%、23.4%和 9.3%，三类产品的出口额分别为 2 363.7 亿美元、1 617.3 亿美元和 641.0 亿美元。较 2013 年同期相比，三类商品的出口分别下降 2.9%、4.4%和 4.6%。

表 13.2　2014 年日本主要出口商品构成金额　单位：百万美元

商品类别	2014 年	2013 年同期	同比(%)	占比(%)
总值	690 906	714 866	-3.4	100.0
机电产品	236 375	243 320	-2.9	34.2
运输设备	161 730	169 159	-4.4	23.4
贱金属及制品	64 103	67 176	-4.6	9.3
化工产品	54 187	57 552	-5.9	7.8
光学、钟表、医疗设备	42 075	41 756	0.8	6.1
塑料、橡胶	37 581	39 121	-3.9	5.4
矿产品	16 734	17 358	-3.6	2.4
贵金属及制品	10 169	10 793	-5.8	1.5
纺织品及原料	8 431	8 554	-1.4	1.2

续表

商品类别	2014 年	2013 年同期	同比(%)	占比(%)
陶瓷、玻璃	7 593	8 487	-10.5	1.1
家具、玩具、杂项制品	5 744	5 696	0.8	0.8
纤维素浆、纸张	3 892	4 011	-3.0	0.6
食品、饮料、烟草	2 719	2 648	2.7	0.4
活动物、动物产品	1 502	1 516	-0.9	0.2
植物产品	618	609	1.4	0.1

资料来源:根据中国商务部官方网站资料整理,http://countryreport. mofcom. gov. cn/record/view110209.asp? news_id=43700.

近年来,尽管日本的出口贸易呈现下滑态势,但日本仍有许多产品尤其是制造业产品具有较强的比较优势,一般机械、电气设备、运输设备、科学仪器等机电产品是日本主要出口产品,面向英国、美国的汽车出口及面向中国的液晶设备、半导体等产品出口稳健。此外,集成电路、测量仪器等电子设备依旧保持较高的竞争力。

(二)进口需求下降

2013 年日本货物进口额为 8 328.9 亿美元,同比下降 6.0%。2014 年进口需求依然不高。据日本海关统计数据显示,2014 年日本进口额为 8 127.6 亿美元,同比下降 2.4%。如表 13.3,日本前三大进口来源地依次是中国、美国和澳大利亚,2014 年日本自以上三国的进口额分别为 1 810.0 亿美元、713.6 亿美元和 481.4 亿美元,占日本进口总额的 22.3%、8.8%和 5.9%,其中自中国和美国进口增长 0.1%和 2.2%,自澳大利亚进口下降 5.6%。

表 13.3　2014 年日本自主要贸易伙伴进口金额　单位:百万美元

国家和地区	金额	同比(%)	占比(%)
总值	812 760	-2.4	100.0
中国	180 996	0.1	22.3
美国	71 364	2.2	8.8
澳大利亚	48 144	-5.6	5.9
沙特阿拉伯	47 584	-4.6	5.9
阿联酋	41 778	-1.8	5.1
卡塔尔	33 577	-9.3	4.1

续表

国家和地区	金额	同比(%)	占比(%)
韩国	33 394	-6.9	4.1
马来西亚	29 196	-2.0	3.6
印度尼西亚	25 664	-11.0	3.2
俄罗斯	24 768	5.0	3.1
中国台湾	24 281	2.4	3.0
德国	24 090	1.3	3.0
泰国	21 761	-1.2	2.7
越南	15 407	8.4	1.9
科威特	12 400	-7.8	1.5

资料来源：根据中国商务部官方网站资料整理，http://countryreport.mofcom.gov.cn/record/view110209.asp? news_id=43694.

按商品类别看(表 13.4)，矿产品、机电产品和化工产品是日本的前三大类进口商品，2014 年进口额分别为 2 943.7 亿美元、1 640.6 亿美元和 554.6 亿美元，占日本总进口总额的 36.2%、20.2%和 6.8%。国际原油价格的下调是导致日本进口下降的重要原因，矿产品和化工产品进口下降 6.5%和 2.7%，机电产品进口增长 3.2%。2014 年日本贱金属及制品的进口出现较大涨幅，为 12.7%；自澳大利亚等国进口天然气及自中国大量进口太阳能电池及电脑等推高了整体进口额。

表 13.4　2014 年日本主要进口商品构成及金额　单位：百万美元

商品类别	2014 年	2013 年同期	同比(%)	占比(%)
总值	812 760	832 628	-2.4	100.0
矿产品	294 369	314 656	-6.5	36.2
机电产品	164 058	158 939	3.2	20.2
化工产品	55 456	56 996	-2.7	6.8
纺织品及原料	38 642	40 985	-5.7	4.8
贱金属及制品	35 576	31 579	12.7	4.4
运输设备	29 182	28 915	0.9	3.6
光学、钟表、医疗设备	28 619	28 018	2.2	3.5
食品、饮料、烟草	25 018	26 329	-5.0	3.1

续表

商品类别	2014 年	2013 年同期	同比(%)	占比(%)
活动物、动物产品	23 788	23 184	2.6	2.9
植物产品	21 319	23 579	−9.6	2.6
塑料、橡胶	20 435	20 480	−0.2	2.5
家具、玩具、杂项制品	15 860	16 020	−1.0	2.0
木及制品	12 050	12 811	−5.9	1.5
贵金属及制品	10 256	11 760	−12.8	1.3
鞋靴、伞等轻工产品	6 915	7 076	−2.3	0.9
其他	31 218	31 302	−0.3	3.8

资料来源:根据中国商务部官方网站资料整理,http://countryreport.mofcom.gov.cn/record/view110209.asp? news_id=43701.

(三)贸易逆差创新高,状况持续恶化

日本的贸易收支自 2011 年出现逆差以来已经连续四年未有改观,贸易逆差呈现常态化趋势。日本财务省发布的数据显示,2014 年 12 月日本的贸易逆差为 6 656 亿日元,已经连续 30 个月呈现逆差。如表 13.5 所示,2014 年日本货物进出口总额为 15 036.7 亿美元,较 2013 年下降 2.8%。贸易逆差再创新高,达到 1 218.5 亿美元,增长 3.5%。如表 13.6 所示,2014 年日本贸易逆差主要来源国是中国、中东产油国和澳大利亚,其中与中国的逆差额增长 5.3%。美国、中国香港和韩国是日本前三大贸易顺差来源地,2014 年的顺差额分别为 574.2 亿美元、364.6 亿美元和 182.0 亿美元。

表 13.5 2001—2014 年日本货物贸易情况 单位:百万美元

年度	总额	同比(%)	出口	同比(%)	进口	同比(%)	差额
2001 年	752 482	−12.4	403 247	−15.8	349 235	−8.0	54 012
2002 年	755 121	0.4	417 165	3.5	337 957	−3.2	79 208
2003 年	855 274	13.3	471 913	13.1	383 361	13.4	88 551
2004 年	1 021 853	19.5	566 191	20.0	455 661	18.9	110 530
2005 年	1 111 471	8.8	595 269	5.1	516 202	13.3	79 068
2006 年	1 225 224	10.2	646 441	8.6	578 783	12.1	67 658
2007 年	1 336 199	9.1	714 126	10.5	622 072	7.5	92 054
2008 年	1 544 440	15.6	781 952	9.5	762 488	22.6	19 465
2009 年	1 132 253	−26.7	580 465	−25.8	551 788	−27.6	28 678

续表

年度	总额	同比(%)	出口	同比(%)	进口	同比(%)	差额
2010 年	1 464 343	29.3	770 046	32.7	694 297	25.8	75 749
2011 年	1 679 590	14.7	823 544	6.9	856 046	23.3	-32 502
2012 年	1 684 285	0.3	798 447	-3.0	885 838	3.5	-87 391
2013 年	1 547 880	-8.1	714 993	-10.5	832 887	-6.0	-117 893
2014 年	1 503 667	-2.8	690 906	-3.4	812 760	-2.4	-121 854

资料来源:根据中国商务部官方网站资料整理,http://countryreport.mofcom.gov.cn/record/qikan110209.asp? id=43692.

表 13.6 2014 年日本贸易逆顺差的主要来源地及金额

单位:百万美元

国家和地区	2014 年 1~12 月	2013 年同期	同比(%)
总值	-121 854	-117 762	3.5
主要逆差来源			
中国	-54 514	-51 748	5.3
沙特阿拉伯	-39 995	-43 038	-7.1
澳大利亚	-33 917	-34 030	-0.3
阿联酋	-32 262	-34 025	-5.2
卡塔尔	-32 033	-35 693	-10.3
俄罗斯	-15 497	-12 597	23.0
马来西亚	-15 024	-14 537	3.4
印度尼西亚	-10 883	-11 812	-7.9
科威特	-10 507	-11 566	-9.2
智利	-6 486	-6 262	3.6
主要顺差来源			
美国	57 418	62 576	-8.2
中国香港	36 460	35 754	2.0
韩国	18 201	20 671	-12.0
中国台湾	15 754	17 919	-12.1
新加坡	13 136	13 506	-2.7

资料来源:根据中国商务部官方网站资料整理,http://countryreport.mofcom.gov.cn/record/view110209.asp? news_id=43697.

(四) 服务贸易逆差减小

UNCTAD 的数据显示,日本的服务贸易仍旧在全世界排名第五。2014 年日本服务贸易进出口总额为 3 544.54 亿美元,同比增长 15.8%。其中出口额 1 625.39亿美元,进口额 1 919.15 亿美元,存在 293.76 亿美元的逆差,并且逆差额呈现减小的趋势。

出口分项目看(表 13.7),运输、专利权使用费和特许费、旅游、建筑服务、金融服务近年来是日本服务贸易的最主要出口行业,2014 年这些行业依旧位居日本服务贸易出口的前五位,出口额分别为 395.01 亿美元、368.32 亿美元、182.62 亿美元、115.48 亿美元和 72.04 亿美元。

表 13.7 2012—2014 年日本服务贸易出口情况 单位:百万美元

项目	2012 年	2013 年	2014 年
总计	134 166.70	135 226.80	162 539.40
和制造业有关的服务	653.74	860.24	2 308.76
运输	40 164.93	39 557.88	39 501.37
旅游	14 576.82	15 129.93	18 262.45
建筑服务	11 585.06	9 666.50	11 547.78
保险服务	−395.23	177.06	1 815.62
金融服务	4 644.34	4561.22	7 204.44
专利权使用费和特许费	31 889.59	31 572.84	36 832.27
通讯、计算机和信息服务	2 322.64	2 708.89	3 196.73
休闲娱乐服务	181.35	159.11	471.92

资料来源:根据联合国贸易与发展会议官方网站资料整理,http://unctadstat.unctad.org/wds/TableViewer/tableView.aspx.

进口分项目看表 13.8,运输、旅游、和货物有关的服务贸易、制造服务、专利权使用费和特许费等属于日本最主要的进口行业;2014 年进口情况大体未变,排在前五位的是交通运输、专利权使用费和特许费、旅游、和货物有关的服务贸易、通讯、计算机和信息服务,进口额分别为 457.74 亿美元、209.16 亿美元、194.42亿美元、120.07 亿美元和 113.41 亿美元。

表 13.8 2012—2014 年分产业日本服务贸易进口情况

单位:百万美元

项目	2012 年	2013 年	2014 年
总计	184 701.61	170 870.03	191 915.05

续表

项目	2012 年	2013 年	2014 年
和制造业有关的服务	9 419.20	8 549.26	12 007.44
运输	55 353.80	46 918.10	45 774.20
旅游	27 883.18	21 836.05	19 442.05
建筑服务	7 755.30	7 504.21	1 0304.05
保险服务	7 382.62	6 751.93	5 161.59
金融服务	3 224.20	3 612.58	5 300.13
专利权使用费和特许费	19 896.73	17 819.87	20 916.07
通讯、计算机和信息服务	5 679.91	6 349.29	11 341.42
休闲娱乐服务	1 198.89	1 130.35	848.52

资料来源：根据联合国贸易与发展会议官方网站资料整理，http://unctadstat.unctad.org/wds/TableViewer/tableView.aspx.

二、影响日本贸易发展的因素分析

从 20 世纪 50 年代起日本实施“贸易立国”的发展战略，随着时代的发展，日本逐渐转向“投资立国”和“技术立国”。然而贸易对日本经济发展仍然起着至关重要的作用，当前造成日本贸易逆差、影响日本贸易发展的主要因素包括：

1. 世界经济的复苏形势

日本作为世界第三大经济体，持出口外向型经济发展模式，其贸易和经济发展受世界经济形势影响较大。2014 年全球经济复苏低于预期，导致全球贸易增速下降。从表 13.1 中可知日本主要出口目的地是美欧、中国和新兴经济体。在再工业化政策的推动下，美国在 2014 年出现了部分工业生产环节回流的现象，新兴产业也进入生产阶段，降低了对外的进口需求；2014 年欧元区经济停滞不前，新兴经济体增长疲软。主要贸易伙伴的需求不足导致日本的对外出口出现一定程度的下滑。

2. 国际能源价格，尤其是原油价格的变化

国际油价大幅下跌缓解了日本贸易逆差不断扩大的趋势。自 2011 年核电站停运以来，日本能源进口需求激增，2014 年矿物燃料进口额占全年进口总值的 32.2%，其中液化天然气进口额占全年进口总值的 9.1%，同比上涨 11.2%。应对能源供给短缺导致的能源进口大幅增长，是日本贸易赤字的主要原因。然而 2014 年下半年以来，国际油价大跌，布伦特原油期货已经探底，受此影响日本

贸易逆差有所缓解。2014 年 1 月,日本贸易逆差额创历史纪录,达到 2.8 万亿日元,下半年开始波动下滑,12 月已大幅降至 6 656 亿日元,贸易逆差额相比年初大幅缩小 2.1 万亿日元,收窄幅度达 74%。

3. 日元贬值情况

日元汇率大幅贬值,在提振出口的同时也增加了进口成本。2014 年 4—9 月,日元对美元的平均汇率为 102.55,同比贬值 4.1%。日元贬值未能扭转日本贸易逆差问题,反而对国民经济以及中小企业都造成了负面影响。随着日本制造业海外转移的持续,日元贬值对出口的推动作用将会越来越小。2011 年以来日本已连续三年出现贸易逆差,逆差额不断扩大。在贸易逆差的情况下,日元贬值大大增加了进口负担,导致进口金额不断超过出口金额,进一步加剧了日本贸易逆差,对日本经济的负面影响加大。

三、日本贸易发展展望

日本经济在 2014 年下半年再次陷入衰退状态,贸易复苏举步维艰。未来日本贸易发展的趋好因素和不利因素主要有:

1. 能源危机的缓解,有利于改善贸易条件

出于对能源安全和成本方面的考虑,2015 年日本将重启核电站,结束日本持续一年的零核电状态,这对日本经济意义重大。一是将缓解贸易逆差的格局。日本全国电力供应约 30%来自核电,2011 年日本大地震后关停日本所有核电站,导致能源严重短缺,日本不得不大量进口能源,企业成本上升,进而导致日本出现巨大贸易逆差,并且具有贸易逆差长期化趋势,改变了日本贸易格局。重启核电站能够缓解日本能源短缺问题,能源供给不再严重依靠进口,从而缓解日本贸易逆差问题。预计随着越来越多的核电站通过审查,日本能源供给将逐步得到缓解,日本贸易逆差严重的现状将得以改善。二是将降低企业成本,增强企业的出口竞争力。重启核电能够保证日本的电力供应更加稳定,有利于企业降低成本,增加价格竞争力,进而更好地开展出口贸易。

2. 经济政策调整将创造良好的投资环境

为实现到 2020 年 FDI 存量翻番的目标,日本在 2014 年 10 月开始实施公司税改革,将 30%的税率分地区下调为 3.2%~12.1%。日本政府也正放松对基础设施的投资管制,计划在未来十年内使 PPP/PFI 模式下的基础设施投资额达到 12 万亿美元。2014 年 6 月 24 日发布的《日本振兴战略(修改版)》指出要吸引更多国际企业,使日本成为世界级的商业中心。这些政策为海外企业投资日本提供了更好的机遇。

3. 日元贬值带来的危机

"安倍经济学"依靠日元贬值来振兴出口和经济的策略积极作用有限,而负面作用愈发明显。不少外国投资者认为,尽管日本股市表现有佳,但因日元贬值幅度较大,对日投资得不偿失。因此一些外资被迫从日本流出,这一动向暂时被日本扩大购买债券和日本养老金基金投资股市的效果所掩盖,但如果任其发展,负面效应将逐步显现。如果日本经济近期未见起色,日元还有下降空间,将导致更多外资撤离。2015 年,日本政府有可能改变措施,日元的贬值速度趋于放缓,将有利于降低日本的进口成本。

4. 外部经济环境增加经济复苏和贸易扭转的不确定性

2015 年 1 月 IMF 下调 2015 年全球经济增速 0.3 个百分点至 3.5%,全球整体经济复苏的不确定性将会对日本的对外贸易形势产生极大的负面影响。美国退出量化宽松政策,其后果依然未知,美国经济复苏的不稳定因素增加;欧元区经济尚未彻底走出危机,2014 年没有交出令人满意的答卷,未来经济复苏动力不足;由于受政局动荡、内需疲软及外需不景气影响,新兴经济体经济增长仍将疲软。从地缘政治风险看,如果日本与中国、韩国关系未见缓和,相互之间的经贸合作受到遏制,将进一步拖累日本贸易出口和经济增长。

综合以上分析,日本 2015 年进口需求会有所下降,出口会随着全球经济复苏进程的加快而增加。因此,2015 年日本的贸易逆差情况可能会有所减缓,规模会缩小。为复苏经济所采取的吸引外资的政策,未来将使更多海外资本流入日本。然而,日本经济发展中的结构性问题,诸如制造业企业的海外转移进程不可避免,国内"少子老龄"局面愈发严重等,将使得日本贸易逆差的现状在短期内难以改变,贸易逆差可能会是日本对外贸易的长期态势。

参考文献

[1] Bank of Japan.BOJ Time-Series Data Search[EB/OL].http://www.boj.or.jp/en/statistics/online.

[2] Economic Research Department. Forecast for the Japanese Economy in Fiscal 2015 and 2016[R]. Mitsubishi UFJ Research and Consulting,2015.

[3] IMF.World Economic Outlook 2015 [EB/OL].http://www. imf.org/external/pubs/ft/weo/2015/update/01/.

[4] Janpan Customs.Trade Statistics [EB/OL].http://www. customs.go.jp/toukei/shinbun/trade-st_e/2014/2014_117e.pdf.

[5] JETRO.Results of JETRO's FY2014 Survey on the International Operations of Japanese Firms [EB/OL]. http://www. jetro. go. jp/en/news/releases/2015/142a2191f56e68bc.html.

[6] Minister of Economy. EPA/FTA/IIA[EB/OL]. http://www.meti.go.jp/policy/trade_policy/epa/english.html.

[7] WTO Secretariat. Policy Review Report by the Secretariat (Japan).[EB/OL].https://www.wto.org/english/tratop_e/tpr_e/g310_e.pdf.

[8] 陈志恒. 东北亚国家区域合作战略走向与中国的战略选择[J].东北亚论坛,2014(5).

[9] 姜跃春."安倍经济学"的困境与日本经济前景[J].国际问题研究,2015(2).

[10] 秦兵. 安倍经济学对日本产业和贸易的影响及其走向[J].对外经贸实务,2015(1).

[11] 中华人民共和国商务部.2014 年日本货物贸易及中日双边贸易概况[EB/OL]. http://countryreport.mofcom.gov.cn/record/qikan110209.asp? id = 7075.

[12] 中国国家统计局.2014 年世界经济形势回顾与 2015 年展望[EB/OL]. http://www.stats.gov.cn/tjsj/zxfb/201502/t20150227_686531.html.

第十四章　印　　度

第一节　2014年印度贸易政策回顾与展望

一、印度2014年贸易政策回顾

（一）2014—2015年WTO框架下的印度贸易政策

根据WTO官方公布的信息，2014年5月中旬至2015年10月中旬印度在WTO框架下采取的贸易措施归纳如表14.1所示。

表14.1　2014—2015年印度在WTO框架下的贸易措施

	措施	来源/时间	状态
贸易及贸易相关措施明确信息	2014年5月16日终止由土耳其发起的进口过硫酸盐的反倾销调查（2012年9月28日发起）	WTO文件（2014年9月10日）	——
	2014年5月22日，开始对弹性板材多元醇分子量3 000~4 000的保障措施调查	WTO文件（2014年5月27日）	——
	2014年5月22日，对从中国、马来西亚、中国台湾、美国进口的太阳能电池终止反倾销调查，无论是部分还是全部组装在模块、或模板或玻璃或其他合适的基板上（2012年11月23日发起）	印度常驻WTO代表团（2014年10月2日），WTO文件（2013年3月27日）	——
	2014年5月26日，开始对重铬酸钠进口的保障性调查	WTO文件（2014年6月2日）	——
	2014年5月29日，开始对自中国进口的风力发电机铸件进行反补贴调查，无论是否是由机器制造，无论是原材料、成品还是以子装配的形式，无论是子装配的一部分还是作为风力发电机的设备/组件的一部分	WTO文件（2014年9月10日）	——
	2014年6月13日，终止征收对自韩国进口的聚氯乙烯/树脂的反倾销关税（2008年1月23日开始征收）	WTO文件2014年9月10日	——

续表

	措施	来源/时间	状态
贸易及贸易相关措施明确信息	2014年7月14日,终止对自中国进口的瓷砖反倾销关税(2008年10月17日立案调查,2009年7月15日征收暂定关税)	WTO文件(2014年9月10日)	——
	2014年6月20日,开始对自中国、瑞士进口的二酮吡咯并吡咯颜料红254的反倾销调查	WTO文件(2014年9月10日)	——
	2014年6月21日,终止对自中国进口的二乙硫代磷酰氯征收反倾销关税(2008年11月17日立案调查,2009年6月22日至2010年7月7日征收暂定关税)	WTO文件(2014年9月10日)	——
	限定土豆出口的最低价格(450美元/公吨)	印度商工部2009—2014年第85号(RE—2013)通知(2014年6月26日)	2014年6月26日生效
	取消有机糖(10 000吨/年)的出口上限(2013年5月14日开始执行)	印度商工部2009—2014年第88号(RE—2013)通知(2014年7月4日)	2014年7月4日生效
	减少太阳能初始装置或用太阳能生产成品或沼气厂所需的特定机械和组件的进口关税(下降到5%)	财政部税务局关税2014年第13号公告(2014年7月11日)	2014年7月11日生效
	增加铝土矿的出口关税	印度常驻WTO代表团(2014年10月2日),财政部税务局关税2014年第15号公告(2014年7月11日)	2014年7月11日生效
	减少某些产品的进口关税,比如钢级白云岩及石灰岩从5%下降到2.5%、萘球从10%下降到5%及其他类运用ASTMD86方法在250℃下溶解体积超过65%的芳香烃类混合物、沥青从10%下降到5%	印度常驻WTO代表团(2014年10月2日),财政部税务局关税2014年第12号公告(2014年7月11日)	2014年7月11日生效

续表

	措施	来源/时间	状态
贸易及贸易相关措施明确信息	增加对《信息技术协议》外的电信和信息技术产品的进口关税，从0上升到10%	印度常驻WTO代表团（2014年10月2日）	2014年7月11日生效
	取消某些产品的进口关税，比如动植物脂肪（20%）、油（12.5%）及其乳制品（10%）（如粗棕榈、大豆、橄榄、向日葵、椰子、棕榈仁、油菜）；液化天然气、用于生产氨纶纱的二苯基甲烷及醚乙二醇（PT MEG）；所有用于制造肥皂的原料；用于制造光伏丝带、太阳能光伏电池及模板的扁铜线、某些电器机械设备及其零部件	财政部税务局关税2014年第12号公告（2014年7月11日）	2014年7月11日生效
	减少某些产品的进口关税，比如粗甘油从12.5%下降到7.5%；乙醇及其他类酒精从7.5%下降到5%；无烟煤、丙烷、乙烯、丙烯、丁二烯、邻二甲苯、钢构从5%下降到2.5%；用于风力发电机操作的钢板轴承从7.5%下降到5%；电池废料及旧电池从10%下降到5%	财政部税务局关税2014年第12号公告（2014年7月11日）	2014年7月11日生效
	取消宝石及半宝石成品前的进口关税	印度常驻WTO代表团（2014年10月2日），财政部税务局关税2014年第12号公告（2014年7月11日）	2014年7月11日生效
	由于进口关税的取消，创建一个关于“用于制造肥皂的粗甘油”的新的关税线	财政部税务局关税2014年第12号公告（2014年7月11日）	2014年7月11日生效
	暂时性取消对某些抗逆转录病毒药物、医疗设备及诊断设备的进口关税	财政部税务局关税2014年第23号公告（2014年7月11日）	2014年3月31日至2014年7月11日生效

续表

	措施	来源/时间	状态
贸易及贸易相关措施明确信息	增加对某些产品的进口关税,比如,炼焦煤、冶金焦及特定钻石从0上升到2.5%;锰矿从0上升到20%;甲醇从2.5%上升到5%;切割和抛光的彩色宝石、非工业钻石及蒸汽煤、烟煤从2%上升到2.5%;不锈钢板材产品从5%上升到7.5%	财政部税务局关税2014年第12号、15号公告(2014年7月11日)	2014年7月11日生效
	对无烟煤和炼焦煤征收税率为2%的额外关税	财政部税务局关税2014年第12号公告(2014年7月11日)	2014年7月11日生效
	2014年8月4日,终止对自中国进口的二氧化钛征收反倾销关税(2003年7月11日开始征收)	印度常驻WTO代表团(2014年10月2日)	——
	重新限定洋葱出口的最低价格(300美元/公吨)(2014年3月4日取消)	印度常驻WTO代表团(2014年10月2日)	2014年8月21日生效
	进一步提高粗糖、进口白糖的进口关税税率(从15%上升到25%)(2013年7月8日将其从10%上升到15%)	WTO文件(2014年1月31日),财政部税务局关税2014年第26号公告(2014年8月21日),印度常驻WTO代表团(2014年10月2日)	2014年8月21日生效
	2014年8月28日,开始对从中国进口的格列齐特实施反倾销调查	印度常驻WTO代表团(2014年10月2日)	——
	2014年9月11日,开始对从中国进口的阿苯达唑实施反倾销调查	印度常驻WTO代表团(2014年10月2日)	——
	取消鹰嘴豆的进口关税	财政部税务局关税2014年第29号公告(2014年9月25日)	——
	2014年9月29日,终止进口光弹性长丝的保障措施调查(2014年2月28日开始实施)	印度常驻WTO代表团(2014年3月5日及2014年10月13日)	——

资料来源:根据WTO网官方网站资料整理,https://www.wto.org/english/news_e/news14_e/g20_joint_summary_oct14_e.pdf.

印度商工部在其 2014—2015 财政年度具体阐述了其在 WTO 框架下的政策措施，涵盖了农业、非农业市场准入、非关税壁垒、印度对最不发达国家的免税关税特惠计划、政府采购、《信息技术协议》、服务贸易、规则谈判、环境产品与服务、非关税措施、争端解决、保障措施、贸易便利化等许多方面。

（二）双边贸易政策

1. 印度对美国的贸易政策

2014 年 3 月，印度与美国结束了最新一次的"印美商业对话"。这一双边商业对话机制最早起源于 2000 年 3 月，每两年开展一次，希望能跨越广泛的经济部门促进贸易。

2014 年 2 月 10 日，美国贸易办公室宣布将开展与印度有关的贸易执法行动，加大对印度知识产权保护的施压力度，以防止印度公司生产仍享有专利保护的廉价仿制药；同日，美国政府向 WTO 提出申诉，抗议印度的国家太阳能计划中的本地含量要求涉嫌歧视美国制造商，要求就此与印度展开争端磋商。2 月 13 日，美国国际贸易委员会（USITC）开始就印度的贸易和投资政策对美国经济的影响展开调查。印度官员认为，美国近期的举动可能是针对印度女外交官事件在经济领域采取的回应措施，不会引发美印贸易战；而美国贸易官员也同时对贸易战的说法予以否认，并称这是一个"成熟"的贸易关系必有的一面。

2. 印度对欧盟的贸易政策

印度与欧盟一直保持良好的贸易关系，主要基础有 1993 年 12 月 20 日签署的《印度和欧盟伙伴关系的合作协议》、2001 年签署的《科学技术合作协定》（2007 年更新）；2004 年签订的《关税合作协定》；2008 年签订的《欧盟-印度民用航空器协议》；2009 年签订的《原子能聚变能源协议》；2010 年 12 月签订的《文化的联合声明》。2012 年 1 月，印度-欧盟联合委员会进行了定期的官方双边关系审议。2012 年 2 月，第十二届印度-欧盟峰会在新德里举行。2012 年 12 月，印度和欧盟进行第 15 轮谈判，双方致力于结束谈判，增加双方货物和服务市场准入的机会。2014—2015 财政年度，印度与单个欧盟国家的贸易政策有：2015 年 4 月 14 日，作为对印度总理莫迪提出早日解决搁置两年的贸易投资协定（BTIA）的回应，德国总理默克尔表示，印度-欧盟自由贸易区协定达成，需各方做出让步。

3. 印度对日本的贸易政策

2011 年 2 月 16 日，印度与日本签订《全面经济伙伴关系协定》（CEPA）。2012 年 12 月，印度与日本签署了 150 亿美元的印日双边货币互换协议，约定 2012 年 12 月 4 日开始生效，有效期三年。2013 年 2 月，印度为引进日本制造业资本，与日本签订协议，在"德里-孟买工业走廊"（DMIC）为日本电子制造业设立特别经济区。根据协议约定，日本在 DMIC 项目中拥有 26%的股权，并且日本银行给予45亿美元的贷款项目。2014年6月11日，莫迪政府拟建立一个数十亿美元的基金，促进基础设施行业投资，以刺激该行业发展。项目将采取合作模式(PPP)，交通部长加德卡里与潜在的日本投资者进行了会谈。

4. 印度对东盟的贸易政策

RCEP框架由东盟于2011年提出，邀请了中国、日本、韩国、澳大利亚、新西兰、印度共同加入谈判，即"10+6"，以期通过削减关税，建立统一市场。2013年5月，RCEP开启谈判进程，并计划在2015年年底完成谈判。刚开始，印度考虑若加入RCEP谈判，待谈成后大量廉价商品进入印度国内市场，会使得国内脆弱产业如制造业等遭受严重打击，再加上印度国内的政治状况等，对RCEP谈判持观望怀疑态度。2013年7月，印度最终决定加入RCEP谈判，但是从印度目前的开放水平、在WTO所持的一贯立场和对FTA中原产地规则要求严格等情况判断，印度可能在RCEP谈判中就某些问题一直达不成一致，延缓RCEP谈判进程。

2014年3月31日，RCEP第四轮谈判在广西南宁举行，在前三轮谈判基础上，东盟10国及中国、澳大利亚、印度、日本、韩国、新西兰等16方在本轮谈判中继续就RCEP涉及的一系列议题进行了密集磋商，在货物、服务、投资及协议框架等广泛问题上取得了积极进展。2014年6月23至27日，第五轮谈判在新加坡举行。谈判期间，16方谈判代表就RCEP涉及的一系列议题进行了密集磋商。在货物方面，重点讨论了关税减让模式、贸易救济、原产地原则、海关程序与贸易便利化、标准、技术法规和合格评定程序、卫生与植物卫生措施等议题。在服务方面，各方就谈判模式、章节要素等领域进行了谈判。在投资方面，就投资模式文件和投资章节要素进行了探讨。新成立的知识产权、竞争政策、经济技术合作和法律问题工作组也讨论了相关议题。

二、印度贸易政策趋势

印度政府公布了2015—2020年对外贸易政策，新政策聚焦于支持制造业和服务业，旨在刺激出口和就业。新的五年对外贸易政策为增加产品出口和服务提供了一个框架。印度2015—2020年对外贸易政策为特定商品出口至特定市场引入新的计划，即印度商品出口计划。该计划取代早前的5种不同方案，以往主要聚焦在重点产品方案、市场与重点产品方案、重点市场计划、农业、基础设施及特别农业和农村工业计划。

印度商品出口计划支持手摇纺织机、椰子壳纤维、黄麻产品、技术纺织品、手工地毯、其他纺织品和成衣出口至欧盟、美国、加拿大和日本。印度商务部长Nirmala Sitharaman表示，为推动经济特区出口，政府已决定延长激励方案的实施时间。希望这项措施将给企业带来新的动力，重视企业及经济特区的发展。

首先,在货物贸易方面,印度会在重视粮食安全的同时继续实施农业保护政策;印度可能会为了增加出口,提供优惠出口政策;同时为了减少进口,增加关税和非关税贸易壁垒;2013—2014 财年,印度较低的经济增长速度刺激印度逐渐放开外商直接投资限制,因此印度在 2014—2015 财年有可能进一步放松 FDI 比例限制以促进经济恢复。

其次,在服务贸易方面,印度有望放宽银行业、电信业等领域的外商投资限制;在争端解决方面,由于印度面对不利的贸易逆差,可能会更多寻求使用争端解决手段如反倾销、反补贴等手段来维护自己的利益。

最后,在区域贸易活动方面,印度会继续贯彻落实市场多元化战略,在保证与主要贸易伙伴贸易稳步增长的同时,积极开拓新的贸易市场。

第二节 2014 年印度贸易发展回顾与展望

一、印度 2014 年贸易发展回顾

(一) 2014 财政年度印度贸易赤字有所下降,贸易形势有所好转

2014 年以来,受世界能源市场价格波动的影响,印度进出口贸易复苏乏力。据印度商业信息统计署与印度商务部统计,2014 年印度货物进出口额为 7 796.6 亿美元,相比 2013 年的 7 800.2 亿美元下降 0.4%。其中,出口 3 195.5 亿美元,增长 1.4%;进口 4 601.1 亿美元,下降 1.7 %;贸易逆差 1 405.6 亿美元,相对于 2013 年的 1 528 亿美元下降 8.1%。图 14.1 和图 14.2 分别显示了 2014 年印度进出口量、进出口增长率月度情况。

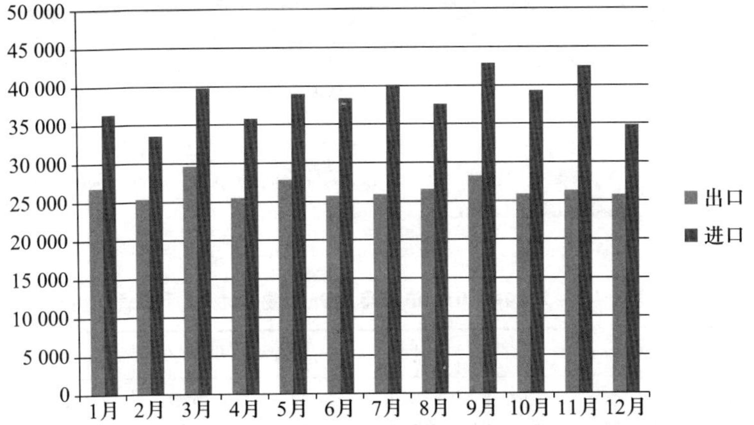

图 14.1 2014 年印度进出口量月变化图(单位:百万美元)

资料来源:根据中国商务部官方网站资料绘制,http://countryreport.mofcom.gov.cn.

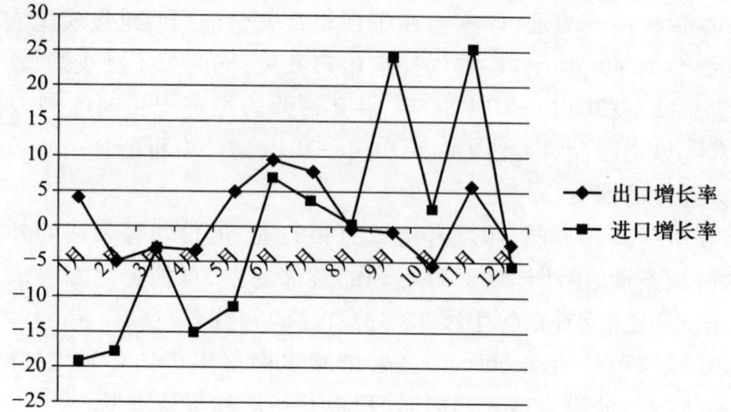

图 14.2 2014 年印度进出口增长率月变化图(单位:百分比)

资料来源:根据中国商务部官方网站资料绘制,http://countryreport.mofcom.gov.cn/record/qikanlist110209.asp? qikanid=6994.

图 14.3 显示了印度 2004 年至 2014 年贸易赤字变化情况,表 14.2 显示了 2004 年至 2014 年的贸易赤字情况以及 2014 年每月的贸易赤字情况。

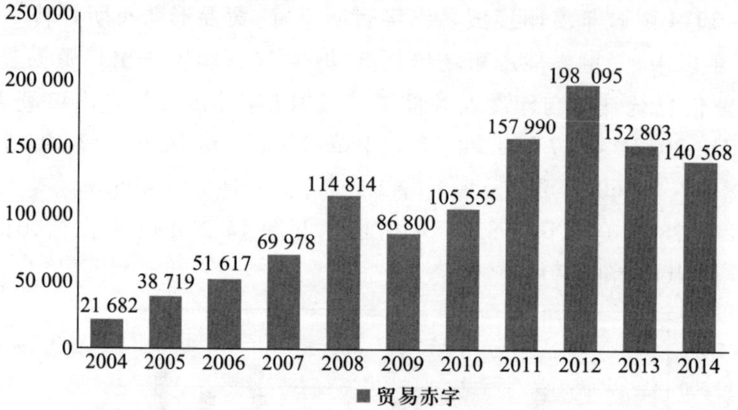

图 14.3 2001—2014 年印度贸易赤字变化图(单位:百万美元)

资料来源:根据中国商务部官方网站资料绘制,http://countryreport.mofcom.gov.cn/record/qikanlist110209.asp? qikanid=6994.

表 14.2 2004—2014 年印度对外贸易年度和月度表 单位:亿美元

年份	总额	同比(%)	出口	同比(%)	进口	同比(%)	差额	同比(%)
2004	1 729.4	34	756.3	36.6	973.1	36.7	-216.8	58
2005	2 380.2	38	996.5	31.8	1 383.7	42.2	-387.1	79

续表

年份	总额	同比(%)	出口	同比(%)	进口	同比(%)	差额	同比(%)
2006	2 941.3	24	1 212.5	21.7	1 728.7	24.9	-516.1	33
2007	3 651.0	24	1 475.6	21.7	2 175.4	25.8	-699.7	36
2008	4 708.8	29	1 780.3	20.7	2 928.4	34.6	-1 148.1	64
2009	4 131.3	-20	1 631.6	-16.4	2 499.6	-22	-868.0	-31
2010	5 519.0	31	2 231.7	35.1	3 287.3	27.6	-1 055.5	14
2011	7 721.6	14	3 070.8	14.3	4 560.7	14	-1 579.9	50
2012	7 804.6	1.1	2 911.8	-5.1	4 892.8	5.2	-1 980.9	5.8
2013	7 800.2	0.1	3 124.7	5.1	4 675.5	-4.7	-1 550.8	-22
2014	7 796.6	-0.4	3 195.5	1.4	4 601.1	-1.7	-1 405.6	-8.1
1 月	631.7	-10.6	268.4	4	363.3	-19	-94.9	-52.5
2 月	589.4	-12.6	263.7	-4.8	335.7	-17.6	-82.0	-51.2
3 月	694.3	-2.8	295.9	-3.1	398.4	-2.8	-102.5	-1.5
4 月	595.3	-10.2	236.8	-3.4	358.5	-14.8	-82.1	-53.8
5 月	654.0	-5.8	261.0	4.7	392.9	-11.3	-131.9	-34.3
6 月	642.6	7.8	262.6	9.4	379.9	6.8	-117.3	-32.6
7 月	679.5	6.9	278.6	7.8	400.9	3.9	-122.3	-2.0
8 月	638.9	0.8	264.1	-0.5	374.8	0.2	-110.7	4.1
9 月	709.4	13.0	280.0	-0.6	429.4	24.2	-149.4	120.9
10 月	648.5	11.8	255.2	-7.1	393.3	2.7	-138.1	29.7
11 月	679.5	18.3	255.3	5.6	424.2	25.3	-168.9	73.1
12 月	604.7	-3.3	257.5	-2.7	347.2	-5.5	-89.7	-22.2

资料来源：根据中国商务部官方网站资料整理，http://countryreport.mofcom.gov.cn/record/qikanlist110209.asp? qikanid=6994.

2014—2015 财年，印度的贸易赤字呈下降趋势。印度贸易赤字的下降主要有以下几点原因：首先，在全球经济复苏的背景之下，印度贸易形势逐渐好转。其次，印度政府和央行采取了一系列措施限制黄金进口，而且黄金的国际价格大幅下降，这些因素共同促使了黄金进口的下降，进而减少了总进口。

但是印度仍然存在贸易赤字。印度的出口产品中初级产品和劳动密集型产品占很大的比重,其次是印度较为发达的软件出口。但是印度的制造业落后,因此印度需要进口国内不能生产的机电产品,再加上印度大量的原油进口,使得印度的进出口结构不合理,导致了贸易赤字。这种因贸易结构不合理导致的贸易赤字,在短期内不可能有较大改变的可能,所以印度的贸易赤字有很大可能在2015—2016财年继续存在。

从贸易结构看,印度出口结构呈多元化发展趋势,主要出口商品为矿物燃料、珠宝及贵金属制品、运输设备、机械设备、有机化学品、药品等。2014年,上述六大类商品的出口总额达1 569.0亿美元,共占印度出口贸易总额的49.1%,其他出口商品还有机电产品、原棉、钢材、谷物、针织及非针织产品等。矿物燃料、宝石及贵金属制品、机械设备、机电产品、有机化学品、塑料制品是印度进口的六大类商品;2014年这六类商品的进口额分别为1 170.7亿美元、599.2亿美元、319.5亿美元、311.9亿美元、182.7亿美元和118.1亿美元,共占印度进口总额的71.8%。其中除矿物燃料、宝石及贵金属制品和机械设备进口有所下降,降幅分别为2.4%、14.7%、2.3%外,其他三大类商品的进口增长幅度分别为,机电产品的增幅为7.7%、有机化学品为8.7%、塑料制品为18.3%。印度的其他主要进口商品还有钢材、动植物油、船舶、光学仪器设备和矿产品等。

(二)印度主要进出口地区仍集中在亚洲、美洲和欧洲

由中国商务部提供的数据(表14.3)显示,2014年美国为印度的第一大出口国,出口额为424.0亿美元,占印度出口总额的13.3%,出口额同比增长9.8%。印度其他主要出口地区依次为阿联酋、中国香港、中国、沙特、新加坡、英国、德国、荷兰、巴西、孟加拉、越南、斯里兰卡、日本、比利时,占出口总额比分别为10.4%、4.3%、4.2%、4.0%、3.3%、3.0%、2.4%、2.2%、2.1%、2.0%、2.0%、2.0%、1.9%、1.9%。

表14.3 印度对主要贸易伙伴出口额 单位:百万美元

国家和地区	金额	同比(%)	占比(%)
美国	42 396	9.8	13.3
阿联酋	33 185	3.8	10.4
中国香港	13 578	4.3	4.3
中国	13 319	-8.3	4.2
沙特	12 753	8.1	4.0
新加坡	10 446	-22.5	3.3
英国	9 653	0.3	3.0
德国	7 744	4.3	2.4

续表

国家和地区	金额	同比(%)	占比(%)
荷兰	6 898	-19.7	2.2
巴西	6 688	23.6	2.1
孟加拉	6 523	14.2	2.0
越南	6 509	22.8	2.0
斯里兰卡	6 434	52.2	2.0
日本	5 952	-12.0	1.9
比利时	5 922	-6.4	1.9

资料来源:根据中国商务部官方网站资料整理,http://countryreport.mofcom.gov.cn/record/qikanlist110209.asp? qikanid=6994.

从表 14.4 可以看出,这一时期印度进口主要集中在亚洲、美洲和欧洲。2014 年印度主要从中国、沙特、阿联酋、瑞士、美国、卡塔尔、伊拉克、尼日利亚、印度尼西亚、科威特这 10 个国家进口,进口额依次约为 582.8 亿美元、325.8 亿美元、272.1 亿美元、211.7 亿美元、209.3 亿美元、164.7 亿美元、161.0 亿美元、156.7 亿美元、153.4 亿美元、150.6 亿美元。其中,中国仍是印度第一大进口国,印度从中国的进口占印度进口总额的 12.7%,同比增长 13.3%。

表 14.4　印度自主要贸易伙伴进口额　　单位:百万美元

国家和地区	金额	同比(%)	占比(%)
中国	58 278	13.3	12.7
沙特	32 581	-9.7	7.1
阿联酋	27 210	-18.1	5.9
瑞士	21 168	-17.9	4.6
美国	20 925	-10.8	4.6
卡塔尔	16 472	14	3.6
伊拉克	16 097	-18.2	3.5
尼日利亚	15 674	22	3.4
印度尼西亚	15 344	0.7	3.3
科威特	15 059	-14.1	3.3
韩国	13 522	8.6	2.9
委内瑞拉	13 199	-11.5	2.9
德国	12 704	-6.2	2.8

续表

国家和地区	金额	同比(%)	占比(%)
比利时	11 294	7.0	2.5
伊朗	11 253	12.2	2.5

资料来源:根据中国商务部官方网站资料整理,http://countryreport.mofcom.gov.cn/record/qikanlist110209.asp? qikanid=6994.

(三)印度与主要经济体的贸易状况

1. 印度对美国仍旧处于贸易顺差状态

2014—2015 财年,美国仍然是印度最重要的贸易伙伴和最大的出口目的地之一。据印度商务部统计,截至 2015 年 2 月,2014—2015 财年印度对美国的总贸易额为 528.7 亿美元,占印度总贸易额的 6.78%。其中出口贸易额达到了 384.9 亿美元,占印度总出口贸易额的 12.05%;进口贸易额为 197.9 亿美元,占印度总进口贸易额的 4.30%;实现贸易盈余 187 亿美元。

印度出口到美国的产品主要有化工产品、矿产品、贵金属及制品、纺织品及原料、贱金属及制品等。印度从美国进口的产品主要有机电产品、珍珠、宝石及黄金等。2009—2015 年度印度与美国双边贸易情况见表 14.5。

表 14.5 2009—2015 年印度与美国的贸易情况 单位:百万美元

年份	2009	2010	2011	2012	2013	2014
出口	19 535.49	25 291.91	34 741.60	36 155.22	39 142.10	38 488.39
出口增长率(%)	-7.63	29.47	37.36	4.07	8.26	——
占出口比重(%)	10.93	10.07	11.35	12.04	12.45	——
进口	16 973.68	20 050.72	23 454.92	25 204.73	22 505.08	19 788.96
进口增长率(%)	-8.55	18.13	16.98	7.46	-10.71	——
占进口比重(%)	5.89	5.42	4.79	5.14	5.0	——
贸易额	36 509.17	45 342.63	58 196.52	61 359.95	61 647.19	58 277.35
贸易额增长率(%)	-8.06	24.20	28.35	5.44	0.47	——
占贸易额比重(%)	7.82	7.30	7.32	7.76	8.1	——
贸易平衡	2 561.82	5 241.19	11 286.68	10 950.49	16 637.02	18 699.43

注:印度财政年度自每年 4 月算起,表中 2014 财年为 2014 年 4 月至 2015 年 2 月的数据。

资料来源:根据印度商工部官方网站资料整理,http://commerce.nic.in/eidb/Default.asp.

2. 2014—2015 财年印度对欧盟处于贸易顺差,对欧洲自由贸易联盟(EFTA)处于逆差状态

如表 14.6 所示,总体看,印度与欧盟的贸易多数情况下处于逆差状态,但是

2013—2014 财年为顺差。以印度工商部提供的数据（截至 2015 年 2 月）来看，2014—2015 财年仍为顺差，印度对欧盟的贸易总额为 894.39 亿美元，占印度贸易总额的 11.47%。其中出口额 449.86 亿美元，占印度贸易出口总额的 14.07%；进口额 444.54 亿美元，占印度贸易进口总额的 9.66%，出现 5.32 亿美元的贸易盈余。

欧洲地区是印度主要的贸易地区之一。在 2014 财年，印度出口到欧洲地区的产品主要是石油（原油和原油产品）、有机化学、成人服装、棉花、珠宝、交通运输工具和机械设备等。印度从欧洲国家进口的产品主要有黄金、珍珠宝石、非电子的机械设备、电子产品和交通运输工具等。

表 14.6　2009—2015 年印度与欧盟的贸易情况　单位：百万美元

年份	2009	2010	2011	2012	2013	2014
出口	36 028.05	46 039.38	52 556.24	50 421.74	51 581.31	44 985.91
出口增长率（%）	-8.45	27.79	14.15	-4.06	2.3	——
占出口比重（%）	20.16	18.33	17.18	16.78	16.41	——
进口	38 433.12	44 539.93	56 871.50	52 274.54	49 950.94	44 454.01
进口增长率（%）	-10.06	15.89	27.69	-8.08	-4.45	——
占进口比重（%）	13.33	12.05	11.62	10.65	11.10	——
贸易额	74 461.17	90 579.31	109 427.74	102 696.28	101 532.25	89 439.92
贸易额增长率（%）	-9.29	21.65	20.81	-6.15	-1.13	——
占贸易额增长比重（%）	15.94	14.59	13.76	12.98	13.27	——
贸易平衡	-2 405.07	1 499.45	-4 315.26	-1 825.80	1 630.37	531.90

注：印度财政年度自每年 4 月算起，表中 2014 财年为 2014 年 4 月至 2015 年 2 月的数据。

资料来源：根据印度商工部官方网站资料整理，http://commerce.nic.in/eidb/Default.asp.

以印度商工部提供的数据来看，印度与 EFTA 国家的贸易仍然为逆差状态。由表 14.7 可以看出，在 2014—2015 财年，印度与 EFTA 国家的贸易总额为 210.64 亿美元。其中出口额为 11.68 亿美元；进口额为 198.96 亿美元。

表 14.7　2009—2015 年印度与 EFTA 国家的贸易情况　单位：百万美元

年份	2009	2010	2011	2012	2013	2014
出口	835.44	953.66	1 463.74	1 378.08	2 046.24	1 168.12
出口增长率（%）	-29.23	14.15	53.49	-5.85	48.48	——

续表

年份	2009	2010	2011	2012	2013	2014
占出口比重(%)	0.47	0.38	0.48	0.46	0.65	——
进口	15 615.79	25 768.34	35 615.26	33 114.59	20 063.24	19 895.83
进口增长率(%)	20.18	65.01	38.21	-7.02	-39.41	——
占进口比重(%)	5.42	6.93	7.28	6.75	4.46	——
贸易额	16 451.23	26 722	37 079	34 492.67	22 109.48	21 063.95
贸易额增长率(%)	16.06	62.43	38.76	-6.98	-35.9	——
占贸易额比重(%)	3.52	4.3	4.66	4.36	2.89	——
贸易平衡	-14 780.35	-24 814.68	-34 151.52	-31 736.51	-18 017.00	-18 727.73

注:印度财政年度自每年 4 月算起,表中 2014 财年为 2014 年 4 月至 2015 年 2 月的数据。

资料来源:根据印度商工部官方网站资料整理,http://commerce.nic.in/eidb/Default.asp.

3. 印度对日本仍处于贸易逆差

自 2011 年印度与日本签署全面经济伙伴协议之后,进出口贸易增长较快,贸易赤字连续两年上升,如图 14.4。但据印度商工部统计的数据可以看出,印度对日本贸易在继 2013—2014 财年大幅下降之后,2014—2015 财年贸易赤字又呈扩大之势。该财年截至 2015 年 2 月的数据显示,印度对日本出口额为 49.60 亿美元,进口为 92.98 亿美元。印度出口到日本的产品主要有石油(原油及原油产品)、肉类、海产品、珠宝、铁矿、铁合金、机械设备、药物等。印度从日本进口

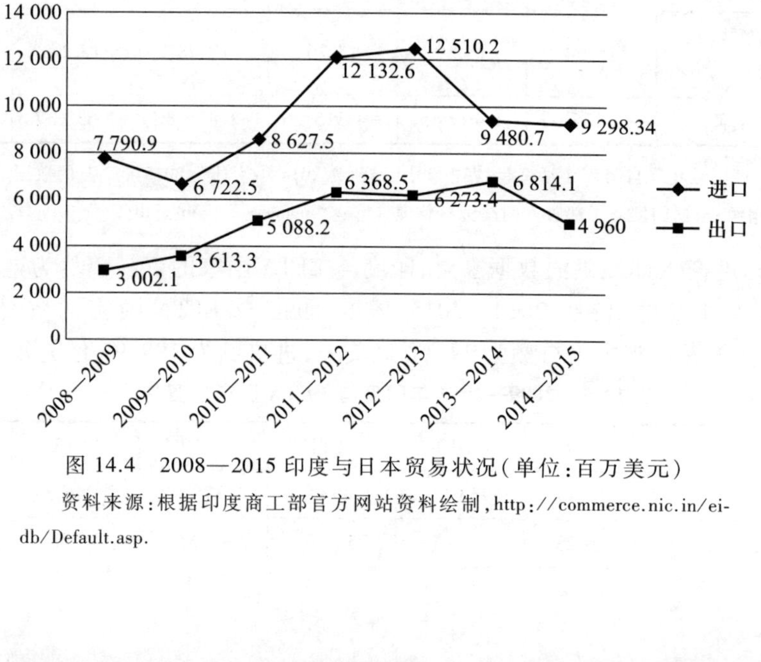

图 14.4 2008—2015 印度与日本贸易状况(单位:百万美元)

资料来源:根据印度商工部官方网站资料绘制,http://commerce.nic.in/eidb/Default.asp.

的主要产品是非电子器械的机器、电气设备、钢铁、电子产品、运输设备、工程制品、车床、有机化工、橡胶及制品及塑料及制品等。

4. 印度对东盟处于贸易逆差

以印度工商部的数据来看，2014—2015 财年印度对东盟的总贸易额为 702.44亿美元，占印度总贸易额的 9.01%；其中出口额为 294.29 亿美元，占出口总额的 9.21%；进口额为 408.15 亿美元，占进口总额的 8.87%，出现 113.86 亿美元的贸易逆差。见表 14.8。

印度出口东盟的商品主要有石油（原油和石油产品）、交通运输设备、机械仪器、肉制品、宝石、燃料和煤焦油化学品、电子产品、花生、医药产品、海产品等。印度自东盟进口的产品主要是可食用植物油、煤炭、石油（原油和石油产品）、电子产品、有机化工产品、非电子器械的机器、金属矿产品、运输设备、木材机械以及木制品等。

表 14.8　2009—2015 年印度与东盟国家的贸易情况　单位：百万美元

年份	2009	2010	2011	2012	2013	2014
出口	18 113.71	25 627.89	36 744.35	33 008.21	33 133.55	29 429.35
出口增长率（%）	-5.37	41.48	43.38	-10.17	0.38	——
占出口比重（%）	10.13	10.20	12.01	10.99	10.54	——
进口	25 797.96	30 607.96	42 158.84	42 866.36	41 278.09	40 815.44
进口增长率（%）	-1.55	18.64	37.74	1.68	-3.71	——
占进口比重（%）	8.95	8.28	8.62	8.74	9.17	——
贸易额	43 911.67	56 235.85	78 903.19	75 874.57	74 411.64	70 244.79
贸易额增长率（%）	-3.16	28.07	40.31	-3.8	-1.93	——
占贸易额比重（%）	9.4	9.06	9.92	9.59	9.73	——
贸易平衡	-7 684.25	-4 980.07	-5 414.49	-9 858.15	-8 144.54	-11 386.09

注：印度财政年度自每年 4 月算起，表中 2014 财年为 2014 年 4 月至 2015 年 2 月的数据。

资料来源：根据印度商工部官方网站资料整理，http://commerce.nic.in/eidb/Default.asp.

（四）印度整体处于贸易逆差原因分析

整体来看，2014 年印度整体处于贸易逆差状态，印度前五大逆差来源国依次为中国、瑞士、沙特、伊拉克、卡塔尔，逆差额分别为 449.6 亿美元、200.4 亿美元、198.3 亿美元、153.1 亿美元和 152.1 亿美元；增减幅依次为 21.7%、-16.8%、-18. 4%、-18.3%、10.6%。顺差主要来自美国、中国香港、阿联酋、孟加拉和斯里兰卡，顺差额分别为 214.7 亿美元、77.7 亿美元、59.8 亿美元、59.7 亿美元和 58.4

亿美元,增幅依次为 41.7%、52.3%、575.3%、15.8%、64.4%。

1. 产业结构不合理

印度产业结构不合理进而导致了进出口商品结构不合理。印度的进出口产品中初级产品和劳动密集型产品所占比重最大,而资本密集型产品所占比重较小。尽管近年来印度的软件产业进出口增长速度较快,但仍不足以弥补较大数目的贸易赤字。高成本、高薪资以及卢比的走弱令印度本国出口商品没有竞争力。

2. 印度石油消耗不断上升,严重依赖石油进口

石油消耗的上升是导致印度赤字达到纪录高位的主要原因,汇率面临的最大风险是经常账户赤字,而这一部分赤字几乎都集中在石油进口上。

(五) 2014 财年印度服务贸易发展情况

服务贸易对印度 GDP 的贡献率为 57%,对国内就业率的贡献为 28.1%,同时对贸易的贡献率为 25%。印度是世界上商业服务最主要的出口者。2012 年印度以出口额 1 480 亿美元、8%的增速位居商业服务出口的第六位。

据印度商工部网站发布的《印度 2014—2015 财年年报》中对服务贸易部分的介绍所知,2013—2014 财年,印度服务贸易出口额为 1 514.7 亿美元,进口额为 785 亿美元,出现了 729.7 亿美元的贸易顺差。印度服务贸易盈余占了货物贸易赤字的 53%。如果前景可观的话,人口红利能够进一步促进服务贸易出口中和货物贸易的逆差。

二、印度贸易发展展望

从贸易地区来看,首先,欧美市场是印度最主要的贸易市场,在 2015—2016 财年印度会依然保持对欧美地区的进出口贸易增长。由于印度软件出口产业的优势,印度对美国的贸易会继续保持顺差。对于欧盟而言,从印度公布的现有数据来看,2015 财年贸易顺差也将会继续持续。其次,印度将会继续实施出口市场多元化战略,集中力量扩展亚非拉市场。总体来讲,印度的进出口市场会越来越多元化。2015—2016 财年,印度会积极致力于扩展进出口市场。

从商品结构来看,印度在 2015—2016 财年,仍旧以初级产品和劳动密集型产品出口为主,进口仍以原油和制造业产品为主。但是,从长远来看,随着印度制造业的发展,印度会慢慢改变其进出口结构,缩小其经常账户赤字。

参考文献

[1] Reverse Bank of India.Developments in India's Balance of Payments during the Second Quarter(July-September) of 2014-15[EB/OL].http://rbidocs.rbi.

org.in/rdocs/Bulletin/PDFs/01_ARTBULL100315.pdf.

[2] 印度商工部网站.http://commerce.nic.in/eidb/iecnttopn.asp.

[3] 印度商工部网站.http://commerce.nic.in/eidb/ergncnt.asp.

[4] 中国商务部.国别贸易报告——印度[EB/OL].http://countryreport.mofcom.gov.cn/record/qikanlist110209.asp? qikanid=6994.

第十五章 巴 西

2011 年以来，全球需求萎缩及大宗商品价格下降等因素相互叠加，以致巴西以初级产品出口为核心的对外贸易增长开始大幅下滑。而巴西自身结构化困境迟迟得不到解决，包括国内投资不足、基础设施薄弱等供给性因素对经济发展的影响也逐渐凸显，国内产业竞争力提升陷入瓶颈。2014 年这些因素的影响更加突出，以致巴西对外贸易状况进一步恶化，贸易政策更加趋于保护性。与此同时，巴西在多边、区域及双边平台中不遗余力地推动贸易便利化、经济整合及经贸合作，以期创造更有利的外部环境来提振国内经济。总体来看，由于内外因素没有产生较大改变，巴西在 2014 年的贸易政策仍然维持了“双边保护倾向提高，区域与多边积极进取”的特征，同时可以预期其在未来几年的贸易政策也将延续当前的趋势与特点。

第一节 2014 年巴西贸易政策变化及趋势

一、巴西 2014 年贸易政策变化

（一）在多边贸易体制中保持活跃

1. 坚定支持多边贸易体制的进展

2013 年 WTO 第九届部长级会议达成的《巴厘一揽子协定》是多哈回合开启以来多边贸易体制取得的重要进展。但由于 2014 年印度持反对立场致使该协定暂时搁浅，并引发谈判成员对于多边贸易体制未来发展的担忧。巴西则于此表达了对于多边贸易体制的坚定支持。一方面，巴西驻 WTO 代表加尔旺明确表示巴西政府主张通过多边谈判取得一致，并相信 WTO 会克服该僵局并顺利实施《贸易便利化协定》。另一方面，在其他一些平台诸如 2014 年举行的金砖国家峰会上，巴西也表达了对于《贸易便利化协定》的坚定支持态度。事实上，巴西对于多边贸易体制的坚持根本上仍然源于其自身的经贸利益。根据巴西全国工业联合会的估计，《巴厘一揽子协定》中与贸易便利化相关的规定就可以使巴西国内生产总值每年增加 150 亿美元。

2. 在 WTO 中涉入新的贸易争端

2014 年 10 月，巴西在 WTO 中就印度尼西亚对某些禽肉及其制品的进口限制措施提起争端解决机制下的磋商请求。巴西认为这些措施违反了

GATT1994、《进口许可程序协议》《农业协议》《技术性贸易壁垒协议》及《实施卫生与植物卫生检疫措施协议》中的某些条款，而这些措施的实施实际上使得巴西该类产品无法进入印度尼西亚市场。随后，澳大利亚、新西兰、中国台湾和美国申请加入这一磋商。截至 2015 年 2 月，双方磋商仍然没有达成一致解决意见。

2013 年 12 月，欧盟在 WTO 中就巴西在汽车、电子及其他相关产业的歧视性税收优惠措施提出争端解决机制下的磋商申请。欧盟认为，巴西对进口产品征收的税费比国内产品高，而且对使用国内产品提供了税收优惠。这些措施对巴西国内产业和出口商形成了有效保护。2014 年，日本、阿根廷和美国也先后提出了磋商请求。但经过数十轮的磋商和谈判后，争端双方仍然没有达成一致的解决意见。2014 年 10 月欧盟请求成立专家组，11 月争端解决机构设立专家组。

除此之外，2014 年 WTO 专家组和上诉机构发布的不少案件报告中，巴西也作为第三方参与案件，如印度尼西亚诉美国丁香香烟案、日本诉加拿大可再生能源案等。

（二）继续推动区域整合与跨区域经贸合作

1. 推动区域内外经贸合作

南方共同市场一直是巴西政府提高其国际影响力的主要平台，巴西也希望以南方共同体为核心逐步向南美共同体演进，最后完成拉美一体化。巴西前贸工部副部长伊万·拉马略从 2012 年 8 月开始担任南方共同市场高级总代表，任期至 2014 年 2 月结束。2014 年 7 月，南方共同市场举行第 46 届峰会，就加强区域内经贸合作及推进地区一体化进程等议题发表共同声明，此外还就南方银行、推动建立南方共同市场——加勒比共同体互补经济区等问题进行了磋商。

巴西在力促该组织加快区域整合的同时，也积极推动其与区域外重要经济体的合作与自由贸易区建设。2014 年 12 月，南方共同市场举行第 47 届峰会，峰会的主要议题是扩大区域内外贸易以及继续深化一体化进程等。担任轮值主席的巴西总统明确表示，利率波动和油价下跌可能带动大宗商品价格整体下滑，依赖大宗商品出口的南美地区将受影响，迫切需要拓展外部市场，并宣称将在巴西担任轮值主席国期间推动南方共同市场与欧盟的自贸协定取得进展。此外，同中国强化合作和经贸关系也是本轮峰会的关注点之一。

2. 寻求与欧盟签署自贸协定

由于巴西在 2013 年被欧盟重新列为“中等偏上收入国家”，巴西享受欧盟优惠贸易安排的待遇将于 2014 年到期。而南方共同市场由于内部意见不一致导致其与欧盟的自贸协定谈判进展缓慢。因此，巴西在 2013 年 8 月就宣称将就南方共同市场-欧盟自贸协定提出一项提案，该提案将允许巴西先行推进自己与欧盟签约，以便缩短谈判时间，尽量保证不失去欧盟贸易优惠地位。2014 年 2 月举行的欧盟-巴西峰会上，巴西总统罗塞芙再次明确发出敦促南方共同市场与欧盟尽快达成自贸协定的信号。阿根廷在 4 月称该谈判取得重大进展，南方共同市场国家对于加入自贸协定的商品清单已接近达成共识。但此后随着欧盟委员会主席变动，欧盟方面对于该协定的态度发生调整，再加上南方共同市场内部仍然不能就该协定完全达成一致意见，截至 2015 年 6 月，该协定的谈判仍未完成。

3. 助力金砖合作机制取得突破

在近年新兴经济体增速放缓的背景下，巴西希望进一步深化金砖国家间的协调合作机制，并挖掘相互间经贸往来的巨大潜力。巴西还积极推动金砖国家开放银行的成立和金砖国家外汇储备库的建立，希望提高整体在国际金融体系中的谈判力量，并帮助解决各自在基础设施领域资金短缺的问题。2014 年 7 月在巴西举行的金砖国家领导人第六次峰会上，五国签署《福塔莱萨宣言》，正式决定共同成立金砖国家开发银行并建立应急储备基金。对于巴西来说，此次峰会上签署的关于金砖国家出口信贷保险机构之间的合作备忘录以及金砖国家开发银行创新合作协议同样具有重要的意义，一方面可以促进金砖国家之间的贸易与投资合作，另一方面可以增进科技、基础设施、可再生能源、工业、服务业和农业产业等领域的信息共享与资金支持合作。

(三) 贸易管理制度与贸易措施变化

1. 调整贸易救济制度

从 2014 年开始，巴西政府准备调整其贸易救济制度，主要集中于反倾销领域。拟进行的具体制度调整包括两个方面：一是缩短倾销案件的调查周期，如将调查机构收到倾销案件申诉到启动倾销案件调查的评估时间从平均 159 天缩短到 41 天，将采取临时反倾销措施的认定周期从平均 433 天缩短至 108 天，将确定实地核查的周期从平均 191 天缩短至 126 天；二是修改反倾销调查中有关补贴的定义、倾销幅度计算方法等。可能会扩大对产品出口国出口补贴的认定范围，如除产品来源国对出口到巴西产品的生产、出口和运输过程中的补贴之外，任何其他相关的经济行为中的补贴措施都应视为产品来源国的出口补贴，而出口国的货币贬值政策同样可视为对出口商的补贴政策。由于 2016 年巴西将对此前对中国市场经济地位的承认予以兑现，该制度调整在很大程度上可能是为应对中国产品的冲击而实施的。

2. 进口关税削减或免除

2014 年巴西分批次削减或免除了上千个税号产品的进口关税。根据 WTO、

OECD 及 UNCTAD 发布的 G20 贸易政策监督报告，这些调整包括但不限于：将某些抗毒血清及部分免疫产品的进口关税免除；将某些药品的进口关税从 14% 削减至 8%；在 10 200 吨进口限额下临时免除邻二甲苯的进口关税；临时免除某些治疗或预防类药品的进口关税；在 39 000 吨进口限额下临时免除未加工铝制金属的进口关税；临时免除 754 个税号的资本品的进口关税；临时免除 24 个税号的电信设备产品的进口关税等。总体来看，巴西削减、免除或临时免除进口关税的产品主要集中在资本品、电信设备、一些化工产品、药品以及农产品。

3. 贸易救济措施

随着巴西自身经济增长持续放缓，其所实施的贸易救济措施仍然较为频繁。根据 WTO 发布的 2015 年度报告，从 2014 年 1 月至 6 月底，巴西向 WTO 通报的反倾销调查就有 29 起，超过了 2013 年同期的数量。而根据 WTO、OECD 及 UNCTAD 发布的 G20 贸易政策监督报告，巴西在 2014 年 5 月 15 日至 9 月 30 日之间发起的反倾销调查有 22 起，也超过了 2013 年同期的 16 起和 2012 年同期的 19 起。从国别比较来看，2014 年这半年间巴西发起的反倾销调查数量占全部 G20 国家发起调查总数量的 1/4，远远超过其他任何一个国家的数量。

4. 其他相关贸易保护措施

2014 年巴西实施的其他相关贸易保护措施主要包括两方面。一是颁布新的法令，在政府采购中给予某些本地生产的电信设备、软件及相关服务以及行政勤务飞机一定的优先权。二是充分利用其约束关税与实际适用关税之间的较大空间，临时提升某些产品的进口关税，包括某些植物油、碳酸氢钠、机动车传动装置等。

（四）针对新兴经济体的贸易摩擦愈发剧烈

1. 愈发剧烈的贸易保护举措引发新兴经济体不满

由于巴西采取愈发频繁的反倾销反补贴等贸易保护措施，而且这类措施的目标越来越多地集中在其新兴经济体贸易伙伴上，逐渐引发了新兴经济体的强烈不满。2014 年 5 月，包括乌克兰、智利、哥伦比亚、秘鲁以及中国台湾在内的 5 个新兴经济体直接向 WTO 投诉巴西的贸易保护主义行为，相关投诉主要集中于化工产品领域。

2. 针对中国的贸易摩擦仍然较为密集

近年来巴西对中国发起的贸易摩擦一直较为密集，主要有三个方面的原因。一是巴西在自身经济持续低迷、复苏乏力的背景下，随着国内经济政策和产业政策的调整，贸易保护主义倾向加强。二是中国与巴西在产业结构上的差异不足以避免两国在制造业上存在的明显竞争关系。三是近年来中国对巴西出口不断扩大，而出口产品涉及的种类与行业越来越宽泛，同样导致两国贸易摩擦的领域不断扩大。2012 年巴西对中国产品发起的反倾销调查有 13 起,2013 年则进一步提高到 15 起。受统计数据获取的限制,无法获得 2014 年的相应数据,但根据巴西贸工部相关公告的不完全统计,可以发现虽然巴西在 2014 年针对中国反倾销调查的数量有所下降,但征收反倾销税的产品种类和频率却有增无减,详见表 15.1。

表 15.1　2012—2014 年巴西针对中国贸易救济措施汇总

年份	反倾销调查	反倾销复审	征收反倾销税
2014	环形磁铁、修甲钳、铝制预涂感光平板、木制铅笔、PET 薄膜	卡车轮胎、扬声器、一次性注射器、未锻轧金属镁、平轧钢板、炉用碳棒、玻璃器皿	无色平板玻璃、未上釉瓷砖、耐火陶瓷过滤器、制冷家电安全玻璃、PVC 树脂、环形磁铁、PET 薄膜、餐桌用具、自行车轮胎、酸式焦磷酸钠、无缝钢管、二氧化硅沉淀物
2013	浮法玻璃、瓷砖、塑料洗浴用品、树脂铅笔、耐火陶瓷过滤器、细瓷、塑料真空采血管、甲基丙烯酸甲酯制板、酸式焦磷酸钠、无色平板玻璃、压克力板、发梳、环氧树脂、安全玻璃、酸式焦磷酸钠、冷冻设备用玻璃	发梳、大蒜、汽车轮胎	厚板、尼龙绳、汽车轮胎、陶瓷餐具、不锈钢圆形焊管、无缝碳钢管、挂锁、扬声器、己二酸、碱性耐火材料、摩托车轮胎
2012	二氧化硅沉淀物、还原靛蓝产品、尼龙线、耐火材料、自行车轮胎、搅拌机、陶瓷餐具、平轧钢板、无缝碳钢管、平轧硅钢、不锈钢冷轧板、不锈钢焊管	自行车整体曲轴连杆、眼镜架、铝制预涂感光平板、手拉葫芦、台扇、电熨斗	鞋类配件、聚合 MDI

资料来源:根据巴西发展、工业和贸易部官方网站资料整理,http://www.mdic.gov.br.

二、巴西贸易政策趋势

(一) 继续推动多边贸易体制发展

巴西对于多边贸易体制的支持一直较为坚定,背后的主要原因仍然是基于其自身的经贸利益。以《巴厘一揽子协定》中的贸易便利化相关规定为例,巴西国内工业界的观点认为,当前繁琐的通关程序已成为制约贸易的主要障碍,而协定中有关简化海关及口岸通关程序的规定，势必会大大提高巴西企业的生产热情，尤其将体现在农牧业和矿业领域，工业制成品生产也会因此获得推动。

而如果在更长周期的贸易自由化背景中考察，可以发现巴西坚定地推动多哈回合谈判与发达经济体贸易政策转向紧密相关。

一方面是发达经济体逐渐将贸易政策重点从多边贸易体制转向选择性的区域贸易协定。WTO 成立以来全球性关税下降，对发展中国家有利的货物贸易自由化深入发展，但对发达国家有利的服务贸易自由化和投资、知识产权保护却进展缓慢。美国则将多边自由化进程的停滞归咎于以印度、巴西和中国为代表的发展中国家①。从 2010 年开始，发达经济体开始将贸易政策重点转向选择性的区域贸易协定，希望在小范围内优先达成开放的高水平、高标准的自由贸易安排。

另一方面，包括巴西在内的绝大部分发展中国家被发达经济体力推的《跨太平洋伙伴关系协定》（TPP）、《跨大西洋贸易与投资伙伴协定》（TTIP）等重大的区域性协定谈判排除在外，而发达经济体想要达成的协定过度强调高标准、高自由化，却无视发展中国家开放市场的风险与监管能力的承受力度。如果这些协定谈判成功，发展中国家在全球贸易体制中的地位将愈发被动，巴西自然也无法独善其身。

从这两个方面的因素分析，《巴厘一揽子协定》的达成所反映的恰恰是发达经济体贸易政策重心转变所带来的“被迫合作”。即发达经济体欲借助多边体制在未来推广其高标准的贸易规则，而发展中经济体没有足够分量的区域安排与之竞争，迫切需要通过 WTO 框架强化合作，维护贸易利益。基于同样的原因，巴西仍将不遗余力地推动多哈回合谈判的成功终结，维护自身在多边贸易体制中的地位和利益。

（二）迫切谋求与欧盟签订自贸协定

近年来巴西一直致力于推动与欧盟签订自贸协定，背后的原因主要有三个。其一，由于巴西在 2013 年被欧盟重新列为“中等偏上收入国家”，就意味着除非与欧盟签署自贸协定，否则将很快失去欧盟的贸易优惠地位。其二，巴西经济持续低迷，也迫切希望通过与欧盟签署自贸协定来提振国内经济。当前欧盟作为整体仍然是巴西最主要的贸易伙伴，2014 年双方贸易额占巴西总出口和总进口的份额分别达到 18.7%和 20.4%。其三，目前 TPP、TTIP 和“区域全面经济伙伴关系”（RCEP）三个大型的区域贸易协定正在谈判中，而巴西并没有参与其中任

① Aslund, Anders. Why Growth in Emerging Economies is Likely to Fall? [R]. Peterson Institute for International Economics, 2013.

何一个。如果巴西在此之前优先与欧盟达成自贸协定,就可以大大降低在新的全球贸易格局中被边缘化的风险。

对于巴西来说,最佳的方案是推动南方共同市场与欧盟达成自贸协定。这样不仅有利于南方共同市场自身的区域内经济整合,还可以最大限度地提升巴西在全球贸易体系中的影响力。但由于南方共同市场内部各成员经济产业发展程度以及贸易利益的差异性,特别是区域内重要成员阿根廷对协定达成后国内相关产业受到冲击的担忧而对谈判持消极态度,使得整体的谈判进展受到影响。因此,巴西同时有意释放关于南方共同市场成员可以以不同的速度与欧盟达成自贸协定的信息。

基于上述判断,未来巴西将通过两种途径推动与欧盟尽早签署自贸协定。第一种途径是促进南方共同市场内部意见的一致,作为一个整体与欧盟签署协定,包括联合南方共同市场其他国家向阿根廷施加压力。但南方共同市场内部迟迟达不成统一意见,使得这一途径的可能性开始降低。第二种途径则是寻求单独与欧盟达成协定,以解国际国内经济压力的燃眉之急。考虑到巴西政府面临压力的紧迫性,通过这一途径达成协定的可能性不断增加。

(三)积极推动金砖内部的经贸合作

巴西一直是金砖合作机制的坚定推动者,特别是在2014年金砖峰会期间利用主办方优势促使中印两国达成共识,完成金砖国家开发银行协议谈判,对于金砖合作机制的突破性进展起到关键性的协调作用。而未来金砖合作机制的深入发展对于巴西具有多重意义。其一是有助于巴西提升区域和国际影响力,不仅作为金砖国家提升与拉美合作的“桥头堡”话语权,应对拉美地区经济整合面临相互竞争和不够开放的挑战,还可以通过金砖合作获取中俄对其在联合国中“入常”目标的支持。其二是在南方共同市场之外,巴西也同样寻求通过金砖经贸合作的实质性深化来避免被大型区域协定的谈判和发展边缘化,希望在新一轮国际贸易和投资规则制定的进程中保持和提升影响力。其三是在国际资本流动转向,国内投资过低,基础设施瓶颈愈发凸显的压力下,巴西也需要通过金砖合作来吸引来自其他新兴经济体的投资,帮助其完成经济结构的调整,提升产业竞争力。

但巴西在重视金砖合作机制之余也坚持自身对外政治与经贸战略的多元化和自主性,刻意避免过多地捆绑在这一合作平台中,回避金砖合作对于现存国际体系和经贸规则的挑战。更重要的是,短期内巴西不可能同意开启金砖自贸协定的谈判,主要原因在于担忧来自中国制造业产品的强烈冲击。目前巴西国内已在普遍忧虑中巴贸易加剧了巴西的“去工业化”进程,加深了巴西对初级产品出口的依赖,危及巴西的可持续发展、国民福利和国际竞争力。

（四）针对新兴经济体的贸易保护举措将愈发激烈

从全球贸易发展趋势来看，近年来随着全球贸易中“南南贸易”的迅速兴起，“南南保护主义”的现象逐渐凸显。这一方面是源于发展中国家在相互之间的贸易份额逐步提升，另一方面也与各国在融入全球价值链过程中不可避免的同质化趋势有关。从巴西的角度看，其前 15 大进口来源地中，新兴经济体所占的份额从 2005 年的 20.8%迅速提升到 2014 年的 31.4%。而“南南保护主义”现象最突出的特点是，发展中国家针对发展中国家的贸易保护程度逐渐超过了其针对发达国家的贸易保护程度。

由于全球周期性因素和巴西自身结构性因素共同导致巴西经济持续低迷，综合来看，未来巴西的贸易保护举措不会出现明显缓解，而其针对新兴经济体特别是中国的贸易保护措施将尤为激烈。一是利用较高的约束关税以及南方共同市场例外清单，大幅上调部分产品的适用关税。二是频繁动用反倾销措施。三是继续通过非自动进口许可程序对本土产业实施保护。四是有针对性地出台技术性贸易措施。

第二节　2014 年巴西贸易发展回顾与展望

一、巴西 2014 年贸易发展回顾

（一）对外贸易全面萎缩

根据巴西外贸秘书处统计的数据，2014 年巴西货物进出口额为 4 541.6 亿美元，比 2013 年同期下降 5.7%。具体来看，2014 年出口为 2 251.0 亿美元，比 2013 年减少 7.1%；进口为 2 290.6 亿美元，比 2013 年减少 4.4%。事实上，巴西 2014 年的对外贸易表现延续并深化了 2013 年的低迷趋势。2013 年其对外贸易额虽然表现为小幅增长，但主要体现为进口增长，出口方面已经同比减少 0.2%。2014 年则在进口和出口两个方面同时大幅下降，贸易差额也由 2013 年 25.6 亿美元的顺差变成贸易逆差，逆差额为 39.6 亿美元。这也是进入 21 世纪以来巴西的首次贸易逆差，如图 15.1 所示。

巴西出口的大幅下降主要来源于三个因素。第一个影响因素是大宗商品价格的持续下降，这属于全球周期性因素。作为巴西主要出口产品的大宗农产品和铁矿石价格的下降，尤其拖累其出口表现。根据巴西外贸研究中心统计得出的数据，自 2013 年 5 月至 2014 年 5 月，虽然巴西出口量增长了 4.9%，但出口商品价格却累计下降了 4.3%。大宗商品价格下降一方面是由于中国经济增速放缓特别是投资扩张的减速减少了对大宗商品的需求，另一方面则是受新一轮资

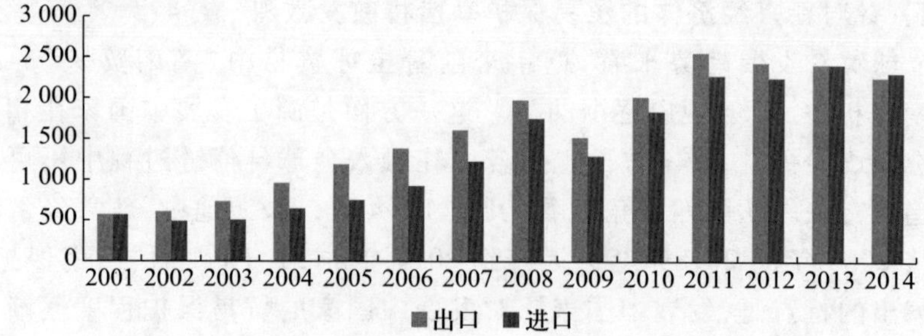

图 15.1　2001—2014 年巴西进出口额变动(单位:亿美元)

资料来源:根据中国商务部官方网站资料整理,http://countryreport.mofcom.gov.cn/record/qikan/10209.asp? id=6869.

本流动周期的影响,特别是美联储逐步退出量化宽松政策等因素导致发达经济体往新兴经济体大规模的资本流入开始转向。第二个影响因素是其自身工业产品竞争力不足,这属于内部结构性因素。严重的基础设施建设瓶颈、复杂的国内税收体系、繁琐的劳工保护法规以及巴西对全球价值链的低层次融入,都是造成其工业产品竞争力低下的内在结构性因素。第三个影响因素是其主要区域贸易伙伴的需求不振,属于区域外部因素。作为巴西在拉美地区最大的贸易伙伴,阿根廷 2014 年经济增长仅为 0.5%,严重影响其对外需求,导致巴西对阿根廷出口明显减少。

巴西进口的减少则主要源于经济持续低迷。2014 年巴西 GDP 总量为 5.52 万亿雷亚尔,经济增长仅为 0.1%,比 2013 年同期的 2.3%下降了 2.2 个百分点。具体来看,消费低迷和投资需求下降是进口下降的主因。近两年来相对旺盛的国内消费需求本来是维持巴西经济发展的重要支点,但 2014 年这一要素也表现黯淡,巴西家庭消费仅增长 0.9%。巴西在投资领域的表现同样不佳,2014 年投资下降 4.4%,使得资本品进口下降十分明显。此外,美元升值也对巴西进口起到了一定的抑制作用。

(二) 中美两国在巴西贸易中仍占据主要比重

1. 对主要贸易伙伴出口大幅下滑

巴西的出口集中度一直不高,2014 年在巴西出口中占 2%及以上份额的国家或地区合计份额仅为 54.6%。其主要出口流向分布于欧美发达经济体、东亚地区以及南方共同市场。2014 年其对欧盟和南方共同市场的出口分别下降了 12%和 11.6%,对北美自由贸易区的出口则提高了 4.2%,对东盟的出口则提升较多,比 2013 年同期增长 25.8%。从占比来看,欧盟在巴西出口中所占的份额从 2013 年的 19.7%下降到 2014 年的 18.7%,南方共同市场所占的份额从

18.5%下降到17.6%，而北美自由贸易区所占的比例则从13.1%提升到14.7%。

从具体国家来看，在其前五大贸易伙伴中，除了美国之外，2014年巴西对另外四国（中国、阿根廷、荷兰、日本）的出口均大幅下降。最小降幅为11.8%（中国），最大降幅则达到27.2%（阿根廷）。受此影响，中国在巴西出口总额所占的份额从2013年的19.0%下降到2014年的18.0%，但仍然保持为巴西第一大出口市场。受益于美国相对较好的经济恢复状况，2014年巴西对美国出口一枝独秀，比2013年同期增长9.6%。从具体产品类别看，巴西对美国出口增长最明显的是机电产品和植物产品，同比分别增长18.8%和24.1%，其在巴西同类别出口中所占的份额分别达到了25.8%和5.6%。

2. 中国在巴西进口中的比重继续提升

巴西进口来源同样一直相对分散，但其进口集中度一直高于出口集中度。2014年在其进口中占2%及以上份额的国家共有11个，合计份额为64.8%，比2013年略有下降。从区域来源看，巴西进口仍主要分布于较为传统的几个市场，包括欧盟、北美自由贸易区以及其自身所在的南方共同市场。2014年这三大来源地所占的比例分别为20.4%、18.9%、15.5%，合计达54.8%。

近年来，美国、中国、阿根廷一直是巴西前三大进口来源国，但各自所占的比重则有较为明晰的变动趋势。中国从2007年的10.5%一直上升到2012年的15.4%，首次超过美国成为巴西第一大进口来源国，2013年这一比例又提高到15.6%；美国所占的份额则呈波动性下降的趋势，从2007年的15.5%减少到2013年的15.0%；阿根廷则从8.6%逐步下降到6.9%。2014年巴西从其主要贸易伙伴的进口基本表现为不同程度的减少，其对前六大进口来源国的进口额除中国外均同比下降。其从中国进口仅维持在2013年的水平，同比小幅上升0.1%，从美国进口额同比下降2.8%，从阿根廷进口额则同比下降高达14.1%。因此，中国在巴西进口中所占的比重进一步提升，2014年达到16.3%，美国所占的比例也小幅提升，为15.3%，阿根廷所占比重则进一步下降到6.2%。

（三）进出口产品结构仍然过于单一

1. 初级产品占巴西出口的比重微幅下降

2012年以来随着全球市场需求的下降，初级产品的价格不断降低。虽然初级产品出口仍然占据巴西总出口的绝对比重，但具体的份额则呈现不断下降的趋势。巴西传统的前三大类出口产品，即矿产品、食品饮料及烟草、植物产品，其出口总额占总出口的比例从2011年的52.1%减少到2013年的49.6%，2014年这一数值微幅下降为49.5%。另一方面，运输设备和机电产品出口所占的比例呈现了两年的上升趋势之后，又从2013年的18.3%下降为2014年的14.7%，其中运输设备出口额同比大幅减少39.3%。其主要原因为主要贸易伙伴特别是阿根廷经济低迷导致该类产品需求下降。从具体的产品类别看，具有较高附加值的工业产品出口种类较少，所占份额仍然很低。航空器、航天器及其零件仅占1.8%；车辆及其零部件占4.4%；核反应堆、锅炉、机械器具及零件占5.7%。

2. 进口产品种类及来源地仍然高度集中

2014年巴西前五大类进口商品仍然是机电产品、矿产品、化工产品、运输设备、贱金属及制品，其进口总额占巴西进口商品总额的79.1%。从其主要进口商品的国别构成看，进口来源地也相对较为集中。机电产品主要来自中美两国，占46.4%；美国和尼日利亚提供了其矿产品进口的36.2%；化工产品主要进口自美国、德国和中国，占41.6%；运输设备主要进口自阿根廷、美国和墨西哥，共占46.3%；中国、智利和美国则是其贱金属及制品进口的主要来源地，共占42.7%。

二、巴西贸易发展展望

（一）出口额进一步萎缩

2015年巴西出口很可能会延续2012年以来的下降趋势，甚至出现比2014年同比减少7.1%更大的下降幅度。从整体贸易环境来看，巴西的主要贸易伙伴如中国、阿根廷、日本等的需求仍然没有恢复。美国的经济复苏状况虽然相对较好，但其在巴西出口中所占的份额不超过15%，难以支撑起巴西整体出口的改善。从具体出口结构看，巴西目前的出口仍然高度依赖大宗初级产品，但大宗商品价格的下跌趋势已经延续至2015年上半年。以2015年第一季度来看，铁矿石平均出口价格同期降幅超过50%，大豆平均出口价格下降23.8%，肉类产品平均出口价格也小幅下降。因此，2015年全年巴西的整体出口状况很可能会继续恶化。

（二）进口额继续减少

2015年巴西进口同样也会延续2014年的下降趋势，下降幅度也很可能更大。主要是基于三个方面的因素。其一，从巴西整体经济增长状况来看，2015年GDP萎缩几近定局。最终GDP增速的具体数值应当低于-1%，甚至可能接近-2%。而从2015年第一季度的状况来看，巴西国内行业中只有农牧业小幅增长，工业与服务业都出现了负增长。其二，国内投资不足仍然未能缓解，投资需求不振。一方面国内投资率长期过低，另一方面则是持续的资本外流令其国内投资雪上加霜。其三，巴西政府为改善宏观经济环境被迫实施财政紧缩，削减财政预算。而之前推出的较大规模刺激计划也被迫削减。综合这几个方面的因素，巴西在2015年的进口额下降幅度很可能进一步扩大。

（三）贸易逆差可能收窄

在出口与进口同时减少的前提下，巴西在 2015 年的贸易差额完全取决于最终的进出口额。从出口方面看，巴西对中国、日本等贸易伙伴的出口额虽然仍可能减少，但对美国、东盟等经济体的出口额可以弥补部分缺口。从进口方面看，巴西国内经济形势的低迷不仅会导致国内消费与投资需求低迷，更重要的是会直接影响其国内贸易政策，引发更加激烈和频繁的贸易保护措施，并进一步使进口下降。因此，2015 年巴西对外贸易仍会维持逆差状态，但逆差的幅度很可能收窄。

参考文献

[1] Aslund, Anders. Why Growth in Emerging Economies is Likely to Fall? [R]. Peterson Institute for International Economics, 2013.

[2] Bown C P. Emerging Economies and the Emergence of South-South Protectionism[J]. Journal of World Trade, 2013(1).

[3] Mourougane A.Refining Macroeconomic Policies to Sustain Growth in Brazil [R].OECD Economics Department Working Papers, No. 899, 2011.

[4] UNCTAD. World Investment Report 2014[EB/OL].http://unctad.org/en/PublicationsLibrary/wir2014_en.pdf.

[5] 毕晶. 中拉经贸合作的现状、前景展望和政策思考[J]. 国际贸易, 2015(3).

[6] 牛海彬.中国与巴西关系中的“去工业化”议题评析[J]. 现代国际关系, 2013(5).

[7] 苏振兴. 巴西经济转型:成就与局限[J]. 拉丁美洲研究, 2014(5).

[8] 吴国平, 王飞. 浅析巴西崛起及其国际战略选择[J]. 拉丁美洲研究, 2015(1).

[9] 伊尔马兹·阿克于兹.南方国家快速崛起面临挑战[J]. 国际问题研究, 2012(5).

[10] 中国商务部. 南共市与欧盟自贸谈判获进展[EB/OL].http://www.mofcom.gov.cn/article/i/jyjl/l/201404/20140400550958.shtml.

[11] 中国驻巴西经商参处. 南共市与欧盟自贸谈判获进展[EB/OL].http://br.mofcom.gov.cn/article/jmxw/201407/20140700679184.shtml.

[12] 中国驻巴西经商参处. 新兴经济体向世贸组织投诉巴西贸易保护主义[EB/OL].http://br.mofcom.gov.cn/article/jmxw/201405/20140500572939.shtml.

[13] 中国驻巴西使馆. 南共市与欧盟自贸谈判或推迟至2015年[EB/OL]. http://www.fmprc.gov.cn/ce/cebr/chn/ztzl/a_123/t1170151.htm.

[14] 中国驻巴西使馆. 巴西坚定支持世贸组织多边机制[EB/OL].http://www.fmprc.gov.cn/ce/cebr/chn/ztzl/a_123/t1181389.htm.

[15] 左品. 后金融危机时代拉美区域一体化的新趋势及特点[J]. 国际论坛,2014(6).

第十六章　俄　罗　斯

第一节　2014 年俄罗斯贸易政策变化及趋势

一、俄罗斯 2014 年贸易政策变化

(一) 贸易政策

在出口管理制度方面,俄罗斯实施出口限制的产品主要包括部分原材料及资源型产品。限制出口的主要措施包括禁止出口、出口配额、出口许可证以及出口关税等。为促进俄罗斯本国皮革与鞋业发展,2014 年 2 月,俄罗斯临时禁止生皮和皮革半成品出口,时效为 6 个月。

出口关税方面,为履行入世承诺,自 2014 年 9 月 1 日起从俄罗斯出口到关税同盟成员国以外国家,实行新的出口关税税率,主要涉及部分鱼类和海产品、木材、矿产、沥青混合物、金属等。2014 年 9 月 1 日起作为单独一类的鱼类和海产品、木材、矿产、沥青混合物、金属和其他产品出口到俄罗斯之外,海关关税联盟协约国商品出口关税的税率将降低。其中涉及海产品的关税将降低 1.5%。税率变更涉及大部分俄罗斯海产品出口对象,主要有鲑鳟鱼、鲤鱼、鳗鱼、鲽鱼、大比目鱼、鳎鱼、鲱鱼、鳕鱼、铜镜、鱼粉等。一些动禽类商品出口的关税也进行了下调。例如,猪肉,鸡蛋和山羊等。活禽出口关税从 9 月 1 日起,由之前的毛重一吨征 450 欧元降为 400 欧元。涉及的工业原料主要指金属类,包括矿产加工出来的贵重金属和废料。沥青制品和板材出口的税率也将下调:经过加工的研磨制品,具有端面连接的产品,刨面或者光面的精加工或者未加工的板材品,用于根雕和加工地板的木材,板材和门套,其他产品,税率将下调 1.5%~2.5%。2014 年俄罗斯还通过了向国外出口俄罗斯商品"路线图"的修正案。该"路线图"涉及进入外国市场的支持和出口支持。2014 年,俄罗斯对出口到乌克兰的天然气出口关税进行了调整。具体内容包括:2014 年 11 月 1 日至 2015 年 3 月 31 日,当天然气价格不低于每千立方米 333.3 美元时,俄罗斯将提供每千立方米 100 美元的关税优惠;当天然气价格低于每千立方米 333.3 美元时,关税优惠额为该价格的 30%。2015 年 3 月 31 日俄罗斯对该出口关税进行了延期,延期至 2015 年 6 月 30 日。

政府采购方面,为保护俄罗斯国内相关企业,俄罗斯明确规定在政府采购过

程中优先考虑俄罗斯国产产品。2014 年,俄罗斯通过了一项决议,禁止政府机构采购在国外生产的汽车及机械设备,该决议只针对在俄罗斯以外投产的汽车,外国品牌在俄罗斯本地投产且能够满足本地含量要求的汽车并不包括在内。2014 年年底,俄罗斯禁止国家持有超过 50%股份的国有企业在俄罗斯拥有同类产品的情况下,在境外购买汽车、冶金产品和重型机械产品。2015 年 2 月,批准了一项禁止政府采购中购买俄罗斯、白俄罗斯和哈萨克斯坦关税同盟产地以外的部分外国医疗设备的法案。

补贴方面,俄罗斯政府每年都针对农业领域给予大量补贴。2014 年,俄罗斯出台了一项包括特殊用途拖拉机、农业收获后干草加工设备、牲畜挤奶设备在内的农业设备的补贴法案。2014 年开始对涉及生物技术为基础的化工企业和木材企业实行贴息贷款。2014 年 1 月,俄罗斯分别通过在民用工业优先领域、化工企业、民用产业重点领域的补贴法案。2014 年 1 月 18 日通过了对汽车制造业的补贴,涉及研发、维护等内容。

知识产权方面,2014 年 11 月 14 日,俄罗斯国家杜马通过了反盗版法修正案。该修正案是对 2013 年 8 月 1 日起开始实施的现行反盗版法的有效补充,不仅扩大了适用范围,还规定了如果被告的侵权网站连续两次败诉,将被永久关闭,该修正案被认为是俄罗斯史上最为严格的反盗版法修正案。

计算机及相关服务方面,自美国前中情局雇员斯诺登“棱镜门”泄密事件以后,为保护数据安全,2014 年 7 月 4 日,俄罗斯国家杜马批准了一项法案,所有收集俄罗斯公民信息的互联网公司都必须将这些数据存储在俄罗斯国内的服务器上。该法案将于 2016 年 9 月 1 日生效。

贸易救济方面,欧亚经济委员会理事会通过决议,规定了从 2014 年 1 月 1 日起至 2016 年 8 月 21 日止进口俄、白、哈三国谷物联合收割机的配额。其中:俄罗斯 2014、2015 和 2016 年的配额分别为 424 台、437 台和 288 台;哈萨克斯坦分别为 300 台、309 台和 204 台;白俄罗斯分别为 50 台、52 台和 34 台。

(二)贸易摩擦

在立陶宛和波兰的野猪中发现非洲猪瘟病例后,俄罗斯自 2014 年 1 月下旬对欧盟生猪及猪肉制品采取了进口禁令等措施。2014 年 4 月 8 日,欧盟向 WTO 秘书处提交在争端解决机制下磋商请求(DS475)。欧盟认为,与同样出现非洲猪瘟的猪肉出口国乌克兰和白俄罗斯相比,欧盟及其成员国受到俄罗斯的差别待遇,俄罗斯采取的措施违反了《卫生与植物卫生措施协议》的若干条款及《关税与贸易总协定》中的最惠国待遇规定。

2014 年 4 月 30 日,俄罗斯就欧盟提出的“第三次能源改革方案”向 WTO 秘书处提出磋商请求,俄罗斯认为该方案歧视第三方参与当地天然气生产、供应和运输，不符合《服务贸易总协定》《补贴与反补贴措施协议》和《WTO 协定》等所规定的义务和责任。

2014 年 5 月 21 日，欧盟在 WTO 就俄罗斯对来自德国和意大利的轻型商务车征收反倾销税向俄罗斯提出磋商要求（DS479）。欧盟认为俄罗斯的反倾销税在程序和实体上都违反了 WTO 法。

2014 年 10 月 31 日，欧盟就俄罗斯因农业、制造业产品关税待遇问题向 WTO 秘书处提交了磋商请求（DS485）。2014 年 11 月 6 日，乌克兰请求加入磋商。2014 年 11 月 14 日，印度尼西亚、日本和美国要求加入磋商。

2015 年 5 月 7 日，俄罗斯分别就乌克兰对俄罗斯硝酸铵反倾销措施（DS493）和欧盟对自俄罗斯进口产品的反倾销计算问题（DS494）向 WTO 秘书处提交磋商申请。

由于乌克兰危机的持续恶化，美国、欧盟等发达经济体对俄罗斯采取了多轮经济制裁。2014 年 3 月 17 日，由于克里米亚宣布独立并正式申请加入俄罗斯，美国宣布对 7 名俄罗斯官员、4 名乌克兰官员实施签证禁令和资产冻结等制裁措施。欧盟也决定对“破坏乌克兰主权”负有责任的 21 人实施限制旅游并冻结其在欧盟的资产等制裁措施。4 月 28 日，由于乌克兰东部两州宣布独立，美国对 7 名俄罗斯官员实行资产冻结和签证限制，并对 17 家俄罗斯公司实施资产冻结。欧盟新增 15 位俄罗斯人实施资产冻结以及账户交易禁令。7 月 12—16 日，由于乌克兰政府军与东部亲俄反政府军冲突不断，美国政府决定禁止 2 家俄罗斯金融机构、2 家能源公司、8 家军工企业借助美国资源获得中期和长期融资。冻结 4 名俄罗斯政府官员在美国的资产，并禁止其与美国企业和个人有业务往来。欧盟决定在制裁名单中新增 11 人，同时不允许欧洲投资银行、欧洲复兴开发银行给俄罗斯新项目提供融资帮助。7 月 30 日，由于马航 MH17 客机被“高能物体”击落，美国宣布制裁 3 家俄罗斯银行和 1 家国有造船公司在美国发行股票或者中长期债券。美国将暂停鼓励对俄出口，禁止向俄能源部门出口某些商品。欧盟阻止俄罗斯 5 家银行进入欧盟金融市场，禁止签订军售合同、提供高新能源开采和军民两用技术，冻结 8 名俄罗斯人和 3 家俄罗斯公司的资产①。这一系列的制裁导致俄罗斯经济形势恶化，资本持续大幅度外流。为应对经济制裁，2014 年 8 月，俄罗斯决定实施反制裁，对美国、欧盟、加拿大、澳大利亚和挪威出口到俄罗斯的农业产品、原材料和食品采取为期一年的禁止进口措施。宣布在一年内禁止自欧盟国家进口牛肉、禽肉、猪肉、鱼、奶酪、牛奶等农产品，禁止自澳大利亚、加拿大、欧盟、美国、挪威等地进口果蔬产品。这一措施导致欧盟

① 郭可为．美欧俄“制裁战”加剧地缘经济动荡［N］．上海证券报，2014 年 9 月 16 日．

国家农产品出口直接损失约 35 亿美元。

二、俄罗斯贸易政策展望

（一）贸易政策仍将以保护国内产业为主

俄罗斯在加入 WTO 的 3 年中，虽然积极履行入世承诺，降低关税水平，但是却在不断地发明新的非关税壁垒，限制或禁止部分产品的进口，推出一系列歧视性条款来保护本土产品，打压进口商品。同时，尽管进口商品的激烈竞争导致批发价格不断下降，但由于俄罗斯零售商垄断细分市场，俄罗斯国内的消费者只能以不变或更高的价格购买商品，消费者没有获得任何入世的好处。此外，尽管 2014 年 1 月俄罗斯政府总理梅德韦杰夫批准成立了 WTO 问题分析中心，以确保俄罗斯积极参与 WTO 及其争端解决机制的相关活动，但俄罗斯至今未在日内瓦的 WTO 总部设立办事处。

（二）区域经贸合作以欧亚经济联盟为依托

欧亚经济联盟是由“俄白哈”关税同盟发展而来。2014 年 5 月 29 日，俄白哈三国总统签署《欧亚经济联盟条约》。2015 年 1 月 1 日，欧亚经济联盟正式运行，目前成员国有俄罗斯、白俄罗斯、哈萨克斯坦、亚美尼亚和吉尔吉斯斯坦。其目标是在 2025 年前实现联盟内部商品、服务、资本和劳动力的自由流动，以及推行协调一致的经济政策。在俄罗斯的带动下，欧亚经济联盟正积极地与越南开展自贸区谈判，并已接近尾声。可见，俄罗斯正以该联盟为依托，积极带动其他几个国家同亚太地区的经济体开展自由贸易协定谈判，试图进一步增加自身在该地区的影响力，实现大国在区域贸易中的利益诉求。

（三）亚太地区以中国为核心

由于美国、欧盟等发达经济体的经济制裁，同时受 2014 年国际石油价格大幅下跌影响，俄罗斯经济遭受重挫。为应对美国、欧盟等发达经济体的制裁，突破美国对俄罗斯实行的外交孤立政策，克服俄罗斯面临的严重经济问题，俄罗斯积极开展亚太地区外交，加快实施俄罗斯远东地区发展战略，为中俄全面战略协作伙伴关系的进一步深化注入了新的动力。2014 年中俄两国领导人频繁互访，积极推动经济贸易领域合作。2014 年 5 月 20 日，俄罗斯总统普京访华，两国元首签署了《中华人民共和国和俄罗斯联邦关于全面战略协作伙伴关系新阶段的联合声明》，标志着中俄两国关系进入新的阶段。

在能源领域，2014 年 5 月，中俄两国政府签署了《中俄东线天然气合作项目备忘录》，中国石油天然气集团公司和俄罗斯天然气工业股份公司签署了《中俄东线供气购销合同》。合同总价值达 4 000 亿美元，每年供气 380 亿立方米，期限为 30 年。2014 年 9 月，中俄东线天然气管道在雅库茨克举行开工仪式，从

2018年起,俄罗斯将通过中俄天然气管道东线向中国供气。2014年11月9日,中俄双方又签署了为期30年的《关于通过中俄西线管道自俄罗斯向中国供应天然气领域合作的备忘录》《中国石油天然气集团公司与俄罗斯天然气工业公司关于经中俄西线自俄罗斯向中国供应天然气的框架协议》。项目总价值超过3 000亿美元,每年供气300亿立方米,期限为30年。

在运输通道方面,2014年2月同江铁路界河桥举行奠基仪式,开始进入施工建设阶段,预计2017年建成。2014年5月20日,吉林省政府与俄罗斯苏玛集团签署了合作建设扎鲁比诺大海港的框架协议,计划在俄罗斯滨海边疆区特罗伊察海湾建设大扎鲁比诺港。2014年10月13日,在中俄总理第十九次定期会晤期间,中俄签署了《中国国家发展和改革委员会与俄罗斯运输部、中国铁路总公司与俄罗斯国家铁路股份公司中俄高铁合作谅解备忘录》。

同时,中国正大力推进的“一带一路”建设与俄罗斯“向东走”战略不谋而合。未来一段时期内,加强同中国的双边经贸合作将会是俄罗斯“东进战略”的核心。

第二节　2014年俄罗斯贸易发展回顾与展望

一、俄罗斯2014年贸易发展形势

(一) 货物贸易

1. 货物贸易进出口实现正增长,出口额大幅提高

2014年俄罗斯货物贸易进出口额实现大幅度增长。据俄罗斯海关统计,2014年俄罗斯货物进出口总额7 828.64亿美元,同比增长35.6%。但这一增长主要来自出口增长,进口方面较2013年差别不大。具体来看,2014年俄罗斯出口额为4 969.31亿美元,同比增长71.3%;进口额为2 859.34亿美元,同比下降0.4%。如图16.1所示。

如图16.2所示,俄罗斯在货物贸易中一直保持着顺差地位,虽然受国际市场能源资源类产品价格下降的影响,2011—2013年顺差额呈下滑趋势,但2014年俄罗斯货物贸易顺差额从2013年的31.23亿美元迅速扩大至2 109.97亿美元,增幅高达6 656.4%。

2. 市场过于集中,商品结构单一

从出口贸易方面看,俄罗斯的主要贸易伙伴包括欧盟、中国、土耳其、日本和白俄罗斯(图16.3),其中荷兰、德国和意大利依然是俄罗斯在欧盟中最大的三个出口国。除乌克兰和英国外,2014年俄罗斯对主要出口贸易伙伴的出口总

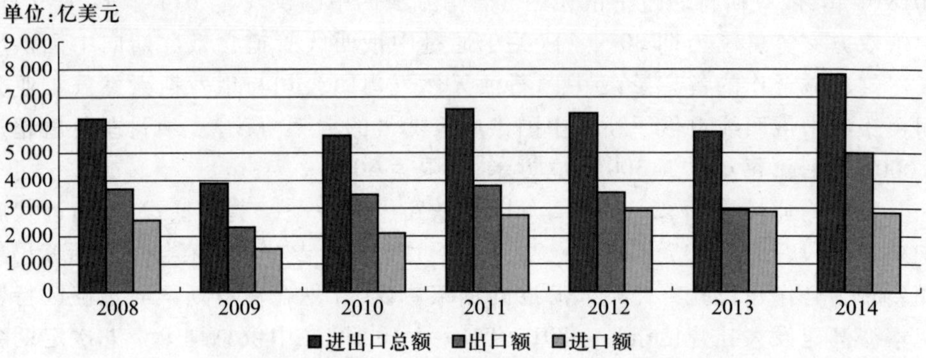

图 16.1 2008—2014 年俄罗斯进出口贸易额变化

资料来源:根据中国商务部官方网站资料绘制,http://countryreport.mofcom.gov.cn.

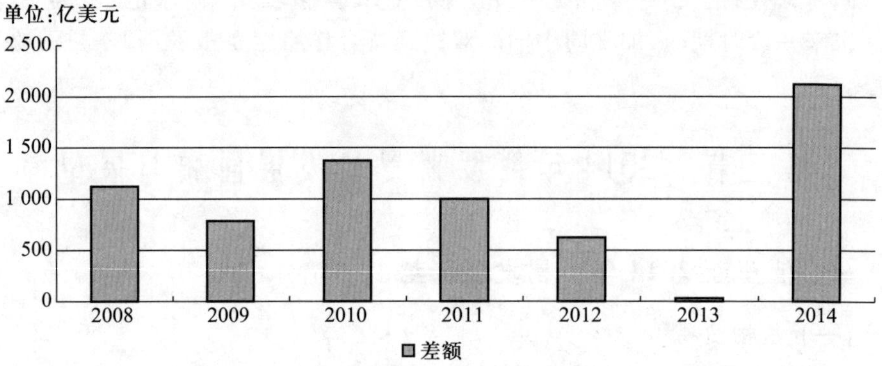

图 16.2 2008—2014 年俄罗斯贸易差额变化

资料来源:根据中国商务部官方网站资料绘制,http://countryreport.mofcom.gov.cn.

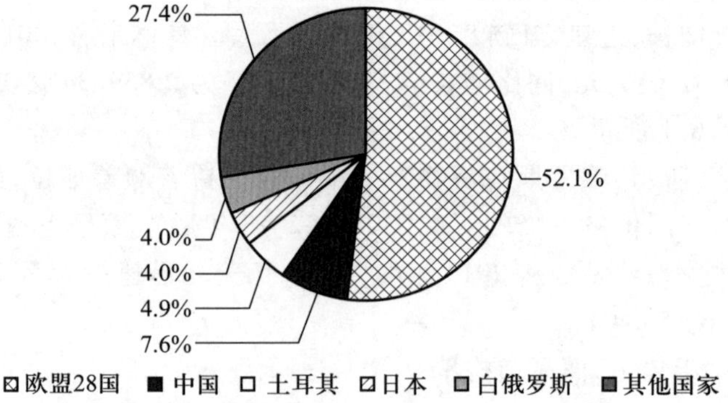

图 16.3 2014 年俄罗斯出口商品市场分布图

资料来源:根据中国商务部官方网站资料绘制,http://countryreport.mofcom.gov.cn.

额,均实现增长。其中,对中国货物贸易出口额扩大至 375.09 亿美元,同比增长 125.4%,中国成为俄罗斯除欧盟 28 国外第一大贸易伙伴。受乌克兰危机影响,俄罗斯对乌克兰出口额从 2013 年的 218.46 亿美元降至 2014 年的 171.14 亿美元,降幅达 21.7%。

从出口商品结构看,俄罗斯对外出口长期以来都以资源型原材料产品为主,如石油、天然气等。2014 年俄罗斯出口产品仍然集中在原材料产品。前五大类出口商品分别为矿产品、贱金属及其制品、化工产品、机电产品和贵金属及其制品。其中,矿产品占比高达 68.8%(图 16.4),在出口的矿产品中,又有 70.85%输往欧盟 28 国。由此可见,俄罗斯货物出口贸易市场过于集中,且严重依赖石油、天然气等能源。

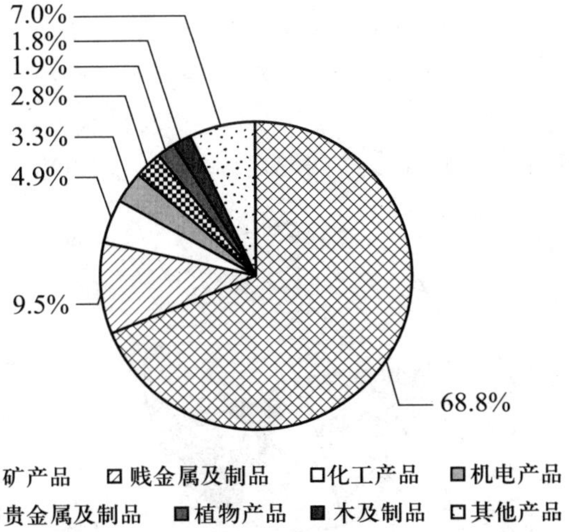

图 16.4 2014 年俄罗斯主要出口商品构成

资料来源:根据中国商务部官方网站资料绘制,http://countryreport.mofcom.gov.cn.

从进口贸易看,俄罗斯主要贸易伙伴为欧盟、中国、美国、白俄罗斯、乌克兰和日本(图 16.5)。2014 年俄罗斯从主要贸易伙伴国的进口额除美国与白俄罗斯实现增长外,其他国家或组织均出现负增长,其中日本与乌克兰降幅高达 17%和 28.6%。

从进口商品结构看,俄罗斯进口前五大类商品依次为机电产品、运输设备、化工产品、贱金属及制品、塑料和橡胶,共占其进口总额的 67%(图 16.6)。其中,从中国、德国进口的机电产品就占总额的 40.6%;运输设备主要来自德国、日本和美国,从三国的进口额共占据 42%的份额;化工产品主要从德国和法国进口,从两国的进口额占比 28.2%;贱金属制品中有 43.9%来自中国、乌克兰和德国;塑料、橡胶制品中,中国、德国和韩国占据 39.3%的份额。由此可见,俄罗斯

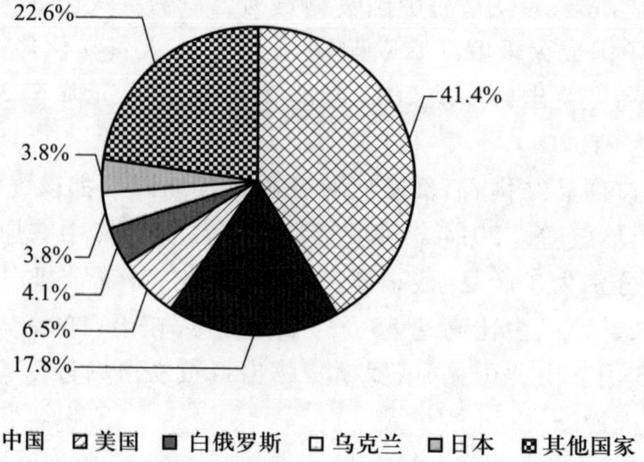

图 16.5 2014 年俄罗斯进口商品地区分布

资料来源:根据中国商务部官方网站资料绘制,http://countryreport.mofcom.gov.cn.

进口商品市场同样存在相对集中的问题。

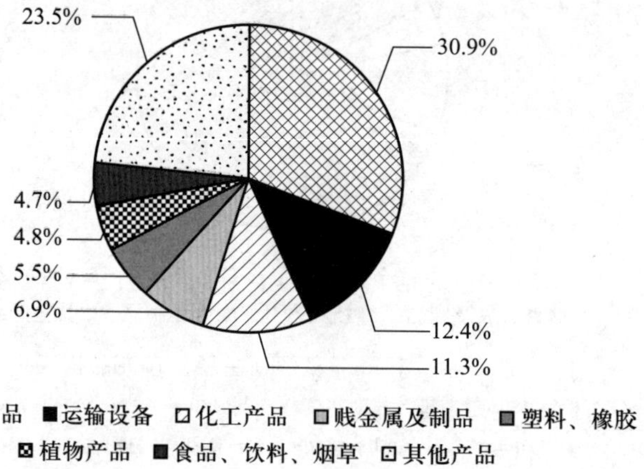

图 16.6 2014 年俄罗斯主要进口产品构成

资料来源:根据中国商务部官方网站资料绘制,http://countryreport.mofcom.gov.cn.

2014 年欧盟仍是俄罗斯第一大贸易伙伴、第一大出口市场和第一大进口来源地。2014 年,俄罗斯与欧盟 28 国的双边贸易总额达 3 745.56 亿美元,同比减少 0.22%。对欧盟 28 国出口总额达 2 572.95 亿美元,同比增长 66.53%;自欧盟 28 国进口总额达 1 172.61 亿美元,同比减少 12.59%。对欧盟 28 国出口的主要商品中,矿产品、贱金属及制品、化工产品排在前三位,分别占俄罗斯对欧盟 28

国出口总额的 70.85%、6.42%和 2.74%。在俄罗斯从欧盟 28 国进口的主要商品中,主要的三类产品分别是机电产品、化工产品以及运输设备,分别占比 32.25%、17.33%和 13.55%。

3. 中国成为第二大出口市场

随着中俄经贸关系的进一步加深,2014 年,中国从 2013 年俄罗斯的第四大出口市场跃至第二位。据俄罗斯海关统计,2014 年中俄双边货物进出口额为 884 亿美元,同比增长 29.4%。其中,俄罗斯对中国出口 375.1 亿美元,同比增长 125.4%;俄罗斯自中国进口 508.9 亿美元,同比减少 1.6%。

俄罗斯对中国出口的主要产品为矿产品、木及制品和化工产品,三类产品出口额分别为 288.9 亿美元、25.1 亿美元和 14.7 亿美元,分别占俄罗斯对中国出口总额的 77.7%、6.8%和 4%,其中矿产品增幅高达 235.7%。自中国进口的主要有机电产品、纺织品及原料和贱金属及制品,进口额分别为 234.7 亿美元、49.2 亿美元和 39.8 亿美元,分别占俄罗斯自中国进口总额的 46.2%、9.7%和 7.8%,较 2013 年略有下降。

(二) 服务贸易

1. 服务贸易规模略有减小

如表 16.1 所示,2009—2014 年,俄罗斯服务贸易规模总体呈扩大趋势,但 2014 年受俄罗斯与美国、欧盟等发达经济体相互制裁的影响,服务贸易规模略有减小,六年来首度出现负增长。与 2013 年相比,进出口额均出现了不同程度的下滑,但减幅不大,逆差额亦有所减少。

表 16.1 2009—2014 年俄罗斯服务贸易进出口情况

单位:亿美元,%

年份	总额	同比增长	出口	同比增长	进口	同比增长	差额
2009	1 091.94	—	457.97	—	633.97	—	-176.00
2010	1 244.38	13.96	491.59	7.3	752.79	18.7	-261.20
2011	1 495.34	20.17	580.39	18.1	914.95	21.5	-334.56
2012	1 712.66	14.53	623.40	7.4	1 089.26	19.1	-465.86
2013	1 985.22	15.91	701.22	12.5	1 284.00	17.9	-582.78
2014	1 878.39	-5.38	666.53	-4.9	1 211.86	-5.6	-545.33

资料来源:根据 UNCTAD 数据库官方网站资料整理,http://unctad.org/en/Pages/Statistics.aspx.

2. 服务贸易分行业发展现状

服务出口中,俄罗斯运输业出口规模最大,并依然保持着顺差,但较 2013 年出口额同比减少 9.9%，其他服务贸易则均处于逆差（表 16.2）。虽然保险业和个人、文化和娱乐服务行业出口增速均达到 10%以上，但出口份额较小。由此可见，俄罗斯现代服务业发展还较为落后。服务进口中，旅游业规模最大，运输业进口规模第二。同时旅游业与专利和特许权服务逆差规模分列前两位，专利和特许权服务逆差额较 2013 年有所减少，但仍高达 75.58 亿美元。

表 16.2　2014 年俄罗斯服务贸易进出口结构　单位：亿美元，%

服务行业	出口	同比增长	进口	同比增长	差额
运输服务	210.39	1.4	157.76	-9.9	52.63
旅游服务	120.60	0.6	503.1	-5.9	-382.50
建筑服务	47.23	-20	77.87	-16.8	-30.64
通信、计算机和信息服务	42.84	2.9	64.91	6.8	-22.07
金融服务	17.13	0.7	25.03	-26.2	-7.90
保险服务	4.47	-14.4	15.65	12.3	-11.18
政府服务	9.11	-9.9	22.49	-14.8	-13.38
专利和特许权服务	6.74	-8.6	82.32	-1.9	-75.58
个人、文化和娱乐服务	7.63	-0.9	14.53	14.9	-6.90
其他服务	162.02	-39.33	248.2	-0.42	-86.18

资料来源：根据 UNCTAD 数据库官方网站资料整理，http://unctad.org/en/Pages/Statistics.aspx.

（三）影响俄罗斯贸易发展的主要因素

货物贸易方面，2014 年俄罗斯货物进出口贸易进一步扩大，出口贸易迅速增长，进口贸易自 2009 年后持续呈负增长。主要原因在于，首先，俄罗斯出口贸易商品仍然以能源与资源类产品为主，且入世后俄罗斯为履行承诺，不断约束能源类产品的出口关税，所以俄罗斯货物出口贸易规模的发展在很大程度上取决于国际市场对能源产品的需求以及能源产品的价格。其次，俄罗斯进出口市场较为集中，2014 年仅欧盟一个地区就占据俄罗斯进出口份额的 48.2%，在该年度，由于乌克兰危机全面恶化，俄罗斯与美国、欧盟等发达经济体之间相互制裁，导致俄罗斯在该年度进口贸易下滑。再次，俄罗斯国内经济不景气，卢布贬值以及贸易壁垒问题严重是俄罗斯进口贸易下滑的重要原因。

二、俄罗斯贸易发展展望

（一）贸易规模缩小

虽然 2014 年俄罗斯贸易规模较 2013 年增长 35.6%，但俄罗斯海关统计数据显示,2015 年 1—3 月,俄罗斯进出口贸易总额达 1 329 亿美元,与 2014 年同期相比下降 30.6%。其中,出口总额 906 亿美元,同比下降 26.5%;进口总额 423 亿美元,同比下降 38%。累计实现贸易顺差 483 亿美元,同比下降 12.2%。俄罗斯财政部初步统计显示,2015 年 1—4 月,俄罗斯预算赤字达 9 957.9 亿卢布,占 GDP 的 4.4%。其中,预算收入为 45 480 亿卢布,联邦支出额为 55 440 亿卢布。可见,受俄罗斯国内经济持续低迷、国际原油价格震荡、与美国和欧盟等发达经济体相互制裁等因素的影响,2015 年俄罗斯贸易规模必将缩小。在能源出口方面,2009 年欧盟通过"第三能源一揽子文件",禁止从事天然气开采的公司成为地区天然气管道的所有者,同时采取系列措施使供应渠道更加多样化。2014 年欧盟自挪威进口天然气份额从 2013 年的 34%升至 38%,表明欧盟降低对俄罗斯能源依赖的努力正在奏效。可见,2015 年俄罗斯对欧能源输出将会减少。

(二) 中俄贸易规模将进一步扩大

随着 2014 年 5 月 20 日《中俄关于全面战略协作伙伴关系新阶段的联合声明》的签署,标志着中俄两国关系步入新的阶段。由于中俄贸易有较强的互补性,随着美国、欧盟等发达经济体对俄罗斯制裁的进一步升级,为降低经济制裁带来的不良影响,俄罗斯加强了与亚太地区间的经贸合作。可以预见,加强同中国的双边经贸合作将是俄罗斯未来的工作重心。

参考文献

[1] The Russian Government. Approval of the Rules on Subsidising Russian Chemical Companies' Investment Projects for New Biotechnology - Based Product Lines[EB/OL].http://government.ru/en/docs/10398/.11 February 2014.

[2] The Russian Government. Approval of the Rules for Subsidising Russian Timber Companies' Investment Projects for New Biotechnology-Based Product Lines [EB/OL].http://government.ru/en/docs/10498/.14 February 2014.

[3] The Russian Government. Customs Duty Rates on Natural Gas Delivered from the Territory of the Russian Federation to the Territory of Ukraine[EB/OL].http://government.ru/en/docs/15524/.1 November 2014.

[4] The Russian Government. Export Duties on Russian Gas Deliveries to Ukraine[EB/OL].http://government.ru/en/docs/17487/.1 April 2015.

[5] The Russian Government. On Amending Export Customs Duties Rates, on Exports from Russia to Countries Outside the Member States of the Customs Union [EB/OL].http://government.ru/en/docs/14017/.25 July 2014.

[6] The Russian Government. On the New Version of the Roadmap On Support

of Access to Foreign Markets and Support of Exports[EB/OL].http://government.ru/en/docs/10829/.3 March 2014.

[7] The Russian Government.Restricting the Share of Certain Foreign-Made Medical Goods in State and Municipal Purchases[EB/OL].http://government.ru/en/docs/16776/.6 February 2015.

[8] The Russian Government.On Government Subsidies to Motor Vehicle Manufacturers under the Automotive Industry Subprogramme, of the State Programme Advancing Manufacturing Industries and Raising Their Competitiveness[EB/OL].http://government.ru/en/docs/9795/.18 January 2014.

[9] The Russian Government.On Measures to Implement the Presidential Executive Order On Adopting Special Economic Measures to Provide for Security of the Russian Federation [EB/OL]. http://government. ru/en/docs/14195/. 7 August 2014.

[10] The Russian Government.On Measures to Develop the Leather, Footwear and Affiliated Industries[EB/OL].http://government.ru/en/docs/10271/. 6 February 2014.

[11] The Russian Government.On Measures to Expand Production of Russian Farming Equipment[EB/OL].http://government. ru/en/docs/10672/.21 February 2014.

[12] Sputnik News.Russian Oil Industry Secure Despite Sanctions[EB/OL].http://sputniknews. com/analysis/20140915/192949219/Russian-Oil-Industry-Secure-Despite-Sanctions.html.

[13] Sanctions effect: Russia to Change Its Economic Partners…For the Better [EB/OL].http://rt.com/op-edge/russia-switches-to-brics-sanctions-357/.

[14] The Russian Government.State Subsidies for Chemical Companies Implementing Investment Projects [EB/OL]. http://government. ru/en/docs/9622/. 11 January 2014.

[15] The Russian Government.Subsidies to Encourage R&D under Comprehensive Investment Projects in Priority Areas of Civil Industry[EB/OL].http://government.ru/en/docs/9626/.11 January 2014.

[16] The Russian Government. Subsidies to Stimulate Interest Payments on Loans for New Comprehensive Investment Projects in Priority Areas of the Civilian Industry[EB/OL].http://government.ru/en/docs/9630/.11 January 2014.

[17] USTR.2014 Russia WTO Implementation Report[EB/OL].https://ustr.

gov/sites/default/files/2014%20Russia%20WTO%20Implementation%20Report.pdf.

[18] 陈宇,韩奕琛.浅析乌克兰危机对俄罗斯的影响[J].国际研究参考,2014(12).

[19] 常远.中俄经贸合作迈出新步伐[N].经济日报,2015-04-17.

[20] 刘志忠.美欧俄制裁战对中国经济的影响及对策[J].理论学刊,2015(2).

[21] 刘清才,刘涛.西方制裁背景下俄罗斯远东地区发展战略与中俄区域合作[J].东北亚论坛,2015(3).

[22] 粟瑞雪,李燕.俄罗斯在中亚的利益:内容、前景、制约因素[J].俄罗斯研究,2014(2).

[23] 桑百川,刘洋,郑伟. 美欧对俄制裁下的中俄经贸关系展望[J]. 国际贸易,2015(1).

[24] 吴鑫凯.俄罗斯经济危机与俄欧关系[J].国际融资,2015(2).

[25] 徐坡岭,肖影,刘来会.乌克兰危机以来俄罗斯经济危机的性质及展望[J].俄罗斯研究,2015(1).

[26] 袁新涛."一带一路"建设的国家战略分析[J].理论学刊,2014(11).

[27] 张琳,高凌云.2013—2014 年俄罗斯宏观经济形势分析与展望[J].中国市场,2015(5).

[28] 相均泳,荆林波.乌克兰危机引发的俄罗斯与西方贸易战对中国贸易的影响[J].学术论坛,2015(1).

[29] 中国商务部.国别贸易投资环境报告 2014[EB/OL].http://countryreport.mofcom.gov.cn/record/qikan110209.asp? id=5982.

[30] 中国商务部.2014 年俄罗斯货物贸易及中俄双边贸易概况[EB/OL].http://countryreport.mofcom.gov.cn/record/qikan110209.asp? id=6996.

第四篇　WTO 二十年专题

第十七章　WTO的组织发展

1994年4月15日签署的《WTO协定》建立了一个全新的国际组织，用约26 000页文字详细说明如何管理"一个更完整的、更可行的和持久的多边贸易体制，以包含《关税与贸易总协定》、以往贸易自由化努力的结果以及乌拉圭回合多边贸易谈判的全部结果"。

要充分地理解WTO是什么，就要从其既是机构又是机制的双重身份开始：一方面，WTO是一个众多国际职员为之工作的机构；另一方面，WTO是一个众多成员管理、谈判和协调的机制。作为一个机构，WTO要完成各类协议、协定和报告的撰写和管理；作为一项机制，WTO不仅要推进各项谈判，还要监督各成员是否履行承诺，提高发展中国家成员的有效参与，有力地推进市场开放和贸易自由化。

第一节　WTO：一个成员驱动的国际组织

一、WTO的组织结构

WTO与前身GATT最大的不同就是，WTO是一个善意的（bona fide）、永久性的国际组织。完整的组织架构是WTO正常运转的重要保障。图17.1是WTO组织结构的总体面貌。按照不同功能和级别，基本可以分为四个层级：部长级会议和总理事会、专门理事会、委员会、其他机构。

（一）第一层级：部长级会议和总理事会

部长级会议是组织机构的最高层，由所有WTO成员组成，至少每两年举行一次会议。根据《WTO协定》，部长级会议"全权履行WTO的职能，并为此采取必要的行动"，"有权对多边贸易协议下的所有事项做出决定"。

在部长级会议休会期间，WTO由总理事会管理。总理事会也由WTO全体成员组成，并定期召开会议，大约每年6次，出席会议的成员代表多为各成员驻日内瓦代表团团长。除日常不间断管理监督WTO工作的各个方面，处理最重要的紧急事务外，总理事会还通过两种形式履行职能：一是通过争端解决机构及上诉机构来处理成员间的贸易争端；二是由贸易政策审议机构对成员的贸易政策和行为进行审议。以此为目的的会议更加频繁，前者大约每月一次会议，后者根据当年度的审议工作量而定，会更加频繁一些。

WTO从1995年正式成立以来至2013年年底已召开9次部长级会议，具体

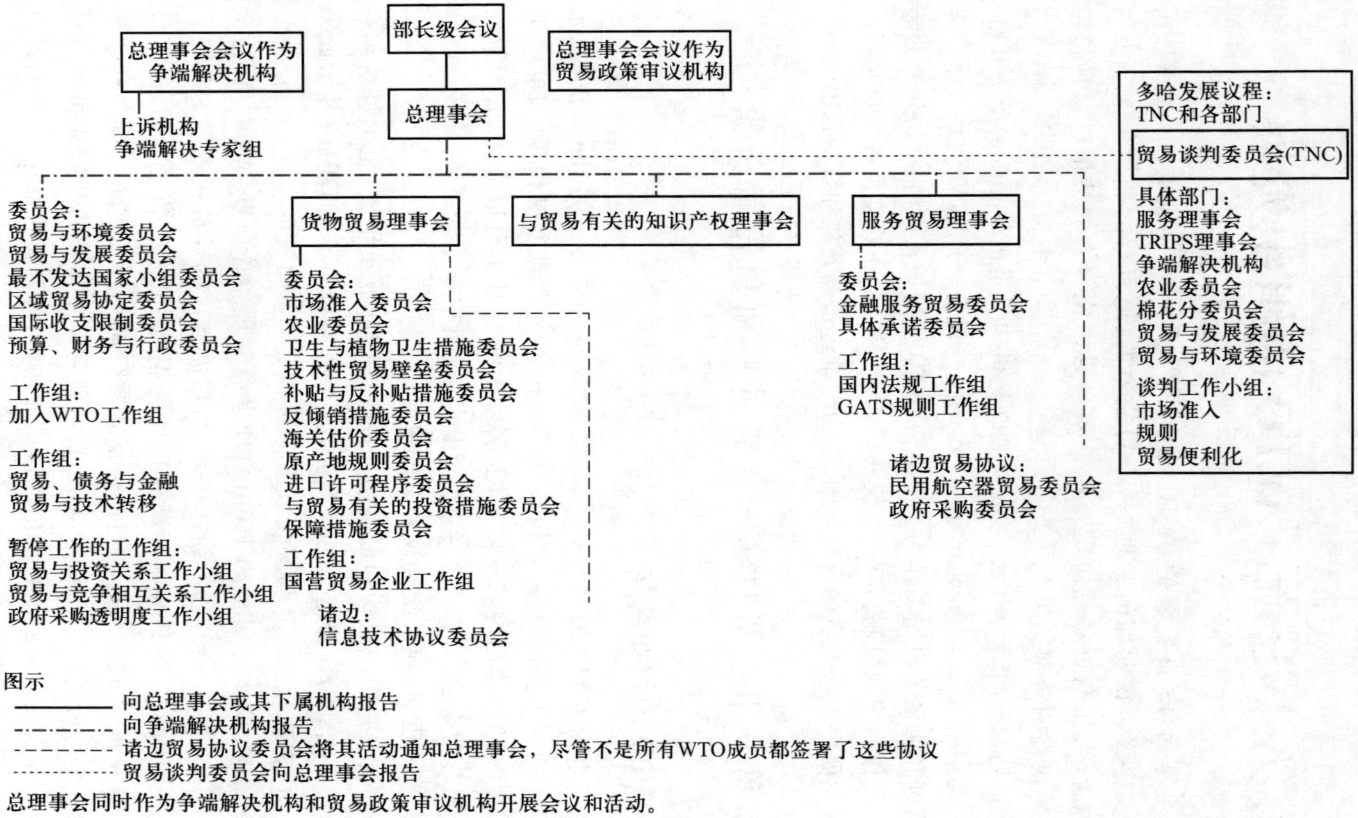

图 17.1　WTO 的组织结构

资料来源：根据 WTO 官方网站资料整理，https://www.wto.org/english/thewto_e/whatis_e/tif_e/org2_e.htm.

时间和举办地点请见表 17.1。第 10 次部长级会议于 2015 年 12 月 15－18 日在肯尼亚首都内罗毕举行。

表 17.1　WTO 历届部长级会议一览表

序号	时间	地点	主要成果
1	1996 年 12 月 9～13 日	新加坡	• 通过新加坡部长宣言，包括评估 WTO 各项协议和协定的承诺执行情况；回顾谈判和工作框架；讨论世界贸易发展；解决世界经济面临的挑战 • 通过《信息技术产品贸易新加坡宣言》
2	1998 年 5 月 18～20 日	瑞士日内瓦	• 回顾多边贸易体制建立 50 周年 • 通过《全球电子商务宣言》
3	1999 年 11 月 30 日～12 月 3 日	美国西雅图	
4	2001 年 11 月 9～13 日	卡塔尔多哈	• 通过《多哈部长宣言》，启动多哈回合谈判 • 通过《TRIPS 协定与公共健康宣言》 •《关于执行的事项和问题的决定》 •《补贴-第 27 条第 4 款程序的扩展》 •《关于欧盟共同农业政策伙伴协议的豁免》 •《关于欧盟香蕉进口的过渡性机制》 • 中国成为 WTO 新成员
5	2003 年 9 月 10～14 日	墨西哥坎昆	• WTO 成立后，首次有最不发达国家加入成为正式成员（柬埔寨和尼泊尔）
6	2005 年 12 月 13 日～18 日	中国香港	• 重申多哈部长级会议的各项宣言和决定 • 重申多哈回合以“发展”为中心的各项议题和内容
7	2009 年 11 月 30 日～12 月 2 日	瑞士日内瓦	• 讨论 WTO、多边贸易体系和全球经济环境等
8	2011 年 12 月 15～17 日	瑞士日内瓦	• 讨论多边贸易体制和 WTO 的重要性 • 讨论贸易与发展 • 讨论多哈发展议程
9	2013 年 12 月 3～6 日	印度尼西亚巴厘岛	• 通过《巴厘一揽子协定》，旨在贸易便利化，允许发展中国家有更多选择可以保证食品安全，振兴最不发达国家成员贸易、援助计划等 • 也门成为 WTO 新成员

续表

序号	时间	地点	主要成果
10	2015 年 12 月 15~18 日	肯尼亚 内罗毕	• 通过《内罗毕一揽子协定》,包含关于农业(发展中国家成员特殊保障机制、保证粮食安全的公共储备、出口竞争)、棉花以及与最不发达国家有关(最不发达国家原产地规则、增强最不发达国家服务贸易竞争力和参与度)的六项部长级宣言 • 通过《内罗毕部长宣言》,规划未来 WTO 的工作框架

资料来源:根据 WTO 官方网站资料整理,https://www.wto.org/english/thewto_e/minist_e/minist_e.htm.

(二) 第二层级:专门理事会

总理事会下设三个专门理事会:货物贸易理事会、服务贸易理事会和与贸易有关的知识产权理事会。三个理事会向总理事会汇报工作,并在总理事会的指导下开展工作,行使货物贸易、服务贸易和知识产权协定以及总理事会赋予的职能,准备和采纳各委员会通过的决议。货物贸易理事会涵盖《WTO 协定》附件 1A 所列的全部协议,即 GATT 本身及关于货物贸易的多边谅解、协议和决定,既包括乌拉圭回合的结果,也包括以前延续下来的内容;服务贸易理事会负责《服务贸易总协定》的实施;知识产权理事会负责《与贸易有关的知识产权协定》的实施。每个专门理事会都向所有成员开放,并在必要时召开会议。

专门理事会根据不同的协议设立专门的委员会,随着一些协议的失效,相应的委员会也会解散。如 2004 年年底《纺织品与服装协议》完成十年的过渡期并失效,相应地,纺织品监督机构也随之解散。

(三) 第三层级:向总理事会报告的委员会

除专门理事会外,一些委员会也要向总理事会直接汇报,包括贸易与发展委员会,国际收支限制委员会,预算、财务与行政委员会,1996 年还设置了贸易与环境委员会和区域贸易协定委员会。前 3 个委员会都是从 GATT 中继承下来的,贸易与发展委员会为了定期审议多边贸易协议中有利于最不发达国家的特殊条款,还设立了最不发达国家小组委员会。这些委员会都对所有 WTO 成员开放,但目前只有贸易与发展委员会的成员数接近 WTO 总成员数量。

还有一些委员会也要直接向总理事会汇报其活动,即由有限数量的 WTO 成员签署的诸边贸易协议下设立的委员会,包括民用航空器委员会、政府采购委员会、国际乳品理事会、国际肉类理事会,相关协议实际上是 20 世纪 70 年代东京回合中达成协议的后续协议,不对全体 WTO 成员适用,随着部分协议失效,其相应的委员会也相继解散,目前仍在正常工作中的只有民用航空器贸易委员会和政府采购委员会。

(四)第四层级:其他机构

其他机构包括职责相对独立的工作组和贸易谈判委员会。如加入 WTO 工作组专门负责新成员的加入谈判,根据目前谈判情况专门设立的多哈回合贸易谈判委员会及其涵盖的各具体谈判领域工作组等。这些机构也要向总理事会汇报其工作内容和活动。

二、WTO 的决策机制

WTO 继承了 GATT 所遵循的"一人一票"原则,即每个成员都享有一票投票权,在制定决策方面实行协商一致原则。除了退出和加入等少数问题必须投票决定外,很少进行投票表决。WTO 的传统做法就是把一件事情讨论到可以实现所有成员支持或至少没有成员反对的协议时才做出决定。

较为复杂的投票规则发生在有关《WTO 协定》或各项协议的解释、修正、给予豁免或新成员减让的问题上。如对协议的解释只有获得成员 3/4 多数支持才能通过,改变成员权利和义务的修正须 2/3 多数成员投票赞成通过后才能接受。

这些投票规则显然比 GATT 时期的规定要严格得多。之所以如此,是为了防止一些成员联合投票批准豁免或剥夺在投票中失败的少数国家的权利或义务。但在事实上这些投票规则造成了 WTO 很难进行协议的更改:截至 2014 年,WTO 正式成员已达到 160 个,3/4 或 2/3 的比例要求至少超过 100 个成员投赞成票,而实现这一要求很困难,考虑到一些成员在日内瓦没有常驻代表团,为此,1995 年 11 月,总理事会曾专门澄清,要优先寻求协商一致达成协议,并且投票只能在总理事会和部长级会议上进行,其他机构不能经协商一致达成协议时要将有关事项提交总理事会进一步审议。

三、WTO 的成员资格

WTO 规定了两种成为 WTO 成员的方法:第一种方法就是针对 GATT 缔约方政府的"创始成员",要求是在一段有限的时间内成员政府要批准加入 WTO;第二种方法就是"加入",要与现有成员谈加入条件。一旦成为成员,资格和地位就都一样了。

虽然 WTO 给予所有符合资格的国家和地区以创始成员身份加入 WTO 的充足时间,但仍规定了最后的截止日期:《WTO 协定》生效后两年内。几乎所有 GATT1947 缔约方政府都设法在 1996 年年底批准了各自的加入条件和承诺,但还是有很短的延长,最后一个缔约方——刚果(布)在1997年3月27日作为第131个成员加入WTO,所有前GATT缔约方都成为WTO成员。

需要指出的是,WTO除了对主权国家开放加入的通道,也对可以自由行使对外贸易政策及《WTO协定》管辖的其他政策的单独关税区开放加入的通道。事实上,中国虽于2001年12月11日正式成为WTO成员,中国香港、中国澳门作为单独关税区分别于1986年和1991年便已加入了GATT,后以创始成员的身份加入WTO。

截至2014年年底,全世界已经有160个国家和地区成为WTO的正式成员①,另有22个国家成为WTO观察员,已经开始或需在5年之内开始加入WTO的谈判。

四、WTO的预算和来源

《WTO协定》本身对成员没有太多实质性的义务规定,其中之一就是所有成员要缴纳他们在WTO费用中分摊的份额。

WTO的总预算规模比GATT时期增长了许多:1994年时GATT的总预算是7 000万美元,2001至2011年WTO总预算已经从1.33亿瑞士法郎增至1.94亿瑞士法郎,年增长率为4.2%。尽管如此,WTO与其他国际机构相比,预算还是很低的,如2011年WTO的行政费用只相当于经济合作与发展组织(OECD)的一半、世界银行的十分之一。成员向WTO缴纳会费的实际金额也受到汇率波动的影响,汇兑风险的成本由成员负担,即WTO每年会费以瑞士法郎为单位固定分配给各成员,成员自己按照实际汇率上交相应币值的币种。

各成员会费的分摊比例根据成员过去3年贸易规模占全球贸易份额来确定,包括货物贸易、服务贸易和知识产权贸易,数据来自国际货币基金组织(IMF)国际收支平衡表中的统计。表17.2是2001和2011年贸易规模排名全球前8位的成员各自缴纳份额情况。2011年,贸易份额排名前8位的成员负担了近一半的预算,贸易份额低于0.03%的成员缴纳0.03%的份额,1999年这一最低限是0.015%。欧盟成员国家的会费份额以各自贸易占全球贸易金额的比例确定,而非欧盟整体贸易金额占欧盟外贸易金额的比例,因为如果这样计算排除了欧盟内贸易,欧盟27个成员的会费比例会大幅减少。

很容易理解,新成员的加入,特别是占全球贸易规模较大的成员加入会减少既有成员的会费份额。如2011年中国、沙特阿拉伯和中国台湾三个新成员共承

---

① 2015年4月26日,塞舌尔成为WTO的第161个正式成员。

担了 WTO 总预算的 9.5%。2001—2011 年间,几乎所有 WTO 成员的预算份额都相对下降了,除非是那些贸易增长极度迅速的国家和地区,包括一些欧盟的小国、石油出口国和像印度一样的新兴经济体。

表 17.2 2001 年和 2011 年部分成员缴纳 WTO 会费情况

单位:瑞士法郎,%

	2001 年		2011 年	
	会费	份额	会费	份额
美国	20 773 599	15.631	24 135 946	12.422
德国	12 912 564	9.716	17 207 208	8.856
中国	-	-	13 363 954	6.878
日本	9 519 627	7.163	9 643 109	4.963
英国	7 962 039	5.991	9 406 063	4.841
法国	7 663 014	5.766	8 722 127	4.489
意大利	6 244 971	4.699	7 268 763	3.741
荷兰	4 571 760	3.440	6 281 719	3.233
小计	69 647 574	52.406	96 028 889	49.423

资料来源:根据 WTO 官方网站资料整理,https://www.wto.org/english/thewto_e/secre_e/past_contr_e.htm;https://www.wto.org/english/thewto_e/secre_e/contrib11_e.htm .

当然,并非所有 WTO 成员都可以顺利地缴纳 WTO 会费。事实上拖欠会费的行为在 GATT 时期就存在,而且这些国家也都顺利地成为了创始成员。1995 年 WTO 刚成立之时,就有 1/5 的成员拖欠会费,甚至有 1/10 的成员拖欠时间超过三年。图 17.2 显示了 1995—2011 年期间拖欠会费的 WTO 成员数量情况。

WTO 对拖欠会费的成员也会有惩罚措施,如拖欠一年的成员没有提名 WTO 领导层级人员的选举资格,拖欠两年的成员将被禁止进入 WTO 的成员资源库,拖欠三年的不允许参加培训和接受技术援助,并暂停其代表团的各项活动。显著的改善发生在拉米担任总干事的时期:2003 年高达 30 个欠费成员,截至 2012 年仅剩余 6 个。好在这些欠费的成员应缴纳份额较小,尚未对 WTO 运转经费造成明显的影响,但还是在一定程度上影响到 WTO 成员义务的落实。

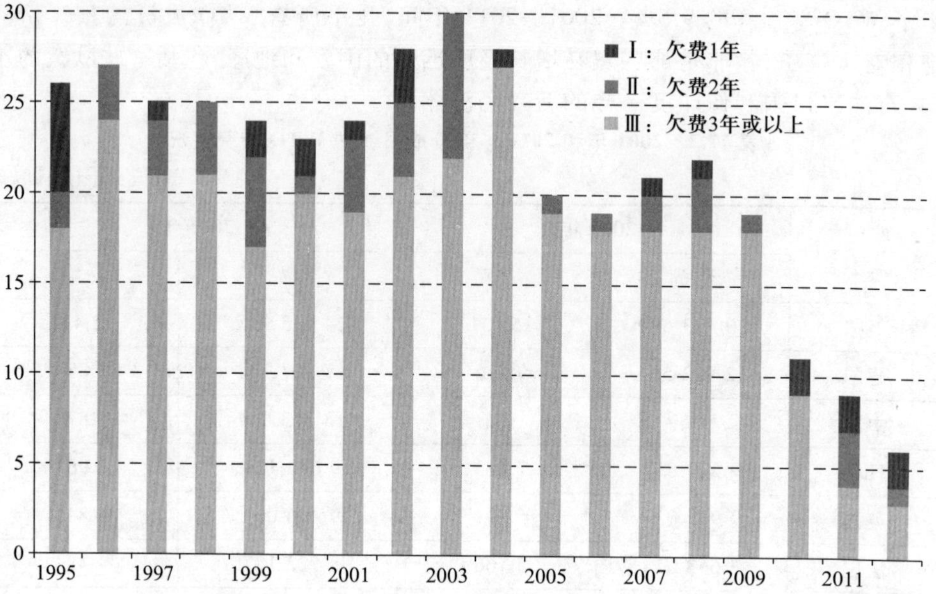

图 17.2 1995—2011 年间拖欠会费的 WTO 成员数量

资料来源：Craig VanGrasstek. The History and Future of the World Trade Organization[M]. Switzerland: WTO Publications, 2013: 538.

第二节 WTO 执行使命的资源

WTO 完成职能和使命的过程中有四类重要的资源：各理事会、委员会等的主席，总干事和副总干事，秘书处和成员常驻日内瓦使团，各种外部资源。在具体观察 1994—2015 年 WTO 成立 20 年间这些资源的变化前，首先看一下成员对 WTO 具体工作的参与情况。

除具体谈判立场和利益主张的分类外，成员间最明显的差异就是经济规模不同。即使是贫穷的国家或地区，只要足够大，都可能选举出有经验和能力的外交人员成为 WTO 的领导层，从而更有力地维护自身利益。WTO 实际运转既非民主型，亦非独裁型，而是兼具民主、寡头和独裁的因素。

第一，协商一致原则就是民主因素的典型，此外中小规模国家和地区都可以参与到委员会主席和作为专家组成员参与争端解决，争端解决最活跃的成员往往并不积极提供专家，所以专家组的专家更多地来自新西兰、智利、南非等国家。来自挪威、加拿大和中国香港的委员会和理事会工作人员也多于来自德国、美国或中国的。

第二,寡头的因素多见于这些机构的最高职位,包括总干事、副总干事和上诉机构等。目前的传统是上诉机构和副总干事总有一位来自美国。

第三,最接近的独裁的权力机构就是部长级会议。主办方的贸易部长有权利决定继续或结束本轮谈判,组织会议和任命会议主席。当然,在具体实际执行时还要与秘书处和其他成员协调。

表 17.3 是 1995—2012 年不同经济规模的 WTO 成员对 WTO 各项主要活动的参与程度。可以很明显看到,经济规模最大的前 8 位 WTO 成员虽然只是 WTO 成员总数的 5.1%①,但是其份额占全世界货物和服务总出口的 41.4%,全球总人口的 49.2%和全球经济的 59.2%,他们参与争端解决专家组和各机构主席活动的比例与成员资格比例相当,参与上诉机构成员和总干事或副总干事等更高职位的活动的比例与其真实经济规模和人口规模相当。

表 17.3 1995—2012 年不同经济规模成员参与 WTO 主要活动的情况 单位:%

	占 WTO 成员比例	规模大的成员较少参加的活动		规模大的成员较多参加的活动	
		争端解决专家组	WTO 各机构主席	上诉机构成员	总干事和副总干事
规模最大的前 8 位成员	5.1	13.2	10.9	48.7	56.5
5 个最大的发达国家成员[a]	3.2	5.8	7.1	30.8	37.0
3 个最大的新兴经济体成员[b]	1.9	7.4	3.8	17.9	19.6
所有其他成员	94.9	86.8	89.1	51.3	43.5
其他发达国家成员	19.4	41.9	35.5	17.9	17.4
其他发展中国家成员	75.5	44.9	53.6	33.3	26.1
总计					
所有发达国家成员	22.6	47.7	42.6	48.7	54.3
所有发展中国家成员	77.4	52.3	57.4	51.3	45.7

注:a. 法国、德国、日本、英国、美国;b. 巴西、中国、印度。

资料来源:根据 WTO 官方网站资料整理,https://www.wto.org/english/thewto_e/dg_e/ddgs_e.htm;https://www.wto.org/english/thewto_e/dg_e/exdgs_e.htm.

① 统计基础为 2012 年年初的 155 个正式成员。

一、WTO 发挥各项功能的重要领导力：主席

WTO 很多的工作都是由理事会、委员会、工作小组、谈判小组完成的。这些机构的主席多为一年一轮换制，谈判小组和工作小组一般要待本轮谈判或相关工作（如加入）完成后再行轮换。

（一）主席的选举

总理事会在 2003 年采用了关于 WTO 各机构任命官员的一系列指导原则，要求成员“应当把任命工作当做相对程序化的年度工作，要真正地实现轮值”，从而保证“组织能够顺利延续性地处理各项工作”。① 一般说来，主席的产生包括 5 个步骤：第一，每年 12 月底总理事会宣布主席选举开始；第二，总理事会相关人员听取成员意见和建议；第三，总理事会相关人员汇总和分析上述意见和建议；第四，次年 1 月底或 2 月初召开代表团团长非正式会议讨论相关人选；第五，次年 2 月总理事会正式产生并通过相关人选。主席选举必须是客观的、中立的，并要通过协商一致原则，以期实现地区和成员平衡。

表 17.4 是 1995—2012 年期间最活跃的 28 个 WTO 成员派出代表担任各类主席的累计时间和比例。WTO 成立的前 18 年里，各成员的活跃程度不尽相同，一方面有将近一半的成员（73 个）从未派出过任何人员参与 WTO 的组织管理，其中甚至包括一些人口大国，比如安哥拉、古巴、科威特、阿联酋、越南等。另一方面也有比较极端的例子，比如来自哥斯达黎加的大使 Ronald Saborio 从 1998 年至 2013 年都在担任某个委员会的主席。

表 17.4 1995—2012 年 WTO 成员担任各机构主席的频率 单位：年，%

	6 个主要机构		其他机构		平均值
	累计时间	比例	累计时间	比例	比例
发达国家成员	45.0	41.7	252.0	43.6	42.6
挪威	10.0	9.3	9.5	1.6	5.5
加拿大	6.0	5.6	22.5	3.9	4.7
新西兰	3.0	2.8	32.5	5.6	4.2
日本	4.0	3.7	19.0	3.3	3.5
瑞士	1.0	0.9	25.0	4.3	2.6
澳大利亚	3.0	2.8	12.0	2.1	2.4

① WTO.WTO 机构任命官员指导意见[E].World Trade Organization，2003.

续表

	6个主要机构		其他机构		平均值
	累计时间	比例	累计时间	比例	比例
匈牙利	3.0	2.8	7.0	1.2	2.0
芬兰	3.0	2.8	5.0	0.9	1.9
瑞典	2.0	1.9	8.5	1.5	1.7
爱尔兰	3.0	2.8	2.0	0.3	1.6
捷克	1.5	1.4	9.0	1.6	1.5
法国	0.0	0.0	17.0	2.9	1.5
比利时	1.5	1.4	5.0	0.9	1.2
英国	0.0	0.0	13.0	2.2	1.1
其他发达国家成员	4.0	3.7	65.0	11.2	7.5
发展中国家成员	63.0	58.3	326.0	56.4	57.4
中国香港	6.0	5.6	16.0	2.8	4.2
新加坡	5.0	4.6	12.0	2.1	3.4
尼日利亚	6.0	5.6	7.0	1.2	3.4
智利	4.5	4.2	11.5	2.0	3.1
乌拉圭	4.0	3.7	12.0	2.1	2.9
哥伦比亚	4.0	3.7	10.0	1.7	2.7
巴西	2.5	2.3	16.0	2.8	2.5
巴基斯坦	2.0	1.9	16.0	2.8	2.3
肯尼亚	4.0	3.7	2.5	0.4	2.1
韩国	2.5	2.3	10.0	1.7	2.0
马来西亚	3.0	2.8	7.0	1.2	2.0
菲律宾	1.0	0.9	16.0	2.8	1.8
哥斯达黎加	1.0	0.9	15.0	2.6	1.8
泰国	1.0	0.9	14.5	2.5	1.7
其他发展中国家成员	16.5	15.3	160.5	27.8	21.5
总计	108.0	100.0	578.0	100.0	100.0

注:6个主要机构包括总理事会,争端解决机构,贸易政策审议机构,货物贸易理事会,服务贸易理事会,与贸易有关的知识产权理事会。当同年度有两个轮值主席时,各占50%。

资料来源:根据WTO官方网站资料整理,https://www.wto.org/english/thewto_e/secre_e/current_chairs_e.htm.

发达国家产生的任职主席主要就是为了保持发达国家成员和发展中国家成员的平衡,但是美国和欧盟一般不产生主席,因此来自澳大利亚、加拿大、日本、挪威、新西兰和瑞士的外交官就会非常忙碌。1995—2012年,加拿大和挪威曾各三次担任主席的职务。发展中国家产生的任职主席还要考虑地区间的平衡和其各自的意愿,特别是能否承受主席安排的各项繁重的工作,以及考虑该国家和地区成员资格的时间长短等。一般来说,发达成员和发展中成员中规模最大的那些国家和地区不担任主席,但巴西(人口规模第六)、巴基斯坦(人口规模第七)和尼日利亚(人口规模第八)除外。因此表17.4中没有找到中国(人口规模第一)、印度(人口规模第二)或印度尼西亚(人口规模第五),反而是新加坡和乌拉圭更加活跃,就像发达国家成员中挪威和加拿大更加活跃一样。

(二) 总理事会主席和部长级会议主席

WTO的两个关键主席就是总理事会主席和部长级会议主席,前者通常每年轮值一次,后者由部长级会议举办地的贸易部长或其驻日内瓦大使担任。

关于总理事会主席的选任,通常有两种传统,第一种,由上一年度争端解决机构的主席担任;第二种,根据地域进行轮值,例如上一年度来自发达国家成员,下一年度则来自发展中国家成员,轮到发展中国家成员时还要分三个发展中成员分布区分别轮值。1995—2011年期间的总理事会主席就按照发展中国家成员的三个区域(亚洲-拉丁美洲-非洲)轮转了三次:依次为新加坡—巴西—坦桑尼亚—中国香港—乌拉圭—肯尼亚—马来西亚—智利—尼日利亚。2013年开始,总理事会主席来自巴基斯坦,进入新一轮轮转。

《WTO协定》本身并没有规定如何确定部长级会议的主席。要求一成员的贸易部长完全中立地推动WTO部长级会议并不现实,就像1999年西雅图会议以及2003年坎昆会议存在的问题一样,事实上,部长级会议的主席会与WTO总干事协调工作,如多哈部长级会议上,卡塔尔贸易部长Yousef Hussain Kamal主持大会环节,包括正式的会议和发言等,而真正推动各项决议制定的是时任总干事Moore。

二、WTO机构正常运转的重要领导力:总干事和副总干事

(一) 总干事

总干事是WTO的最高行政长官,领导和任命秘书处工作人员。总干事是国际职员,履行职责时不能寻求或接受任何政府或WTO之外机构的指示。这与GATT时期的秘书长完全不同。GATT从1947年成立到1994年只历任了三位秘书长,分别是Eric Wyndham-White(1948—1968年)、Olivier Long(1968—1980年)和Arthur Dunkel(1980—1993年)。同时期,联合国经历了6任秘书长、

美国经历了 10 任总统、英国经历了 11 任首相、日本经历了 19 任首相。

WTO 成立后,总干事的任期大幅缩短,正常任期为 4 年。短短的 20 年间已经经历了 6 任总干事。第一任总干事是来自北爱尔兰的 Peter Sutherland (1993—1994 年),第二任是来自意大利的 Renato Ruggiero(1995—1999 年),第三任是来自新西兰的 Mike Moore (1999—2002 年),第四任是来自泰国的 Supachai Panitchpakdi (2002—2005 年),第五任是来自法国的 Pascal Lamy (2005—2013 年),以及现任总干事,来自巴西的 Roberto Azevedo(2013 至今)。其中除 Pascal Lamy 连任一期外,其他已卸任总干事的任职期均未超过 5 年。

(二) 副总干事

副总干事的数量并不确定,从 GATT 到 WTO 时期,这一职位在逐步增加。1947—1967 年间只有一个副总干事,肯尼迪回合和东京回合开始时这一职位甚至处于空缺状态。1973—1993 年,这一职位增加为两个。WTO 第一任总干事 Sutherland 先生在从 GATT 向 WTO 过渡时又任命了一个副总干事,Ruggiero 任总干事时增加为 4 位。

一般来说,副总干事多来自规模较大的成员。GATT 时期的副总干事来自美国,WTO 时期到 2012 年为止也有 6 位来自于美国。来自印度的副总干事有 3 位。总干事进行更替时,副总干事并不一定发生更替,如来自的美国的 Yerxa 先生就先后服务于 Supachai 和 Lamy 两任总干事。2013 年 10 月新一任的 4 位副总干事分别是来自尼日利亚的 Yonov Frederick Agah,来自德国的 Karl Brauner,来自美国的 David Shark 和来自中国的易小准。

三、WTO 大家庭:驻日内瓦代表团、秘书处

(一) 驻日内瓦代表团

能够代表成员在 WTO 日常事务中扮演角色、发挥作用的重要机构就是各成员驻日内瓦的代表团。为了强调 WTO 是由成员驱动的组织,各个成员代表团的人员数量、自身规模、职员的专业素养、国内支持以及举办部长级会议的频率都各不相同。在 WTO 发展的 20 年里,各成员对代表团的建设工作也越来越重视。1997 年,在所有派驻代表团的 97 个成员中,每个代表团仅有 1—20 位数量不等的专业人员,只有 6 个成员(它们是巴西、欧共体、美国、泰国、韩国、日本)的代表团人数超过 10 名,如果考虑到 WTO 的所有理事会、委员会和工作小组都面向所有成员开放,当时一年需要翻译的会议就达到 454 次,除去假日,平均每周要组织 11 场会议,所有大小会议加在一起可以达到 1 650 场之多[1],这些

① [美]安妮 O 克鲁格.作为国际组织的 WTO[M].黄理平等译,上海:上海人民出版社,2002:48.

代表团的工作压力可想而知。

(二) 秘书处

更多地参与信息沟通、分析和指导工作的机构是 WTO 秘书处。与其他国际机构相比,WTO 秘书处可能是最精简的一个。如图 17.3 所示,2012 年为 677 人,不到经济合作与发展组织(OECD)或国际货币基金组织(IMF)的三分之一,是国际劳工组织的五分之一,不到世界卫生组织(WHO)的十分之一。随着 WTO 秘书处要执行更多的研究、统计和分析工作,秘书处对工作人员的专业素质要求也逐步提高。

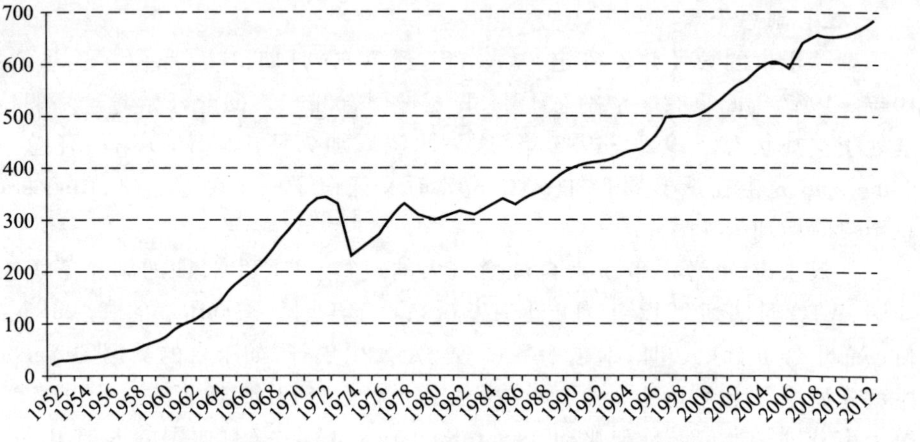

图 17.3　1952—2012 年 GATT 和 WTO 秘书处职员数量

资料来源:Craig Van Grasstek.The History and Future of the World Trade Organization[M].Switzerland:WTO Publications,2013:535.

秘书处工作人员的性别和国籍规律也发生了变化。如表 17.5 所示,Lamy 任总干事期间,女性职员的数量大幅增加,2000 年比例超过男性职员,特别是来自发展中国家成员的女性在不断增加,2000—2011 年间翻了一倍。不仅如此,专业职位的女性比例也大幅提高,1996—1998 年间的专家组中仅 6.8%为女性,2010—2012 年间这一比例已升至 21.1%。

表 17.5　2000 年和 2011 年 WTO 秘书处职员性别和国籍情况

单位:人,%

	2000 年				2011 年			
	男性	女性	总数	比例	男性	女性	总数	比例
发达国家成员	195	246	441	82.6	210	299	509	75.2
欧洲	159	216	375	70.2	175	263	438	64.7

续表

	2000 年				2011 年			
	男性	女性	总数	比例	男性	女性	总数	比例
法国	63	68	131	24.5	80	108	188	27.8
英国	15	60	75	14.0	17	52	69	10.2
西班牙	14	15	29	5.4	14	29	43	6.4
瑞士	16	27	43	8.1	15	23	38	5.6
意大利	10	10	20	3.7	7	8	15	2.2
其他欧洲国家	41	36	77	14.4	42	43	85	12.6
美国	8	15	23	4.3	10	19	29	4.3
加拿大	17	8	25	4.7	16	8	24	3.5
澳大利亚	5	5	10	1.9	5	5	10	1.5
日本	2	1	3	0.6	2	2	4	0.6
新西兰	4	1	5	0.9	2	2	4	0.6
发展中国家成员	57	36	93	17.4	98	70	168	24.8
美洲	23	19	42	7.9	44	28	72	10.6
哥伦比亚	4	0	4	0.7	7	3	10	1.5
巴西	1	3	4	0.7	6	3	9	1.3
阿根廷	2	4	6	1.1	6	3	9	1.3
其他美洲国家	16	12	28	5.2	25	19	44	6.5
亚洲	19	13	32	6.0	31	24	55	8.1
印度	7	3	10	1.9	10	3	13	1.9
菲律宾	2	4	6	1.1	6	5	11	1.6
中国	0	0	0	0.0	4	6	10	1.5
其他亚洲国家	10	6	16	3.0	11	10	21	3.1
非洲	15	4	19	3.6	23	18	41	6.1
总计	252	282	534	100.0	308	369	677	100.0
份额	47.2	52.8	100.0		45.5	54.5	100.0	

资料来源:根据 WTO 2000 年和 2012 年年度报告计算,https://www.wto.org/english/res_e/reser_e/annual_report_e.htm.

国籍方面,WTO 运行 20 年以来也发生了不少变化,首先是来自发达国家成员,特别是来自欧洲的职员逐渐减少,2011 年年底占总职员数的比例不足四分之一。有趣的是来自法国的职员在增加,一般来说国际组织所在地的国家的职员会较多,但法国在 WTO 秘书处显然有些"喧宾夺主",事实上法国和瑞士相邻,交通颇为便利,瑞士籍的秘书处工作人员在数量上仅排第四位。此外,WTO 秘书处的主要职员来自英国、西班牙、美国、加拿大、意大利和印度。

四、外部资源:政府间国际组织和非政府组织

GATT 最初明确提及的国际组织就是 IMF 和联合国,WTO 所管辖的范围有所扩大,涉及国际经济贸易的各个方面,从 WTO 设立之初就考虑到了除上述两个机构外,与世界关税组织、世界知识产权组织、国际标准化组织、营养法典委员会、国际动物检疫办事处、国际植物保护会议等政府间国际组织之间的合作与协调。

根据《WTO 协定》第 5 条第 1 款,"总理事会应该做出合理安排,以促进与其他政府间组织进行卓有成效的合作"。目前,WTO 与其他政府间国际组织和非政府组织合作的方式包括互认观察员身份、争端解决中援引技术援助、邀请参加部长级会议和论坛、提供技术援助和培训等。

如图 17.4 所示,WTO 历次部长级会议中都有以个人身份和非政府组织身份参加会议的人员。除 2001 年出于安全因素减少参会人数外,1996 年至 2005 年部长级会议中非政府组织参与的人数均在增加,多哈回合后参会人数则明显下降。

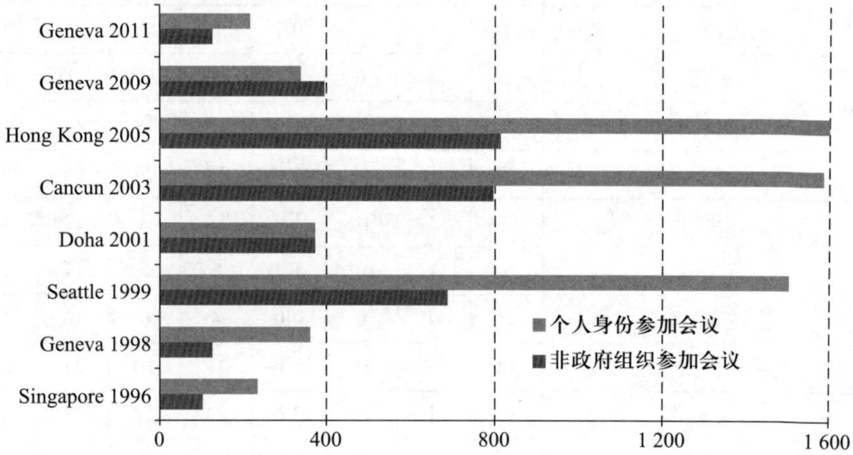

图 17.4 WTO 历次部长级会议中个人和非政府组织身份参会人员数量(单位:位)

资料来源:Van den Bossche, Peter . Non-Governmental Organizations and the WTO: Limits to Involvement? in Steger. Redesigning the World Trade Organization for the Twenty-First Century[M]. Waterloo: Wilfrid Laurier University Press, 2009:322.

参考文献

[1] Bernard M. Hoekman.The Political Economy of the World Trading System [M].Oxford: Oxford University Press, 2001.

[2] Reich, Arie.The Threat of Politicization of the World Trade Organization [J].University of Pennsylvania Journal of International Economic Law ,2005(4).

[3] Steger,Debraed. Redesigning the World Trade Organization for the Twenty-First Century[M]. Waterloo:Wilfrid Laurier University Press,2009.

[4] Steinberg, Richard H.In the Shadow of Law or Power? Consensus-Based Bargaining and Outcomes in the GATT/WTO [J]. International Organization, 2002(2).

[5] [美]安妮 O 克鲁格.作为国际组织的 WTO[M].黄理平等译,上海:上海人民出版社,2002.

第十八章　WTO协议执行20年:回顾与展望

第一节　《农业协议》

《农业协议》是农产品贸易体制改革中的重要转折点。20世纪,发达国家农产品贸易政策多为了保护本国农业,如美国补贴农产品。欧盟的农民可以高价出售农产品。而在多数发展中国家,农业是基础部门,一方面大力推广农业科技、建设农业基础设施;另一方面因为工业化道路的选择,实施征税、价格管制等歧视农业的政策。随着全球贸易的发展,农产品贸易越来越受到重视,减少农产品贸易保护、实现农产品贸易自由化已经成为大多数国家急需考虑的议题。但是关税与贸易总协定主要针对工业,对农产品贸易规定基本没有作用,各国农产品贸易纠纷得不到解决,因而建立有效的农产品贸易规则迫在眉睫。早在20世纪60年代的肯尼迪回合谈判,就已经将农业问题列入考虑范围,1986年的乌拉圭回合谈判首次将农产品贸易纳入全球贸易体制中,经过9年的完善和规整,在1994年的马拉喀什回合谈判中签署了《农业协议》。

一、《农业协议》的基本内容

《农业协议》的主要内容涉及市场准入、出口补贴和国内支持这"三大支柱",同时还包含出口禁止、差别待遇等内容。

(一)市场准入

《农业协议》市场准入承诺要求各成员将非关税措施关税化,即转换成约束关税;承诺在协议实施期间削减关税到一定水平;提供最低的市场准入机会或维持现行市场准入规则,《农业协议》第4条(附件5)等规定了市场准入的承诺。

(二)出口补贴

出口补贴主要规定受限农产品的出口补贴范围,及削减出口补贴的时间和幅度。削减出口补贴承诺适用的部分出口补贴,如减少营销成本提供的补贴,在协议执行期间不要求发展中国家进行承诺。协议第9、10等条款针对出口补贴做了规定。

(三)国内支持

国内支持的措施分为两类:一类是可免除削减的国内支持措施,包含不对贸易产生扭曲作用或产生最小扭曲作用的"绿箱"措施(附件2),以及旨在减少扭曲作用的"蓝箱"措施(第6.5条);另一类是除"绿箱"和"蓝箱"之外的、对生产和贸易产生扭曲作用的“黄箱”措施（第 6 条），包括价格支持、营销贷款和直接的产品数量补贴等。协议要求各成员承诺约束或削减国内支持；并要求在特定产品基础上加上非特定的综合支持量（AMS），逐步削减国内支持。协议的第 6、7 条规定了国内支持承诺。

（四）其他条款

其他条款包括出口禁止、特殊和差别待遇、卫生检疫措施等。《农业协议》的第 12、14 和 15 等条款做了相关规定。

二、农业谈判主要进程

中国加入 WTO 之前，新一轮 WTO 农业谈判已经开始，基本分为两个阶段：第 1 阶段（2000 年 3 月至 2001 年 3 月），主要是接收提案并逐一讨论，在此阶段共有 121 个国家（85%的 WTO 成员）提出的 45 个提议，进行 7 轮讨论会议。第 2 阶段（2001 年 3 月至 2002 年 3 月）针对第 1 阶段提出的议题进行讨论，如关税配额、出口补贴等议题，但主要是非正式会议，因此没有正式的会议报告。

2002 年新的一个阶段开始，即目标和框架准备阶段（2002 年 3 月至 2004 年 3 月），主要探讨出口竞争、市场准入和国内支持具体的可能性目标。随着 2003 年 9 月坎昆部长会议的失败，发展中国家与发达国家在贸易自由化问题上产生了争议，同时非洲国家提出的棉花补贴问题也无法得到有效解决，农业谈判不得不宣告失败。WTO 在 2004 年 3 月重新启动谈判机制，在成员共同让步的情况下，2004 年 8 月通过七月套案，达成农业谈判的框架，促使多哈回合谈判重回正轨。

2005 年 12 月的香港部长级会议确立了初步谈判模式，但最终仅在香港部长宣言中决议了少数议题，并重新制定了谈判日程；而后为完成谈判日程，农业谈判经过了多次会议协商，但由于农产品市场准入、国内支持等分歧使得谈判陷入僵局，之后在 2006 年 7 月 24 日宣布暂停所有谈判。

2007 年 2 月多哈回合谈判全面复谈。自复谈以来，农业谈判经过连续的会议协商，在 2008 年年底完成《农业修正草案》。然而，2008 年陆续发生的全球能源与粮食价格高涨，再加上全球金融危机的冲击，美国基于拯救国内经济，无心参与谈判，因而农业谈判进展缓慢。自 2009 年下半年起，农业谈判重点放在相对没有争议的技术性议题上，如农业减让表格式等。

2012 年下半年，农业谈判主席积极召开非正式协商会议，讨论农业议题纳入第九届部长级会议的可能性。2013 年下半年，经过谈判主席的努力以及各成员的互相妥协、让步，农业议题的关税配额、粮食安全和出口竞争的议题被纳入巴厘岛部长宣言和巴厘套案中，多哈回合谈判最终取得阶段性成果。

到2014年年底，农业委员会共召开76次例会，2014年的农业谈判依旧致力于完成多哈回合谈判的农业部分，优先考虑《巴厘部长宣言》没有实现的出口竞争和棉花问题。

三、《农业协议》执行情况

（一）市场准入

关税配额是非关税贸易措施关税化后的一种过渡措施，是市场开放和贸易保护的双刃剑：一方面，对关税配额内的农产品实施较低税率来保障农产品的最低市场准入机会；另一方面，对关税配额外的农产品实施较高税率来保护国内的农产品生产。

WTO各成员实行配额管理的关税数目大为不同，范围从1（智利）到232（挪威）不等。具体而言，欧盟对117个关税税号实行配额管理，活牛、葡萄、番茄等的关税配额完成率达到或接近100%，活羊、果脯等农产品的关税配额完成率则小于1%。美国对54个关税税号实施配额管理，黄油、黄油制品和低脂粉末等产品的关税配额完成率很低，冰激凌和青橄榄的配额完成率则高于100%。日本对20个关税税号实施关税配额管理，配额完成率相对较高。巴西仅涉及2个关税税号，其关税配额完成率均高于100%，如巴西对小麦的进口远远超过关税配额限定，报告的小麦进口量达到关税配额限定的6~10倍。

（二）出口补贴

全球各国的出口补贴主要集中于少数种类的农产品，但欧盟的补贴几乎涉及所有产品分类；同时，资料显示农产品出口补贴的绝大多数集中于欧盟、瑞士、美国和挪威4个成员，澳大利亚和巴西等国家的出口补贴几乎为0。1995—1999年，欧盟的出口补贴金额有小幅度上升，但1999年后显著下降，到2012年欧盟的出口补贴支出仅为59.1百万欧元，遵守了出口补贴削减的承诺。美国一直采取对黄油、脱脂奶粉、奶酪和其他奶制品提供少量补贴的措施，其中脱脂奶粉得到的补贴最多；受到农产品贸易争端的影响，在2003—2006年，美国将其对陆地棉出口商的部分支付加入出口补贴数据①，因此虽然美国出口补贴金额随时间变动较大，但仍可以认为美国基本履行了出口补贴削减承诺。加拿大的情况和美国类似，出口补贴主要以黄油、脱脂奶粉等产品为主，但加拿大的出口补贴从2003年开始小幅度削减。瑞士的出口补贴削减趋势比较稳定，出口补贴从

① 美国在2002年的DS267争端（美国-陆地棉）中发现，在美国陆地棉用户营销证书项目下，对陆地棉出口商的某些支付构成了《农业协议》中所指的出口补贴，因此在2003年加入陆地棉出口补贴数据，并立法规定在2006年7月废除该项目。

1995 年的 528.2 百万法郎削减到 2012 年的 64.3 百万法郎。

（三）国内支持

“绿箱”措施对农产品生产和贸易不会产生扭曲作用，《农业协议》规定成员可免除削减义务。因而在 WTO 规则允许的条件下，“绿箱”措施将保持其国内支持的主导地位。

首先，根据 WTO 的统计口径，欧盟和日本的综合支持量（AMS）持续下降，挪威基本保持稳定，而美国波动较大。欧盟的综合支持量从 1995 年的 501.8 亿欧元下降到 2011 年的 68.6 亿欧元，日本的综合支持量在 1998 年急剧减少，然后保持小幅度波动。这表明《农业协议》对欧盟和日本削减其国内支持（“黄箱”）起到了一定作用。美国和挪威的情况则完全不同，美国的综合支持量波动较大，在 1999 年和 2005 年分别上升到波峰，2012 年又回到原点；挪威的综合支持量基本保持不变。虽然美国和挪威受到《农业协议》的限制较小，综合支持量保持相对稳定，但两成员的综合支持量均满足微量允许条件（5%）。

其次，从国内支持的结构看，挪威主要使用“黄箱”措施，欧盟、美国和日本则以“绿箱”为主。欧盟、美国和挪威的“绿箱”措施均保持上升态势，欧盟的“黄箱”和“蓝箱”国内支持量逐年下滑，美国和挪威的变化相对较小；日本的“绿箱”变动趋势正好相反，1995—2012 年持续减少。同时，欧盟和日本有近似的结构变动，即从初始的“黄箱”为主转为“绿箱”为主；挪威的结构构成保持稳定。

（四）《农业协议》争端

此外，本书还对现有主要违反《农业协议》相关条款的贸易纠纷案例进行了总结和简析，见表 18.1。《农业协议》执行期间，共提出了 77 例农业贸易争端，且 WTO 成员间的贸易争端大多数是针对《农业协议》第 4 条、第 4.2 条，其中违反第 4 条的争端共 28 例，违反第 4.2 条的争端共 32 例，占涉及《农业协议》总体争端的 1/3 以上。同时，《农业协议》贸易争端主要集中于美国、欧盟等成员，美国作为被告和原告参与贸易争端共 36 例，欧盟参与 26 例，中国仅有 5 例。

表 18.1　《农业协议》相关的贸易争端

违反条款	共 77 案例	争端简析
第 1 条	DS108，DS111	DS108：1997.11.18，欧盟针对美国“海外销售企业”的税务处理问题请求协商，欧盟认为美国海外销售公司的税收处理违反了相关协议。虽然专家组和上诉机构都认为美国违反了 SCM 条例，但欧盟和美国并未达成双方满意的结果，欧盟称一旦美国签署协议，制裁即终止

续表

违反条款	共 77 案例	争端简析
第 3 条 第 3.2 条 第 3.3 条	DS103，DS108，DS113，DS169，DS387，DS388，DS390，DS451，DS357，DS266 等	DS357：2007.2.8，加拿大就美国补贴玉米产业并支持国内其他产业的措施请求磋商，认为其违反了相关协议规定。巴西认为美国的补贴损害了其在《农业协议》下的利益，最终 DSB 经过两轮协商保证了第三方国家的权益。 DS265、DS266、DS283：澳大利亚、巴西、泰国要求就欧盟糖出口补贴的措施请求磋商，原告方认为欧盟违反了《农业协议》等相关条例。美国表示接受 DSB 的建议和裁决，同时请求一段合理的时间以便实施
第 4 条 第 4.2 条	DS3，DS102，DS134，DS143，DS161，DS220，DS237，DS245，DS275，DS292，DS323，DS389，DS400，DS438，DS446，DS465，DS477，DS484 等	DS161：1999.2.1，美国就韩国影响新鲜冻肉的措施提出协商，美国认为这些措施违反了《农业协议》等相关条款。双方协商最终达成一致，韩国已实施完成 DSB 的建议。 DS245：2002.3.1，美国就日本影响苹果进口的措施提出协商，美国认为这些措施违反《农业协议》第 4 条及 GATT 1994 等相关规定。双方协商最终达成了一致。 DS484：2014.10.16，巴西就印度尼西亚保护鸡肉和鸡肉产品进口的措施请求协商，巴西认为这些保护措施违反《农业协议》第 4 条、第 14 条等。2014 年 10 月 31 日后澳大利亚、新西兰、中国台湾、美国等相继加入磋商
第 5 条	DS69	DS69：1997.2.24，巴西就欧盟采取的某些家禽进口措施请求磋商，巴西认为这些措施违反了《农业协议》第 4 条、第 5 条及其他相关协议条款。双方最终达成协议，欧盟将在一段合理的时间内实施
第 6 条 第 6.1 条	DS161，DS169，DS357 DS365	DS169：1999.4.13，澳大利亚、美国就韩国影响鲜、冻肉进口的措施提出磋商，美国表示韩国对进口牛肉的销售实行成本加成定价，限制了牛肉进口，大力支持了国内养牛业，违反了《农业协议》的相关规定

续表

违反条款	共 77 案例	争端简析
第 7 条 第 7.1 条	DS161, DS16	DS267:2002.9.27,巴西就美国陆地棉出口补贴提出磋商,巴西宣称其违反了《农业协议》第 3、7、8、9、10 条,及 GATT 1994 等相关条款。专家小组和上诉机构认为美国未充分取消某些补贴措施,美国的反循环给付、交易融资以及被定性为禁止性补贴的给付补贴措施严重影响了巴西农业;巴西对美国未消除的禁止性补贴部分实行贸易报复,并要求 WTO 授权巴西对美国终止 GATS 相关义务
第 8 条	DS103,DS104, DS108, DS113,DS265,DS283, DS357,DS390 等	DS103:1997.10.8,美国就加拿大影响牛奶进口和奶制品出口的措施请求协商,美国认为加拿大实施的奶制品出口补贴扭曲了奶制品市场,不利于美国的奶制品销售。加拿大和美国达成协议,同意加拿大分四个阶段完成实施,至 2003 年 5 月 9 日双方根据 DSU 第 3 条达成了一致解决办法
第 9 条 第 9.1 条	DS103,DS104, DS108, DS113, DS387,DS390, DS451,DS283 等	DS113:1997.12.29,新西兰就加拿大影响奶制品出口的措施提出磋商,新西兰认为加拿大所谓的奶制品出口补贴计划,即特殊牛奶种类计划,违反了相关条款。加拿大和新西兰达成协议,同意加拿大分四个阶段完成实施,至 2003 年 5 月 9 日双方根据 DSU 第 3 条达成了一致解决办法
第 10 条 第 10.1 条	DS103,DS108, DS387, DS390, DS451,DS357 等	DS390:2009.1.19,危地马拉就中国对津贴、贷款等激励的提供措施请求协商,危地马拉认为这些激励措施能够反映其他的一些措施,如出口补贴,违反了《农业协议》第 3、8、9、10 条以及其他相关条款
第 11 条	DS104,DS265	DS104:1997.10.8,美国就欧盟加工过的奶酪出口措施提出磋商,美国认为这些措施未考虑到欧盟削减出口补贴的承诺,扭曲了奶制品市场,不利于美国奶制品销售,违反了《农业协议》第 8、9、10、11 条等条款
第 13 条	DS22,DS167, DS314,DS341	DS167:1999.3.19,加拿大针对美国从加拿大进口活牛的措施请求协商,加拿大表示美国对活牛进口的反补贴措施不符合美国在相关协议中的承诺

续表

违反条款	共77案例	争端简析
第14条	DS245,DS256,DS484	DS256:2002.5.3,匈牙利就从土耳其进口宠物食物的进口限额提出磋商,匈牙利声明进口限额在欧洲国家实施的目的是防止疯牛病的传播,尽管匈牙利是疯牛病传播的国家,但是似乎没有任何科学证据表明有交叉感染的危险,匈牙利的宠物食物是喂食猫或狗,且土耳其没有官方声明实施这一限额,也没有将其通报给WTO。匈牙利认为其违反了相关的协议条款
第15条	DS111	DS111:1997.12.19,阿根廷请求与美国就限制阿根廷花生进口关税税率的问题进行协商,认为其违反了《农业协议》第1、4、15条及GATT 1994第Ⅱ、Ⅹ、ⅩⅢ条等
第19条	DS27	DS27:1996.2.5,厄瓜多尔、危地马拉、洪都拉斯、墨西哥、美国就欧盟香蕉进口、销售和分销体制问题请求磋商,原告方认为欧盟的进口、销售和分销体制违反了相关协议规定。至2012年11月8日双方同意根据DSU3.6的解决方案
第21.1条	DS314,DS341	DS314:2004.8.18,欧盟就墨西哥从欧盟进口橄榄油的反补贴措施请求磋商,欧盟认为墨西哥对欧盟橄榄油进口征收临时反补贴措施违反了《农业协议》第13、21条和SCM第10、11、15、16、17条
Part Ⅴ	DS35	DS35:1996.3.27,阿根廷、澳大利亚、加拿大、新西兰、泰国、美国就匈牙利农产品出口补贴措施进行协商,原告方认为匈牙利违反了《农业协议》第3条和第五部分,因为其提供的农产品出口补贴不在规定范围且超过了承诺水平。最终达成协议,在匈牙利放弃它在WTO部分义务之前,该争端协商请求不会撤销

资料来源:根据WTO官方网站资料整理,https://www.wto.org/english/tratop_e/dispu_e/dispu_e.htm.

第二节　《纺织品与服装协议》

在《纺织品与服装协议》(Agreement on Textiles and Clothing,ATC)签订之前,发达国家为了遏制发展中国家庞大的纺织品服装出口,先后和发展中国家签订了多个有关纺织品与服装贸易的协定,如《国际棉纺织品长期安排》(LTA)、《多种纤维协定》(MFA),但是这种脱离《关税与贸易总协定》基本原则的做法使发展中国家和发达国家在纺织品服装贸易问题上的矛盾更加尖锐,在发展中国家强烈要求下,经过多轮谈判,最终达成了《纺织品与服装协议》(ATC)。自 1995 年 ATC 生效以来,经过 10 年过渡期,ATC 于 2005 年 1 月 1 日被完全整合到 GATT 1994 中,配额全部取消,进口国不能对出口国实施歧视性待遇,全球的纺织品服装产业从此进入自由贸易的后配额时代。

一、《纺织品与服装协议》的基本内容

《纺织品与服装协议》的主要内容涉及产品覆盖范围、一体化进程、过渡性保障机制以及建立纺织品监督机构等,主要规定的具体内容如下:

(1) 产品覆盖范围,基本涵盖纱线、织物、纺织制成品和服装 4 个部分。ATC 第 2.6 条显示:“纳入的产品应包括下列 4 组产品中的每一组:纱线、织物、纺织制成品和服装。”

(2) 一体化进程,逐步提高每一阶段的增长率以逐步扩大现有配额,直至配额被全部取消,10 年的过渡期共分 4 个阶段逐步纳入 GATT 1994。ATC 第 2.6 条规定:“在《WTO 协定》生效之日起,每一成员应以不低于该成员附件所列产品 1990 年总进口量 16%的产品纳入 GATT 1994”;第 2.8 条规定剩余产品按三阶段纳入 GATT1994,并规定每一阶段的最低产品比例;第 2.14 条规定每一阶段的增长速度。

(3) 过渡性保障机制,允许纺织品服装产品在单个国家进口急剧增加时,可以针对性地采取保护措施,以解决过渡期内对国内生产商造成的严重损害或威胁。ATC 第 2.19 条规定:“在本协议有效期内,如果某成员根据 GATT 1994 第 19 条对某一特定产品在该产品依照本条的规定纳入 GATT 1994 一年内即采取保障措施,则将适用由《保障措施协议》解释的第 19 条的规定”;第 6 条规定了过渡期内能够实施过渡性保障措施的要求。

(4) 建立纺织品监督机构(Textiles Monitoring Body,TMB),监督协议的执行情况,保证成员切实遵循规则。ATC 第 8 条规定:“为了监督本协议的实施,审查根据本协议采取的所有措施及其与本协议的一致性,并采取本协议具体要求

的行动，特此设立纺织品监督机构。”

（5）其他条款，包括配额环境、政府、非MFA限制以及《WTO协定》下其他影响本部门的条款。

表18.2为ATC一体化产品比例进程表。

表18.2 ATC一体化产品比例进程表

阶段	一体化产品比例（包括取消配额）	一体化产品比例的追加增长率	一体化产品数目（HS）
第一阶段（1995年1月1日至1997年12月31日）	16%	6.96%（每年）	318
第二阶段（1998年1月1日至2001年12月31日）	17%	8.70%（每年）	744
第三阶段（2002年1月1日至2004年12月31日）	18%	11.05%（每年）	745
第四阶段（2005年1月1日，完全纳入GATT 1994）	49%（最高）	配额全部取消	2 978

注：① 产品比例基于《多种纤维协定》常用的6%年增长率，实际上，在《多种纤维协定》中使用的增长率因产品不同而不同。② 配额下的实际追加增长公式为：第一阶段增长率是6%基础上加上0.1×1995年以前的增长率，第二阶段增长率是第一阶段增长率加上0.25×第一阶段增长率，第三阶段增长率是第二阶段增长率加上0.27×第二阶段增长率。

资料来源：根据WTO官方网站资料整理，https://www.wto.org/english/tratop_e/texti_e/texti_e.htm.

二、ATC执行情况

（一）一体化进程

ATC规定过渡性10年时期，所有相关产品的配额限制分阶段、按比例逐步取消，没有采取短时间内一次性彻底取消全部配额的方式，主要是考虑纺织品和服装产品配额的一次性取消很可能会导致该类产品进口数量大幅度增加，损害纺织品服装进口大国的利益，威胁本土纺织品服装产业。ATC第2条的6、8款确定的三阶段一体化产品比例是以1990年为基数的，美国、欧盟、加拿大和挪威等均采取1990年基期（表18.3）。由于纳入GATT 1994的产品主要集中于相对低附加值的产品，因而按贸易额测算的一体化产品比例要小于按贸易量测算的比例。ATC 执行的四阶段有以下三个特点：

第一，一体化幅度相对较小，总体配额取消比例只略高于协议规定的最低要求。从前三阶段的一体化比例能够看出，欧盟和美国不愿尽早取消配额，为了保护国内产业，有意放缓一体化的速度，甚至做出将大部分配额取消比例放在最后阶段进行的不合理安排。加拿大在第二和第三阶段则表现较好。

第二，第一阶段的一体化产品比例以纱线、织物居多，服装比例最小。ATC 规定一体化比例下限，但各个设限国可自行决定一体化产品比例。设限国一般会先将附加值较低的产品，或者在 ATC 谈判时加入（MAF 时不属于配额限制）的那些产品取消限制，而将其他较高附加值的产品留在之后的阶段。纱线和织物属于附加值较低的产品，制成品和服装的附加值较高，因而各国在第一阶段纱线和织物一体化比例较高，而加工程度和附加值较高的服装仅占 0.16%~3.67%，第三阶段的制成品和服装比例上升到 3.83%~8.40%。加拿大的取消策略不同，第一阶段以纱线为主，第二阶段以制成品为主，纱线比例小于 1%，第三阶段纱线和制成品比例为 13.28%。

第三，第四阶段的一体化比例明显扩大，服装等敏感的配额均在最后阶段被取消。一体化的目标如期实现，服装类产品的出口受到巨大影响，以美国为例，最后阶段的服装配额取消比例高达 31.01%。

表 18.3　ATC 四阶段主要国家一体化产品比例　　单位：%

	成员	总计	纱线	织物	制成品	服装
第一阶段	加拿大	16.34	9.65	4.25	1.31	1.15
	欧盟	16.40	4.43	8.04	3.61	0.33
	挪威	16.26	3.58	11.87	0.65	0.16
	美国	16.21	8.43	2.43	3.24	2.11
第二阶段	加拿大	18.61	0.65	2.10	14.22	1.64
	欧盟	17.11	10.63	2.26	2.09	2.14
	挪威	17.02	6.45	2.38	3.98	4.17
	美国	17.03	8.00	2.50	4.55	1.98
第三阶段	加拿大	18.16	5.51	1.05	7.77	3.83
	欧盟	18.08	3.82	3.60	4.44	6.22
	挪威	21.65	2.73	6.27	5.09	7.57
	美国	18.11	3.26	3.91	8.40	2.55

续表

	成员	总计	纱线	织物	制成品	服装
前三阶段合计	加拿大	53.11	15.80	7.40	23.30	6.61
	欧盟	51.59	18.87	13.89	10.14	8.69
	挪威	54.93	12.76	20.52	9.72	11.90
	美国	51.35	19.69	8.84	16.19	6.63
第四阶段	美国	48.65	2.61	11.77	2.51	31.01

资料来源：根据 WTO 纺织品监督机构（TMB）官方网站资料整理，https://www.wto.org/english/tratop_e/texti_e/texti_e.htm.

（二）ATC 的主要争端

ATC 执行期间，共发起 ATC 条款相关争端 16 起，其中，美国被控 6 起，土耳其被控 3 起，阿根廷被控 3 起，哥伦比亚、巴西、罗马尼亚和埃及各被控 1 起。总结表 18.4 可以发现，ATC 争端的很大一部分涉及纺织品服装进口限制和过渡性保护性措施的合理性，即 ATC 第 2、6、8 条规定。

表 18.4 ATC 相关的国际争端

争端	时间	原告	违反协议条款	争议/解决方案
1. DS24：美国—限制棉花和人造纤维内衣的进口	1995.12.22 至 1997.2.10	哥斯达黎加（第三方：印度）	ATC 第 2、6、8 条	哥斯达黎加和美国之间的进口限制争议，专家组认为美国有举证责任，美国执行建议
2. DS29：土耳其—限制棉花和人造纤维内衣的进口	1996.2.12	中国香港	ATC 第 2 条；GATT 1994 第 XI，XIII，XXIV 条	中国香港和土耳其针对数量限制的合理性问题发生争议，DSU 开创先例：专家组能就某区域性实体是否满足贸易协定的严格条件做出裁决

续表

争端	时间	原告	违反协议条款	争议/解决方案
3. DS32：美国—影响女士羊毛外套的措施	1996.3.14 至 1996.4.24	印度（第三方：加拿大、哥斯达黎加、欧盟、挪威、巴基斯坦、土耳其）	ATC 第 2，6，8 条	印度声称美国对纺织品服装实施的过渡性保障措施不符合 ATC 相关条款规定，美国取消相关保护措施
4. DS33：美国—从印度进口的编织羊毛衬衫和女式衬衫的措施	1996.3.14 至 1997.4.25	印度（第三方：加拿大、欧盟、挪威、巴基斯坦和土耳其）	ATC 第 2、6、8 条	印度请求审查美国的过渡性保障措施的合理性，美国在专家组报告前取消了相关保护措施，但印度坚持认为专家组应完成工作，并提出上诉
5. DS34：土耳其—纺织品服装进口的限制	1996.3.21 至 1999.10.22	印度（第三方：中国香港、日本、泰国、美国和菲律宾）	ATC 第 2 条；GATT 1994 第 Ⅺ，ⅩⅢ，ⅩⅩⅣ条	印度和土耳其针对土耳其的进口数量限制进行协商，上诉机构支持专家组给出的结论：认为土耳其违反了数量限制相关规定
6. DS47：土耳其—限制纺织品和服装的进口	1996.6.20	泰国	ATC 第 2 条；GATT 1994 第 Ⅰ、Ⅱ、Ⅺ、ⅩⅢ、ⅩⅩⅣ条	类似 DS29，DS34
7. DS56：阿根廷—影响鞋类、纺织品、服装和其他物品进口的措施	1996.10.4 至 1998.3.27	美国（第三方：欧盟、印度和匈牙利）	ATC 第 7 条；GATT 1994 第 Ⅱ、Ⅶ、Ⅷ、Ⅹ 条；TBT 第 2 条	美国指控阿根廷实施的最低特别进口税高于 GATT1994 承诺的关税，上诉机构认为阿根廷的税率不符合 GATT1994 规定，阿根廷表示将降低最低特别进口税
8. DS77：阿根廷—影响纺织品、服装、鞋类的措施	1997.4.23	欧盟（第三方：美国）	ATC 第 7 条；GATT 1994 第 ⅩⅧ条；TBT 第 2 条	参照 DS56

续表

争端	时间	原告	违反协议条款	争议/解决方案
9. DS85：美国—影响纺织品和服装产品的措施	1997.5.22 至 1998.2.11	欧盟	ATC 第 2、4 条； GATT 1994 第Ⅲ条；原产地规则第 2 条；TBT 第 2 条	欧盟宣称美国纺织品、服装产品进口措施和原产地规则不一致，影响欧盟向美国出口面料、围巾等，双方最终协商达成了一致
10. DS151：美国—影响纺织品和服装产品的措施（Ⅱ）	1998.11.29 至 2000.6.24	欧盟	ATC 第 2、4 条； GATT 1994 第 3 条；原产地规则第 2 条；TBT 第 2 条，附录 1	根据 DS85，欧盟认为美国没有实现承诺，美国和欧盟进一步协商达成了一致
11. DS181：哥伦比亚—从泰国进口聚酯纤维的保障措施	1999.9.7	泰国	ATC 第 2、6 条	泰国请求和哥伦比亚协商关于哥伦比亚进口聚酯纤维的保护性措施，哥伦比亚的贸易保护措施废除，泰国取消了请求
12. DS190：阿根廷—从巴西进口棉织物的过渡保障措施	2000.2.11 至 2000.6.30	巴西（第三方：巴基斯坦、巴拉圭、美国）	ATC 第 2、6、8 条	巴西认为阿根廷采取的保护措施和协议的规定不一致，最后双方协商达成了一致
13. DS192：美国—从巴基斯坦进口精梳棉纱的过渡性保障措施	2000.4.3 至 2001.10.8	巴基斯坦（第三方：欧盟和印度）	ATC 第 2、6 条	巴基斯坦认为美国采取的过渡性保障措施违反了 ATC 的相关规定，双方最后协商达成一致，美国海关总署撤销了从巴基斯坦进口精梳棉纱的限制

续表

争端	时间	原告	违反协议条款	争议/解决方案
14. DS197:巴西—最低进口价格	2000.5.30	美国	ATC 第 2、7 条;《农业协议》第 4 条;GATT 1994 第Ⅱ、Ⅶ、Ⅺ条;进口许可第 1、3 条	美国宣称巴西使用随意确定的最低价格会限制产品进口,因此美国请求和巴西协商最低进口价格以进行海关估价
15. DS198;罗马尼亚—最低进口价格	2000.5.30 至 2001.10.2	美国	ATC 第 2、7 条;《农业协议》第 4 条;GATT 1994 第Ⅱ、Ⅶ、Ⅹ、Ⅺ条	美国认为当到岸价格低于最低进口价格时,罗马尼亚的进口价格调查程序过于复杂,它表示罗马尼亚的调查方法应该和 GATT 1994 第Ⅶ条、ATC 第 2、7 条等条款规定保持一致,最后双方协商达成一致
16. DS305:埃及—影响纺织品、服装产品进口的措施	2003.12.23 至 2005.5.25	美国	ATC 第 7 条;GATT 1944 第Ⅱ条	美国认为埃及的关税,469 号法令以及其他一些相关措施不符合 GATT 1994 第Ⅱ条和 ATC 第 7 条的规定,最终双方达成了一致的解决方案

资料来源:根据 WTO 官方网站资料整理,https://www.wto.org/english/tratop_e/dispu_e/dispu_e.htm.

第三节 《反倾销协议》

一、《反倾销协议》的基本内容

1994 年,WTO 颁布了《执行 1994 年关税与贸易总协定第六条的协议》,通常被称为《反倾销协议》。该项多边贸易协议是在东京回合达成的反倾销守则基础上进行的修改与完善,由三个部分 18 项条款和 2 个附件组成,是至今仍在沿用的国际反倾销立法。

《反倾销协议》共包括三个部分。第一部分是该协议的实质性条款,包括原则、倾销的确定、损害的确定、国内产业的定义、发起和后续调查、证据、临时措施、价格承诺、反倾销税的征收、追溯效力、反倾销税和价格承诺的期限及复审、公告和裁定的说明、司法审查、代表第三成员的反倾销行动、发展中国家成员的15条规定。第二部分包括反倾销措施委员会、协商和争端解决。第三部分为最后条款。

《反倾销协议》的宗旨是规范WTO成员的反倾销措施与行为,规定反倾销措施的实施必须满足三个要件:一是存在倾销事实;二是对国内产业造成了实质损害或实质损害威胁,或对建立国内相关产业造成实质阻碍;三是倾销和产业损害之间存在因果关系。协议规定了反倾销的实体和程序性问题,并规定了反倾销措施委员会的职能和WTO争端解决机制在涉及反倾销措施方面的作用。

二、1995—2014年全球反倾销的实践情况

(一)全球反倾销的数量趋势

1995年至2014年6月,48个成员共发起4 627起反倾销调查,最终实施2 966起反倾销措施,如图18.1。可以看出,全球反倾销调查和措施数量呈周期性波动,2003—2007年呈下降趋势,2008年出现反弹,并在2013年达到高峰。

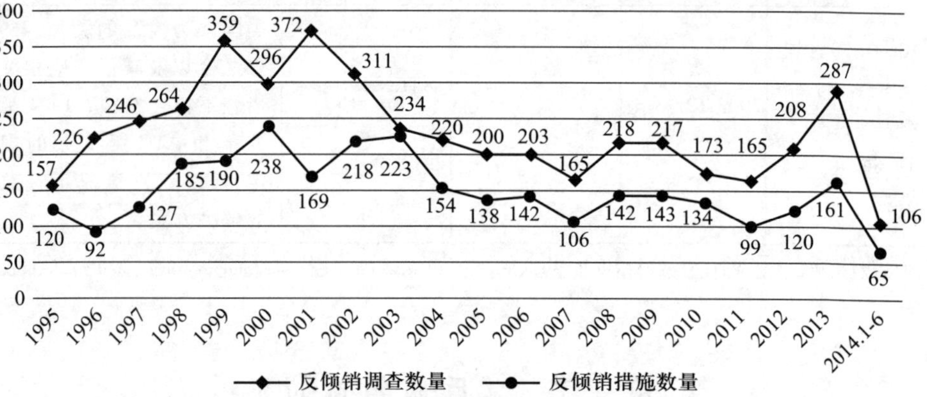

图18.1 1995—2014.6全球反倾销调查和措施数量(单位:个)

资料来源:根据WTO官方网站资料整理绘制,https://www.wto.org/english/tratop_e/adp_e/adp_e.htm.

(二)全球反倾销的主要使用成员

在全球4 627起反倾销调查中,印度发起的反倾销调查数量高居首位,占全球反倾销调查总数的15.5%;其次是美国,发起的反倾销调查占比为11.3%;第三是欧盟,发起的反倾销调查占比为9.9%。巴西、阿根廷、南非、中国等发展中成员逐渐成为全球反倾销立案的主要成员。而从最终实施反倾销措施的情况来

看,印度仍然是实施反倾销措施最多的成员,实施比率为 74%;其次是美国,实施比率为 62.6%;第三是欧盟,实施比率为 65.2%,如图 18.2。

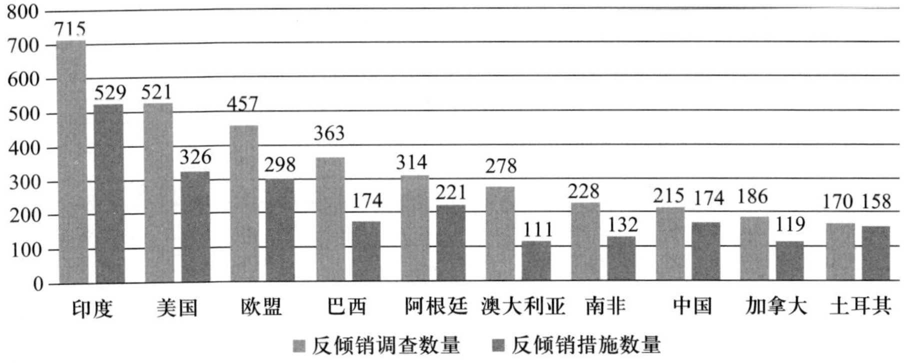

图 18.2　1995—2014.6 全球反倾销主要使用成员及数量(单位:起)

资料来源:根据 WTO 官方网站资料整理绘制,https://www.wto.org/english/tratop_e/adp_e/adp_e.htm.

(三) 全球反倾销的主要目标成员

全球反倾销调查共涉及 103 个国家(地区)。中国是全球反倾销的首要目标国,遭受的反倾销调查数量占全球反倾销调查总数的 22.1%,并且有 72.4%的反倾销调查最终对中国产品实施了反倾销措施,如图 18.3。虽然反倾销调查涉及的国家(地区)高达 100 多个,但真正遭受反倾销重创的仍集中于中国、韩国等少数国家(地区),发展中成员仍然是反倾销调查与措施的主要目标。

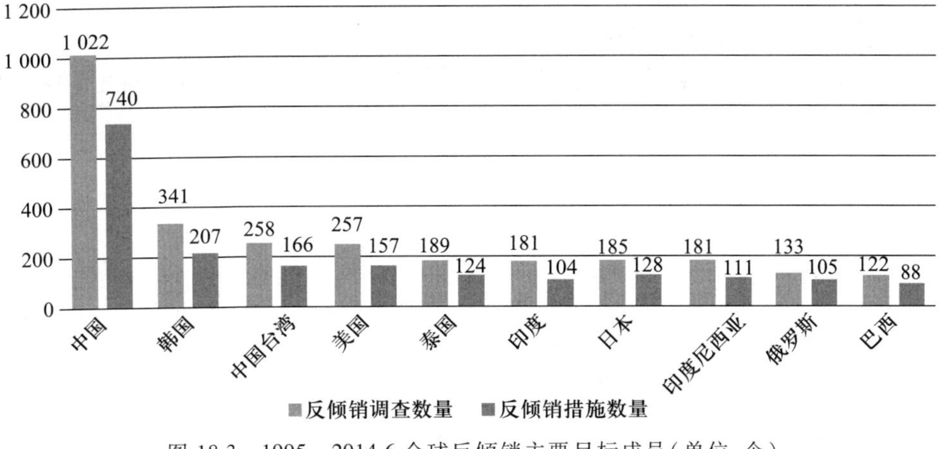

图 18.3　1995—2014.6 全球反倾销主要目标成员(单位:个)

资料来源:根据 WTO 官方网站资料整理绘制,https://www.wto.org/english/tratop_e/adp_e/adp_e.htm.

(四) 全球反倾销的涉案产品类别

全球反倾销的涉案产品范围较广,第 15 大类贱金属及其制品是反倾销的首要产品类别,其次是第 6 大类化学工业及其相关工业产品,第三是第 7 大类塑料及其制品和橡胶及其制品,详见表 18.5①。

表 18.5　1995—2014.6 全球反倾销涉案产品情况

HS 产品分类名称	遭受反倾销调查/措施数量	HS 产品分类名称	遭受反倾销调查/措施数量
Ⅰ	58/28	Ⅺ	343/250
Ⅱ	56/37	Ⅻ	32/23
Ⅲ	14/2	XIII	192/108
Ⅳ	65/35	XIV	1/0
Ⅴ	75/50	XV	1 328/881
Ⅵ	928/624	XVI	400/244
Ⅶ	614/379	XVII	48/29
Ⅷ	5/2	XVIII	51/34
Ⅸ	98/51	XX	91/64
Ⅹ	228/125	总数	4 627/2 966

资料来源:根据 WTO 官方网站资料整理,https://www.wto.org/english/tratop_e/adp_e/adp_e.htm.

(五) 全球反倾销的贸易争端情况

1995—2014 年,共有 107 起贸易争端案件援引《反倾销协议》提起磋商请求,如图 18.4。

---

① 由于篇幅所限,表中未注明各类产品的具体范围,在此标注如下:Ⅰ活动物,动物产品;Ⅱ植物产品;Ⅲ动、植物油、脂及其分解产品,精制的食用油脂,动、植物蜡;Ⅳ食品,饮料、酒及醋,烟草、烟草及烟草代用品的制品;Ⅴ矿产品;Ⅵ 化学工业及其相关工业的产品;Ⅶ塑料及其制品,橡胶及其制品;Ⅷ生皮、皮革、毛皮及其制品,鞍具及挽具,旅行制品、手提包及其类似容器、动物肠线(蚕胶丝除外)制品;Ⅸ木及木制品,木炭,软木及软木制品,稻草、秸秆、针茅或其他编结材料制品,篮筐及柳条编结品;Ⅹ木浆及其他纤维状纤维素浆,纸及纸板的废碎品,纸、纸板及其制品;Ⅺ纺织原料及纺织制品;Ⅻ鞋、帽、伞、杖、鞭及其零件,已加工的羽毛及其制品,人造花,人发制品;XIII石料、石膏、水泥、石棉、云母及类似材料的制品,陶瓷产品,玻璃及其制品;XIV天然或养殖珍珠、宝石或半宝石、贵金属、包贵金属及其制品,仿首饰,硬币;XV贱金属及其制品;XVI机器、机械器具、电气设备及其零件,录音机及放声机、电视图像、声音的录制和重放设备及其零件、附件;XVII车辆、航空器、船舶及有关运输设备;XVIII光学、照相、电影、计量、检验、医疗或外科用仪器及设备、精密仪器及设备,钟表,乐器,上述物品的零件、附件;XIX武器,弹药及其零件、附件;XX杂项制品.

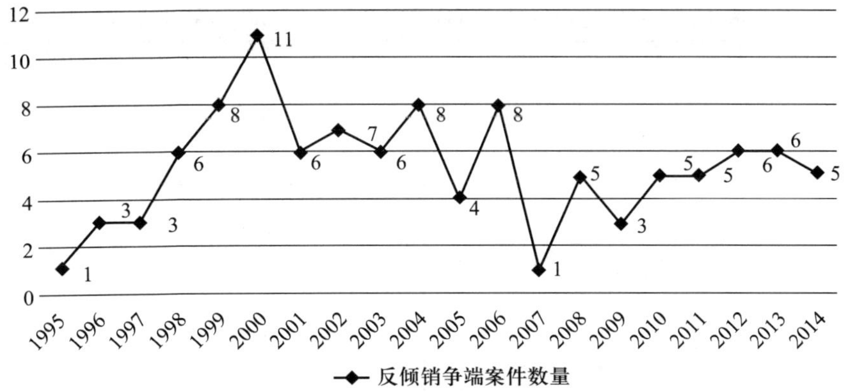

图 18.4 1995—2014 年全球反倾销争端案件情况(单位:起)

资料来源:根据 WTO 官方网站资料绘制,https://www.wto.org/english/tratop_e/dispu_e/dispu_agreements_index_e.htm? id=A6.

从国别来看,发达成员和发展中成员均积极提起反倾销争端诉讼。起诉方共包括 27 个 WTO 成员,其中欧盟提起的反倾销诉讼数量居首位,中国共提起 7 起反倾销争端案件,详见表 18.6。应诉方共包括 23 个 WTO 成员,其中美国是被诉最多的成员,中国共应诉 8 起反倾销争端案件,详见表 18.7。

表 18.6 1995—2014 年 WTO 成员发起反倾销争端案件情况

起诉方	案件数量	起诉方	案件数量	起诉方	案件数量
欧盟	16	阿根廷	6	挪威	1
墨西哥	11	印度尼西亚	6	瑞士	1
韩国	9	泰国	4	波兰	1
印度	9	越南	2	秘鲁	1
美国	8	土耳其	2	孟加拉国	1
巴西	8	中国台湾	2	俄罗斯	1
加拿大	7	哥斯达黎加	2	巴基斯坦	1
中国	7	澳大利亚	1	危地马拉	1
日本	6	智利	1	厄瓜多尔	1

资料来源:根据 WTO 官方网站资料整理,https://www.wto.org/english/tratop_e/dispu_e/dispu_agreements_index_e.htm? id=A6.

表 18.7 1995—2014 年 WTO 成员应诉反倾销争端案件情况

起诉方	案件数量	起诉方	案件数量	起诉方	案件数量
美国	48	巴西	2	土耳其	1
欧盟	12	埃及	2	澳大利亚	1
中国	8	危地马拉	2	泰国	1
墨西哥	6	厄瓜多尔	2	韩国	1
南非	4	特立尼达和多巴哥	2	秘鲁	1
阿根廷	4	委内瑞拉	1	智利	1
印度	3	俄罗斯	1	巴基斯坦	1
加拿大	2	菲律宾	1	土耳其	1

资料来源：根据 WTO 官方网站资料整理，https://www.wto.org/english/tratop_e/dispu_e/dispu_agreements_index_e.htm? id=A6.

在 107 起反倾销争端案件中，起诉方援引了《反倾销协议》的多个条款，涉及反倾销调查实体和调查程序的多项争议，详见表 18.8。

表 18.8 1995—2014 年全球反倾销争端案件援引条款

援引条款	案件数量	援引条款	案件数量
Art. 1（原则）	2	Art. 10（回溯效力）	2
Art. 2（倾销的确定）	31	Art. 11（反倾销税的期限和审议）	9
Art. 3（损害的确定）	39	Art.12（通告）	4
Arts. 4 & 5（国内产业）	4	Art. 15（特殊和差别待遇）	3
Art. 5（发起和后续调查）	18	Art. 17（争端解决）	6
Art. 6（证据）	50	Art. 18（最终措施）	7
Art. 7（临时措施）	1	Annex Ⅱ（最佳可获得事实）	1
Art. 9（实施和征收反倾销税）	10		

资料来源：根据 WTO 官方网站资料整理，https://www.wto.org/english/tratop_e/dispu_e/dispu_agreements_index_e.htm? id=A6.

从争端焦点来看，反倾销调查实体方面主要涉及倾销和损害的确定。倾销的确定主要是依据正常价值以及正常价值和出口价格的比较方法。在正常价值的确定上，《反倾销协议》规定了 3 种方法，包括出口国国内市场销售价格、第三国出口价格和推定正常价值，其中 WTO 成员对推定正常价值的争议较大。推定正常价值应以原产国的生产成本加上合理的管理、销售和一般费用确定。在推定正常价值的生产成本上，WTO 成员围绕利息收入、副产品收益、财务费用等产生了诸多争议。在确定产品的管理、销售和一般费用上，WTO 成员围绕确定费用的 3 种方法的使用顺序、产品代码、确定涉案企业的管理和一般费用、利润、合理性测试等产生了诸多争议。在正常价值和出口价格的比较上，日本、欧盟、韩国等 WTO 成员多次对美国的"归零法"提出异议。WTO 专家组和上诉机构在不同案件中判定了归零法在个案中适用的违法性，但对于归零法本身的合法性问题并未进行法律文本的最终修改和阐释。此外，围绕价格可比性问题，WTO 成员针对销售条件差异、贴息信贷、包装成本、运费、物理特征和期货合同利润等产生了诸多争议。关于损害的确定，WTO 成员围绕产业损害认定、因果关系认定、累计和实质损害威胁等产生了诸多争议。反倾销调查程序方面主要涉及发起和调查程序及证据，其中"可获得事实"的采用引起了 WTO 成员的广泛争议。

三、WTO 成立 20 年来《反倾销协议》的谈判与完善

（一）历届 WTO 部长级会议情况

自 1995 年 WTO 成立以来，截至 2013 年年底已召开过 9 届部长级会议，第 10 届部长级会议于 2015 年 12 月 15 日至 18 日在肯尼亚首都内罗毕召开。在历届部长级会议中，各谈判方就多边贸易谈判的一系列广泛议题进行了讨论，达成了多个部长级宣言。本节将聚焦《反倾销协议》的相关议题，对 WTO 成立以来部长级会议达成的反倾销规则共识进行梳理。

1996 年 12 月 9 日至 13 日，WTO 第 1 届部长级会议在新加坡举行。在《新加坡部长宣言》的"工作计划和既定议程"部分，提出未来将继续审议《反倾销协议》，并为各成员尽可能提供相关信息，使成员们能够在谈判与审议之前更好地理解议题和自身诉求。

2001 年 11 月 9 日至 14 日，WTO 第 4 届部长级会议在卡塔尔首都多哈举行。会议启动了被称为"多哈发展议程"（多哈回合）的新一轮多边贸易谈判，批准了中国加入 WTO，并最终通过了《多哈部长宣言》等 3 个文件。在《多哈部长宣言》中，反倾销作为多边贸易体系规则之一，被纳入多哈回合规则谈判。在《多哈部长宣言》第 28 段对此有明确授权："旨在澄清和改进《关于实施 1994 年关税与贸易总协定第 6 条的协议》和《补贴与反补贴措施协议》中的有关规则，同时保持这些协议的基本概念、原则和有效性，以及这些协议所规定的手段和目标，并考虑发展中国家和最不发达国家参加方的需要。"

2003年9月10日至14日,WTO第5届部长级会议在墨西哥坎昆举行。会议对WTO新一轮谈判进行了中期评估,同意接纳柬埔寨和尼泊尔两国为WTO正式成员。在《坎昆部长宣言草案》中,提出包括反倾销等议题的规则谈判小组应切实寻求解决方案。由于与会各方对《坎昆部长宣言草案》存在巨大分歧,会议未取得实质性成果。

2005年12月13日至18日,WTO第6届部长级会议在中国香港举行,通过了《香港部长宣言》。在《香港部长宣言》附件D中,规则谈判小组呼吁各成员在澄清和完善反倾销规则时,应特别考虑在保留反倾销的基本概念、原则、有效性以及此类被证明合理的措施目标的前提下,避免不合理的反倾销行为;在增强反倾销的法定诉讼程序、透明度和可预见性的同时,尽量减少相关利益方和调查当局的成本,降低诉讼的复杂性。应澄清和完善下列规则:(1)倾销、产业损害和因果关系认定以及反倾销措施的使用;(2)适用于反倾销调查的发起、开展和结束的程序,包括增强法定诉讼程序和提高透明度的目标;(3)反倾销措施的水平、范围和期限,包括税率计算、期中和新出口商复审、日落复审和反规避程序。

在香港部长级会议的反倾销谈判中,规则谈判小组具体讨论了以下议题,包括损害和因果关系的确定、较低税率原则、公共利益、透明度和正当程序、期中复审、日落复审、税率计算、规避行为、可获得事实的利用、限制审查和其他税率、争端解决、进口倾销的定义、关联方、被调查产品、调查程序的发起和结束。香港部长级会议后,规则谈判小组将继续讨论现有提案或尚未提交的提案。鉴于目前谈判进展,WTO指示规则谈判小组在现有或尚未提交的具体提案基础上,加快所有方面的谈判进程,尽快审议各方提交的关于《反倾销协议》的提案,并授权规则谈判小组主席尽早起草关于《反倾销协议》的综合案文,以保证在2006年多哈发展议程最终期限框架内及时取得成果,同时考虑其他领域的谈判进展。

(二)多哈回合规则谈判小组主席案文情况

2007年11月30日,时任乌拉圭常驻WTO大使、WTO规则谈判小组主席加尔米斯公布了关于《反倾销协议》的修订草案(Chair Text,下文简称"主席文本")[①]。该主席文本的公布标志着WTO规则谈判小组开始进入实质性磋商阶段。2007年12月12日,规则谈判小组针对主席文本进行了第一次磋商。此后于2008年1月至5月期间,规则谈判小组针对主席文本共进行了五次磋商。主席文本吸纳了很多成员关于澄清与改进反倾销规则、提高透明度、严格反倾销纪律、明确审查标准等方面的提案内容,多数成员对其包含的积极因素予以肯定。但不可否认的是,该主席文本回避了一些分歧较大的反倾销核心议题,如日落复

① WTO.Draft Consolidated Chair Texts of the AD and SCM Agreements.World Trade Organization,2007.

审、反规避、归零法等，取而代之的是呼吁各成员加强磋商，尽量减少分歧并努力寻求共识。

2008 年 12 月 19 日，WTO 规则谈判小组公布了新的主席文本①。尽管该主席文本采纳了各方对上一主席文本提出的意见，但在各方对峙且很难妥协的情况下，新的主席文本很难平衡所有成员的立场及关注点。该主席文本在之前的基础上保留了达成共识的条款，取消了上一文本中争议较大的规定，但以括号和黑体字的方式在正文下方进行标注，希望各成员在日后谈判中能够聚焦这些议题。2008 年主席文本对《反倾销协议》的最大修改包括倾销幅度计算中"归零法"的适用、损害认定中因果关系的"非归因性"、公共利益、日落复审、立案标准、被调查产品、提高反倾销调查程序透明度、反规避措施、建立反倾销措施委员会的定期审查机制等方面。2011 年主席文本沿用了 2008 年主席文本的架构，除个别条款稍有改变外，其他内容基本相同。下面将简要介绍 2007、2008 和 2011 年主席文本的核心争议点，包括倾销幅度计算的"归零法"、损害认定中因果关系的"非归因性"、公共利益、从低征税和日落复审所进行的修改。

1. 倾销幅度计算中的"归零法"问题

在 2007 年主席文本出台以前，各成员对该问题的立场基本分为两派：一派是以"反倾销谈判之友"(Friends of Anti-dumping Negotiation)的成员为代表，主张对《反倾销协议》进行实质性修改，严格反倾销纪律，彻底取消"归零法"。另一派是以美国为代表，与"反倾销谈判之友"的立场截然不同，认为"归零法"可适用于反倾销调查的初审和复审程序，并强烈要求在《反倾销协议》中明确规定调查当局没有将正负倾销幅度进行抵消的义务。

为平衡多方利益，2007 年主席文本建议在《反倾销协议》中增加第 2.4.3 条，规定调查当局在判定累积评估是否存在倾销以及倾销幅度时，应按照三种情形处理负的倾销幅度：(1) 如果依据《反倾销协议》第 5 条采用"加权平均对加权平均"的比较方法，调查当局应将出口价格高于正常价值的情况考虑在内，对负的倾销幅度进行抵消，禁止采用"归零法"；(2) 如果依据《反倾销协议》第 5 条采用"单笔交易对单笔交易"或者"单笔交易对加权平均"的比较方法，调查当局可以忽略出口价格高于正常价值的情况，不考虑负的倾销幅度，采用归零法；(3) 调查当局依据《反倾销协议》第 9 条及第 11 条进行复审调查时，可以忽略出口价格高于正常价值的情况，不考虑负的倾销幅度，采用归零法。

由于各成员对此持有很大的分歧，2008 年主席文本取消了上述分三种情况

① WTO. New Draft Consolidated Chair Texts of the AD and SCM Agreements. World Trade Organization, 2008.

适用“归零法”的规定，同时以黑体字的方式在正文下方说明了各成员对该问题持有非常深刻的分歧。2011 年主席文本仍未对“归零法”做出具体说明，而是用黑体字在正文中说明“该议题仍然是反倾销谈判中最有分歧的，并且几乎没有收敛的迹象。各成员的立场从坚持所有程序中不管采用何种比较方法都要完全禁止‘归零法’，到所有情形下需要特别授权使用‘归零法’。一些成员则持有更加微妙的立场。此外一些成员认为在特定情况下要对这一问题进行技术审查，比如在第 2.4.2 条规定的第三种（针对性倾销）方法的情况下”。

2. 损害认定中因果关系的“非归因性”

2007 年主席文本建议对《反倾销协议》第 3.5 条进行修改，增加了以下内容：“倾销进口产品与产业损害间的因果关系认定可以基于对相关证据的定性分析，如损害效应的性质、程度、地域集中性以及持续时间等。调查机关应试图区分和识别其他因素和倾销进口产品在造成产业损害上的不同作用，但无需对二者的具体产业损害效应进行定量分析，也不必在二者之间进行权衡和比较。”

2008 年主席文本取消了 2007 年主席文本对《反倾销协议》第 3.5 条进行的修改，保留了原《反倾销协议》第 3.5 条的内容，但用黑体字在正文下方说明了各成员对“非归因性”问题的分歧，包括是否需要强制性地区分和识别进口倾销产品和其他因素，调查机关需要在何种程度上对“非归因性”进行定量分析，以及调查机关需要在何种程度上权衡进口倾销产品和其他因素造成的影响。

2011 年主席文本并未对“非归因性”问题做进一步的说明，而是在正文下方用黑体字说明了各成员仍然对此问题存在广泛分歧。各成员近期的争议点主要集中于两个方面：（1）是否需要强制性地区分和识别进口倾销产品和其他因素造成的影响；（2）调查机关需要在何种程度上对“非归因性”进行定量分析。尽管各成员目前已达成广泛共识，认为调查机关需要仔细考虑除倾销进口产品以外的其他因素造成的影响，并确保其他因素的影响未归结于进口倾销产品，但各成员仍就该问题的具体执行要求存在重大分歧。

3. 公共利益问题

2007 年主席文本在《反倾销协议》的反倾销税征收部分增加了第 9.1 条，要求具有反倾销国内法的各成员在法规中规定相关程序，在调查机关进行反倾销裁决时，适当考虑受反倾销税影响的相关利益方的意见。该程序以及据此做出的决定不受国内司法审查、WTO 争端解决机制、《反倾销协议》以及任何其他 WTO 协议的监督。

然而，2008 年主席文本取消了 2007 年主席文本的公共利益条款。各成员对公共利益审查问题存在非常尖锐的分歧。反对方认为在国内法规定相关程序是对国家主权的侵犯，并且将花费高昂的成本和大量的时间；支持方则支持在国内法规定相关程序。各方的争议主要集中于公共利益审查应在多大程度上适用于日落复审,相关决定是否适用于反倾销司法审查机制,以及相关决定应在多大程度上适用于 WTO 争端解决机制。

2011 年主席文本采取了 2008 年主席文本的处理方式,并用黑体字在正文下方说明各成员仍然存在尖锐分歧。在 2008 年主席文本的基础上,2011 年主席文本补充说明了各成员对公共利益审查程序应考虑的因素存在分歧。

4. 从低征税原则

从文本看,WTO《反倾销协议》并未明确"损害幅度"这一概念,而是在第 9.1 条中规定"如反倾销税小于倾销幅度即足以消除对国内产业的损害,则该反倾销税是可取的"。由此可见,《反倾销协议》鼓励各成员在损害幅度小于倾销幅度的情况下,按照损害幅度征收反倾销税,即适用从低征税原则。然而,2007 年主席案文直接将上述《反倾销协议》内容删除。在 2008 年主席文本中,重新恢复了《反倾销协议》的相关内容,并用黑体字说明很多成员强烈支持在《反倾销协议》中纳入强制性的从低征税原则;但一些成员表达了反对,认为计算产业损害幅度在实践上是不可行的。2011 年主席文本基本保留了 2008 年主席文本的表述,并说明一些成员认为应保留目前《反倾销协议》中关于从低征税的内容。

5. 日落复审问题

2007 年主席文本在第 11.3 条增加了如下内容:(1) 第 11.3.1 条规定,发起日落复审应由国内产业或国内产业代表提出书面申请。申请书应包含可合理获得的信息,并说明取消反倾销税后倾销和损害有可能继续或再度发生的理由。(2) 第 11.3.2 条规定,特殊情况下调查机关可在国内产业或国内产业代表缺乏书面申请的情况下发起日落复审,但应当有充分证据表明取消反倾销税后倾销和损害是否有可能继续或再度发生,并以公告形式说明。(3) 第 11.3.3 条规定,应在反倾销税 5 年到期日之前 6 个月或在最近一次日落复审 5 年到期日之前 6 个月内启动日落复审;并在上述 5 年到期日之前完成日落复审,最迟不超过上述 5 年到期日后 6 个月完成。无论在上述 5 年到期日之后是否完成日落复审,日落复审的结果在 5 年到期日时开始生效。如果日落复审的结果是终止反倾销税,调查机关应返还在到期日后征收的反倾销税及相关利息。(4) 第 11.3.4 条规定,调查机关在审查取消反倾销税后倾销和损害是否继续或再度发生的可能性时,应基于肯定性证据和对相关因素的客观审查。(5) 第 11.3.5 条规定,反倾销税征收的最长期限不得超过 10 年。(6) 第 11.3.6 条规定,在根据第 11.3.5 条规定的反倾销税 10 年终止期后的 2 年内,调查机关基于倾销、损害和因果关系的充足证据再次发起反倾销调查时,可依据获得的最佳信息立即采取临时措施,经调查确定的征税措施可追溯至采取临时措施前 90 天内的进口消费产品,但此种追溯并不适用于反倾销税终止前的进口产品。

由于各成员对日落复审问题存在很大的分歧,2008 年主席文本将 2007 年主席文本在第 11.3 条下增加的 6 项内容全部取消。各成员的分歧主要聚焦以下两点:(1) 是否有必要对反倾销措施规定一个强制日落期限;(2) 如果有必要规定强制日落,如何设定该期限。各成员形成了两种较为极端的观点,一方支持在任何情况下日落复审均应在 5 年后自动停止,而另一方完全反对强制日落的原则。其他造成各成员分歧的事项包括是否有必要建立一个额外的标准和规范来规制日落复审决议;如果有必要,如何设定最为合理的标准和规范;启动日落复审应适用何种规范,包括是否需要对调查机关依照职权发起的日落复审加以限制,以及启动日落复审的证据门槛和调查期限。2011 年主席文本保留了 2008 年主席文本的标注,并未进行任何的修订和补充。

纵观 WTO 成立 20 年来反倾销的实践特征,可以看出无论是在 WTO 争端解决机制层次,还是在各 WTO 成员的国内法层次,反倾销都已成为使用范围最广、使用频率最高的贸易救济措施。客观来看,反倾销具有“矛”和“盾”的两面性。一方面,作为 WTO 框架下的合法贸易救济措施,反倾销的使用的确在一定程度上遏止了不公平贸易,维护了全球公平贸易环境,保护了 WTO 成员的国内产业,发挥了其应有的作用;另一方面,随着国际政治、经济局势的日益复杂,不可否认的是,反倾销也出现了 WTO 规则异化问题。反倾销的设计原本是为放宽市场准入的自由贸易积极政策,但原本为抵制不公平贸易、鼓励自由贸易的《反倾销协议》的确由于某些 WTO 成员的滥用而产生了客观上的不公平,引发了更多的贸易摩擦。WTO 的制度性缺陷赋予了各成员一定程度上的自由裁量权,使各成员一方面希冀借助于全球范围内的自由贸易尽力推销本国的优势产品,另一方面又希望在 WTO 游戏规则允许的范围内,最大程度地采取有利于本国国内经济和产业发展、诸如反倾销之类的贸易保护政策。在实践层面,目前发展中成员已经与发达成员并驾齐驱,成为反倾销的主要使用者。钢铁行业始终是反倾销的重灾区,而化学产品、塑料、橡胶等规模效益明显的技术密集型行业也遭到较多的反倾销调查。而在法律层面,作为多哈回合规则谈判的重要议题,反倾销规则的谈判进展缓慢,很多重要议题尚未达成共识。可以预见的是,未来全球经济与贸易一体化进程将不断加快,各国市场的开放程度不断提高,但反倾销的使用不会减弱,将作为一种常态化的贸易救济措施,伴随着 WTO 规则谈判进展始终存在于全球贸易的发展进程中。

第四节 《补贴与反补贴措施协议》

一、《补贴与反补贴措施协议》的基本内容

《补贴与反补贴措施协议》是 WTO 管辖的一项多边贸易协议，是在东京回合达成的反补贴协议的基础上进行的修改和补充，是对《关税与贸易总协定》第 6 条和第 16 条规定的具体化，由 11 个部分 32 项条款和 7 个附件构成。

《补贴与反补贴措施协议》对补贴与反补贴措施的实体和程序性问题进行了规定，主要条款包括：总则、禁止性补贴、可诉补贴、不可诉补贴、反补贴措施、机构、通知和监督、发展中国家成员、过渡性安排、争端解决和最后条款等。协议的 7 个附件包括：附件 1《出口补贴清单》，列举了 12 项被禁止的补贴；附件 2《关于生产过程投入物消耗的准则》；附件 3《关于确定替代退税制度为出口补贴的准则》；附件 4《从价补贴总额的计算》；附件 5《搜集严重侵害的信息的程序》；附件 6《根据第 12 条第 6 款进行实地调查的程序》；附件 7《第 27 条第 2 款 1 项的发展中国家成员》。

《补贴与反补贴措施协议》的宗旨是规范各成员实施补贴与反补贴措施的行为，规定了反补贴措施的实施必须满足三个要件：一是确定进口产品存在补贴；二是对国内产业造成了实质损害或实质损害威胁，或对建立国内相关产业造成实质阻碍；三是补贴和产业损害之间存在因果关系。此外，协议对补贴与反补贴措施委员会的职能和 WTO 争端解决机制在涉及补贴与反补贴措施方面的作用进行了阐述。

二、1995—2014 年全球反补贴的实践情况

（一）全球反补贴的数量趋势

1995 年至 2014 年 6 月，21 个成员共发起 355 起反补贴调查，最终实施 193 起反补贴措施，如图 18.5。相对于反倾销而言，反补贴的使用频率较低。

（二）全球反补贴的主要使用成员

在全球 355 起反补贴调查中，美国高居首位，共发起 150 起反补贴调查，占全球反补贴调查总数的 42.3%；其次是欧盟，共发起 73 起反补贴调查，占比 20.1%；第三是加拿大，共发起 40 起反补贴调查，占比 11.3%。上述 3 个成员发起的反补贴调查占比高达 73.7%。不同于反倾销调查，反补贴调查中并未出现立案数量急速增长的 WTO 成员，美国、欧盟、加拿大等发达成员一直占据主导

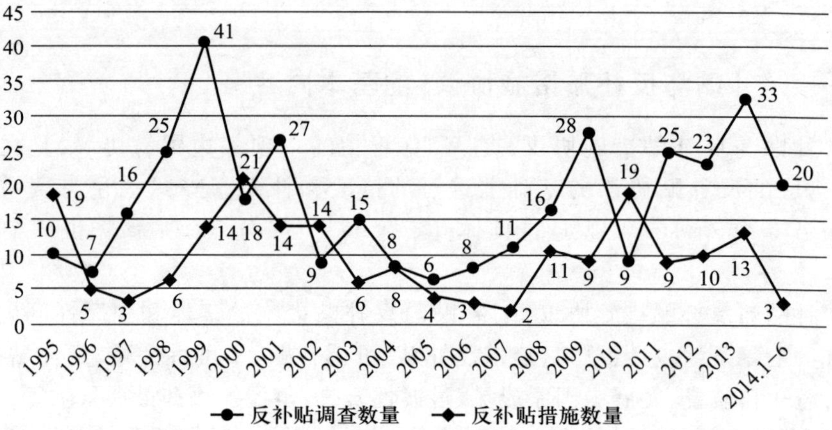

图 18.5　1995—2014.6 全球反补贴调查和措施数量(单位:起)

资料来源:根据 WTO 官方网站资料整理绘制,https://www.wto.org/english/tratop_e/scm_e/scm_e.htm.

地位。而从最终实施反补贴措施的情况来看,美国是实施反补贴措施最多的成员,实施比率为 52.7%;其次是欧盟,实施比率为 46.6%;第三是加拿大,实施比率为 60%。

(三) 全球反补贴的主要目标成员

全球反补贴调查共涉及 46 个国家(地区)。中国是全球反补贴的首要目标国,遭受的反补贴调查数量占全球反补贴调查总数的 23.7%,并且有 63.1%的反补贴调查最终对中国产品实施了反补贴措施;其次是印度,遭受的反补贴调查数量占比为 17.5%,并且有 54.8%的反补贴调查最终对印度产品实施了反补贴措施。其余成员均遭受了数量很少的反补贴调查。相对于反倾销调查,反补贴调查的目标成员集中度较高,发展中成员仍然是反补贴调查与实施反补贴措施的主要目标。

(四) 全球反补贴的涉案产品类别

全球反补贴调查共涉及 15 大类产品。与反倾销调查相同,第 15 大类贱金属及其制品也是反补贴的首要产品类别,其次是第 6 大类化学工业及其相关工业产品和第 4 大类食品、饮料、酒及醋、烟草及烟草代用品的制品;然后是第 7 大类塑料及其制品和橡胶及其制品,详见表 18.9。

表 18.9　1995—2014.6 全球反补贴涉案产品情况

HS 产品 分类名称	遭受反补贴 调查/措施数量	HS 产品 分类名称	遭受反补贴 调查/措施数量
Ⅰ	15/5	Ⅹ	12/6
Ⅱ	9/9	Ⅺ	22/8
Ⅲ	8/5	Ⅻ	1/0
Ⅳ	33/13	XⅢ	5/2
Ⅴ	9/6	XⅤ	143/91
Ⅵ	33/15	XⅥ	24/14
Ⅶ	30/14	XⅦ	6/2
Ⅸ	5/3	总数	355/193

资料来源：根据 WTO 官方网站资料整理，https://www.wto.org/english/tratop_e/scm_e/scm_e.htm.

（五）全球反补贴的贸易争端情况

1995—2014 年，共有 105 起贸易争端案件援引《补贴与反补贴措施协议》提起磋商请求，如图 18.6。

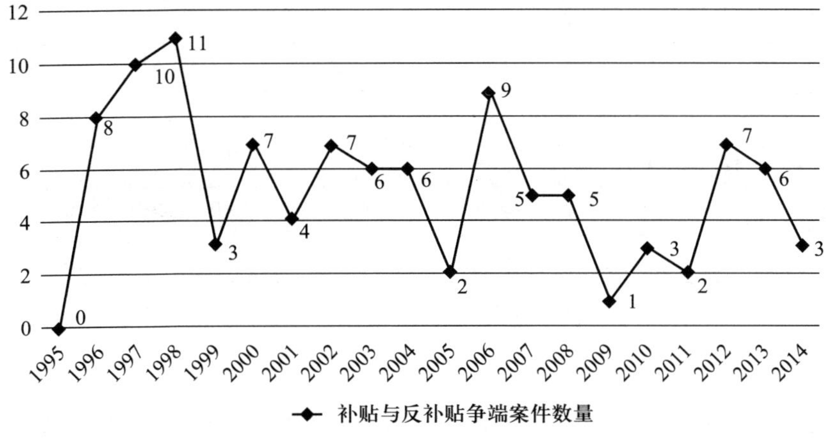

图 18.6　1995—2014 年全球补贴与反补贴争端案件情况　（单位：起）

资料来源：根据 WTO 官方网站资料绘制，https://www.wto.org/english/tratop_e/dispu_e/dispu_agreements_index_e.htm? id=A20.

从国别来看，发达成员和发展中成员均积极提起补贴与反补贴争端诉讼。起诉方共包括 17 个 WTO 成员，其中美国提起的补贴与反补贴诉讼数量居首位，其次是欧盟,中国共提起5起补贴与反补贴争端案件,详见表18.10。应诉方共包括20个WTO成员,美国同样是被诉最多的成员,中国共应诉14起补贴与反补贴争端案件,详见表18.11。

表18.10 1995—2014年WTO成员发起补贴与反补贴争端案件情况

起诉方	案件数量	起诉方	案件数量	起诉方	案件数量
美国	29	印度	5	俄罗斯	2
欧盟	24	墨西哥	5	印度尼西亚	2
加拿大	12	中国	5	巴基斯坦	1
巴西	9	智利	2	危地马拉	1
韩国	7	澳大利亚	2	阿根廷	1
日本	6	泰国	2		

资料来源:根据WTO官方网站资料整理,https://www.wto.org/english/tratop_e/dispu_e/dispu_agreements_index_e.htm? id=A20.

表18.11 1995—2014年WTO成员应诉补贴与反补贴争端案件情况

应诉方	案件数量	应诉方	案件数量	应诉方	案件数量
美国	33	墨西哥	3	荷兰	1
欧盟	15	阿根廷	2	希腊	1
中国	14	日本	2	爱尔兰	1
加拿大	10	印度	2	菲律宾	1
巴西	6	法国	2	韩国	1
印度尼西亚	4	秘鲁	1	巴基斯坦	1
澳大利亚	3	比利时	1	/	/

资料来源:根据WTO官方网站资料整理,https://www.wto.org/english/tratop_e/dispu_e/dispu_agreements_index_e.htm? id=A20.

在105起补贴与反补贴争端案件中,起诉方援引了《补贴与反补贴措施协议》的多个条款,涉及反补贴调查实体和调查程序的多项争议,详见表18.12。

表18.12 1995—2014年全球补贴与反补贴争端案件援引条款

援引条款	案件数量	援引条款	案件数量
Art.1(补贴的定义)	25	Art.3(禁止性补贴)	18
Art.2(专向性)	4	Art.4(禁止性补贴的补救)	9

续表

援引条款	案件数量	援引条款	案件数量
Art.5(可诉补贴的不利影响)	6	Art.17(临时措施)	1
Art.7(可诉补贴的补救)	1	Art.19(反补贴税的征收)	6
Art.10(反补贴措施的实施)	5	Art.20(回溯效力)	1
Art.11(发起和后续调查)	3	Art.21(执行期限与复审)	6
Art.12(证据)	11	Art.22(反补贴裁定的公告和说明)	3
Art.13(磋商)	1	Art.27(特殊和差别待遇)	1
Art.14(补贴额的计算)	6	Art.32.1(对补贴采取的特定行动)	5
Art.15(损害的确定)	13	Annex Ⅰ(出口补贴说明一览表)	6
Art.16(国内产业的定义)	3	Annex Ⅴ(有关严重损害的资料的收集整理程序)	1

资料来源:根据 WTO 官方网站资料整理,https://www.wto.org/english/tratop_e/dispu_e/dispu_agreements_index_e.htm? id=A20.

从争端焦点来看,主要涉及补贴的定义、禁止性补贴和损害的确定。特别是随着 WTO 成员逐渐将反倾销反补贴联动措施(“双反”措施)作为常规化的贸易救济方式,WTO“双反”贸易争端日趋激烈,体制性问题渐成诉讼焦点。截至 2014 年,共有 12 起“双反”贸易争端被诉诸 WTO 争端解决机制。中国和美国是主要的起诉国和应诉国。中国共参与 6 起“双反”贸易争端案件,并且所有的“双反”贸易争端均是与美国进行谈判磋商,详见表 18.13。

表 18.13 1995—2014 年 WTO“双反”贸易争端案件

序号	争端编号	发起时间	起诉国	应诉国	争端缘由
1	DS470	2013.11.27	印度尼西亚	巴基斯坦	巴基斯坦对印度尼西亚纸类产品发起的“双反”调查
2	DS464	2013.8.29	韩国	美国	美国对韩国大型洗衣设备实施的“双反”措施
3	DS449	2012.9.17	中国	美国	美国对中国一系列产品实施的“双反”措施
4	DS440	2012.7.5	美国	中国	中国对美国进口汽车实施的“双反”措施
5	DS427	2011.9.20	美国	中国	中国对美国白羽肉鸡实施的“双反”措施

续表

序号	争端编号	发起时间	起诉国	应诉国	争端缘由
6	DS414	2010.9.15	美国	中国	中国对美国取向性电工钢实施的“双反”措施
7	DS385	2008.12.4	印度	欧盟	欧盟对印度聚对苯二甲酸乙二醇酯实施“双反”措施的期满复审
8	DS379	2008.9.19	中国	美国	美国对中国一系列产品实施的“双反”措施
9	DS368	2007.9.14	中国	美国	美国对中国铜版纸“双反”调查的初裁结果
10	DS338	2006.3.17	美国	加拿大	加拿大对美国谷物产品实施的“双反”临时措施
11	DS262	2002.7.25	欧盟	美国	美国对法国和德国钢铁产品实施“双反”措施的日落复审
12	DS206	2000.10.4	印度	美国	美国对印度钢板产品实施的“双反”措施

资料来源：根据 WTO 官方网站资料整理，https://www.wto.org/english/tratop_e/dispu_e/dispu_agreements_index_e.htm? id=A20.

自“双反”贸易争端被诉诸 WTO 以来，WTO 成员的议题主要集中在以下三个方面。

第一是反补贴法对于“非市场经济”国家的适用性问题，争议焦点主要聚焦于美国贸易政策立场的转变。在 1984 年美国对来自波兰和捷克斯洛伐克的碳钢线材发起的反补贴调查（“乔治城钢铁案”）中，美国商务部和联邦巡回上诉法院一致裁定针对“非市场经济”国家不适用反补贴法，并在此后近 20 年的时间内维持该立场，认为只有对“非市场经济”国家授予市场经济国家地位之后，才可适用反补贴法。但在 2006 年 11 月，美国开始对来自中国的铜版纸发起“双反”调查，扭转了之前不针对“非市场经济”国家进行反补贴调查的政策立场。首先，美国的“双重标准”引发争议。美国一方面仍然认定中国为“非市场经济”国家，对中国在反倾销调查中适用“替代国”标准；另一方面又认为中国目前的经济体制较之前的“计划经济”发生了较大转变，可以对中国适用反补贴法。其次，美国的立法依据受到质疑。由于“乔治城钢铁案”的先例，美国商务部对“非市场经济”国家发起反补贴调查的法律授权受到中国和美国国内多方的严重质疑。2007 年 9 月 14 日，中国在 WTO 正式提起 DS368 案件，就铜版纸案的初裁向美国提出磋商请求。由于美国国际贸易委员会最终得出该例案件产业损害的否定性终裁，该例 WTO 贸易争端案件自动终止。但铜版纸案件是中国首次单独将中美贸易问题诉诸 WTO 争端解决机构。

第二是“双反”措施的“双重救济”问题。当“双反”调查的目标国为“非市场经济”国家时,实施“双反”措施可能产生“双重救济”现象。在美国对中国实施的多例“双反”措施中,均产生了“双重救济”现象。因此,2008 年 9 月 19 日,中国在 WTO 提起 DS379 案件,将美国对中国标准钢管、薄壁矩形钢管、编织袋和非公路用轮胎的四例“双反”调查打包诉诸 WTO 争端解决机制。中国一共提出了两项质疑:一是针对美国的反补贴调查认定;二是针对美国的“双重救济”问题。2011 年 3 月 11 日,WTO 上诉机构做出裁决,在“双重救济”和公共机构认定问题上均支持中方观点,裁定美国的做法违反了 WTO 规则。虽然中国获得了 DS379 案件的胜利,但中美关于“双重救济”问题的争议并没有就此结束。针对 WTO 的裁决结果和美国国内的多方质疑,2012 年 3 月,美国政府通过了“第 112-99 号法案”,旨在授权美国商务部在对“非市场经济”国家实施反倾销措施的同时可以实施反补贴措施;并通过调整反倾销税弥补可能存在的“双重救济”行为。但美国“第 112-99 号法案”的相关规定仍违反了 WTO 法规,2012 年 9 月,中国针对美国“第 112-99 号法案”的相关条款在 WTO 再次提起 DS449 案件,认为美国“第 112-99 号法案”追溯授权商务部对“非市场经济”国家实施“双反”措施的条款违反了 WTO 相关规定;并且由于该法相关条款生效时间的不一致性未能有效避免美国在之前的 25 例“双反”调查中的“双重救济”行为。针对该例案件,2014 年 3 月 27 日,WTO 专家组发布报告,裁定美国存在“双重救济”行为,违反 WTO 规则,但针对“第 112-99 号法案”并未支持中方主张。2014 年 4 月 8 日,中国提起上诉,仍然聚焦“第 112-99 号法案”的相关条款。2014 年 7 月 7 日,WTO 上诉机构发布报告,明确推翻了专家组的条约解释,全盘接受中方在专家组阶段和上诉阶段提出的观点。但由于专家组在审理过程中适用了错误的法律标准,因此上诉机构无法判定“第 112-99 号法案”是否违反 GATT/WTO 相关条款。

第三是“双反”调查的实体和程序性问题。作为全球“双反”调查的首要目标国,中国对外发起的“双反”调查也遭到了美国的强烈质疑,主要聚焦中国“双反”措施决策的实体和程序性问题,特别是对中国商务部发起的反补贴调查提出质疑。中国在应对美国 WTO“双反”贸易争端磋商时一贯保持了开放、积极的态度,对 WTO 合理的裁决结果均予以执行。

三、WTO 成立 20 年来《补贴与反补贴措施协议》的谈判

(一) 历届 WTO 部长级会议情况

在 WTO 召开的前 9 届部长级会议中,各谈判方就多边贸易谈判的广泛议题

进行了讨论，达成了多个部长级宣言。本节将聚焦《补贴与反补贴措施协议》的相关议题，对 WTO 成立以来部长级会议达成的补贴与反补贴规则共识进行梳理。

在 1996 年 12 月 9 日至 13 日于新加坡召开的 WTO 第 1 届部长级会议上，审议了 WTO 成立以来的工作和“乌拉圭回合”协议的执行情况。在《新加坡部长宣言》的“工作计划和既定议程”部分，提出未来将继续审议《补贴与反补贴措施协议》，并为各成员尽可能提供相关信息，使成员们能够在谈判与审议之前更好地理解议题和自身诉求。

在 2001 年 11 月 9 日至 14 日于卡塔尔首都多哈召开的 WTO 第 4 届部长级会议上，将补贴与反补贴措施作为规则谈判的内容之一，纳入多哈回合谈判的总体框架，并考虑到发展中国家需求，将渔业补贴作为规则谈判的关键议题之一。

在 2003 年 9 月 10 日至 14 日于墨西哥坎昆召开的 WTO 第 5 届部长级会议上，发表了《坎昆部长宣言草案》和《部长会议声明》。在《坎昆部长宣言草案》中，提出负责补贴与反补贴等议题的规则谈判小组应切实寻求解决方案。

在 2005 年 12 月 13 日至 18 日于中国香港召开的 WTO 第 6 届部长级会议上，发表了《香港部长宣言》。在《香港部长宣言》附件 D 中，说明了各成员提交关于修订《补贴与反补贴措施协议》的提案情况，具体议题包括：补贴的定义、补贴专向性、禁止性补贴、严重损害、出口信贷和担保、利益分配。WTO 呼吁应在具体提案的基础上进行深入分析，以保证在谈判小组授权的所有方面获得平衡的结果。此外，WTO 指出规则谈判小组应增强渔业部门的补贴原则，包括禁止某些造成产能过剩和过度捕捞的渔业补贴，呼吁各方迅速展开更为细致的工作，尤其是建立相关原则的性质和范围，包括透明度和可执行性；强调渔业补贴谈判应包含给予发展中成员和最不发达成员适当、有效的特殊和差别待遇，同时应考虑渔业部门的优先发展、贫困消除以及生计和粮食安全问题。WTO 指示规则谈判小组在现有或尚未提交的具体提案基础上，加快所有方面的谈判进程，尽快审议各方提交的关于《补贴与反补贴措施协议》的提案，授权规则谈判小组主席尽早起草关于《补贴与反补贴措施协议》的综合案文。

（二）多哈回合规则谈判小组主席案文情况

在多哈回合规则谈判中，相对于反倾销规则谈判的激烈争论，补贴与反补贴规则谈判表面上要“冷清”许多，但背后却是暗潮汹涌。当大多数成员并未对补贴与反补贴规则谈判给予充分关注时，美国、澳大利亚、加拿大等少数成员提交了绝大多数的提案，正在主导谈判主题和议程。2006 年 7 月之后，多哈回合由于农产品问题和非农产品市场准入谈判陷入僵局而全面中止。但是在多哈回合假寐阶段，非正式谈判仍在进行。在此期间分别出台了 2 个关于《补贴与反补贴措施协议》的修订草案(即上文所指的主席文本)。2007 年 11 月 30 日,规则谈判小组出台了第 1 个主席文本。2008 年 12 月 19 日,规则谈判小组出台了第 2 个主席文本,删除了第 1 个主席文本包含的一些修改条款,在一些争议较大的问题上采用“声明”方式为各成员留出了谈判空间。在 2011 年规则谈判小组出台的主席文本中,并未形成完整的关于《补贴与反补贴措施协议》的修订草案,而是对各成员争议较大的议题进行了说明。下面将简要介绍多哈回合补贴与反补贴规则谈判的进展情况和核心争议点,包括隐蔽性补贴、补贴利益转移、补贴利益认定的外部基准、管制价格的补贴专向性和扩大禁止性补贴范围等。

1. 隐蔽性补贴

关于隐蔽性补贴的提案主要来自美国和欧盟,建议对《补贴与反补贴措施协议》第 1 条的补贴定义进行澄清。美国的提案要求根除隐蔽性补贴,加强规范政府通过受其控制或指示的其他机构发放补贴的行为。欧盟的提案要求补贴发放更为透明,围绕补贴定义提出要为解决“隐蔽性补贴”制定更具操作性的规则。虽然美国和欧盟提案均采用了隐蔽性补贴的表述,但所阐述的内涵却不完全一样。美国所指的隐蔽性补贴更多的是一种间接补贴,关键指向在财政资助背后隐蔽的政府控制或干涉。欧盟所指的隐蔽性补贴更接近于“专向性”补贴,即表面上具有普遍性质,但实际仅仅授予某些企业的更为隐蔽的“事实专向性”补贴。在补贴定义上,欧盟也提出了国家控制的实体问题,但没有提出具体的修改方案。在 2007 年、2008 年和 2011 年出台的主席文本以及沟通内容中,尚未对隐蔽性补贴进行实质性的补充或修改。

2. 补贴利益转移

加拿大是该议题的主导方,主要针对反补贴调查中上游产业接受补贴后的利益转移问题,强调当财政资助的上游接收方和获得转移利益的下游接收方之间不具有关联性时,调查机关必须确凿认定补贴从前者转移到了后者,而不能单凭推断。巴西也针对具体条款提出了修改意见。在 2007 和 2008 年主席文本第 14.2 条中,采纳了加拿大提案,加入了补贴利益转移的审查和认定规则,同时还增加了一个脚注。

3. 补贴利益认定的市场基准

补贴利益认定的市场基准所关注的是当根据《补贴与反补贴措施协议》第 1.1(b)条判断利益是否存在时,应采用什么标准。对此,巴西结合 WTO 争端判例,建议在修改条款中加入补贴利益认定的市场基准和外部市场基准。根据巴西提案,2007 年主席文本对第 1.1(b)条增加了脚注,将市场基准概念纳入了补贴定义。2008 年主席文本保留了 2007 年主席文本的修改,并进一步说明《补贴与反补贴措施协议》第 14.1 条提供了如何判定更加优惠的条件是否存在的方法。

4. 管制价格的补贴专向性

各成员关于补贴专向性的提案不多,加拿大对于改进补贴专向性规则比较积极,主要提出了两方面的修改意见:一是要求在认定企业或产业特定数量方面采用联合国国际产业分类标准;二是要求在事实专向性方面增加具体的规则与准则。加拿大的提案遭到了巴西反对,最终未被主席文本采纳。然而出人意料的是,2007 年主席文本在没有任何提案基础的情况下,主动对《补贴与反补贴措施协议》第 2 条的补贴事实专向性进行了局部的补充性修改,增加了管制价格的内容,并在没有遭到任何反对意见的情况下,将修改条款保留在了 2008 年主席文本中。

5. 扩大禁止性补贴范围

美国认为除了出口补贴和进口替代补贴,其他形式的补贴也可能造成严重的市场和贸易扭曲,要求扩大禁止性补贴范围,尤其是把已过期失效的第 6.1 条所列事项重新列入禁止范围。欧盟不太赞同美国把禁止性补贴扩大到已失效的第 6.1 条;希望在生产投入物市场方面禁止对国内产业有利的歧视性待遇,建议将《补贴与反补贴措施协议》第 3.1 条禁止条款与《1947 年关税与贸易总协定》第 3 条国民待遇挂钩,防止以违反国民待遇原则的方式授予补贴。2007 和 2008 年主席文本尚未采纳扩大禁止性补贴的建议。

6. 管制价格下的补贴额及参照基准确定

根据《补贴与反补贴措施协议》第 14 条(d)款规定,只有在低于适当报酬的条件下,政府提供货物或服务才会授予接受方利益,判断报酬是否适当的基准是补贴发放成员的现行市场情况。但 2007 和 2008 年主席文本对该条文进行了重要修改,在第 14.1(b)条规定如果政府提供货物或服务的价格是受管制的,调查机关可以决定是否使用外部基准,并以此确定涉案成员的补贴幅度。

纵观 WTO 成立 20 年来补贴与反补贴措施的历史演变,虽然与反倾销措施相比,反补贴措施的使用频率相对较低,但却日益成为 WTO 成员关注和争议的焦点。相对于单一的反倾销措施,反补贴措施的使用逐渐由传统产业向高技术、新兴产业拓展;由一种贸易救济手段转变为反倾销、反补贴多种贸易救济手段并用("双反"措施);并且指向的不公平贸易行为由企业层面向政府政策和经济体制层面升级,涵盖了更多政治因素的考量。自 2004 年加拿大首次对"非市场经济"国家——中国同时发起反倾销和反补贴调查以来,反补贴措施引发了 WTO 成员更多的关注,对于"非市场经济"国家适用反补贴措施的合法性、"非市场经济"国家公共机构的认定、外部基准的使用、与反倾销措施并用时的"双重救济"问题等均在 WTO 争端解决案件中有激烈争论。从法律层面,多哈回合将反补贴纳入规则谈判的重要部分，但相对于反倾销规则谈判的激烈争论，反补贴规则谈判的主动权更多地掌握在美国、澳大利亚、加拿大等少数发达成员手中，并在主席案文中反映了上述成员的部分观点。在实践层面，发达成员也更多地掌握了反补贴的主动权，将反补贴作为合法的贸易救济措施，对其他成员的宏观经济政策产生了一定干预。作为全球第一大贸易体和第二大经济体，中国是目前遭受反补贴调查最多的 WTO 成员，并且由于国内补贴政策而屡被其他成员诉诸 WTO 争端解决机制。不可否认的是，中国应对和发起反补贴调查的实践及其在 WTO 争端解决机制中的诉讼经验对于中国参与全球自由贸易体系具有至关重要的作用。特别是在 2016 年中国“非市场经济”地位的争论即将尘埃落定时，中国很可能将遭受更多的反补贴调查以及 WTO 成员对中国补贴政策的质疑，面临更为严峻的反补贴与 WTO 争端解决形势。

第五节 《保障措施协议》

一、《保障措施协议》的基本内容

《保障措施协议》是 WTO 管辖的一项多边贸易协议，是《关税与贸易总协定》第 19 条和第 12 条的具体化，由前言和 14 条组成。《保障措施协议》对保障措施的救济形式、临时保障措施、补偿与报复、保障措施的无歧视性、实施保障措施期限、保障措施限制的逐步放宽、保障措施的再次适用等程序进行了较为明确的规定，旨在规范 WTO 成员运用保障措施保护国内产业的行为。

根据《保障措施协议》，保障措施的实施必须满足四个要件：(1) 某项产品的进口激增（包括绝对增长和相对增长）；(2) 进口激增是由于不可预见的情况和进口成员履行关贸总协定义务的结果；(3) 进口激增对国内生产同类产品或直接竞争产品的产业造成了严重损害或严重损害威胁；(4) 进口大量增加与国内产业损害有着因果关系。实施保障措施必须是非歧视性的，是对造成国内同类产业损害的所有进口产品而实施的，而并不针对特定的出口成员。保障措施的实施必须经过必要的程序，并限定产品范围、实施时间和实施程序。

二、1995—2014 年全球保障措施的实践情况

（一）全球保障措施的数量趋势

1995—2014 年，49 个 WTO 成员共发起 295 起保障措施调查，最终实施 139 起保障措施，如图 18.7。相对于反倾销，WTO 成员发起保障措施调查的数量较少，并且超过半数的保障措施调查最终未采取任何措施。

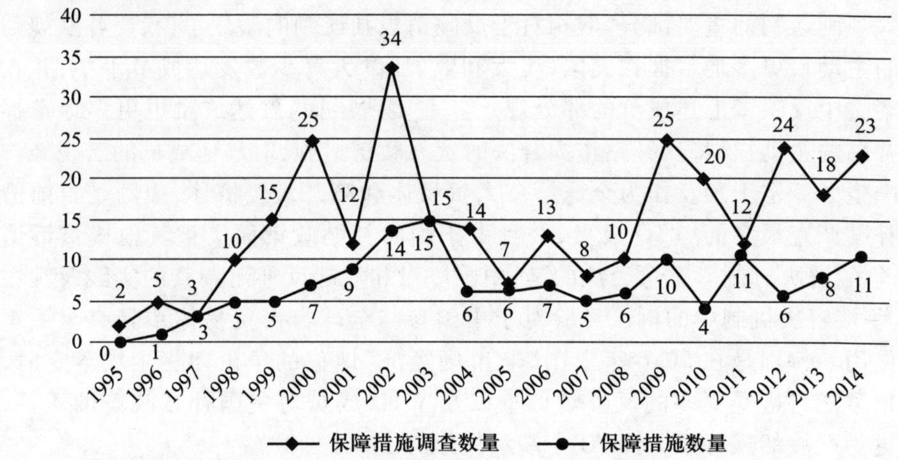

图 18.7　1995—2014 年全球保障措施数量

资料来源：根据 WTO 官方网站资料整理绘制，https://www.wto.org/english/tratop_e/safeg_e/safeg_e.htm.

(二) 全球保障措施的主要使用成员

在全球 295 起保障措施调查中，印度高居首位，共发起 39 起保障措施调查，占全球保障措施调查总数的 13.2%；其次是印度尼西亚，共发起 26 起保障措施调查，占比 8.8%；第三是土耳其，共发起 20 起保障措施调查，占比 6.8%；第四是约旦，共发起 17 起保障措施调查，占比 5.8%；第五是智利，共发起 15 起保障措施调查，占比 5.1%。从最终实施保障措施的情况来看，印度依然是实施保障措施最多的成员，实施比率为 48.7%；其次是印度尼西亚，实施比率为 53.8%；第三是土耳其，实施比率为 70%。可见在保障措施调查中，印度、印度尼西亚等发展中成员处于“主力军”位置。

(三) 全球保障措施的涉案产品类别

全球保障措施共涉及 18 大类产品。与反倾销、反补贴调查相同，第 15 大类贱金属及其制品也是保障措施的首要产品类别；第二是第 6 大类化学工业及其相关工业产品；第三是第 13 大类石料等类似材料制品以及陶瓷、玻璃及其制品；第 4 大类食品、饮料、酒及醋、烟草及烟草代用品的制品和第 2 大类植物产品也遭受了相对较多的保障措施，详见表 18.14。

表 18.14　1995—2014 年全球保障措施涉案产品情况

HS 产品分类名称	遭受保障措施调查/保障措施数量	HS 产品分类名称	遭受保障措施调查/保障措施数量
Ⅰ	19/9	Ⅱ	21/12

续表

HS 产品分类名称	遭受保障措施调查/保障措施数量	HS 产品分类名称	遭受保障措施调查/保障措施数量
Ⅲ	4/1	Ⅺ	17/9
Ⅳ	23/13	Ⅻ	7/3
Ⅴ	6/2	XIII	25/13
Ⅵ	48/30	XV	57/26
Ⅶ	16/3	XVI	17/8
Ⅷ	1/1	XVII	7/3
Ⅸ	6/1	XVIII	4/2
Ⅹ	12/1	XX	5/2

资料来源：根据 WTO 官方网站资料整理，https://www.wto.org/english/tratop_e/safeg_e/safeg_e.htm.

（四）全球保障措施的贸易争端情况

1995—2014 年，共有 44 起贸易争端案件援引《保障措施协议》提起磋商请求，数量远少于反倾销和反补贴贸易争端，详见表 18.15。

表 18.15　1995—2014 年保障措施贸易争端情况

起诉年份	争端案件数量	起诉年份	争端案件数量
1995	0	2005	2
1996	0	2006	2
1997	2	2007	0
1998	2	2008	0
1999	4	2009	0
2000	3	2010	4
2001	7	2011	0
2002	11	2012	5
2003	1	2013	1
2004	0	2014	0

资料来源：根据 WTO 官方网站资料整理，https://www.wto.org/english/tratop_e/dispu_e/dispu_agreements_index_e.htm? id=A18.

从国别看,发达成员和发展中成员均运用 WTO 争端解决机制提起保障措施争端诉讼。起诉方共包括 22 个 WTO 成员,每个成员提起的保障措施争端数量并不多,详见表 18.16。应诉方共包括 10 个 WTO 成员,美国是被诉最多的成员,其次是阿根廷和智利,详见表 18.17。

表 18.16　1995—2014 年 WTO 成员发起保障措施争端案件情况

起诉方	案件数量	起诉方	案件数量	起诉方	案件数量
欧盟	6	新西兰	2	萨尔瓦多	1
阿根廷	5	危地马拉	2	印度	1
美国	4	澳大利亚	1	墨西哥	1
哥伦比亚	3	波兰	1	中国	1
智利	3	巴西	1	中国台湾	1
日本	3	印度尼西亚	1	瑞士	1
韩国	2	哥斯达黎加	1	/	/
挪威	2	洪都拉斯	1	/	/

资料来源:根据 WTO 官方网站资料整理,https://www.wto.org/english/tratop_e/dispu_e/dispu_agreements_index_e.htm? id=A18.

表 18.17　1995—2014 年 WTO 成员应诉保障措施争端案件情况

应诉方	案件数量	应诉方	案件数量	应诉方	案件数量
美国	15	韩国	1	土耳其	1
阿根廷	8	斯洛伐克	1	乌克兰	1
智利	8	厄瓜多尔	1	/	/
欧盟	4	多米尼加	4	/	/

资料来源:根据 WTO 官方网站资料整理,https://www.wto.org/english/tratop_e/dispu_e/dispu_agreements_index_e.htm? id=A18.

在 44 起保障措施争端案件中,起诉方援引了《保障措施协议》的多个条款,涉及保障措施调查实体和调查程序的多项争议,详见表 18.18。

表 18.18　1995—2014 年全球保障措施争端案件援引条款

援引条款	案件数量	援引条款	案件数量	援引条款	案件数量
Art.2	31	Art.2.1	18	Art.2.2	13

续表

援引条款	案件数量	援引条款	案件数量	援引条款	案件数量
Art.2.20(e)	1	Art.5.1	18	Art.9	6
Art.3	22	Art.5.2	2	Art.9.1	9
Art.3.1	16	Art.5.2(a)	1	Art.11	7
Art.3.2	8	Art.6	14	Art.11.1(a)	5
Art.4	29	Art.7	9	Art.11.1(b)	1
Art.4.1	13	Art.7.1	10	Art.12	24
Art.4.1(a)	7	Art.7.2	1	Art.12.1	3
Art.4.1(b)	7	Art.7.3	1	Art.12.1(b)	1
Art.4.1(c)	7	Art.7.4	6	Art.12.1(c)	2
Art.4.2	15	Art.7.5	1	Art.12.2	6
Art.4.2(a)	7	Art.8	7	Art.12.3	10
Art.4.2(b)	8	Art.8.1	12	Art.12.4	2
Art.4.2(c)	8	Art.8.2	1	Art.12.11	1
Art.5	25	Art.8.3	1		

资料来源：根据 WTO 官方网站资料整理，https://www.wto.org/english/tratop_e/dispu_e/dispu_agreements_index_e.htm? id=A18.

在 44 起保障措施争端案件中，主要涉及保障措施的实施条件和对严重损害的定义等争议焦点。论及 WTO 判定保障措施不符合 WTO 规则的原因，主要包括：(1) 保障措施的采用不符合“未预见发展”的要求；(2) 保障措施中因果关系的认定不符合规则要求；(3) 保障措施的实施不符合“平行原则”；(4) WTO 成员未能很好地履行通知义务。

三、WTO 成立 20 年来《保障措施协议》的谈判与完善

在 1996 年 12 月 9 日至 13 日于新加坡召开的 WTO 第 1 届部长级会议上，审议了 WTO 成立以来的工作和乌拉圭回合协议的执行情况。在《新加坡部长宣言》的“工作计划和既定议程”部分，提出未来将继续审议《保障措施协议》，并为各成员尽可能提供相关信息，使成员们能够在谈判与审议之前更好地理解议题和自身诉求。而在多哈回合谈判进程中，保障措施并未被纳入规则谈判范畴，仅有与农产品相关的特殊保障措施作为农产品谈判焦点，成为各成员亟须解决

分歧的重要议题。

自 WTO 成立以来,保障措施作为合法的贸易救济措施之一,在国际贸易领域起到了"安全阀"的作用,主要用于 WTO 成员在进口激增等未预见情况下采取紧急措施,从而保护本国产业。与反倾销和反补贴措施相比,保障措施具有与其一致的特征,都必须遵照 WTO 法律框架下的规定程序实施,并且对自由贸易起到了一定的限制作用。但保障措施仅针对特定产品,对所有 WTO 成员一视同仁,体现了"无歧视"原则。纵观 WTO 成立 20 年来保障措施的实践特征,虽然在立案数量上远低于反倾销措施,发起的保障措施争端案件数量也相对较少,但从动态角度看,各成员已将其作为常规化的贸易救济手段,保障措施调查和最终实施数量逐年增加,实施对象主要为农产品和化工产品。而在法律层面,保障措施并不是多哈回合规则谈判的焦点,将不会在法律文本上有大的修改。纵观中国加入 WTO 十余年来,对于保障措施的使用以及将其他 WTO 成员实施的保障措施诉诸 WTO 争端解决机制的经验仍十分有限。未来保障措施作为一种紧急、高效的贸易制度安排,仍将长期存在于 WTO 框架内,保护各成员的贸易利益。因此中国应更积极地在国际贸易实践中采用"攻守战略",在适当的前提下合理使用保障措施与 WTO 争端解决机制,在应对贸易摩擦中把握主导权。

第六节 《原产地规则协议》

作为乌拉圭回合一揽子协议之一,《原产地规则协议》自 1995 年 1 月 1 日 WTO 成立之日起即行生效。根据《原产地规则协议》实际执行机构原产地规则委员会工作重心的变化,该协议 20 年来的实施和运行情况大致可以分为以下四个阶段:第一阶段(1995—2002 年),这一阶段原产地规则委员会主要是在原产地规则技术委员会的支持下基本完成了非优惠性原产地规则协调技术方面的工作,并初步形成了协调非优惠性原产地规则文本草案;第二阶段(2002—2007 年),这一阶段的开始以 2002 年 7 月原产地规则委员会向货物贸易理事会提交包括协调非优惠性原产地规则适用范围在内的 94 个核心问题为标志,此后委员会工作的重心转入到协调工作"核心政策问题"的讨论阶段;第三阶段(2007—2013 年),因各方在前述"核心政策问题"上的分歧无法弥合,总理事会于 2007 年 7 月冻结了协调工作核心问题的讨论,原产地规则委员会的工作重心转向包括协调文本草案的整体架构的修正等剩余技术问题上;第四阶段(2013—2014 年),在最近过去的一年里,受巴厘岛会议通过的关于最不发达国家优惠性原产地规则的决议影响,委员会的工作重心再次转变为对上述决议执行计划的磋商和监督。下面我们将根据原产地规则委员会 2014 年 10 月 30 日对《原产地规则协议》实施和运行情况第20次审议的结果，对协议不同部分20年来的具体执行情况作简要回顾。

一、非优惠性原产地规则的协调

非优惠性原产地规则的协调作为协议的核心内容，旨在规范WTO各成员的原产地规则，使其以一种公正、透明、可预见、一致和非歧视的方式制定和实施。根据《原产地规则协议》的规定和WTO的授权，非优惠性原产地规则的协调工作计划应在《WTO协定》生效后3年之内，也就是在1998年1月1日之前完成。然而由于各方在一系列问题上的巨大分歧，时至今日，原产地规则的协调工作计划仍是WTO框架下一个悬而未决的难题。

1995年至1999年2月，具体负责协调非优惠性原产地规则技术工作的原产地规则技术委员会一共召开了18次会议，经过长达四年的艰苦磋商，基本完成了协调工作计划中的技术准备工作。2002年7月，原产地规则委员会向货物贸易理事会提交了94个"核心政策问题"，希望各方能就此展开讨论和磋商，并最终达成谅解，以便扫清非优惠性原产地规则协调工作的最后一道障碍①。但此后由于讨论阶段各方出现了巨大分歧，结束上述核心问题讨论的时间终点一再被推迟：2004年7月27日至8月1日的会议上，货物贸易理事会决定将完成94个核心问题讨论的最后期限推迟至2005年7月，并要求所有剩余技术问题一并在2005年12月31日前完成，类似的决定还出现在2005年7月和2006年7月的会议上。在经过多次延期之后，总理事会意识到各方在这些核心问题上的分歧难以弥合，尤其是在协调非优惠性原产地规则的适用范围和工业部门的双重原产地规则标准这两个问题上，所有成员的立场呈两极分化的态势，终于在2007年7月27日的会议上决定冻结核心问题的讨论直到其就这一问题作出新的指示，并要求原产地规则委员会在等待期间尽快完成所有遗留的技术方面的工作②。在沉寂了3年之后，2010年年中的一次非正式会议上，中国、印度和巴基斯坦的代表提醒注意总理事会关于"核心政策问题"的讨论仍然处于悬停状态，但并未获得总理事会的任何正式答复。从2007年7月至今，上述核心问题没有在任何一场正式会议中被提及，非优惠性原产地规则的协调工作陷入了长期的停顿之中。

① Committee on Rules of Origin - Endorsement of Proposals on Harmonized Rules of Origin - Revision. WTO G/RO/W/68/Rev.4.

② Committee on Rules of Origin - Draft - Report (2007) of the Committee on Rules of Origin to the Council for Trade in Goods. WTO G/RO/W/110.

对非优惠性原产地规则的协调而言,一个更为严峻的挑战是一些成员开始质疑这项工作本身存在的必要性。从 2012 年开始,原产地规则委员会主席在每年的正式会议上就非优惠性原产地规则协调工作的未来方向和可能的推进方法与各成员展开磋商。最新的磋商结果显示,包括加拿大、澳大利亚和美国在内的很大一部分 WTO 成员表示完成非优惠性原产地规则的协调谈判已经没有必要作为一个政治上的优先事项。这些成员认为全球贸易自 20 世纪 90 年代后期以来发生了巨大的变化,WTO 实际上已经涵盖了所有主要的贸易国,所以所有差异性的优惠,无论是最惠国原产地还是非最惠国原产地实际上已无区别。目前各国海关仅仅需要将注意力集中到优惠性原产地规则上。此外,他们还认为在当今产业内国际分工日益细化的情况下,单一国家原产地规则已经失去了意义,因而协调各国原产地规则似乎也不再有必要。原产地规则委员会主席在 2014 年 11 月 30 日给总理事会主席的信中就这一问题做了详细说明。

二、原产地规则委员会的成员及观察员

《原产地规则协议》作为 WTO 框架下的一揽子多边贸易协议之一,所有 WTO 成员均是原产地规则委员会的成员,而在 WTO 中拥有观察员地位的国家和地区同样也是原产地规则委员会的观察员。自 1995 年 WTO 成立以来,WTO 成员的数量不断增加,原产地规则协议下的成员和观察员数量也随着 WTO 成员的持续扩大而同步发生相应的变化。截至 2014 年 12 月,原产地规则委员会的成员数量达到 161 个,另有 23 个国家和地区为该组织的观察员。此外,原产地规则委员会还授予了一些国际组织以观察员地位,自原产地规则委员会成立至 2012 年,有 9 个国际组织在委员会拥有观察员地位,这些国际组织分别是国际海关组织(WCO),联合国贸易与发展会议(UNCATD),国际货币基金组织(IMF),世界银行(WB),美洲开发银行(IADB),非洲、加勒比、太平洋地区国家组织(ACP),经济合作与发展组织(OECD),国际纺织服务委员会(ITCB)和欧洲自由贸易联盟(EFTA)。从 2013 年起,ITCB 不再担任原产地规则委员会的观察员,拥有观察员地位的国际组织的数量降为 8 个。

三、通知义务的履行情况

根据《原产地规则协议》第 5 条的规定,每一成员应就已实施的非优惠性原产地规则、对非优惠性原产地规则的修改以及采用新的非优惠性原产地规则等事宜向原产地规则委员会或 WTO 其他相关机构履行通知义务。截止到 2014 年 12 月,共有 92 个成员向委员会通报了其非优惠性原产地规则的执行情况,其中有 42 个成员制定并执行了其非优惠性原产地规则,另外 50 个成员未执行任何

形式的非优惠性原产地规则；令委员会主席感到担忧的是仍然有 40 个成员未就其非优惠性原产地规则的执行情况作出任何通知，他敦促这些成员尽快按照协议要求履行通知义务①。

另据协议附件 2《关于优惠性原产地规则的共同宣言》第 4 条的规定，各成员亦应就其优惠性原产地规则的制定和实施情况履行通知义务。截至 2014 年 12 月 31 日，所有的 WTO 成员均按照要求向原产地规则委员会或 WTO 秘书处提交了其优惠性原产地规则的通知，而且都至少在执行一套优惠性原产地规则。

四、与原产地规则有关的争端解决

《原产地规则协议》第 8 条明确规定，WTO 成员之间因原产地规则而发生的争端适用于 WTO《关于争端解决规则和程序的谅解》。如表 18.19 所示，从 1997 年 6 月 3 日欧盟诉美国“影响纺织品服装的措施”一案开始至今，共有 9 起争端涉及原产地规则。在这 9 起争端之中，美国作为被诉方的争端达到了 8 起之多，这说明美国所实施的原产地规则与 WTO 框架下的《原产地规则协议》的规定存在较多冲突，另外中国也因汽车零配件进口措施中的原产地规则于 2006 年 4 月 19 日遭到加拿大的起诉。从争端事由来看，上述争端中的大多数由纺织品服装的原产地规则和美国对特定国家原产地标签义务的要求所引起，这两个问题成为过去 20 年间原产地规则冲突的焦点。同时，我们还可以观察到，截至目前，9 起原产地规则争端中仍然有 6 起处于磋商阶段，其余 3 起争端在 WTO 争端解决机制下通过不同的方式予以了解决。1998 年 2 月 25 日和 2000 年 7 月 31 日，欧盟和美国双方分别就 1997 年 6 月 3 日和 1998 年 11 月 25 日发起的两起关于“影响纺织品服装的措施”的原产地规则争端达成一致协议，宣告了这两起争端的圆满解决。2003 年 6 月 20 日，WTO 争端解决机构专家组就印度诉美国“纺织品服装原产地”一案做出裁决，否决了印度的申诉理由，这标志着美国在美印纺织品贸易争端中取得了阶段性的胜利。

表 18.19 《原产地规则协议》框架下的贸易争端

发起时间	起诉方	被诉方	争端事由	状态或结果
1997 年 6 月 3 日	欧盟	美国	影响纺织品服装的措施	达成一致协议
1998 年 1 月 8 日	阿根廷	美国	花生进口的关税配额	磋商
1998 年 11 月 25 日	欧盟	美国	影响纺织品服装的措施	达成一致协议

① Committee on Rules of Origin - Draft - Report (2014) of the Committee on Rules of Origin to the Council for Trade in Goods. WTO G/RO/W/150.

续表

发起时间	起诉方	被诉方	争端事由	状态或结果
2002年1月22日	印度	美国	纺织品服装原产地	专家组裁决印度败诉
2006年4月19日	加拿大	中国	影响汽车零配件进口的措施	磋商
2008年4月12日	加拿大	美国	特定国家的原产地标签义务	磋商
2008年12月12日	墨西哥	美国	特定国家的原产地标签义务	磋商
2009年5月11日	加拿大	美国	特定国家的原产地标签义务(补充)	磋商
2009年5月11日	墨西哥	美国	特定国家的原产地标签义务(补充)	磋商

资料来源:根据 WTO 官方网站资料整理,https://www.wto.org/english/tratop_e/roi_e/roi_e.htm.

第七节 《进口许可程序协议》

《进口许可程序协议》主要由前言、第1条总则、第2条自动进口许可、第3条非自动进口许可、第4条机构、第5条通知、第6条协商和争端解决、第7条审议、第8条最后条款组成。《进口许可程序协议》的主要内容是规范各成员的进口许可程序,其目的是促进国际贸易的自由化,体现 WTO 公开、公平、公正和非歧视的基本原则。

一、《进口许可程序协议》的实施概况

根据《进口许可程序协议》规定,对其实施情况的审议每两年进行一次。2014年11月4日,进口许可委员会公布了对协议执行和实施第十次审议的结果(文件 G/LIC/25)。WTO 成立20年来,《进口许可程序协议》进展和执行情况如下:

(一)观察员

截至2014年11月,在《进口许可程序协议》框架下的观察员共有24个,此外,还有3个国际组织被授予观察员地位,这3个组织分别为联合国贸易与发展会议(UNCTAD)、国际货币基金组织(IMF)和世界银行(WB)。

(二)委员会工作

截至2014年11月,进口许可委员会共举行了40次会议,所有会议都最终形成了会议纪要。作为委员会对协议执行情况进行定期审议和评估的会议,会议的通常议题涉及进口许可程序执行的方方面面,包括评估 WTO 成员通知义

务履行情况、回复 WTO 成员有关进口许可程序问题的咨询、起草对货物贸易理事会年度报告、探讨违反协议的行为处罚和解决办法以及对某些新 WTO 成员进行过渡性政策审议。

(三) 通知义务

自 WTO 协议生效以来,履行《进口许可程序协议》下的通知义务一直是进口许可委员会的"心病"。2014 年 10 月 22 日,在委员会年度例会上,时任委员会主席 Tsotetsi Makong 敦促各成员履行本协议下的通知义务。其实,委员会出于对成员履行义务便利的角度考虑,已经就履行的程序和要求做出了让步。例如,当成员的法规或其他出版物不是 WTO 官方语言时,成员可以只提交一个 WTO 官方语言的文本摘要。如果其他成员需要文本的全文,则可以在双边磋商的基础上进行。然而,即便如此,WTO 成员履行通知义务的情况仍然没有很大的改观。

截至 2014 年年底,仍有 16 个成员自加入 WTO 后没有递交本协议下的任何通告,另有 9 个成员没有递交本协议第 7.3 条款要求填写的 2014 年度调查问卷,而情况较好的方面是,包括萨摩亚、俄罗斯和塔吉克斯坦在内的一些成员首次递交了本协议中条款规定的进口许可通告。

WTO《进口许可程序协议》规定各成员每年须填写一次年度调查问卷,这是增加透明性的一个重要途径,进口许可委员会也在不断与各方磋商,力求使该调查问卷流程化,使各成员提供最新的信息,以增加各成员进口许可程序的透明性。尽管 WTO 要求所有成员都必须填写《进口许可程序协议》年度调查问卷,但仍有许多成员没有按要求填写。2014 年按要求填写年度调查问卷的成员数量有所上升(图 18.8),但也只有 46 个成员(欧盟算作一个)提交了年度调查问卷,进口许可委员会对这些成员的年度调查问卷进行了审议。

二、与《进口许可程序协议》有关的争端解决案件

根据《进口许可程序协议》规定,WTO 成员之间因进口许可程序引起的争端适用 WTO 的《关于争端解决规则与程序的谅解》。WTO 成立 20 年来,《进口许可程序协议》在 WTO 争端解决机制中表现出的特征是:争议普遍不大。截至 2014 年年底,涉及本协议案件数量有 44 起,在 WTO 所有协议中,其涉案数量的比例属于中等。当然,由本协议特有的角度及内容所决定,所有这些案件都不只是涉及进口许可程序一个方面的争端,还涉及进口许可的实体制度与其他内容,所以,本协议也就不可能是申诉方诉请的唯一法律依据,多数都与 GATT 1994、《农业协议》《海关估价协议》等结合使用。值得注意的是,至少到目前为止,涉及本协议领域的案件无一引起大的争议,或至少尚未暴露出来。有相当一部分

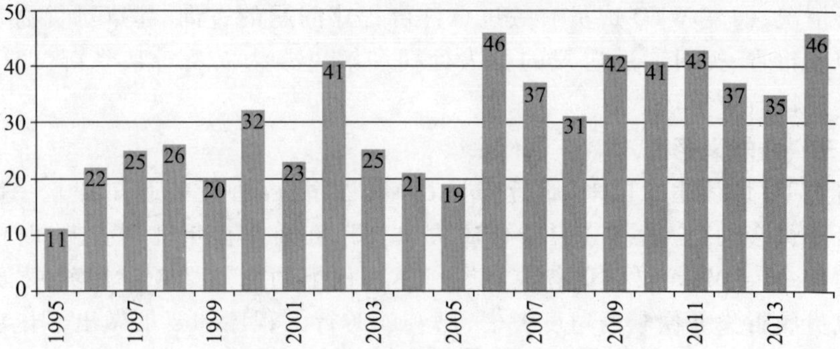

图 18.8　对《进口许可程序协议》年度调查问卷做出回应的成员数量统计(单位:个)

资料来源:根据 WTO 官方网站资料绘制,https://www.wto.org/english/tratop_e/implic_e/implic_e.htm.

未经专家组程序即已达成和解;而其余大部分尚在磋商之中。即使是少数经专家组和上诉机构审结的案件,也没有给 DSB 的分析与裁决提出什么难题,DSB 的分析与裁决结论也因此而缺乏可以引起理论与实务界兴趣的内容。

第八节　《装运前检验协议》

一、协议的审议

与 WTO 框架下多数多边贸易协议不同的是,对《装运前检验协议》的审议并不是一直由某一个专门委员会来完成。在过去的 20 年里,协议的实际审议机构发生了两次重大的变化。协议第 6 条规定,对协议的审议工作应当每 3 年进行一次,并且由部长级会议来具体负责协议条款的实施和运行。根据这一规定,协议最初的审议由部长级会议负责。

1996 年 10 月 15 日,货物贸易理事会向总理事会提议在货物贸易理事会下设立一个专门的工作组来代表部长级会议完成对协议执行情况的审议。这一建议在 1996 年 11 月 7 日被总理事会采纳,装运前检验工作组随之成立,这同时也标志着协议的实际审议机构由部长级会议转为该工作组。1997 年 12 月 10 日,工作组向总理事会提交了第一份审议报告,并就协议的执行情况提出了 7 条建议①。在经过 4 次正式会议以及 5 次非正式会议之后,工作组于 1998 年 12 月 10 日向总理事会提交了第二份审议报告,装运前检验的议题在这份报告中首次被提及,相关国际组织(如国际检验联合会、国际商会等)也对这份报告提出了

① Report of the Working Party on Preshipment Inspection to the General Council. WTO G/L/214.

宝贵的建议。1999 年 3 月 25 日,工作组向总理事会提交了第三份审议报告,再次就协议执行的具体办法提出了 4 条建议①,与此同时,工作组的使命也走向了终结。

1999 年 12 月 12 日,海关估价委员会同意由其代替工作组负责《装运前检验协议》的审议工作,并继续就协议的执行情况向总理事会提交审议报告。自 1999 年以来,海关估价委员会一共对协议进行了 3 次较为正式的审议。第一次审议以 1999 年 3 月 25 日装运前检验工作组提交的工作报告为基础,审议会议最终接受了工作组提出的将协议的审议工作作为委员会下的一个长期议程项的安排;2006 年 12 月 11 日,海关估价委员会对《装运前检验协议》进行了第二次审议,美国和欧盟代表在审议会议上作出了强调对装运前检验活动的持续监管的重要性的声明,除此之外,未取得实质性进展;2014 年 10 月 9 日,时隔八年之后,海关估价委员会再次启动了对协议的审议工作,不过由于各方未能按时提交书面报告,这次会议同样没有达成任何实质性成果。

二、通知义务的履行情况

根据协议第 5 条的规定,各成员应就各自与装运前检验有关的法律法规以及这些法律法规在实施过程中发生的变化向 WTO 秘书处履行通知义务。根据海关估价委员会、国际检验联合会等相关机构对通知文件的整理,截至 2014 年 12 月,共 122 个成员(其中欧盟算作一个)向 WTO 秘书处通报了其装运前检验的立法情况。这些已经履行通知义务的成员按照各自通知内容的不同,又可以分为以下四类:第一类为已经直接指定和实施了专门的装运前检验法律法规的成员;第二类为没有专门的装运前检验法规,但在其他的法律法规文本中对装运前检验活动作出了规定的成员;第三类为对其装运前检验的相关法规做出了变动的成员;第四类为没有任何关于装运前检验立法的成员,详见表 18.20。

表 18.20　《装运前检验协议》通知义务的履行情况分类

第一类				
阿根廷 (1998.2.24)	巴西 (1997.2.3)	厄瓜多尔 (1999.9.28)	欧盟 (1995.3.31)	列支敦士登 (1998.2.24)
瑞士 (1995.7.26)	摩尔多瓦 (2004.7.19)	乌拉圭 (1996.10.9)		

① Draft Final Report of the Working Party on Preshipment Inspection. WTO G/PSI/WP/W/24.

续表

第二类				
阿尔巴尼亚（2008.6.24）	孟加拉国（2004.7.19）	贝宁（1997.2.3）	玻利维亚（1997.2.3）	布基纳法索（1997.2.3）
布隆迪（2004.7.19）	中非共和国（2010.4.26）	哥伦比亚（1995.4.26）	科特迪瓦（1996.10.9）	刚果（金）（2008.6.24）
厄瓜多尔（2012.10.10）	欧盟（2004.7.19）	格鲁吉亚（2004.7.19）	加纳（1996.9.10）	几内亚（2004.7.19）
海地（1999.9.28）	印度（1996.10.9）	印度尼西亚（1995.8.6）	牙买加（1996.10.9）	日本（1995.3.31）
韩国（1999.9.28）	科威特（1998.2.24）	马达加斯加（1996.10.9）	马里（1998.2.24）	苏里南（1999.9.28）
莫桑比克（2008.6.24）	尼日尔（1997.2.3）	尼日利亚（1998.2.24）	巴基斯坦（1995.6.8）	巴布亚新几内亚（2004.7.19）
巴拉圭（1997.6.6）	秘鲁（1996.7.12）	菲律宾（1996.10.9）	俄罗斯（2012.9.21）	塞内加尔（1996.10.9）
台澎金马关税区（2004.7.19）	墨西哥（1999.9.28）	土耳其（1998.2.4）	委内瑞拉（2004.7.19）	乌干达（1996.10.9）
第三类				
阿根廷（2001.3.21）	玻利维亚（1999.9.28）	加纳（1999.9.28）	印度尼西亚（1997.6.6）	秘鲁（2004.7.19）
尼日尔（1999.9.28）				
第四类				
亚美尼亚（2005.7.19）	澳大利亚（1998.2.4）	巴林（1997.6.6）	保加利亚（1997.6.6）	文莱（1997.2.3）
柬埔寨（2010.4.24）	加拿大（1996.7.12）	乍得（1999.9.28）	智利（2001.3.21）	哥斯达黎加（1995.8.6）
克罗地亚（2010.4.26）	古巴（1996.7.12）	塞浦路斯（1997.12.5）	捷克（1996.7.12）	多米尼加（1999.9.28）
厄瓜多尔（2012.10.3）	萨瓦多尔（1997.6.6）	爱沙尼亚（2001.3.21）	斐济（2004.7.19）	加蓬（2004.7.19）

续表

第四类				
格鲁吉亚（2004.7.19）	格林纳达（2004.7.19）	危地马拉（2001.3.21）	圭亚那（2004.7.19）	洪都拉斯（1997.2.3）
中国香港（1995.3.31）	匈牙利（1995.7.26）	冰岛（1996.10.9）	以色列（1997.2.3）	约旦（2001.3.21）
吉尔吉斯斯坦（2008.6.24）	拉脱维亚（1999.9.28）	莱索托（2013.1.11）	老挝（2013.6.28）	中国澳门（1999.8.24）
马来西亚（1996.7.12）	马尔代夫（1999.9.28）	马耳他（1999.9.28）	毛里求斯（2004.7.19）	蒙古（1998.2.24）
缅甸（2010.12.10）	纳米比亚（1997.6.6）	新西兰（1996.10.25）	尼加拉瓜（1996.7.18）	挪威（2010.8.19）
阿曼（2001.3.21）	巴拿马（2010.4.26）	波兰（1996.4.23）	卡塔尔（1999.9.28）	罗马尼亚（1999.9.28）
萨摩亚（2013.6.21）	圣卢西亚（1996.7.12）	沙特阿拉伯（2008.6.24）	新加坡（1995.7.26）	斯洛伐克（1999.9.28）
斯洛文尼亚（1999.9.28）	南非（1997.2.3）	斯里兰卡（2004.7.19）	圣基茨（1999.9.28）	泰国（2010.4.26）
冈比亚（2014.1.13）	多哥（2010.4.26）	特立尼达和多巴哥（1999.9.28）	突尼斯（2008.6.24）	阿联酋（1997.2.3）
美国（1996.10.9）	赞比亚（2004.7.19）	津巴布韦（1996.7.12）		

注：括号内的数字为该成员提交该项通知的时间。

资料来源：根据 WTO 官方网站资料整理，https://www.wto.org/english/tratop_e/preship_e/preship_e.htm.

三、独立审议机构

《装运前检验协议》鼓励出口商与装运前检验机构以共同协商的方式解决双方的争端，同时为避免某一方的故意拖延而影响争议的公平合理解决，《装运前检验协议》第 4 条对在协议框架下设立独立审议机构以解决出口商和检验机构之间的争议事项做出了规定，赋予了出口商在向装运前检验机构提交书面申诉意见两日后直接将争议提交独立审议机构的权利。1995 年 12 月 13 日，在经过仔细磋商之后,总理事会通过了《关于依据装运前检验协议第四条成立独立审议机构的决定》[①](以下简称《决定》),协议框架下的独立审议机构宣告成立,在经过一系列必要程序(如翻译、分发给成员审阅等)之后,上述《决定》于1996年5月1日正式生效。

根据《决定》的要求,独立审议机构(IE)由WTO、国际商会(ICC)和国际检验联合会(IFIA)共同派员组成,机构具体事务的管理由WTO组织下的货物贸易理事会负责。争端发生时,独立审议机构会根据当事方的协议,指派一名独立贸易专家或者从ICC和IFIA中各选择一人会同独立贸易专家组成专家小组,具体负责争端的审议工作,专家小组必须在收到起诉后8个工作日内依据多数原则作出裁决,裁决一经作出,对争议双方均具有约束力。

此外,《决定》还规定独立审议机构自成立之日起,每一年度至少需要向货物贸易理事会提交一份报告,说明该年度的争议审议情况。从1996年至今,独立审议机构一共向货物贸易理事会提交了16份报告(2002年、2003年和2004年未向货物贸易理事会提交报告),其中除2005年和2006年之外,绝大多数年份中独立审议机构均没有收到独立审议争议的请求。法国Alcatel CIT公司分别于2005年9月21日和2006年9月22日就与国际检验机构SGS之间的纠纷发起两起独立审议请求,独立审议机构分别于2005年11月2日和2006年10月25日就上述两例案件作出裁决[②],这也是独立审议机构成立19年以来所仅有的审议案件。

四、与《装运前检验协议》相关的争端解决案件

WTO成立20年来,争端解决机构(DSB)受理的与《装运前检验协议》相关的争端案件共有5起,其中4起均是针对印度尼西亚对园艺产品、动物和动物产品的进口措施(DS465、DS466、DS477、DS478),前两起案件由美国、新西兰于2013年8月30日提起,后两起案件由美国、新西兰于2014年5月8日再次就同一事项提起,目前已经进入专家组设立阶段。第5起案件是2014年10月16日由巴西提起,投诉的对象是印度尼西亚影响鸡肉和鸡产品进口的措施(DS484),目前仍处于磋商阶段。

上述5起案件涉及的相关协议条款均包括了《装运前检验协议》第2.1条和

① Draft Decision of the General Council Regarding the Operation of the Independent Entity Established under Article 4 of the Agreement on Preshipment Inspection – Revision. WTO G/PSI/W/2/Rev.1.

② Independent Entity – Independent Review Procedure (PSI/IE/2005/1) – Decision of the Panel. WTO G/PSI/IE/R/1, Independent Entity – Independent Review Procedure (PSI/IE/2006/1) – Decision of the Panel. WTO G/PSI/IE/R/2.

第 2.15 条。其中，第 2.1 条是非歧视的规定，要求各成员应保证装运前检验活动以非歧视的方式实施，在实施这些活动中使用的程序和标准是客观的，且对受此类活动影响的所有出口商平等适用。第 2.15 条是有关“迟延”的规定，要求各成员应保证装运前检验实体在检验装运货物时避免无理迟延，保证一旦装运前检验实体与出口商商定检验日期，装运前检验实体即应在该日期进行检验，除非在出口商和装运前检验实体双方同意的基础上重新安排日期，或装运前检验实体被出口商或不可抗力妨碍无法实施检验。由于所有涉及该协议的争端解决案件均处于磋商阶段或专家组设立阶段，所以相关争议目前还没有确定的裁决结果。

第九节 《实施卫生与植物卫生措施协议》

卫生和植物卫生措施（SPS 措施）是对动植物健康和环境安全采取的一种检验检疫措施。《实施卫生与植物卫生措施协议》（简称 SPS 协议）是在 WTO 框架下对 SPS 措施进行的一种规范。SPS 协议是为了防止各国采取 SPS 措施时的不合理歧视和对国际贸易的变相限制产生的，它的目的是建立起一个合理的多边框架，指导各成员的动植物检验检疫，从而使其对贸易的消极影响降到最低。

一、协议的执行概况

SPS 措施的通报制度是协议要求的透明度原则的具体反映。SPS 协议第 7 条和附件 B 都规定各成员应保证迅速公布所有已采用的卫生与植物卫生措施法规，须认真履行透明度原则，以使其措施的制定和实施透明化。附件 B 详细规定了各成员应设立通报机构和咨询点向其他成员通报拟议的措施并对外回答关于本国措施的合理询问。

WTO 成立 20 年来，各成员向 SPS 措施委员会提供的通报数量呈现逐年上升的趋势，2014 年，各成员的通报数达到历史最高，为 1 633 件，见表 18.21。

表 18.21 2000—2014 年 WTO 成员 SPS 措施通报数量

年度	2000	2001	2002	2003	2004	2005	2006	2007
通报数	468	777	810	856	921	855	1 155	1 194
年度	2008	2009	2010	2011	2012	2013	2014	
通报数	1 265	1 016	1 410	1 388	1 217	1 297	1 633	

资料来源：根据 WTO 官方网站资料整理，https://www.wto.org/english/res_e/publications_e/anrep15_e.htm.

WTO 成立 20 年来,发展中国家的 SPS 通报数量也呈现逐年增加的趋势,其通报数占总通报数的比值也呈现总体上升的趋势。2014 年,WTO 发展中成员提交的 SPS 通报达到了 1 023 项,占全部通报数的 63%。但 2014 年这一比值还不是历史最高,最高比值出现在 2009 年,达到 68%,见表 18.22。

表 18.22　2000—2014 年 WTO 发展中成员 SPS 措施通报数占比

年度	2000	2001	2002	2003	2004	2005	2006	2007
占比	26%	36%	47%	35%	36%	48%	47%	50%
年度	2008	2009	2010	2011	2012	2013	2014	
占比	58%	68%	65%	62%	56%	60%	63%	

资料来源:根据 WTO 官方网站资料整理,https://www.wto.org/english/res_e/publications_e/anrep15_e.htm.

WTO 成立 20 年来,在 SPS 协议执行过程中,总共有 382 项具体贸易关注被提出。其中,31%的贸易问题涉及食品安全问题,24%涉及植物健康和 6%的其他问题,如认证要求、控制和检验程序。提出的问题中,39%涉及动物健康和人畜共患病。动物健康和人畜共患病又可以分为口蹄疫(FMD)、传染性海绵状脑病(海绵状脑病)、禽流感(AI)和其他动物的健康问题(OAH)。截至 2014 年年底,382 项贸易关注中已经有 143 项得到了成员的回应和解决,此外还有 31 项得到了部分解决,即所有贸易关注中的 46%得到了全部或部分解决,另外还有约 54%的贸易关注还未收到成员解决办法的报告。

二、相关的争端案件概况

WTO 成立 20 年来,诉诸 WTO 争端解决机制的涉及 SPS 的案件共有 42 起,占争端解决机构(DSB)受案总数(488 起)的 8.6%,属于涉案较多的协议之一。WTO 成员将 SPS 之争诉诸争端解决机制的频繁程度颇为引人注目。加拿大和美国是最积极利用争端解决机制作为贯彻政策工具的国家,他们的主要贸易伙伴(彼此之间,以及与欧盟和日本之间)则常常成为其指控的对象。韩国的 SPS 措施在协议实施早期也颇受关注。印度在近年来引用 SPS 协议也比较活跃。

几乎所有协议条款均在相关争端案件中被提及,具体争议涉及条款包括:第 1.1 条;第 2 条;第 2.1、2.2、2.3 条;第 3 条;第 3.1、3.2、3.3 条;第 4 条;第 4.1 条;第 5 条;第 5.1、5.2、5.3、5.4、5.5、5.6、5.7、5.8 条;第 6 条;第 6.1、6.2、6.3 条;第 7 条;第 8 条;第 10 条;第 10.1 条;第 13 条。具体来说,SPS 协议中被违反条款的案件个数多少可分为三个层次。第一个层次是被诉违反 20 次以上的条款,例如违反第 5 条“风险评估和适当的动植物卫生检疫保护水平的确定”的案件有 28 件、违反第 2 条“基本权利义务”的案件有 27 件等。第二个层次是被诉违反 10 次以上、20 次之下的条款，例如违反第 7 条“透明度”的案件有 18 件，违反第 2. 2、2.3 条各 16 件，违反第 3 条 14 件，违反第 5.1 条 15 件，违反第 5.2 条 11 件，违反第 5.6 条 14 件，违反第 8 条 17 件，违反附件 B 与附件 C 分别为 13 件和 10 件。第三个层次是被诉违反不足 10 次的条款，排除以上各款剩余的其他条款都在这个层次中。从该组数据中可以看出涉案最多的 SPS 协议条款，即风险评估和基本权利义务条款。

至今，已有三个典型争端案件经过了争端解决谅解（DSU）所规定的专家组和上诉机构审理的全过程。分别是，最受关注的美国和加拿大对欧共体禁止使用添加剂饲养的牛肉进口提起的申诉，加拿大与澳大利亚关于新鲜、冷藏、冷冻鲑鱼的进口禁令纠纷，以及美国诉日本为限制有关农产品进口而实施的品种测试要求。这三个案件中争议的措施已经反映了 SPS 协议的全部范围——对人类健康（荷尔蒙案）、动物健康（鲑鱼案）和植物健康（品种测试案）的保护。在这三个典型案件的审理中，SPS 协议的长处和不足都得到了充分的展示。专家组与上诉机构对协议中所涉及的各方面的实体和程序问题做了极为详尽的阐释。从 2000 年对 WTO 诸协议实施第一个五年的审议结果来看，各界普遍认为，SPS 问题属于 WTO 体制下处理的一类较敏感的事务。协议本身及由此所产生的案件都是大量被争议的话题。但是，尽管协议出现了一些解释方面的问题，它仍然被证明是解决贸易争端极为有效的工具。它的有效性与灵活性在其实际运行过程中已经得到了证明。

第十节 《技术性贸易壁垒协议》

《技术性贸易壁垒协议》于 1995 年 1 月 1 日生效，作为 WTO“一揽子”协议的一部分，旨在确保承认各成员有权采取技术法规、标准与合格评定程序以实现其正当目标的同时，不对国际贸易造成不必要的限制和障碍。

一、协议实施概况

为履行协议要求的透明度义务，各成员每年需向 TBT 委员会通报其实施的 TBT 措施。WTO 成立 20 年来，各成员 TBT 措施的通报数量逐年增加，详见图 18.9。

WTO 成立 20 年来，各成员向 TBT 委员会提出的相关贸易关注数量也呈现逐年上升趋势。2014 年，共有 47 项新的贸易关注被提出，是历来提出贸易关注

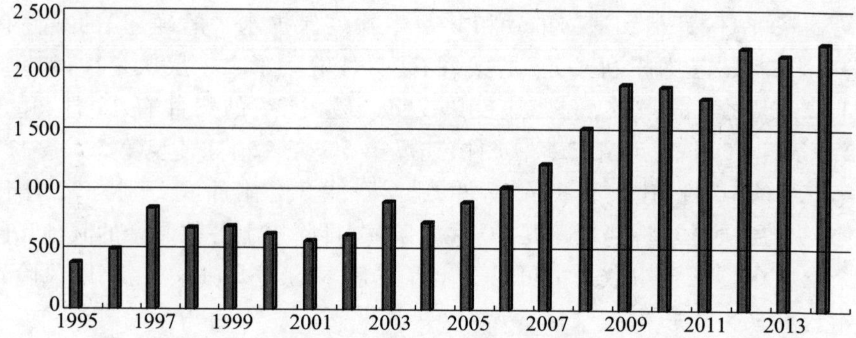

图 18.9　1995—2014 年 WTO 成员 TBT 措施通报数量(单位:件)

资料来源:根据 WTO 官方网站资料绘制,https://www.wto.org/english/res_e/publications_e/anrep15_e.htm.

最多的年份,详见图 18.10。发展中国家在提出贸易关注方面也日趋活跃,在 2014 年所有 85 件贸易关注中,有 63 件是发展中国家提出的,占总数的约 75%。贸易关注中涉及的事项中,涉及人类健康和安全的事项(例如食物和饮料的标签要求)仍占重要地位。此外,环境问题也是成员较为关注的问题之一。

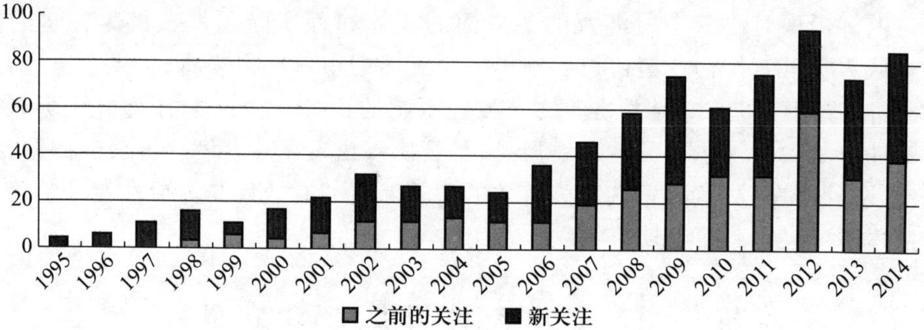

图 18.10　1995—2014 年 WTO 成员就 TBT 措施提出的贸易关注数量(单位:件)

资料来源:根据 WTO 官方网站资料绘制,https://www.wto.org/english/res_e/publications_e/anrep15_e.htm.

二、与《技术性贸易壁垒协议》有关的争端案件

WTO 成立 20 年来,到 2014 年年底为止,诉诸 WTO 争端解决机制的 TBT 案件共有 50 起,约占争端解决机构(DSB)受案总数的 10%。诉诸 WTO 争端解决机构的 TBT 案件集中在美国、欧盟、加拿大和墨西哥这几个国家,通常,同一案件内容多个国家会分别提起磋商请求。TBT 案件在年度间分布比较均衡,除了 1999 年、2004—2006 年和 2011 年数量为零以外,其他年份年均数量为 6 件。

TBT 争端案件主要呈现的特点有:(1) 主动提出争端解决申诉的以发达国家为主;(2) 加拿大和美国是主要申诉方,而欧盟和美国则是主要被诉方;(3) 经专家组和上诉机构程序审结的只有 5 件,比例较低,占比 10%,表 18.23 显示了自 1995 年以来,诉诸 WTO 争端解决机构的 TBT 案件详情。

表 18.23　1995—2014 年诉诸 WTO 争端解决机构的 TBT 案件

案件编号	案件内容	投诉方	诉诸 DSB 时间	目前状态
DS2	美国—修改传统的汽油标准	委内瑞拉、玻利瓦尔共和国	1995 年 1 月 24 日	被诉实施通知
DS3	韩国—关于农产品的检验检测措施	美国	1995 年 4 月 4 日	在磋商中
DS4	美国—修改传统的汽油标准	巴西	1995 年 4 月 10 日	被诉实施通知
DS5	韩国—关于产品的保质期措施	美国	1995 年 5 月 3 日	解决或终止(撤回、共同商定解决方案)
DS7	欧盟—扇贝的商品说明	加拿大	1995 年 5 月 19 日	解决或终止(撤回、共同商定解决方案)
DS12	欧盟—扇贝的商品说明	秘鲁	1995 年 7 月 18 日	解决或终止(撤回、共同商定解决方案)
DS14	欧盟—扇贝的商品说明	智利	1995 年 7 月 24 日	解决或终止(撤回、共同商定解决方案)
DS20	韩国—关于瓶装水的措施	加拿大	1995 年 11 月 8 日	解决或终止(撤回、共同商定解决方案)
DS26	欧盟—关于肉和肉制品(激素)的措施	美国	1996 年 1 月 26 日	实施双方共同接受的解决方案
DS41	韩国—关于农产品检测的措施	美国	1996 年 5 月 24 日	在磋商中
DS48	欧盟—关于肉和肉制品(激素)的措施	加拿大	1996 年 7 月 28 日	实施双方共同接受的解决方案
DS56	阿根廷—影响纺织品、服装、鞋类和其他物品进口的措施	美国	1996 年 10 月 4 日	被诉实施通知

续表

案件编号	案件内容	投诉方	诉诸 DSB 时间	目前状态
DS61	美国—某些虾和虾产品的进口禁令	菲律宾	1996 年 10 月 25 日	在磋商中
DS72	欧盟—影响酱制品的措施	新西兰	1997 年 3 月 24 日	解决或终止(撤回、共同商定解决方案)
DS77	阿根廷—影响纺织品、服装、鞋类和其他物品进口的措施	欧盟	1997 年 4 月 23 日	专家组授权终止
DS85	美国—影响纺织品和服装产品的措施	欧盟	1997 年 5 月 22 日	解决或终止(撤回、共同商定解决方案)
DS100	美国—影响家禽产品的进口限制措施	欧盟	1997 年 8 月 18 日	在磋商中
DS134	欧盟—对某些稻米进口关税限制	印度	1998 年 5 月 27 日	在磋商中
DS135	欧盟—影响石棉和含石棉产品措施	加拿大	1998 年 5 月 28 日	通过报告,未采取进一步行动
DS137	欧盟—影响自加拿大进口的针叶树木材措施	加拿大	1998 年 6 月 17 日	在磋商中
DS144	美国—影响自加拿大进口的牛、猪和粮食的措施	加拿大	1998 年 9 月 25 日	在磋商中
DS151	美国—影响纺织品和服装产品的措施	欧盟	1998 年 11 月 19 日	解决或终止(撤回、共同商定解决方案)
DS203	墨西哥—影响活猪贸易的措施	美国	2000 年 7 月 10 日	在磋商中
DS210	比利时—建立水稻关税管理办法	美国	2000 年 10 月 12 日	解决或终止(撤回、共同商定解决方案)
DS231	欧盟—沙丁鱼商品说明	秘鲁	2001 年 3 月 20 日	实施双方共同接受的解决方案

续表

案件编号	案件内容	投诉方	诉诸 DSB 时间	目前状态
DS232	墨西哥—影响火柴进口的措施	智利	2001 年 5 月 17 日	解决或终止（撤回、共同商定解决方案）
DS233	阿根廷—影响医药产品进口的措施	印度	2001 年 5 月 25 日	在磋商中
DS263	欧盟—影响葡萄酒进口的措施	阿根廷	2002 年 9 月 4 日	在磋商中
DS279	印度—在 2002—2007 年进出口政策下的进口限制措施	欧盟	2002 年 12 月 23 日	在磋商中
DS290	欧盟—农产品、食品商标和地理标志的保护	澳大利亚	2003 年 4 月 17 日	被诉实施通知
DS291	欧盟—影响生物技术产品的审批和销售的措施	美国	2003 年 5 月 13 日	批准报复要求（包括 22.6 仲裁）
DS292	欧盟—影响生物技术产品的审批和销售的措施	加拿大	2003 年 5 月 13 日	解决或终止（撤回、共同商定解决方案）
DS293	欧盟—影响生物技术产品的审批和销售的措施	阿根廷	2003 年 5 月 14 日	解决或终止（撤回、共同商定解决方案）
DS369	欧盟—禁止海豹产品进口和销售的特定措施	加拿大	2007 年 9 月 25 日	解决或终止（撤回、共同商定解决方案）
DS381	美国—关于金枪鱼和其产品进口、市场及销售措施	墨西哥	2008 年 10 月 24 日	法律程序执行中
DS384	美国—特定原产地标签的要求	加拿大	2008 年 12 月 1 日	法律程序执行中

续表

案件编号	案件内容	投诉方	诉诸 DSB 时间	目前状态
DS386	美国—特定原产地标签规定	墨西哥	2008 年 12 月 17 日	法律程序执行中
DS389	欧盟—影响自美国进口的禽肉及禽肉产品的某些措施	美国	2009 年 1 月 16 日	专家组设立还未组成
DS400	欧盟—禁止海豹产品进口及销售措施	加拿大	2009 年 11 月 2 日	报告通过，建议采用一致措施
DS401	欧盟—禁止海豹产品进口及销售措施	挪威	2009 年 11 月 5 日	报告通过，建议采用一致措施
DS406	美国—影响丁香烟的生产和销售措施	印度尼西亚	2010 年 4 月 7 日	实施双方共同接受的解决方案
DS434	澳大利亚—关于商标和其他普通包装要求适用于烟草制品包装的措施	乌克兰	2012 年 3 月 13 日	专家组成立
DS435	澳大利亚—有关商标、地理标志及其他简易包装要求适用于烟草制品包装的措施	洪都拉斯	2012 年 4 月 4 日	专家组成立
DS441	澳大利亚—有关商标、地理标志及其他简易包装要求适用于烟草制品包装的措施	多米尼加共和国	2012 年 7 月 18 日	专家组成立
DS446	阿根廷—影响商品进口的措施	墨西哥	2012 年 8 月 24 日	在磋商中

续表

案件编号	案件内容	投诉方	诉诸 DSB 时间	目前状态
DS458	澳大利亚—有关商标、地理标志及其他简易包装要求适用于烟草制品包装的措施	古巴	2013 年 5 月 3 日	专家组成立
DS459	欧盟—对生物柴油的进口及销售措施和支持生物柴油产业的措施	阿根廷	2013 年 5 月 15 日	在磋商中
DS463	俄罗斯—机动车回收费用	日本	2013 年 7 月 24 日	在磋商中
DS467	澳大利亚—有关商标、地理标志及其他简易包装要求适用于烟草制品包装的措施	印度尼西亚	2013 年 9 月 20 日	专家组成立
DS484	印度尼西亚—关于鸡肉和鸡产品进口措施	巴西	2014 年 10 月 16 日	在磋商中

资料来源:根据 WTO 官方网站资料整理,https://www.wto.org/english/tratop_e/dispu_e/dispu_agreements_index_e.htm? id=A22#.

2012 年是自 WTO 成立以来争端解决机构适用 TBT 集中做出裁定的一年,这一年有 3 个案例被裁决,分别是:印度尼西亚诉美国影响丁香烟销量和产量措施案(United States—Measures Affecting the Production and Sale of Clove Cigarettes,简称丁香烟案);墨西哥诉美国金枪鱼和金枪鱼产品销售、市场和进口措施案(United States—Measures Concerning the Importation, Marketing and Sale of Tuna and Tuna Products,简称金枪鱼案);加拿大、墨西哥诉美国特定国家原产国标签案(United States—Certain Country of Origin Labelling Requirements,简称原产国标签案)。

三、TBT 相关争端案件中的关键争议点

在 DSB 审理的案件中,当事方的争议焦点主要集中在"技术法规""不低于待遇""不必要贸易限制"以及"发展中国家特殊和差别待遇"等问题上。

(一)争议措施是否构成"技术法规"—TBT 附件第 1.1 条

基于 TBT 附件第 1.1 条,上诉机构在石棉案和沙丁鱼案中,确立了"技术法规"的 3 个构成要件:(1) 该法规适用的对象必须是"可以确定的"产品,该文件必须规定该产品的一个或更多特征;(2) 产品特征可以是内在的或与产品相关,产品特征可以肯定或否定的形式表述;(3) 法规要求必须符合产品特征具有强制性。

(二)技术法规是否构成贸易歧视—TBT 第 2.1 条

TBT 第 2.1 条中的非歧视原则包含最惠国待遇原则(GATT 1994 第 1 条)和国民待遇原则(GATT 1994 第 3 条)。争议焦点集中于非歧视原则及其两个相关术语"同类产品"(like-products)和"不低于待遇"(treatment no less favorable)。

在石棉案中上诉机构将"同类产品"的四项准则改述为:(1) 产品的物理性质;(2) 产品能够满足相同或类似最终用途的程度;(3) 为满足特定需要或要求,消费者认识到并将产品视为实现特定功能的备选方法;(4) 为关税目的对产品进行的国际分类。在韩国—影响鲜牛肉和冷冻牛肉措施案中,上诉机构对于"不低于待遇"适用 GATT 1994 第 3.4 条,认为"待遇方面形式上的区别"不足以违反该条款;应当"审查该措施是否改变了相关市场的竞争格局,并评估是否对进口产品造成损害";判断争议措施是否涉及"不低于待遇"必须建立在严格审查"该措施本身对市场的根本性冲击和影响"的基础上。

(三)技术法规是否对国际贸易造成不必要限制—TBT 第 2.2 条

TBT 第 2.2 条第 1 款规定了技术法规不得对贸易造成不必要限制的基本原则,TBT 第 2.2 条第 2 款规定了成员的具体义务。根据 2006 年 3 月 WTO 秘书处贸易与环境处出台的《技术性贸易壁垒协议手册》对该条款的解读,包括对"必要性"(necessity)、"正当目标"(legitimate objectives)、"未实现合理目标的风险"(risk of non-fulfillment)以及"较少贸易限制方式"(less trade restrictive means to fulfill a legitimate objective)四个术语的解释。(1) 根据 GATT 1994 第 20 条,特别是(b)款和(d)款,对"必要性"的诠释从最少贸易限制性方法演化为较少贸易限制性方法,"必要性"可以解读为介于"必不可少"(indispensable)与"做出贡献"(making a contribution to)两极之间的任意状态。也就是说,无论争议措施是唯一可用,还是有其他替代措施,均可认定该措施对实现其正当目标的必要性。在石棉案中,对"必要性"的解读还得到了进一步发展,上诉机构判决认为争议

措施所追求的公共利益或价值越重大或越重要，就越容易认定其“必要性”。因为该案争议措施追求的目标是保护人类生命和健康，具有最高水平的“重大”和“重要”价值。（2）根据 TBT 第 2.2 条，技术法规所追求的“合理目标”包括一份非穷尽的合理目标清单，因有“连同其他事项”的规定，该清单包括但不限于国家安全要求，防止欺诈行为，保护人类健康或安全、动物或植物生命或健康或保护环境。根据 TBT 第 2.9.2 条和第 2.10.1 条对通报措施的要求，“采纳国内新的法律、消费者信息和标签、质量要求、协调化、降低或取消贸易壁垒、贸易便利化”均可被理解为属于 TBT 第 2.2 条“连同其他事项”条款。在沙丁鱼案中，“消费者保护、市场透明度和公平竞争”都被当事人承认为合理目标。（3）“未实现合理目标的风险”只体现在第 2.2 条“连同其他事项”中，规定了在评估此类风险时应考虑的相关因素，包括：可获得的科学和技术信息，相关加工技术或预计的产品最终用途。（4）以往对“较少贸易限制方式”的概念主要结合 TBT 相关法律条款。

（四）是否考虑到发展中国家“特殊和差别待遇”—TBT 第 12.3 条

TBT 第 12.3 条规定：“各成员在制定和实施技术法规、标准和合格评定程序时，应考虑发展中国家成员特殊的发展、财政和贸易需要，以保证此类技术法规、标准和合格评定程序不对发展中国家成员的出口造成不必要的障碍。”在丁香烟案中专家组报告指出，依据 TBT 第 12.3 条的规定，申诉方需证明三个要素：（1）申诉方需符合世界银行对“发展中国家”的定义，其发展中国家地位需被其他 WTO 成员所承认。（2）该争议措施确实影响了申诉方的特殊发展、财政和贸易需求。需要通过对 GDP、贸易量、失业率以及生产方面的影响来衡量该技术法规的重大影响。（3）被申诉方没有考虑申诉方特殊发展、投资和贸易需求。“应考虑”一语并不意味着 WTO 成员的行为要与发展中国家特殊需求保持一致，而是只要做出决定之前，将发展中国家特殊需要与其他因素一样纳入考虑的范围即可。所谓“应考虑”，既不要求 WTO 成员提供书面证据证明在其立法过程中积极地考虑到发展中国家的特殊需要，也不要求其证明曾经启动了磋商程序。

四、协议实施的积极意义及存在的问题

（一）《技术性贸易壁垒协议》实施的积极意义

《技术性贸易壁垒协议》（简称《协议》）自 1995 年以来，已经实施了近 20 年，它在防止利用标准和认证制度作为贸易保护的手段，减少贸易争端等方面发挥了积极作用。

首先，减轻了技术性贸易壁垒对国际贸易的阻碍作用。通过《协议》所要求

的信息互换网络，各成员需要就各自的标准、技术法规和认证制度的制定、采纳和实施相互事先通报，这样大大提高了各国制定、实施技术法规和认证制度的透明度，使出口商比以往更加易于按照进口国的要求来组织货源、组织生产，大大减轻了技术性贸易壁垒对贸易的阻碍。

其次，减少贸易争端和缓解贸易摩擦并有利于仲裁、诉讼案的解决。根据《协议》设立的技术性贸易壁垒委员会，作为一个国际贸易的技术专家机构，对解决各成员之间涉及由技术性贸易壁垒而引起的争端、摩擦，无疑是十分有利的。

再次，使各国标准化和认证体系日趋开放和统一。各国标准化和认证体系的渐趋开放和一致，在一定程度上促进了各缔约方产品标准化工作的深入开展，同样也促进了发展中国家产品标准化水平的提高和认证体系的国际化、规范化。

最后，促进发展中国家产品质量和技术标准水平的提高。受经济发展水平的限制，发展中国家在产品质量及技术标准水平方面一直不高，根据《协议》规定的对发展中国家的差别待遇原则，发达国家在对发展中国家实施技术性措施时，给予发展中国家差别的优惠待遇，并进行相应的技术援助，这使得发展中国家可以获得足够的时间和宽松的环境提高本国产品的质量和技术标准水平，促进其向国际标准靠拢的积极性。

（二）实施《技术性贸易壁垒协议》存在的问题

虽然《技术性贸易壁垒协议》的制定和实施具有上述各方面的积极意义，但在实际执行过程中仍存在很多问题。技术性贸易壁垒委员会在根据《技术性贸易壁垒协议》生效后对协议的实施和执行情况（包括条款的透明性）的第三年审议中指出：虽然没有对上述协议的权利与义务进行调整的必要，但是该协议在实施和执行中确实存在一些困难或问题，例如根据《协议》第 15.2 条款规定，“每一成员应在本协议对有关成员生效后立即将现有的或为确保本协议的实施和管理而采用的措施通知该委员会”，但实际上只有 1/3 的成员履行了此项义务，这对于拥有如此众多成员的 WTO 来说，显然不尽如人意。至于《技术性贸易壁垒协议》所强化了的通报义务，实际中也没有得到很好的执行。

与此形成对照的是，各国在对各协议中的“例外条款”的运用似乎有着永恒的动机，热情非常高，主要是因为已有协议的有关条款中存在着一些漏洞，这给《技术性贸易壁垒协议》的实施创造了可乘之机。例如在《实施卫生与植物卫生措施协议》中，虽然规定各缔约方采取各种检验检疫措施，只能以保护人类、动物和植物的生命和健康为由，且不可对其他缔约方构成贸易歧视，并鼓励各方采用国际标准和准则，但只要在科学上证明是合理的，也允许采用高于国际标准的措施，但对于怎样才是“在科学上证明是合理的”，规定过于笼统；又比如，在《关税与贸易总协定》中规定:“为保护公共道德或维持公共秩序的需要”和“为保护人类、动物或植物的生命或健康的需要”,可以采取必要的技术性限制措施,但对何为“必要的措施”以及各种需要的满足程度,都没有明确的规定。这都使得技术性法规在操作中具有很大的自由度,被一些国家广泛采取,并进而引发了许多贸易争端。WTO 成立后,其争端解决机构受理的第一个案件就是发生在美国与巴西、委内瑞拉之间的涉及环境问题的关于进口汽油标准的争执。

由此可见,尽管 WTO 目前已为消除技术性贸易壁垒做出了许多努力,并制定了许多包含有消除技术性贸易壁垒的协议或协定,但就实际运作状况而言并不理想。换言之,现实中相当多的成员并没真正实现其各自做出的承诺,或者遵守有关的规定,技术性贸易壁垒还在相当程度上存在,并成为诱发国际贸易争端的主要动因之一。

第十一节 《服务贸易总协定》

一、涉及《服务贸易总协定》的贸易争端

WTO 成立到 2014 年年底,各成员提起的贸易争端案件中共有 23 起涉及《服务贸易总协定》的相关内容,其中 2000—2014 年有 13 起争端解决磋商请求涉及本协定,具体如表 18.24 所示。

表 18.24 2000—2014 年涉及 GATS 的争端解决磋商请求

案件编号	标题	申诉方	磋商时间
DS476	欧盟—与能源部门有关的规定措施	俄罗斯	2014.4.30
DS453	阿根廷—与货物和服务贸易有关的规定措施	巴拿马	2012.12.12
DS413	中国—与电子支付服务有关的规定措施	美国	2010.9.15
DS378	中国—与金融信息服务和国外金融信息服务供应商有关的规定措施	加拿大	2008.6.20
DS373、DS372	中国—与金融信息服务和国外金融信息服务供应商有关的规定措施	美国、欧共体	2008.3.3

续表

案件编号	标题	申诉方	磋商时间
DS363	中国—与某些出版物和视听娱乐产品的贸易权和分销服务有关的规定措施	美国	2007.4.10
DS309	中国—与集成电路增值税有关的规定措施	美国	2004.3.18
DS285	美国—与影响赌博和博彩的跨境提供有关的规定措施	安提瓜和巴布达	2003.3.13
DS237	土耳其—与新鲜水果进口程序有关的规定措施	厄瓜多尔	2001.8.31
DS204	墨西哥—与影响电信服务有关的规定措施	美国	2000.8.17
DS201	尼加拉瓜—与洪都拉斯和哥伦比亚进口有关的规定措施	洪都拉斯	2000.6.6
DS188	尼加拉瓜—与洪都拉斯和哥伦比亚进口有关的规定措施	哥伦比亚	2000.1.17

资料来源:根据 WTO 官方网站资料整理,https://www.wto.org/english/tratop_e/dispu_e/dispu_agreements_index_e.htm? id=A8.

二、1995—2014 年服务贸易谈判主要进程

2000 年 2 月 25 日,WTO 服务贸易理事会召开特别会议,开启了新回合服务贸易领域的谈判。由于服务贸易种类的复杂多样性,且规则制定缺少相应的智力支持,服务贸易规则的谈判一路以来就不是很顺畅。

2001 年 3 月,服务贸易理事会通过了《服务贸易谈判规则和程序》。这是新一轮服务贸易谈判的重要进展,谈判的目的、范围和模式及谈判程序得以确立。《服务贸易谈判规则和程序》包括以下主要内容:(1) 目的和原则:新一轮服务贸易谈判应该逐步在自由化的基础上进行,以促进所有贸易伙伴的经济增长和发展中国家的发展为目标,并承认各成员对服务贸易进行监管的权利;(2) 对于谈判的范围则规定:成员不应当预先排除任何服务部门和提供方式,对最惠国待遇的豁免情况进行谈判;依据各个成员的承诺表采取"要价-出价"方式进行谈判。该程序也为加大发展中国家参与服务贸易谈判的程度做出了贡献。《服务贸易谈判规则和程序》充分考虑了发展中国家服务贸易的发展现实,并逐步确

认自由化、提高发展中国家的参与度、提高发展中国家的谈判灵活性,并在谈判过程中坚决不改变《服务贸易总协定》的目的和原则。它们都促使发展中国家积极参与服务贸易规则谈判并维护自身利益,提高了部分发展中国家的谈判积极性。2011 年 3 月,为使谈判能够进一步推进,在规则谈判进行的过程中,同时进行市场准入谈判。

依据《服务贸易总协定》第 19 条第 1 款的规定,各个成员应自《WTO 协定》生效日期 5 年内开始定期举行数回合谈判,逐步实现高水平的自由化,谈判的方式主要是减少贸易壁垒提供有效的市场准入的方式。市场准入谈判一直以来是服务贸易谈判领域中重点关注的问题,自 2000 年 2 月 25 日起,服务贸易理事会特别会议即正式启动服务贸易新一轮谈判,其中谈判中最重要的市场准入谈判在服务贸易理事会特别会议上进行。服务贸易市场准入自由化的谈判从 2011 年起采取的是“要价-出价”的方式进行。该方式是在乌拉圭回合谈判之后最主要也是唯一的方式。要价邀约由 WTO 成员之一基于自身利益向其他成员提出进一步开放市场准入门槛金额、降低贸易壁垒的请求,该要价邀约并不具有明确指向性,对任何 WTO 成员开放。而其他成员在收到要价邀约后并根据自身的实际情况做出出价,每个成员只能有一份出价,并且该出价适用于最惠国待遇原则,并且在谈判结束前,每个成员都有进行修改和撤回的权利。且出价不同于要价,并不需要递交给 WTO 秘书处,所有的出价都会以 WTO 文件的形式向各成员分发,直至谈判结束,最终出价将受到有关法律的约束。

多哈部长级会议宣言于 2002 年 6 月发布了首次出价,并将 2003 年 3 月 31 日作为首次出价的最终提价日期,并且所有谈判均不得晚于 2005 年 1 月 1 日。而在 2003 年 9 月的坎昆会议失败后,2005 年 5 月作为修正出价的提交日期,在随后 2005 年 12 月的香港部长级会议上,将 2006 年 6 月 31 日作为第二次修正出价提交日期。然后由于谈判在其他领域一直裹足不前,多哈回合谈判一直从 6 月中旬延期至 2007 年 1 月,至此,服务贸易谈判对市场准入出价提交并不再设定时间表。在 2011 年 4 月底,71 份出价提交至 WTO 成员,同期,31 份修正出价也提交至 WTO 成员。在 20 年间,市场准入谈判收效甚微,很多成员表达了对市场准入谈判进展状态的担忧,于是他们寄希望于在可能的谈判内容中结合自主自由化、提高服务贸易提供模式三(包括对于外资参股的限制以及商业存在的形式)的准入标准以及完善服务贸易提供模式四。在这一段相当长的时间中,服务贸易市场准入谈判存在不平衡,原因主要是在其他成员要价的过程中并没有考虑到发展中国家的利益诉求,缺乏灵活性,同时给予的出价也并未完全基于自身的出口利益;而对于有些要价,有的成员已经完全不合理地超越了香港部长级会议上达成的声明。因此如果要推动市场准入谈判,必须在“要价-出价”

的过程中赋予发展中国家更多的灵活性。《服务贸易总协定》也表示充分考虑发展中成员的利益,并适当增加灵活性,以开放较少的部门,放开较少类型的交易,以符合其发展状况的方式逐步扩大市场准入。从目前成员提交出价水平来看,大部分的出价水平并不高,并且只是对出价水平现状的描述。

此外,在服务贸易提供模式方面的谈判也初步达成一致,尽管各个成员对服务贸易提供模式的商业存在和自然人流动上意见不一致,但是在跨境交付上基本达成一致,有的成员则同意暂时不对跨境交付征收关税。服务贸易谈判进程如表 18.25 所示。

表 18.25　服务贸易谈判进程时间表

年份	分阶段进程
2000	服务贸易特别理事会召开,开启新回合服务贸易领域的谈判
2001	服务贸易谈判被纳入多哈回合,成为多哈回合"一揽子协议"一部分
2003	坎昆部长级会议失败
2004	"七月框架协议"达成、"香港部长级会议"宣言达成,多哈回合的终止与重启
2009	小型部长级会议失败
2013	巴厘一揽子协议达成
2014	一揽子协议达成后第一次服务贸易谈判

资料来源:根据 WTO 官方网站资料整理,https://www.wto.org/english/tratop_e/serv_e/serv_e.htm.

综上,服务贸易谈判这 20 年来,谈判的焦点主要集中在市场准入、国内规则、GATS 规则、谈判议题、服务贸易提供模式等关键议题上,尽管多边服务谈判进展缓慢,成果不多,甚至有的时候出现停滞,但总体说来,WTO 成员对推进服务贸易市场开放以及减少服务贸易壁垒的努力仍值得肯定。

第十二节　《与贸易有关的投资措施协议》

一、涉及《与贸易有关的投资措施协议》贸易争端情况

从 WTO 成立到 2014 年年底,各成员提起的贸易争端案件中共有 41 起涉及《与贸易有关的投资措施协议》,其中 2012—2014 年有 12 起争端解决磋商请求涉及本协议,具体如表 18.26 所示。

表 18.26　2012—2014 年涉及《与贸易有关的投资措施协议》的争端解决磋商请求

案件编号	标题	申诉方	磋商时间
DS476	欧盟—与能源部门有关的规定措施	俄罗斯	2014.4.30
DS472	巴西—与税收和费用有关的规定措施	欧盟	2013.12.19
DS463	俄罗斯—与机动车回收费用有关的规定措施	日本	2013.7.24
DS462	俄罗斯—与机动车回收费用有关的规定措施	欧盟	2013.7.9
DS459	欧盟—与进口和销售生物柴油和支持生物柴油产业措施有关的规定	阿根廷	2013.5.15
DS456	印度—与太阳能和太阳能电池组件有关的规定措施	美国	2013.2.6
DS452	欧盟与相关成员国—与可再生能源发电部门有关的规定措施	中国	2012.10.5
DS446	阿根廷—与影响进口货物有关的规定措施	墨西哥	2012.8.24
DS445	阿根廷—与影响进口货物有关的规定措施	日本	2012.8.21
DS444	阿根廷—与影响进口货物有关的规定措施	美国	2012.8.21
DS443	欧盟和某成员国—与生物柴油进口有关的规定措施	阿根廷	2012.8.17
DS438	阿根廷—与影响进口货物有关的规定措施	欧盟	2012.5.25

资料来源：根据 WTO 官方网站资料整理，https://www.wto.org/english/tratop_e/dispu_e/dispu_agreements_index_e.htm? id=A25.

二、《与贸易有关的投资措施协议》谈判历程

WTO 关于《与贸易有关的投资措施协议》（简称 TRIMS 协议）主要涵盖三个方面：（1）成立于 1996 年的专注于研究贸易与投资关系的工作组；（2）与贸易有关的投资措施协议，该协议是货物贸易的多边协议之一，包含了某些与贸易有关的投资限制措施，如本地含量要求等；（3）规定了《服务贸易总协定》中服务贸易和投资的四种提供模式。其中最重要的就是与贸易有关的投资措施，近 20 年来，WTO 对与贸易有关的投资措施谈判经历了很多曲折。

《与贸易有关的投资措施协议》目的是为了促进投资自由化，制定为避免对贸易造成不利影响的规则，促进世界贸易的扩大和逐步自由化，并便利国际投

资，以便在确保自由竞争的同时，提高所有贸易伙伴，尤其是发展中国家成员的经济增长水平。协议的基本原则是各成员实施与贸易有关的投资措施，不得违背《关税与贸易总协定》的国民待遇原则，同时取消数量限制。它是世界上第一个专门规范贸易与投资关系的国际性协议，在国际投资法中有重要地位。

乌拉圭回合结束后不久，发达国家就开始试图进一步将多边投资规则纳入谈判议程。但 1996 年新加坡部长级会议部长宣言认为应该建立工作小组考察贸易和投资的关系，并设立工作组来研究成员提出的贸易和竞争政策之间的关系问题，同时确定任何可能需要在 WTO 框架内进行谈判的领域。贸易与投资工作小组将与贸易有关的投资问题带入 WTO 讨论的范畴，并且为 WTO 框架下多边投资规则的谈判提供了可能。

2001 年多哈回合第四次部长级会议进一步对投资问题做出了决议，认为在第五次部长会议之后，在明确完全一致同意的基础上，对未来的谈判形势和谈判规则展开讨论。在第五次部长会议之前的这段时间，贸易与投资关系工作小组对投资的范围和定义、透明度原则和非歧视原则以及 GATS 为基础设立的承诺水平和模式进行了商议。多哈部长宣言就投资谈判的内容进行了大体规定。

2003 年坎昆第五次部长级会议主要是对第四次部长级会议中讨论的议题进行了中期检讨，并讨论是否启动包括投资、竞争政策和采购透明度以及贸易便利化在内的新加坡议题。发达国家一直认为贸易与投资关系的工作小组已经完成了对多边投资框架的讨论，所以应该立即开始启动多边投资框架的讨论，然而一些发展中国家对投资定义、范围和市场许可等问题并没有达成一致的观点。因此在最终的坎昆部长会议上决定将此问题的谈判延期，在后续谈判中再进行澄清。总理事会继而决定贸易和投资关系、贸易和竞争政策以及政府采购的透明度这些议题并不构成宣言中的一部分，因此 WTO 多哈回合谈判不会对这些议题进行谈判。最终，新加坡议题最终只包括了贸易便利化，而投资等的议题均未能列入谈判议程，自此，WTO 框架内对多边投资规则谈判暂时延期。后来的多哈回合会议将发展中国家关注的 TRIMS 协议执行问题纳入多哈回合谈判议程，同意在多哈回合讨论贸易与投资问题以及构建未来多边投资框架的可能性，然而发达国家在此问题上态度强硬，发展中国家的利益诉求得不到满足，双方都不愿意让步，最终导致 TRIMS 的又一次搁浅。

在新加坡第一次部长级会议上，发达国家提议四个贸易新议题中包括投资议题，以及授权成立相关工作小组，对各议题进行讨论，并与 1997 年正式成立与贸易有关的投资工作小组，其目的在于讨论在 TRIMS 协议基础上补充投资规则，并在 WTO 框架内建立多边投资规则，试图将更广泛的投资问题纳入 WTO 框架。

十几年来，与贸易有关的投资关系工作小组在进一步推动贸易与投资自由化的同时，按照多哈部长宣言对多边投资框架进行深入研究，同时考察各个国家与贸易有关的投资措施的积极作用。与此同时，工作小组对发展中国家的发展问题给予了高度关注，认为发展中国家应该在此过程中亦步亦趋，不能过于快速地推动投资自由化的进程，以免对自身市场造成冲击。发达国家和发展中国家一致认为，应该更加合理地规划多边投资规则，在重视发达国家利益的同时也要兼顾发展中国家的利益。

第十三节　《与贸易有关的知识产权协定》

WTO 成立 20 年来，《与贸易有关的知识产权协定》(简称 TRIPS 协定)的实践过程大致可以分为两个阶段:第一个阶段自 1995 年至 2000 年，这一阶段的一个突出特征是主要通过争端解决机制推进各成员对其所承担的 TRIPS 协定义务的遵循和落实。截至 2014 年 12 月 31 日，争端解决机构(DSB)已接到共 34 起涉及 TRIPS 协定的磋商请求，绝大部分(22 起)是在 2000 年之前发生的。这一阶段的另一个明显特征是以 TRIPS 理事会为核心，通过 WTO 的通知机制和贸易政策审议机制，促进各成员知识产权制度的透明化及其对协定义务的履行。第二个阶段是自 2001 年以来，主要围绕多哈回合谈判的筹备、发动而展开，其显著特征是通过对 TRIPS 谈判议题的筹划讨论，较全面地讨论了前一阶段 TRIPS 协定实施过程中的经验教训，同时对一些新的知识产权问题展开广泛的讨论。

一、《与贸易有关的知识产权协定》与公共卫生

2003 年 8 月 TRIPS 理事会通过决议，同意设置制度，许可有需要的成员进口治疗艾滋病等传染疾病的廉价药物，在不违反《与贸易有关的知识产权协定》的规范下，授权药品生产能力不足或无法生产的成员进口药品，其药品范围则以艾滋病、疟疾、肺结核以及其他重大传染病的治疗药为主。根据 2003 年的决议，WTO 成员接受修正案后仍须修改内部法律和地区有关规定。2005 年 12 月 6 日，WTO 成员通过修改《与贸易有关的知识产权协定》的决议，将 2003 年 8 月通过的决议转化为《与贸易有关的知识产权协定》的永久性规范。

二、《与贸易有关的知识产权协定》与地理标识注册

TRIPS 明确规定应进行有关建立注册制度的谈判，这项工作自 1996 年以来一直在进行之中。2005 年 6 月 16 日至 17 日，《与贸易有关的知识产权协定》特别会议中，欧盟提案将酒类产品地理标识多边制度扩大并适用于所有产品，欧盟在香港部长级会议中也主张应将本项议题纳入谈判授权，但由于美国与其他国

家和地区的反对,并未能在宣言中获得明确的谈判授权。2005 年,《香港部长宣言》称该项谈判已经得到加强。

目前,TRIPS 理事会专门会议主要考虑以下 3 个相关提案:

(1) 中国香港 2003 年提出的提案;

(2) 由那些希望建立地理标识注册制度作为基本信息来源的国家集团于 2005 年提出、2011 年修改的被称为“联合提案”的提案;

(3) 2008 年由超过 100 个国家提出的“W/52”提案,该提案是包括其他 TRIPS 相关议题的提案包,其目标是通过建立地理标识注册制度对产品提供更强有力的保护。

2011 年 4 月,时任 TRIPS 专门会议主席的赞比亚人 Darlington Mwape 提出一项复合文本草案——“复活节案文”,为保证透明度,每次会议后都会举行向全体成员开放的信息发布会。草案工作组的工作内容主要是基于主席建议的地理标识注册的 6 项因素:通告、注册、注册后的法律后果、成本和费用、特殊与差别待遇、参与。这是第一次以草案的形式提出各国对于上述三项提案的立场,以及诸如特别对待等其他问题。

三、涉及《与贸易有关的知识产权协定》的贸易争端情况

在 TRIPS 协定的实践中,相关争端案例的处理和解决是促使有关成员遵守协定义务的重要途径。自 1995 年 1 月 1 日 WTO 成立至 2014 年 12 月 31 日,争端解决机构(DSB)已接到共 34 起涉及 TRIPS 协定的磋商请求,涉及 23 项不同的事件(措施)。在这 34 个案件中,目前已有 14 个案件由争端双方通过双边磋商途径获得解决,有 5 个案件还处在专家组审理阶段,有 5 个案件至今仍在磋商中。此外,通过专家组程序处理的有 10 个案件(实际涉及 8 项不同的事件/措施),其中 3 个(DS50、DS170 和 DS176)在专家组报告散发后被提出上诉,经上诉程序后,上诉机构均基本维持原专家组报告的结论。这 10 个案件的专家组报告和/或上诉机构报告都已获得 DSB 的通过。它们的共同点是所有被告均败诉。不过,就执行情况看,到目前为止,这 10 个案件中只有 3 个(DS50、DS79 和 DS114)已按有关报告的结论要求被最终执行,其余尚在执行中,有的已经历几年时间而尚未得到最终执行。

分析 WTO 现有知识产权争端案例,可以发现它们具有以下主要特征:

首先,从这些案件所涉及的知识产权领域看(表 18.27),涉及专利领域的案件达 11 起,32.4 占%;涉及版权领域的案件达 7 起,占 20.6%;涉及其他知识产权领域(包括商标和知识产权执法等)的案件达 16 起,占 47%。这表明目前在 WTO 成员间发生的知识产权纠纷以商标和知识产权执法等领域为主。

表 18.27　WTO 现有知识产权争端案件按领域分类情况

按领域分	专利	版权	其他
案件总数:34 起	11	7	16
比重:100%	32.4%	20.6%	47%

资料来源:根据 WTO 官方网站资料整理,https://www.wto.org/english/tratop_e/dispu_e/dispu_status_e.htm.

其次,从成员分类情况看(表 18.28),共有 17 起是在发达成员之间发生,占 50%(其中 WTO 两个最大成员——美国与欧盟间就发生了 6 起);由发达成员针对发展中成员提起诉讼的有 9 起,占 26.5%;由发展中成员对发达成员提起诉讼的只有 8 起,占 23.5%,而至今尚未有对或由任何最不发达国家提起的相关诉讼。

表 18.28　WTO 现有知识产权争端案件按成员分类情况

按成员分	发达成员之间	发达成员诉发展中成员	发展中成员诉发达成员
案件总数:34 起	17	9	8
比重:100%	50%	26.5%	23.5%

资料来源:根据 WTO 官方网站资料整理,https://www.wto.org/english/tratop_e/dispu_e/dispu_status_e.htm.

最后,从具体涉案国别看(表 18.29),在这 34 起案件中,涉案最多的莫过于美国,它以原告、被告和第三方身份(包括提出共同磋商请求)参与了 31 起案件:其中作为原告 17 起,意味着有 50%的案件是由它发起的,成为名副其实的“第一用户”;但也当了 4 次被告,说明以知识产权保护“世界警察”自居的美国其实自身也并不能独善其身;美国还以第三方身份参与了 10 起案件。上述情况既反映出知识产权及其国际保护对于美国的重要性,也证明了当初美国为何如此热切地将知识产权纳入多边贸易体制。此外,涉案第二多的是欧盟,直接参与其中的有 25 起(若加上其成员的有关案件,则共达 28 起)。发展中成员中涉案较多的有中国、印度、巴西和阿根廷。中国自从 2001 年加入 WTO 之后,已以被告身份参与了 2 起案件,以第三方身份参与了 7 起案件。

表 18.29　WTO 现有 34 起知识产权争端案件中涉案较多的主要成员

国家	作为原告	作为被告	作为第三方	合计
美国	17	4	10	31
欧盟	6	8	11	25

续表

国家	作为原告	作为被告	作为第三方	合计
加拿大	1	2	9	12
日本	0	2	8	10
瑞士	0	0	5	5
澳大利亚	1	5	5	11
印度	1	2	11	14
巴西	2	1	10	13
阿根廷	0	2	7	9
中国	0	2	7	9

资料来源：根据 WTO 官方网站资料整理，https://www.wto.org/english/tratop_e/dispu_e/dispu_status_e.htm.

第十四节 WTO 争端解决机制

WTO 争端解决机制是由独立的专家组和上诉机构按照确定的规则和程序审理成员之间的经贸纠纷案件，从法律和技术角度来和平解决国际经贸争端，从而避免贸易摩擦给双边政治和经贸关系带来的冲击，WTO 争端解决机制已经成为 WTO 成员之间解决贸易纠纷、维护贸易权益的有效平台。WTO 争端解决裁决的结果，不仅有助于解决双方具有争议的事实和法律问题，及时有效化解当事方之间的经贸纠纷，也从法律角度对相关国际贸易规则进行了澄清，促进了国际贸易环境和多边贸易体制的稳定性和可预见性。

一、1995—2014 年争端解决活动概况

（一）1995—2014 年争端案件数量

WTO 成立 20 年来，WTO 成员共向争端解决机构提起了 488 起磋商申请，详情见图 18.11。

从图 18.11 中可以看出，在 WTO 成立的前 10 年（1995—2004 年），争端案件数量处于高位运行，尤其是 1996—2000 年均在 30 起以上。进入新千年之后，每年新提起的磋商案件逐步下降，在最近 10 年（2005—2014 年），除了个别年份较高外，每年的争端案件数量基本维持在 20 起以内，在 2011 年达到了历史最低水平，仅有 8 起新的争端案件。

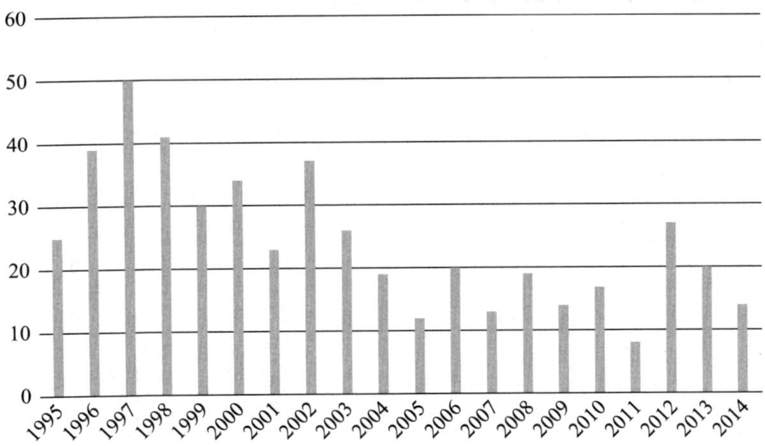

图 18.11 1995—2014 年争端案件数量(单位:起)

资料来源:根据 WTO 官方网站资料绘制,https://www.wto.org/English/tratop_e/dispu_e/dispu_e.htm.

自 WTO 成立以来,参与争端解决案件最多的国家为美国、欧盟(原欧共体)、加拿大等西方发达国家,而位于亚洲的日本和韩国参与也较为频繁,这与这些国家贸易活跃度高有很大关系。中国虽然在 2001 年才加入 WTO,但涉及中国的争端案件却层出不穷,其中大部分是作为应诉方参与争端解决。WTO 成立 20 年来各成员参与争端案件数见表 18.30。

表 18.30 1995—2014 年 WTO 成员参与争端案件数

成员	申诉方	被诉方	成员	申诉方	被诉方
安提瓜和巴布达	1	0	中国	12	31
阿根廷	20	22	哥伦比亚	5	4
亚美尼亚	0	1	哥斯达黎加	5	0
澳大利亚	7	15	克罗地亚	0	1
孟加拉国	1	0	捷克	1	2
比利时	0	3	丹麦	1	1
巴西	27	15	多米尼加共和国	1	7
加拿大	33	18	厄瓜多尔	3	3
智利	10	14	埃及	0	4

续表

成员	申诉方	被诉方	成员	申诉方	被诉方
马来西亚	1	1	秘鲁	3	5
墨西哥	23	14	菲律宾	5	6
摩尔多瓦共和国	1	1	波兰	3	1
荷兰	0	3	葡萄牙	0	1
新西兰	9	0	罗马尼亚	0	2
尼加拉瓜	1	2	俄罗斯	2	5
挪威	4	0	新加坡	1	0
巴基斯坦	4	3	斯洛伐克	0	3
巴拿马	7	1	南非	0	4
萨尔瓦多	1	0	西班牙	0	3
欧盟(原欧共体)	91	81	斯里兰卡	1	0
法国	0	4	瑞典	0	1
德国	0	2	瑞士	4	0
希腊	0	3	中国台湾	4	0
危地马拉	9	2	泰国	13	3
洪都拉斯	8	0	特立尼达和多巴哥	0	2
中国香港	1	0	土耳其	2	9
匈牙利	5	2	乌克兰	3	2
印度	21	22	英国	0	3
印度尼西亚	9	11	美国	107	123
爱尔兰	0	3	乌拉圭	1	1
意大利	0	1	委内瑞拉	1	2
日本	19	15	越南	2	0
韩国	17	14	古巴	1	0

资料来源：根据 WTO 官方网站资料整理，https://www.wto.org/English/tratop_e/dispu_e/dispu_e.htm.

不难发现，近年来很多发展中国家的身影也出现在了争端解决活动中，这些国家虽然相对而言缺乏经验，但其积极的态度也从一定程度上反映出 WTO 对于各成员贸易的促进作用。可以预见，争端解决机制在今后对于国际贸易环境和多边贸易体制的稳定性依旧具有十分重要的作用。

（二）1995—2014 年争端涉及协议情况

对 WTO 成立 20 年来 WTO 成员向争端解决机构提起的 488 起案件情况进行梳理，可以得到这 20 年间争端所涉及协议的具体分布，详情见图 18.12。

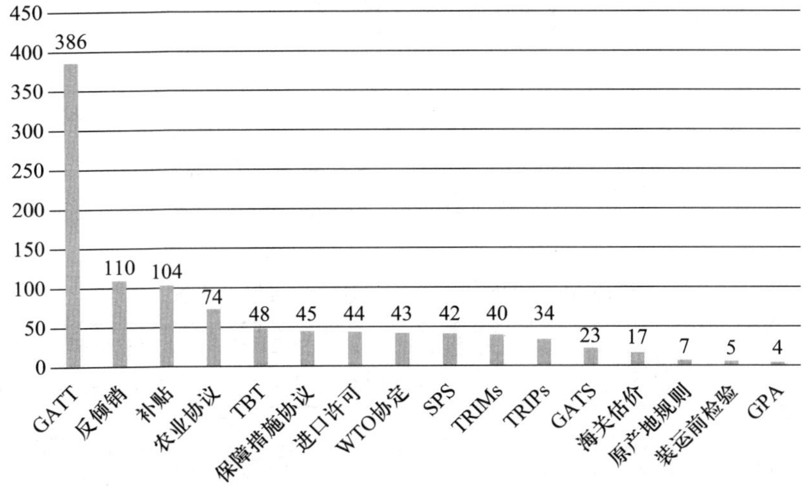

图 18.12　1995—2014 年争端涉及协议情况（单位：起）

资料来源：根据 WTO 官方网站资料绘制，https://www.wto.org/English/tratop_e/dispu_e/dispu_e.htm.

通过对 1995—2014 年争端涉及协议情况进行统计，可以看出，涉及 GATT 1994 的案件占比高达 85.8%，除此之外涉及《反倾销协议》和《补贴与反补贴措施协议》的争端数量也较高，均超过了 100 起。相比之下，涉及《政府采购协议》《装运前检验协议》《原产地规则协议》的争端则较少。我们可以通过图表更直观地看到 WTO 成立 20 年来争端涉及的各协议具体占比情况，详见图 18.13。

（三）1995—2014 年专家组报告通过情况

从 1995 年 WTO 成立以来到 2014 年为止，DSB 共散发了 201 份专家组报告，其中被上诉的专家组报告为 136 份，占全部专家组报告的 68%，具体每一年的情况见表 18.31。

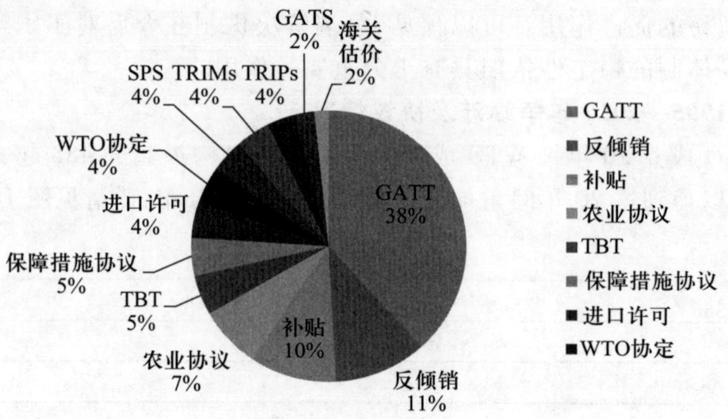

图 18.13　1995—2014 年争端涉及协议占比

资料来源:根据 WTO 官方网站资料绘制,https://www.wto.org/English/tratop_e/dispu_e/dispu_e.htm.

表 18.31　1996—2014 年专家组报告通过情况

年份	所有的专家组报告			没有依据 DSU 第 21.5 条设立的专家组报告			依据 DSU 第 21.5 条设立的专家组报告		
	散发的专家组报告数	被上诉的专家组报告数	被上诉的专家组报告数量占比	接受的专家组报告数	被上诉的专家组报告数	被上诉的专家组报告数量占比	接受的专家组报告数	被上诉的专家组报告数	被上诉的专家组报告数量占比
1996	2	2	100%	2	2	100%	0	0	—
1997	5	5	100%	5	5	100%	0	0	—
1998	12	9	75%	12	9	75%	0	0	—
1999	10	7	70%	9	7	78%	1	0	0%
2000	19	11	58%	15	9	60%	4	2	50%
2001	17	12	71%	13	9	69%	4	3	75%
2002	12	6	50%	11	5	45%	1	1	100%
2003	10	7	70%	8	5	63%	2	2	100%
2004	8	6	75%	8	6	75%	0	0	0%
2005	20	12	60%	17	11	65%	3	1	33%

续表

年份	所有的专家组报告			没有依据 DSU 第 21.5 条设立的专家组报告			依据 DSU 第 21.5 条设立的专家组报告		
	散发的专家组报告数	被上诉的专家组报告数	被上诉的专家组报告数量占比	接受的专家组报告数	被上诉的专家组报告数	被上诉的专家组报告数量占比	接受的专家组报告数	被上诉的专家组报告数	被上诉的专家组报告数量占比
2006	7	6	86%	4	3	75%	3	3	100%
2007	10	5	50%	6	3	50%	4	2	50%
2008	11	9	82%	8	6	75%	3	3	100%
2009	8	6	75%	6	4	67%	2	2	100%
2010	5	2	40%	5	2	40%	0	0	—
2011	5	5	63%	8	5	63%	0	0	—
2012	18	11	61%	18	11	61%	0	0	—
2013	4	2	50%	4	2	50%	0	0	—
2014	15	13	87%	13	11	85%	2	2	100%
总计	201	136	68%	172	115	67%	29	21	72%

资料来源:根据 WTO 官方网站资料整理,https://www.wto.org/english/tratop_e/dispu_e/stats_e.htm.

从 WTO 网站的统计数据来看,1996—2014 年间每年接受的专家组报告数基本在 5 至 20 份的范围内震荡,而被上诉的专家组报告数的变化趋势基本与总的专家组报告数一致,平均占比达到了 70%,我们可以通过图 18.14 更直观地看到其趋势变化情况。

(四) 1995—2014 年上诉案件情况

从 WTO 网站对 1995—2014 年上诉情况的统计数据来看,每年提起的上诉申请数量总体维持在 10 起左右,且大部分是基于专家组程序提起的上诉,而基于 DSU 第 21.5 条的上诉只占据较小的份额。就 WTO 成立 20 年来的总体数据看,共提出上诉申请 129 起,基于专家组程序的上诉为 109 起,占到总上诉申请的 84.5%,而基于 DSU 第 21.5 条的上诉只有 20 起,详见表 18.32。

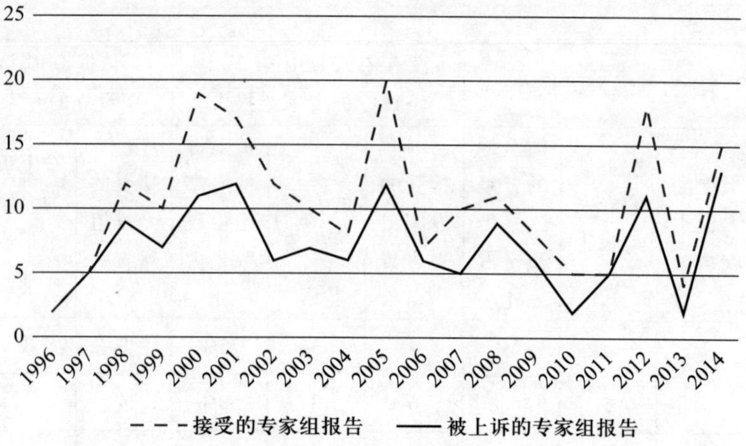

图 18.14　1996—2014 年专家组报告变化趋势(单位:份)

资料来源:根据 WTO 官方网站资料绘制,https://www.wto.org/english/tratop_e/dispu_e/stats_e.htm.

表 18.32　1995—2014 年上诉申请情况

年份	上诉申请	基于专家组程序的上诉	基于 DSU 第 21.5 条的上诉
1995	0	0	0
1996	4	4	0
1997	6	6	0
1998	8	8	0
1999	9	9	0
2000	13	11	2
2001	9	5	4
2002	7	6	1
2003	6	5	1
2004	5	5	0
2005	10	8	2
2006	5	3	2
2007	4	2	2
2008	13	10	3
2009	3	1	2

续表

年份	上诉申请	基于专家组程序的上诉	基于 DSU 第 21.5 条的上诉
2010	3	3	0
2011	9	9	0
2012	5	5	0
2013	1	1	0
2014	9	8	1
总计	129	109	20

资料来源:根据 WTO 官方网站资料整理,https://www.wto.org/english/tratop_e/dispu_e/stats_e.htm.

上诉机构对其受理的绝大多数上诉案件均在 DSU 规定时限内做出了上诉机构报告并散发给全体 WTO 成员,WTO 成立 20 年来,上诉机构做出的所有报告情况见图 18.15。

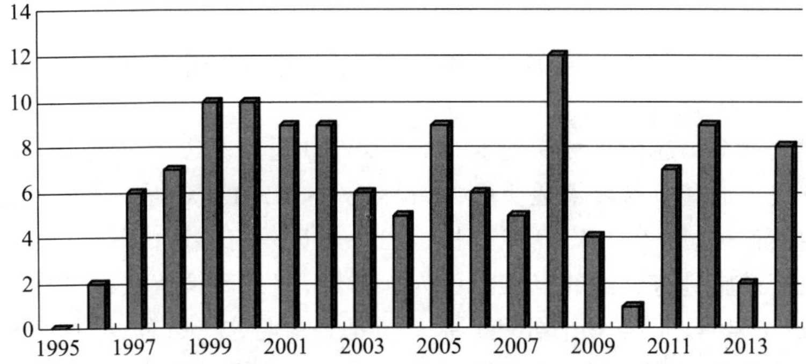

图 18.15 1995—2014 年 WTO 上诉机构散发的报告数量(单位:份)

资料来源:根据 WTO 官方网站资料绘制,https://www.wto.org/english/res_e/publications_e/anrep15_e.htm.

二、WTO 成立 20 年来争端解决机制的成就与不足

争端解决机制作为 WTO“一揽子”协定中最重要也是最核心的组成部分,如今已伴随着 WTO 走过了 20 个年头,在解决全球贸易争端方面做出了巨大的贡献。从 1995 年 WTO 成立到 2014 年为止,WTO 成员共向争端解决机构提起了 488 起磋商请求,申诉方和应诉方涉及近 70 个成员,案件涉及反倾销、补贴与反补贴、农业、政府采购、进出口等多个方面,共散发专家组报告 201 份、上诉申请 129 起。正如 WTO 第一任总干事鲁杰罗所说:“WTO 争端解决机制是 WTO 对

全球经济稳定做出的最独特的贡献。”

但与其同时，回顾 WTO 成立这 20 年，争端解决机制也存在着一些不足之处，主要表现在以下几个方面。

(1) 在关于磋商程序的问题上，DSU 规定通过磋商而得出的解决办法应通知 DSB 及其有关理事会和委员会，但是并没有对具体的时间、内容等要素做出规定。

(2) 在关于专家组程序的问题上，通过秘书处来决定专家组的建议名单，这就导致了专家组的独立性有待商榷。

(3) 在关于上诉机构程序的问题上，也存在着上诉机构成员的选人标准模糊等问题。

总体看来，争端解决机制在 WTO 成立这 20 年来的发展过程中，虽有不足之处，但不可否认的是，其始终扮演着很重要的角色，成功地解决了大量成员之间的贸易争端问题，取得了令人瞩目的成绩，可谓是 WTO 多边贸易体制的重要支柱。

第十五节　贸易政策审议机制

为建立一个沟通国际贸易规则的平台，WTO 通过多边贸易政策审议机制和通知义务提高成员贸易政策透明度，二者程序不同，前者对每一成员进行阶段性的全面政策审议，后者由 WTO 专门机构在各成员政府通知的基础上，对其通知的具体政策措施进行详细的审议。正因为如此，贸易政策审议机制在运行中更为流畅，成员自身、WTO 秘书处和其他成员都要参与这一过程，参加贸易政策审议的成员和 WTO 秘书处分别准备审议报告，后者的报告更为中立和全面，因此逐渐成为贸易政策审议会议的主要文件，供其他成员和被审议成员进行讨论和评估。

一、贸易政策审议机制产生的背景

贸易政策审议机制虽是乌拉圭回合的一项重要成果，但事实上是先于 WTO 而建立的。该机制是在 1988 年乌拉圭回合中期审评会议上临时批准建立的，1989 年开始运行，在乌拉圭回合结束时成为常设制度，定义其目标和程序的法律文本成为《WTO 协定》附件 3。与乌拉圭回合谈判达成的一揽子协议不同，在 WTO 成立之前就已经运行了 7 年，在 WTO 体制中的作用得到明确和广泛的赞同，其文本与 1989 年批准的文字没有什么不同，只是审议的责任由 GATT 理事会交给了 WTO 总理事会，审议范围从货物贸易扩大到服务贸易和知识产权事务。

虽然贸易政策审议机制在现在看来有些“低调”,但结合时代背景就可以理解其产生并正式纳入多边贸易体系规则的重要性。1979 年东京回合结束至 1986 年乌拉圭回合开始期间,很多国家,特别是工业化经济体的经济都面临巨大的外部不平衡,国际货币体系不稳定,各国国内开始产生越来越多的保护主义声音。1988 年召开的蒙特利尔部长级会议中,有 GATT 缔约方指出贸易自由化已经进入“双轮时代”:如果多边贸易体系没有产生新的市场开放意向,将完败于保护主义。这一悲剧极易上演:发达经济体逐渐寻求保障措施、反倾销和其他贸易救济方法阻止进口;发展中经济体出于国际收支平衡需要广泛使用自愿出口限制措施。多边贸易体制岌岌可危,必须说服政策制定者放弃新建贸易壁垒。

其中一个建议就是如果把缔约方欲采取的措施和政策放到一个更广泛的公共群体中去审查,一些保护主义措施可能不会执行。因此在乌拉圭回合关于多边贸易体制运转的谈判中,贸易政策审议机制作为少数“早期收获”的内容之一在 1988 年蒙特利尔部长级会议上迅速通过。

一方面,贸易政策审议机制并非“野心勃勃”,秘书处报告通常是描述性的,而非评断性的,既不表达对成员内法律合规性的判断,也不对成员各项贸易政策进行细节描述,贸易政策审议的结果不能作为启动争端解决程序的依据,也不能以此要求成员增加新的政策承诺;另一方面,贸易政策审议机制又是“野心勃勃”的,因为它是成员将更多权利赋予 WTO 秘书处的少数活动之一,其他活动基本建立在自我审查的基础上,GATT 作为整体或其理事会都较少发挥作用。

二、贸易政策审议机制的目标、内容和程序

(一) 贸易政策审议机制的目标

按照《贸易政策审议机制》A 节第(i)款的表述,贸易政策审议机制的目的在于能“对各成员的全部贸易政策和做法及其对多边贸易体制运行的影响进行定期的集体审议和评估”,由此“促进所有成员更好地遵守根据多边贸易协议及适用的诸边贸易协议所指定的规则、纪律和承诺”。WTO 秘书处具体执行贸易政策审议活动,也即贸易政策审议机构。

贸易政策审议机制与 WTO 其他专门委员会针对具体协议执行情况的评估和争端解决程序不同,贸易政策审议机构不是一个执行机构,不能给成员增加新的政策承诺。审议的对象虽然是贸易政策,但也要考虑更广泛的经济发展需要和外部环境。更确切地说,贸易政策审议机制是让接受审议的成员有机会了解其他成员面临的问题和对问题的不同理解,说明贸易政策与经济发

展如何联系,并解释贸易政策可能对其他贸易伙伴产生的影响,甚至是造成的困难。

(二) 贸易政策审议机制的内容

贸易政策审议机制具体包括两项内容:国别审议和国际贸易环境发展综述。

1. 国别审议

所有 WTO 成员都要进行审议,审议的频率取决于成员对多边贸易体制的影响,具体指标就是成员占世界贸易的份额。根据审议的周期,由于 WTO 成员数量较多(2014 年年底正式成员达到 160 个),贸易政策审议机构每年要审议 20 个以上成员的贸易政策,这在一定程度上确实给 WTO 秘书处、接受审议的成员带来了巨大的工作量。

每一次国别审议都是在两份报告基础上进行的,即 WTO 秘书处独立编写的审议报告和接受审议成员提交的政策声明,后者一般长度较短,目的在于概述自身贸易政策的目标和主要方向,也可以包括对经济形势、主要趋势和问题的简要介绍,而前者涵盖摘要、经济环境综述、影响贸易与投资的措施、按措施划分的贸易政策与做法、按行业划分的贸易政策与做法等部分,全面详实,已逐步成为贸易政策审议会议上讨论的主要文件。

2. 国际贸易环境发展综述

按照《贸易政策审议机制》F 节的规定,贸易政策审议机构还要对影响多边贸易体制的国际贸易体制发展情况进行年度综述。综述重要列出 WTO 的主要活动、指出可能影响多边贸易体制的重大政策问题。在不举行部长级会议的年份里,该综述可以帮助 WTO 成员对国际贸易政策和贸易环境发展趋势进行总体评估。

(三) 国别贸易政策审议机制的程序

国别审议可以以由贸易政策审议机构召开的审议会议为界分为两个阶段:报告准备阶段和报告审议阶段。第一阶段中,秘书处开展报告准备和撰写工作,需要派人与接收审议成员的相关政府部门和机构就有关问题进行讨论,也可以向行业协会等中介机构进行座谈咨询,访谈和讨论要在详细问卷的基础上进行,WTO 秘书处有专门的访谈问卷模板;第二阶段中,贸易政策审议机构召开审议大会,向所有 WTO 成员开放,接受审议的成员派出的代表团通常为部长级。为引导讨论,参与审议的成员要选取两位讨论人,以个人身份参加,不代表各自的政府。会议一般连续举行两个上午,第一次会议由接受审议的成员首先发言,然后由讨论人发言,与会者发表意见,第二次会议上,围绕主席、讨论人、秘书处与接受审议成员根据第一次会议进展情况确定的主题进行,成员对已经提出的问题做出答复,如有必要,可在 1 个月内做出书面补充答复,最后由总理事会主席做总结发言后结束。随后秘书处要向新闻界简要通报,公布秘书处报告的意见摘要和主席闭幕词。会议形成的秘书处审议报告、成员政策声明、会议问答记录(由秘书处撰写并经成员批准)以英文、法文、西班牙文三种语言对外开放获取,并收录至 WTO 贸易政策审议文件数据库。

三、1995—2014 年贸易政策审议机制的运行情况

(一) 贸易政策审议报告的数量和质量

如图 18.16 所示,贸易政策审议机制在 1989 年第一次运行时只审议了 3 个缔约方,包括澳大利亚、摩洛哥和美国。政府和秘书处的两份报告份量相当,长度也几乎一样:澳大利亚和美国的两份报告大概 125~200 页,摩洛哥的政府报告仅 70 页,秘书处报告为 106 页。此后,默认的原则是秘书处报告不会超过 100 页,逐渐地审议的能力和产量也有所提高。1990 年,贸易政策审议机构运行后的第一个完整年度中,秘书处配置了 1 位主任、9 位专家和 3 位工作人员,审议了包括加拿大、欧共体、中国香港、匈牙利、印度尼西亚、日本、新西兰和瑞典等 8 个缔约方。

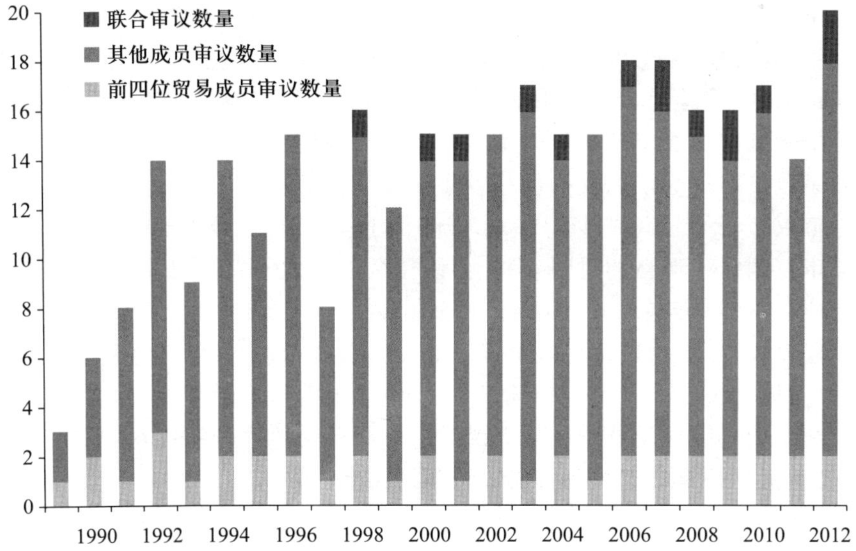

图 18.16 1989—2012 年贸易政策审议数量(单位:个)

资料来源:根据 WTO 官方网站资料绘制,https://www.wto.org/english/tratop_e/tpr_e/tp_rep_e.htm#chronologically.

贸易政策审议机构真正实现其所设计应达到的审议工作量是在 WTO 成立

之时,即每年需要审议两个主要成员(贸易量排名前4位的成员中每两年轮到1次①),第二梯队的四个成员(贸易量排名第5-20位的16个成员每四年轮到1次),以及部分其他成员(每6年轮到一次)。年度总审议数量就是6个大中型贸易经济体成员加上贸易量排名第21位之后的1/6的其余成员。GATT后期共有128个缔约方,贸易政策审议机构在理论上每年应执行20次审议,但事实上只能达到一半的水平。

WTO正式成立后,贸易政策审议工作量随着成员数量增加而逐渐加大,到2012年,WTO正式成员为155个,意味着贸易政策审议机构每年都要审议24个成员。后来由于对于部分成员的审议允许两个或更多的成员一起完成(联合审议),一定程度上缓解了WTO秘书处的工作负担。平均来看,2008—2012年贸易政策审议机构平均每年审议19.4个成员,完成16.6份报告。2013年审议了20个成员,完成了15份报告。

审议报告的质量比数量更重要。贸易政策审议机构运行的最初十年中很多成员对审议报告的质量颇为担心。1998年新一任审议机构主席Boonekamp就任后制定了很多提升报告质量的改革措施。其中最重要的一项措施就是为了让成员更加信赖由秘书处执行贸易政策审议的能力,成员自身撰写的报告不再和秘书处撰写的报告享有同样的目标,成员自身撰写的报告只需要表明其贸易政策的目标和优先性即可,此后政府报告通常都缩减至10~15页。同时,Boonekamp还规范化了秘书处撰写报告的格式,一般包括4~6个章节,分类别详细分析和阐述接受审议成员的贸易政策和经济情况。

贸易政策审议会议的安排也很棘手。成员经常推迟或缺席,导致真正阅读和讨论审议报告的时间减少。Boonekamp对此也进行了改革,首先给每一次贸易政策审议制定了严格的时间表,让会议在全年度均匀进行;其次为了保证审议报告的质量,1998年首次采用联合审议的方式,将一个区域或几个成员的审议报告一起完成;再者增加贸易政策审议部门的人员和经费,由荷兰和德国政府建立50万元瑞士法郎的基金专门聘请专家和工作人员完成贸易政策审议工作。这笔基金还用于完成发展中成员审议时进行成员实地调研的问卷工作。

(二)贸易政策审议与争端解决机制的关系

贸易政策审议与争端解决两个机制之间的关系非常复杂和微妙。贸易政策审议报告是由WTO秘书处独立完成的,审议的目的就是全面了解和讨论成员的法律和政策,但是根据《贸易政策审议机制》A节的规定:“审议的结果不用于

① 2003年之前,前四位贸易成员为欧盟、美国、日本和加拿大,中国于2006年取代加拿大,进入第一梯队。

发起争端解决的依据，或增加成员的政策承诺。”正是不停地强调这一点，秘书处在成员内部开展审议工作时才能抹去成员的担心和疑虑。但这并不是说，贸易政策审议报告中提到的措施或政策获得了“安全港”，这只是给其他成员一些信号，如果相关成员有意就此诉至于争端解决程序，就必须从其他渠道寻找证据和信息。

虽然很难证明贸易政策审议机制如何“预知”了很多后期诉诸争端解决的政策措施，但有学者（Ghosh，2008）对二者的内容进行比对后发现53%的争端解决案件都在此前的政策审议报告中提及，然而其中只有不到1/4的案件中，申诉方成员在此前被诉方成员贸易政策审议会议中提出过质疑，也暗示了成员并不认为贸易政策审议是一个有效的“施压”方式。

（三）对贸易政策审议机制的评价

贸易政策审议机制自身也有评价机制，成员会对审议机制的程序和运行问题讨论并提出修改建议，目前已经完成五轮对审议机制的评价，部分审议程序和细节也相应得到改进。主要的改进建议包括：尽快对所有成员都完成至少一次贸易政策审议；保持审议报告的重点和可读性；扩大联合审议的适用范围；在审议会议前2~5周内散发秘书处和参加审议成员的审议报告，以及其他成员的问题；参加审议的成员在第一次审议会议后要提交书面回答，秘书处报告要重点突出审议期内成员贸易政策的变化；审议会议要增加互动性等。

对于贸易政策审议报告，一直存在批评的意见和声音，如报告的经济性技术分析不够、政策动向的预见性分析不足等。但是秘书处的审议报告本就是更多偏向于政治和法律层面，其目的是就是描述性的，而非评断性的。诚如Carmichael（2005）所述，成员要认识到“贸易政策审议机制不能够成为促进成员国内改革的动力”是因为“WTO宪章充分尊重每个成员的独立性和自治能力”，成员自己应该多思考国内政策环境的改革需要。

第十六节 《政府采购协议》

《政府采购协议》（GPA）是目前WTO仅存的两个诸边协议之一，即并非所有WTO成员都必须参加。GPA最早可追溯至1979年东京回合达成的《政府采购守则》，是当时东京回合一系列诸边守则之一。在1986年发起的乌拉圭回合中，绝大多数东京回合守则都得以多边化，包括《反倾销协议》《保障措施协议》等，但GPA从一开始就没有被放入多边谈判的议程，而仅限于其原有成员，因此，乌拉圭回合结束之后，尽管达成了新的GPA，但其并未被多边化，而仍然仅适用于部分WTO成员。

一、GPA 的实施效果

GATT/WTO 作为多边贸易体制,关注的是政府政策的贸易影响,其宗旨是要防止政府政策所产生的贸易扭曲效应。因此,作为多边贸易体制一个衍生部分的 GPA,其宗旨是为了"建立一个有效的权利和义务的多边体制,以期实现世界贸易更大程度的自由化和扩大、改善进行世界贸易的国际框架"。也就是说,GPA 并不关心其参加方政府采购制度是否有助于合理使用预算、有效抑制腐败,而关心的是其政府采购制度是否会造成对其他参加方的产品、服务和供应商的歧视,从而限制国际贸易的公平开展。因此,GPA 在前言中也特别强调了对国外和国内产品、服务和供应商的平等待遇、对不同国家产品、服务和供应商的平等待遇,尽管在协议的正文中另有专门规定(第 3 条)。GPA 所强调的透明度以及关于采购程序的详尽规定,在客观上有助于实现政府采购制度作为一种预算管理手段的职能,但其真正的目的仍然是防止不透明的政府采购制度被用作贸易保护的手段。

因此,考察 GPA 的实施效果的一个关键视角是世界政府采购市场的开放程度是否得到提高,政府采购中的歧视性做法是否得到减少。由于一般估计政府采购占各国 GDP 的 15%~20%,这一市场的自由化对整体世界贸易的自由化具有重大意义。

然而,考察政府采购市场自由化效果的难度在于,政府采购中的歧视性做法属于国内措施,不像关税等边境措施那样能够直接观察到,也无法进行量化。因此,很难从政策层面评估一个参加方在 GPA 下是否实现了更大的自由化,而从实际的市场准入机会变化来评估同样存在很大困难。一方面是 GPA 参加方执行通报义务的情况并不理想,一些参加方没有及时提供 GPA 所要求的统计报告,另一方面即使提供统计报告的参加方,也很少提及其政府采购中外国供应商或进口产品实际获得的市场份额。为此,政府采购委员会也从未尝试评估 GPA 所实际带来的市场准入机会。

从现有少量可获得的数据中,可以看到多数 GPA 参加方在其政府采购中直接自外国采购的比例很低。例如,欧盟国家在 2007—2009 年间直接跨境采购比例仅为 3.5%。① 美国的外国投标商中标比例也仅为 8.4%,日本为 7.5%(货物)和 2.5%(服务),韩国为 3.4%。② 因此,加入 GPA 对跨境政府采购贸易的影响

① EU Commission.Cross-Border Procurement Above EU Thresholds[R].Brussels: EU, 2011.

② 台湾中华经济研究院.WTO 政府采购协定谈判之影响与谈判立场研析[R].台北:中华经济研究院,2011.

是很小的。但是,需要指出的是,GPA 不仅要求对进口产品实行国民待遇,也针对参加方境内的外资企业。因此,GPA 更重要的意义在于确保参加方境内的外资企业可以获得公平进入政府采购市场的机会。尽管在多数 GPA 参加方并没有针对外企的明确限制,但 GPA 关于国民待遇以及透明度的规则还是使得外资企业获得更有保障的市场准入机会。

二、GPA 的加入谈判

GPA 所带来的市场准入机会的另一个重要方面在于参加方数量的增加,这就意味着实施自由化的政府采购市场的扩大。在这一点上,GPA 所取得的成绩可谓喜忧参半。一方面,加入 GPA 的 WTO 成员数量从 WTO 成立之初的 27 个,增加到如今的 43 个。但另一方面,这些新增成员中的 13 个是由于加入欧盟而成为 GPA 参加方的。因此,在 WTO 成立之后通过谈判加入 GPA 的只有 3 个成员,即亚美尼亚、中国台湾和冰岛。另外,2014 年新西兰和黑山也已经结束加入 GPA 谈判,使得加入 GPA 的 WTO 成员数量达到 45 个。即便如此,其在 161 个 WTO 成员中的比例仍然不过四分之一。目前,还有 29 个 WTO 成员是 GPA 的观察员,其中有 9 个正在开展加入谈判。

多数 WTO 成员特别是发展中成员加入 GPA 的意愿不高,主要是出于以下三个原因:首先,政府采购制度是一种国内措施,其政策目标是多重的,贸易政策目标只是其中之一,但加入 GPA 有可能影响到政府采购作为其他政策工具的使用。同时,在国际义务中约束国内措施在政治和法律上都存在较大的困难。其次,GPA 强调互惠原则,对发展中国家的差别待遇有限。GPA 是以发达国家为主组成的,一贯强调互惠开放,从发起之初就没有考虑过对发展中国家的优惠待遇。这使得 GPA 与其他 WTO 协议相比缺乏吸引力,发展中国家已经习惯于享受一定的特殊待遇。第三,GPA 所带来的贸易利益有限,执行成本却较高。前文已经指出,GPA 所带来的市场准入机会并不显著,也难以度量,特别是对于缺乏对外投资能力的发展中国家来说,进入发达国家政府采购市场的机会甚微。另一方面,发展中国家普遍缺乏运行有效的、完善的政府采购制度,加入 GPA 意味着较大幅度的制度和机构建设,执行成本很高。

三、GPA 的文本修订[①]

1994 年 GPA 第 24 条第 7 款要求"参加方应进行进一步谈判,以期在互惠基础上改进本协议,并尽最大可能在所有参加方之间实现本协议适用范围的扩

① 屠新泉.新 GPA:政府采购国际化的新指针[J].中国政府采购,2012(2).

大”。自2001年起，经过10年的谈判，42个GPA参加方在部长级会议之前的最后一刻就协议新文本和各参加方扩大的覆盖范围达成一致，完成了修改GPA的谈判。2011年12月15日，WTO政府采购委员会达成了《关于〈政府采购协议〉第24条第7款谈判成果的决定》，宣告WTO政府采购新一轮谈判结束。截至2014年年底，已有40个参加方通过国内的法律程序，接受了新的GPA文本。2014年4月6日，新文本已经正式生效。

新GPA是WTO发动多哈回合以来在贸易规则谈判方面取得的唯一成果。之所以能够取得这一成果，一方面是由于GPA参加方数量较少，且发展水平普遍较高，相对容易达成共识，另一方面是由于政府采购在国际贸易中的重要性日益突出，不仅在WTO层面，而且在双边和区域FTA中，政府采购也已经成为当然的重要议题，这使得各参加方高度重视新GPA的谈判，并愿意为之投入资源和精力。同时，也因为政府采购越来越重要，对政府采购市场国际化的需求也就更加强烈，而新GPA的达成正是顺应了这种需求，同时也将为今后政府采购市场的开放提供新的指针和框架。

新GPA的改进主要体现在三个方面：一是在文本上有所改进。从内容看，新文本由22个条文和7个附件组成，语言更加精炼，条理更加清晰。此外，新文本对电子采购进行了规范，加强了对透明度的要求，赋予采购方更多的灵活性，并明确了发展中国家可以采取的过渡性措施。二是各参加方扩大了其覆盖范围。在中央政府实体层面，美国新增了10个中央实体，删除了11个，更名了1个；欧盟各成员国共增加了150多个中央政府实体，其他参加方如以色列、韩国、瑞士等也扩大了中央政府开放范围。此外，日本、以色列等参加方降低了中央政府采购门槛价。日本、韩国、以色列等国家增加了地方实体开放范围，加拿大则首次将其省级地方政府列入了涵盖范围。在其他实体层面，以色列、日本、韩国、等参加方增列了开放的国企名单。在附件4的服务项目上，日本、以色列、新加坡、瑞士等参加方新增加了50多类政府采购服务项目，某些参加方甚至完全开放了电信服务领域的政府采购。三是对GPA的未来工作方向进行了规划。除了新文本和涵盖范围的扩大，各参加方还根据1994年《政府采购协议》第24条第7款取得了其他谈判成果，体现为达成的各项《决定》。其中部分决定对GPA规则中一些目前尚不明确的议题进行了初步规划，布置了相关的研究和谈判工作。这些议题将是未来政府采购谈判的重点内容，值得关注。这些议题包括：公私合作伙伴关系的运用、透明度、法律框架以及与涵盖的采购项目之间的关系；统一货物、服务名称；施行标准化通知；中小企业参与政府采购；统计数据收集与汇报；可持续采购；例外与约束事项；国际采购安全标准等。

四、GPA 相关的贸易争端

从法律的角度来看,GPA 不是一个设计非常完善、规则非常严格的协议,因此理论上说其实施应该会引起较多的贸易摩擦。但现实的情况是,自 1995 年以来,与 GPA 相关的争端数量很少。如表 18.33 所示,总共只有 4 起 WTO 争端被提起,其中 DS88 和 DS95 针对的是同一措施,因而实际上只有 3 起。从结果来看,DS73、DS88 和 DS95 都以和解告终,真正进入专家组程序的只有 DS163,即美国诉韩国机场建设案。

表 18.33　与 GPA 相关的 WTO 争端

DS163	韩国—影响政府采购的措施	美国	1999 年 2 月提出磋商,2000 年 5 月专家组报告发布
DS95	美国—影响政府采购的措施	日本	1997 年 7 月提出磋商,与 DS95 并案调查
DS88	美国—影响政府采购的措施	欧盟	1997 年 6 月提出磋商,1998 年 10 月成立专家组,1999 年 2 月申诉方要求中止专家组调查
DS73	日本—导航卫星采购	欧盟	1997 年 3 月提出磋商,1998 年 2 月双方和解

资料来源:根据 WTO 官方网站资料整理,https://www.wto.org/english/tratop_e/dispu_e/dispu_e.htm.

GPA 争端之所以这么少的原因主要有以下两个方面:一是 GPA 的主要内容是确保国民待遇原则的实施,且 GPA 要求各参加方建立完善的司法审议机制,因此诉诸参加方国内司法救济体系的作用会更加显著。而 GPA 参加方基本上都是发达国家,其国内司法体系较为完善,即使围绕政府采购行为发生纠纷,基本上都可以在国内法层面得到解决,而无需提交到 WTO 争端解决机制。二是 WTO 争端解决机制的最终结果只是要求参加方撤销其违反 WTO 规则的法律或做法。而从政府采购的实践来看,由于在争端解决进行过程中,政府采购合同的招标往往已经结束,甚至已经开始实施,因此参加方即使被裁定违规,也很难执行,它不可能再重新招标或是中止合同。

第十九章　WTO成立以来的多边贸易谈判

第一节　多哈回合谈判

2001年11月11日,WTO多哈部长级会议通过了中国加入WTO的决定,随后于14日启动WTO的第一轮多边贸易谈判——多哈回合谈判。在这过去的十几年中,中国的变化堪称日新月异,已经跃居世界第二经济大国和第一货物贸易大国。而与之形成鲜明对比的是,同样作为WTO多哈部长级会议重大成果之一的多哈回合,尽管在启动之初雄心勃勃,但目前仍难见胜利的曙光。

一、多哈回合谈判过程

2001年11月,WTO第四次部长级会议在卡塔尔首都多哈举行,发表了《多哈部长宣言》,启动了新一轮多边贸易谈判。新启动的多边贸易谈判命名为“多哈发展议程”,简称“多哈回合”。涉及农业、制造业、服务业、贸易规则、知识产权、发展、贸易与环境、贸易便利化等众多议题,涵盖95%以上的全球贸易。

(一)2001年11月至2003年9月 坎昆会议:由希望到失望的转折

根据多哈回合的要求,2002年2月1日,负责监督谈判工作的“贸易谈判委员会”召开首次会议,设立相应的谈判机制,各项谈判正式启动。此后的近两年中,由于各成员在利益诉求上存在严重分歧,谈判进展缓慢。2003年9月,WTO第五次部长级会议在墨西哥的坎昆召开,寄希望谈判能够取得突破,并取得重大进展,以期推动第二阶段的谈判。会议上,由印度、中国与巴西等为主的发展中国家反对发达国家所提出的“新加坡议题”,包括:投资保护、市场竞争政策、政府体制透明化等。同时,发展中国家要求欧盟与美国放弃农业补贴。由于各方固守立场,分歧难以缩小,会议未能取得预期结果,坎昆会议的挫折使2005年前如期结束多哈回合谈判的计划成为泡影。

(二)2003年9月至2005年12月:先易后难,谈判循序向前

坎昆会议后,各成员仍致力于恢复和推动谈判,将许多棘手的问题暂时搁置起来,着眼于制定一份框架协议,以确定今后谈判的指导原则和主要方向。2004年8月1日,在日内瓦WTO总理事会上各方达成《多哈发展议程框架协议》,将新加坡议题中的3项“拦路虎”(贸易与投资的关系、贸易与竞争政策的互动作用和政府采购透明度)排除在谈判之外,多哈回合谈判取得阶段性进展。2005

年 12 月,WTO 第六次部长级会议在中国香港举行,由于各方在农业问题上分歧较大,成果并不理想。但会议最终通过了《香港部长宣言》,在农业出口补贴和棉花问题上取得了重要进展:发达成员和部分发展中成员同意 2008 年前向最不发达国家提供免关税和免配额市场准入;发达国家 2006 年取消棉花出口补贴,2013 年底前取消农产品出口补贴。但削减扭曲贸易的国内支持和市场准入两大难题仍未解决。

(三)2006 年 1 月至 2006 年 12 月:议题分歧严重,谈判进入中止

WTO 第六次部长级会议后,根据原有谈判计划,各方应在 2006 年 4 月 30 日前就农业和非农产品市场准入问题达成初步协议,但是由于谈判各方均不愿妥协,进展依然缓慢。最后 WTO 不得不将达成协议的期限延迟至 6 月底。2006 年 7 月 23 日,WTO 成员的主要贸易部长进行了会谈,旨在打破谈判僵局,但是由于分歧严重,短时期内难以达成一致意见。24 日,WTO 总干事拉米无奈之下宣布中止多哈回合谈判。这标志着进行了五年的 WTO 新一轮多边贸易谈判陷入停滞。谈判的中止,让各成员对多哈回合的未来产生了怀疑。如果该回合破裂,将成为 20 世纪 30 年代以来首个以失败告终的多边贸易谈判。

(四)2007 年 1 月至 2008 年 7 月:谈判虽重启,农产品问题难破冰

为了尽快重启中止的多哈回合谈判,2007 年 1 月 27 日,24 个 WTO 成员的部长级官员在达沃斯会晤磋商。经过几天的谈判,各方同意于 2007 年 1 月 31 日全面恢复多哈回合各个议题的谈判。但其后的谈判步履维艰,特别是在农产品问题上各国僵持不下,导致 2007 年 9 月谈判再次陷入僵局。各方并未因此选择放弃,而是通过在农业问题上的密集谈判,不断将多哈回合向前推进。2008 年 7 月 21 日至 29 日,在日内瓦的小型部长会议上,部长们通过不懈的谈判,就 20 个议题中的 18 个达成了协议,但最后却在第 19 个议题——关于发展中国家农产品特殊保障条款的谈判上分歧较大,导致此次谈判的最终破裂,给艰难行进中的多哈回合蒙上了阴影。

(五)2008 年 8 月至 2013 年 11 月:金融危机中的谈判:山重水复已无路

受全球金融危机影响,各国忙于救市和保护国内产业,多哈回合谈判鲜有进展,2009 年大部分时间纠结于技术问题。2009 年 11 月 30 日在瑞士日内瓦召开 WTO 第七次部长级会议,时任 WTO 总干事帕斯卡尔·拉米提出本次会议旨在为各成员提供一个回顾、审议 WTO 工作的平台,包括回顾、审议多哈回合的进展情况,并不是一次贸易谈判。但 WTO 发展中成员呼吁各方尽快行动起来,推动多哈回合谈判遗留问题的解决,以便实现在 2010 年完成谈判的目标。多哈回合仍未取得进展。2010 年 3 月的“全面盘点”会议只是列出了未来谈判计划并提出采取“鸡尾酒方法”来推动谈判。2011 年 12 月,WTO 全体成员同意进一步拓展多哈回合谈判的新途径,并努力寻求改变僵持现状的新方法,但陷入僵局的多哈回合谈判仍未找到“出路”。

(六)2013 年 12 月《巴厘一揽子协定》:多哈回合的希望之光

2013 年 12 月,WTO 第九次部长级会议在巴厘岛举行,会议经过谈判通过了《巴厘一揽子协定》。这份 WTO 的 159 个成员全数通过、首个全球性贸易协定包括 10 份文件,涵盖简化海关及口岸通关程序、允许发展中国家在粮食安全上有更多选择权、协助最不发达国家发展贸易等内容。其中在贸易便利化方面,同意建立“单一窗口”以简化清关手续,而 WTO 将尽快成立筹备委员会,确保相关条款于 2015 年 7 月 31 日前生效;农业方面,协定同意为发展中国家提供一系列与农业相关的服务,并在一定条件下允许发展中国家为保障粮食安全进行的公共储粮等。巴厘岛会议的成果,标志着多哈回合谈判 12 年的僵局终于获得了历史性的突破。

(七)2014 年至今:后巴厘工作计划依然艰难

巴厘岛协议的达成虽然是一次重大的突破,但并没有产生预期的带动效应。成员原本同意在 2015 年 7 月底之前就之后的多哈回合谈判形成新的工作计划,并在 2015 年年底第十次部长级会议上就结束多哈回合形成基本共识。然而,以美国为首的发达国家将注意力集中在 TPP 谈判,无暇顾及多哈回合,而部分发展中国家对《贸易便利化协定》依然心存疑虑,截至 2015 年 6 月底,仍只有 8 个成员正式接受该协定。而在后巴厘工作计划中,农业依然是僵局的焦点,尤其是限制中国农业补贴总量被美国作为一个重要谈判目标。但目前各方形成了一定的基本共识,即在谈判结果的范围和深度上将大大降低预期雄心水平,一个缩小版和简化版的多哈回合成果将是更加现实可行的。即便如此,WTO 主要成员仍需继续付出艰苦的努力。

二、多哈回合陷入僵局的原因

截至 2014 年,多哈回合谈判不仅成为全球历时最长的多边贸易谈判,而且成功达成协议的具体日期还难以确定。在这个过程中,多哈回合谈判先后五次设置最终谈判期限,中间还经历了一次暂停和重启,尽管前任 WTO 总干事拉米多次提及接近达成协议,但最终都未能成功。分析多哈回合多次陷入僵局的原因,主要有三方面。

(一)先天不足的发起过程

好的开始是成功的一半。那么,一个糟糕的开始意味着什么呢?也许它意味着已经处在失败的中途。WTO 的第一任总干事彼得·萨瑟兰曾经批评说:“或许多哈发展议程就是在一个错误的时间、为了一个错误的原因而发动的一个错误的议程。”

在 WTO 体系下进行新一轮多边贸易谈判的要求主要是基于 GATS 和《农业协议》的相关内容，这部分内容曾由于美欧之间不可弥合的分歧而在乌拉圭回合中被搁置。WTO 成立之后，美国的农业利益集团仍然迫切地希望进一步的开放全球市场，并希望充分利用它们对于欧洲及日本的小农场整体的竞争优势。但是欧洲方面不希望做出单方面的让步，它提出发起一个全方位的回合谈判，这个回合不仅涉及已有的议题，诸如农业和服务业等，还包括新加坡会议上提出的新议题。因此，发展中国家需要被引入到谈判过程中来。

事实上，乌拉圭回合已经取得了世界贸易史上史无前例的成就。众所周知，贸易政策变迁会导致调整成本，各成员需要一些时间来消化和适应它所带来的变化。特别是对发展中国家而言，由于没有加入东京回合守则，乌拉圭回合是它们首次承担重大的市场开放责任，因此它们确实需要更多的时间来了解和履行 WTO 协定下的权利和职责，它们也相信 WTO 的优先工作应是解决在乌拉圭回合中的不平衡和不对称问题。

在 1999 年西雅图部长级会议启动新一轮谈判的第一次尝试主要由于西方的左派反对者而失败，尤其是劳工组织和环保主义者，而发展中国家的强烈不满则被忽略了。但是，支持新回合的乐观主义者仍然自信，甚至自满于不可阻挡的贸易自由化和在多边贸易体制下的双寡头决策机制的有效性。他们认为，发展中国家仍然可以像以前那样在引诱或胁迫下接受他们的议程。当时的美国贸易代表佐利克还极力将贸易标榜为反恐的重要工具，并迫使发展中国家在新回合上做出选择，要么支持新回合从而站在美国一边，要么反对新回合从而站在拉登一边。而时任 WTO 总干事迈克·穆尔则创造性地将这一新回合称为“发展回合”，从而赢得许多发展中成员和他们的同情者的支持。

于是，在多哈发起新回合即特意命名的“多哈发展回合”的任务得以完成。尽管如此，启动多哈回合所必需的共识更多是被“制造”出来，在西雅图的所有分歧并没有消失，而只是被掩盖或忽略了。以印度为首的发展中国家并不满意多哈部长级会议的过程和结果。当美国发动伊拉克战争而使得贸易促进和平的宣言很快就成了一个笑话时，甚至前加拿大驻 WTO 大使都这样批评：“把发起多哈回合作为应对 2001 年恐怖事件的政治行动是没有足够基础的，多哈困局的原因之一是多哈回合谈判的筹备准备不足。”

（二）对“发展回合”如何促进发展的不同理解

发达国家和发展中国家曾经在多哈回合应关注发展这一问题上似乎达成一致意见，但是双方对怎样理解和落实却有截然不同的看法。对于发达国家来说，将发展作为重点是换取发展中国家对农业和新加坡议题支持的必要代价，而对发展中国家来说,它们真切期望它们的需要和利益是将来谈判中的优先议题。而且,它们认为这就意味着,它们在发达国家农产品和劳动密集型产品的市场准入上获得更多的权利,同时自己却可以更灵活地承担义务。“发展回合”的命名提高了发展中国家对搭便车或者非互惠减让的期望。尽管发达国家试图说服发展中国家相信,发展的收益来自于它们自己的开放市场政策,但发达国家的农业保护主义政策和滥用贸易救济措施损害了它们的可信度。

在2003年坎昆部长级会议上,第一次出现了发达国家和发展中国家对抗的局面。结果,欧盟最后放弃了它在新加坡议题上的谈判要求,多哈回合谈判又回到WTO的核心业务和长期努力——市场准入上来。然而,在发达国家和发展中国家之间达成平衡也不是一件容易的事情。由于其自身工业品关税相当低,发达国家认为多哈回合可能是向发展中国家要求实质性关税减让的最后的机会。相反,发展中国家认为发达国家的农产品关税和补贴减让在上一轮谈判中就应该实行,并没有资格提出新的要价。而且,因为这个回合的重点是发展,所以发展中国家应该拥有更加灵活的关税减让机会。一个根本的两难问题是,美国和欧盟的谈判代表们需要一个雄心勃勃的协议来获取来自国内利益集团和议员们的支持,但是来自发展中国家的谈判者只想要一个小小的协议,来抚慰他们那些面临国际竞争的行业。而且,发展中国家也有合法的盾牌抵挡发达国家的过度要求,那就是多哈回合的“发展”标签。

(三)WTO成员对农业等问题谈判高度敏感

与乌拉圭回合不同,多哈回合谈判更多地触及WTO成员高度敏感的议题,因而谈判难度过大。多哈回合谈判更深入地触及各成员以往贸易谈判中遗留的难题,如农产品和服务贸易“既定议程”、与国内政策有关的“边界内措施”以及根深蒂固的社会价值与政策传统理念,这些都是有难度的敏感议题。① 尤其是在核心领域农业问题上,敏感度极高。各成员在特殊保障机制、敏感产品等市场准入问题上的分歧以及在削减境内支持总量、“蓝箱”措施、棉花补贴等境内支持议题上的矛盾,深刻反映出在多哈农业谈判中,既有发达国家成员与发展中国家成员的尖锐矛盾,也有农产品出口国与进口国的根本冲突,还有老成员与新成员的利益博弈。② 多哈回合框架协议中指出《农业协议》的长远目标旨在通过根本性的改革建立公平、自由、市场导向的贸易体制。③ 农业谈判的主要目标是大幅削减造成贸易扭曲的国内支持、削减出口补贴和扩大市场准入的机会。多哈

---

① 盛斌.贸易、发展与多哈回合谈判的现状与前景[J].世界经济,2006(3):63.

② 朱满德.多哈回合农业谈判:进展与关键问题[J].国际贸易,2011(6):46.

③ WTO.Doha Work Program[E].World Trade Organization,2004.

回合关于农业谈判利益复杂,集团化趋势明显且立场各不相同。多哈回合谈判中存在的集团主要有:美国、欧盟、凯恩斯集团、10国集团(G10)、20国集团(G20)、33国集团(G33)、90国集团(G90)等(见表19.1)。不同集团的出现,主要是各方为了增强谈判话语权,最终维护自身的利益。因而,各方在农业问题上的分歧成为多哈回合僵持不下的主要原因之一。

表19.1　多哈回合农业问题谈判利益集团及其政策主张

集团	主要成员	政策主张
美国	美国	主张贸易自由化,要求欧盟大幅削减关税和农业补贴,要求其他成员提高市场准入
欧盟	英、法、德、意等欧盟成员国	主张维持国内农业高补贴和高关税保护措施
凯恩斯集团	阿根廷、巴西、澳大利亚、新西兰、加拿大等主要农产品生产和出口国	主张发达成员取消农产品出口补贴,支持发展中成员寻求农业安全和农业可持续发展;积极推动农业贸易自由化
10国集团	挪威、保加利亚、冰岛、以色列、日本、韩国等10个农产品净进口国	强调农业贸易保护,对农产品进行高度保护
20国集团	巴西、中国、印度、阿根廷、南非、印度尼西亚、埃及等亚、非、拉发展中国家	主张维护发展中成员特殊和差别待遇、要求发达成员在农业谈判中大力削减国内支持、取消出口补贴、削减关税等
33国集团	印度尼西亚、韩国、印度、中国、秘鲁、菲律宾、毛里求斯等	要求建立只有发展中成员才能享受的特殊产品(SP)和特殊保障机制(SSM),SP可由发展中成员根据粮食安全、农民生计和农村发展的需要自主选择
90国集团	最不发达国(LDC)、非洲集团和非洲—加勒比—太平洋国家(ACP)WTO成员	强调LDCs削减例外、特惠安排以及特殊产品(SP)和特殊保障机制(SSM)等问题

资料来源:根据WTO官方网站资料整理,http://www.wto.org.

(四)WTO的决策机制是制度原因

《WTO协定》第16条第1款指出,除非另有规定,WTO以GATT所遵循的"决定、程序和惯例为指导"。该协定进一步解释了这一原则的含义,即"WTO继续实行GATT1947所遵循的经协商一致做出决定的惯例"。WTO在决策过程中,实行的是协商一致以及一国一票的原则。这一原则增强了其决策的合法性,但也增加了WTO形成决议的难度。WTO有关做出决定的规则在实践中更加侧重采取协商一致的原则,而不是正式投票。关于正式投票,WTO每一成员都拥有一票。总的规则是部长级会议或总理事会的决定应由投票数的多数做出。但是,如果投票有关《WTO协定》或多边贸易协议,情况就非常复杂。WTO只有在不能协商一致的情况下才进行投票,WTO中的正式投票将比GATT中更少见①。但是,协商一致原则的效率高低与成员的多少有直接关系。WTO在决策过程中,如果成员越多,各自的利益诉求越多,协商一致的原则越缺乏效率。目前,WTO的正式成员已达161个,且各成员在经济发展水平、政治、文化等方面差异较大,要想通过协商一致达成最终协议十分困难。因此,多哈回合谈判也在多次充满希望达成的情况下,由于个别成员的反对而陷入僵局。

虽然协商一致原则体现着民主性,但是在谈判文本的起草、协调人的任命、绿屋会议等问题上,WTO决策机制又有着不民主的一面,发展中国家都鲜有参与的机会。如在谈判文本的起草方面,多哈会议上的Harbinson草案和坎昆会议上的Castillo草案,由WTO理事会主席代为起草。草案的内容也大多只反映发达国家的意见,发展中国家虽然多次表示反对,但草案的修改也不会有实质性变化。发展中国家虽然有权参加谈判,却无法参与议题的准备和提出,这直接导致发展中国家在谈判中的不满,不利于达成多哈回合最终决议。如在"协调人"的任命方面,坎昆会议"新加坡议题"的协调人是加拿大贸易部长佩蒂格鲁(Pierre Pettigrew),由部长会议主席直接任命,并不能代表发展中国家的利益。因此,由他来主持新加坡议题磋商无法保证讨论结果的公平性。

(五)全球外部环境不利于多哈回合顺利推进

1. 金融危机的持续影响

Jumoke Oduwole(2012)指出,当前多哈回合谈判主要受两大因素的制约:后金融危机时代全球经济复苏乏力和主要WTO成员缺乏对谈判的政治支持。②

2008年,受全球金融危机的影响,全球经济增长放缓。伴随而来的是贸易保护主义再度兴起。美国对进口商品实行更为苛刻的贸易标准,反倾销、反补贴和"双反"并用的案件明显增多,同时奥巴马政府在经济刺激政策中还制定了"购买美国货"条款;一些发达国家以环境治理为口号,提出低碳经济、绿色经济等,低碳标准成为发达国家对发展中国家贸易保护的新工具;同时各国的进口替代政策给多边贸易谈判带来了不利影响。

① 索必成.乌拉圭回合协议导读[M].胡盈之译.北京:法律出版社,2001:21~25.

② Jumoke Oduwole.An Appraisal of Developing Country Coalition Strategy in the WTO Doha Round Agriculture Negotiation[R].Society of International Economic Law Online Proceedings Working Paper No.54,2012:24.

金融危机使得各国经济增幅下降并危及到实体经济,世界经济复苏乏力。为了维护国家稳定和政党统治,各国政府更为关注本国经济增长和失业问题,大多数国家对于进一步贸易自由化的动力不足。在多哈回合谈判中主导国家的带动力有限,部分较活跃的成员也因内部分歧较大而拉动整体前进的欲望不强。① 尤其是发达国家对于多哈回合谈判的兴趣在减弱,一方面,“发展回合”并非发达国家的真正利益所在,另一方面,发达国家也面临着公众对贸易自由化支持降低、担忧失业问题等政治风险。如 2005 年以来,美国谈判立场趋于强硬且谈判余地变少,特别是在 2008 年全球金融危机爆发后更加趋于贸易保护主义,奥巴马政府的贸易政策也显示出美国不愿意支持自由贸易,因此多哈回合谈判缺乏关键国家美国的政治支持,让谈判进程大打折扣。此外,随着贸易自由化的深入发展,各种贸易政策工具被限制或规范,各成员可用的政策空间变窄,对进一步自由化多持谨慎态度。② 从而降低了部分成员对多哈回合谈判的关注及热情。

2. 区域贸易谈判盛行,WTO 成员多边贸易谈判精力减少

20 世纪 90 年代以来,全球区域贸易发展迅速。区域贸易谈判与多边贸易谈判相比,时间短、易操作且约束力强,可以让成员更快获益,因而促使越来越多的国家和地区加入到区域贸易谈判中。在一国或地区资源和精力有限的情况下,区域贸易谈判投入的越多,多边贸易谈判的精力自然就不够。从短期来看,多哈回合谈判会受到区域经济一体化的影响,多边谈判动力不足,因而会出现僵持或中止的局面。但从长远来看,区域经济一体化又会成为经济全球化的必经过程,有助于突破短期内多边贸易谈判的僵局。

三、中国在多哈回合谈判中的定位和立场

中国被批准加入 WTO 四天之后,多哈回合谈判开始。所以从一开始,中国就是一个被动的接受者。然而,像其他发展中国家一样,中国也认为在乌拉圭谈判中不平衡的因素没有得到纠正,新的规则和义务没有得到消化之前就开始多哈谈判并不恰当,尤其对中国来说,需要时间来履行史无前例的入世承诺。因此,在多哈谈判一开始,中国就给自己设定了一个新的角色—“新加入成员”。在坎昆部长级会议上,时任中国商务部长吕福源声明,新加入成员由于入世之后的政策调整,自身脆弱的工业体系将面临重整,所以在谈判中应该充分考虑它们这方面的巨大压力。作为新入世成员,中国将自己定位于一个多哈回合积极的

① 王中美.论“WTO 单一承诺”之变革[J].国际论坛,2012(1):63.

② 李计广.世界贸易组织多哈回合谈判与中国的选择[J].世界经济与政治,2013(5):138.

参与者,即意味着中国将在谈判中做出与自己能力相适应的贡献。与此同时,中国多次重申多哈谈判应以发展为中心,发达国家应该承担更多的责任,并给予发展中国家(包括中国)更多的政策方面的灵活性。

在多哈回合初期,其他成员像中国一样,乐于接受中国追随者这一角色。中国在谈判中表现得很积极。例如,在2003年,中国被认为在发展中国家中最为活跃,而且也是第3个最为积极的WTO成员。中国总共提交了65份提案,仅次于欧盟的120份、美国的116份。虽然如此,中国仍然只是一个积极的参与者,并没有参与核心谈判。然而,在2008年7月的日内瓦小型部长会议上,中国作为G-7成员首次进入了WTO的核心决策圈。可惜这一体制创新并未产生好的结果,而谈判崩溃之后,G-7成员之间相互指责,特别是美国强硬指责中国和印度将多哈回合谈判陷入最近7年以来最危险的境地。美国认为中国作为领先的发展中国家应该承担更多的责任,中国是时候来发挥大国的作用而不仅是袖手旁观或者搭顺风车了。而中国认为,中国的入世承诺水平高,范围广,而且中国对多哈回合的贡献已经超过成员的平均水平,已经尽了自己最大的努力。中国特别指出,美国的要求已经超出多哈发展议程的授权范围,对中国的过高要求不过是美国转嫁自身责任的手段。

参与多边贸易谈判和WTO规则的制定,是中国加入WTO的重大诉求之一。多哈回合是中国参与的第一轮多边贸易谈判,中国十分珍惜这个机会,并为谈判的进行做出了诸多努力。自谈判启动以来,中国是提出议案最多的发展中国家,仅次于美国和欧盟;中国参加了历次小型部长会议、部长级会议和各种层次的磋商。对于多哈回合,中国一贯支持进一步的贸易自由化,只是强调贸易自由化应关照发展中国家的利益,更加注重发展导向。在农业问题上,中国主张发达国家应大幅削减出口补贴和生产补贴,同时降低农产品贸易壁垒,并给予发展中国家一定的差别待遇;在非农产品市场准入问题上,中国支持瑞士公式减税,以期削减关税高峰,并对发达国家和发展中国家采取不同系数;在服务贸易自由化问题上,中国主张积极而稳妥地推进;在规则问题上,中国主张修改部分现有规则,特别是反倾销规则,以防止其被滥用为贸易保护的工具。可见,中国在多哈回合中一直是旗帜鲜明地推进贸易自由化的。即使在2008年7月小型部长会议,美国和印度就启动农产品特殊保障机制的条件争执不下时,中国也未偏袒任何一方,而是表示接受双方达成的任何协议。

因此,无论从哪个角度来看,中国都不是多哈回合出现困境的首要责任者。而恰恰是美国,应该认真履行WTO裁决,认真执行WTO协议,并以对发展中国家的切实减让,展现出它对多哈回合促进发展这一主题的诚意。而不是一味地保护国内农业利益集团,以损害国内大多数产业为代价,来获取短期的政治利益。美国不应该和发展中国家斤斤计较,而是应给予它们更多的灵活性,帮助它们在更宽松的环境下实施自身的经济发展战略。

必须承认,多哈回合要实现重大的贸易自由化进步已经不太现实,最可行的方案是在现有成果基础上,主要成员放低期待,努力实现一个能为各方所接受的、平衡的协议。这也正是中国提出的"尊重授权,锁定成果,多边谈判为基础"三项谈判原则的目的。但即便如此,仍然需要一些主要大国表现出积极的表率作用,在重要议题上做出更大胆的开放承诺。

和多哈回合谈判前期相比,中国无疑被赋予更多的期望和责任,而中国也已经逐渐具备了这样的能力和条件。在当前多边贸易体制遭遇严峻挑战的时刻,中国应该扮演更加主动的角色,在力所能及的领域,如工业品关税和服务业开放方面,提出更有建设性的出价。当然,中国还不具备充当 WTO 领导者的能力,但是中国可以以其改革开放的成果和进一步对外开放的承诺来激励和引导其他 WTO 成员,特别是发展中国家。另一方面,我们也要看到,加入 WTO 为中国经济发展带来了巨大推动,但这种推动力正在逐步减弱。改革开放在很多领域遭遇到严峻挑战,特别是对外开放的动力和压力都有所衰减,我们需要有新的驱动力,来突破改革开放面临的体制障碍和既得利益的阻力。如果中国能够以自身的进一步开放为结束多哈回合做出贡献,这不仅可以维护多边贸易体制的权威,增强中国在全球经济治理中的地位,也可以为经济发展创造更好的外部市场环境,为推动国内市场经济体制改革带来新的力量。

第二节 《信息技术协议》谈判

《信息技术协议》(Information Technology Agreement,ITA)是 WTO 于 1996 年 12 月 9 日至 13 日达成的协议,于 1997 年 4 月 1 日生效。它由 WTO 成员和申请加入国或单独关税区自愿参加,但参加方在《信息技术协议》承担的义务是在最惠国待遇基础上实施的,因此所有其他 WTO 成员均可获得好处。协议由序言、4 个条款及 1 个附件组成,规定了信息技术产品的范围、关税及其他税费削减、实施期,以及扩大产品范围的进一步谈判等内容。附件是模式及产品范围,包括附表 A 协调制度税则号清单和附表 B 产品清单。

一、《信息技术协议》谈判的背景

20 世纪 90 年代,世界信息技术产品的贸易额已经超过世界农产品贸易额,信息技术产品贸易的增长速度远远超过其他货物贸易的增长速度。信息技术的进步加速了现代社会信息化步伐,世界发达国家和部分发展中国家密切关注着信息技术的发展。对于信息技术发达的国家来说,信息技术的未来走向与它们的切身利益息息相关。基于以上考虑,美国于1996年率先提出到20世纪末实现信息技术产品贸易自由化。起初,这一建议并未引起其他国家和地区的关注。

美国充分利用其在WTO中的影响力,首先与欧盟、日本和加拿大进行磋商。在信息产品关税方面,这4个成员平均关税水平很低,但某些产品税率仍高达17%,主要包括美国和加拿大的电信产品及欧盟的半导体产品。欧盟信息技术产业远落后于美日,开放信息产业将使欧盟面临更为激烈的竞争。另外,欧盟还为美日半导体协议将欧盟排除在外感到不满。因此,欧盟对美国的建议从一开始就坚决反对。

在广大发展中国家,多数信息技术产品关税较高,有的高达50%。发展中国家总体信息技术水平较低,但在一些新兴工业化国家和地区,信息技术发展很快。如韩国几家主要电子公司已进入世界首屈一指的大公司行列;中国台湾则是世界上计算机键盘、监视器和鼠标的主要产地。在贸易方面,马来西亚、新加坡、韩国和中国台湾都是信息技术产品的净出口方,而美国和欧盟等均是净进口方。因此,尽管开放信息技术产品贸易首先对主要贸易大国有利,但同时一些发展中国家和地区也将从中获得利益。更重要的是,认识到信息技术对实现未来经济发展的重要性,这些国家和地区对信息技术产品贸易自由化的设想有了浓厚的兴趣,但在一开始都持谨慎态度。

1996年7月15日至16日在新西兰召开了亚太经济合作组织(APEC)贸易部长会议,美国在会上正式提出了关于谈判ITA的建议并将其与即将召开的WTO部长会议相联系,争取得到APEC成员的支持。会议结束时发表了主席声明:对美国的建议表示原则性支持。

1996年9月26日至28日,美国、欧盟、日本、加拿大在美国西雅图召开四方贸易部长会议。美欧在经过激烈的讨价还价之后达成协议。四方部长同意立即开启ITA谈判,争取到WTO部长会议之前完成。

1996年12月9日至13日,WTO在新加坡召开第一次部长级会议。会议期间,29个国家和单独关税区签署了《关于信息技术产品贸易的部长级会议宣言》(《Ministerial Declaration on Information Technology Products》),即《信息技术协议》。宣布协议将开放到1997年4月1日供各成员和申请加入WTO的观察员签署加入,必须达到有占世界信息技术产品贸易90%以上的参加方接受才生效。

二、《信息技术协议》谈判的过程

(一) 发达国家力推协议的谈判

1996 年 10 月,美国、欧盟、日本、加拿大的专家开始在日内瓦就 ITA 的内容和产品范围进行谈判,同时四方还召集主要发展中国家和地区参加非正式会议,通报四方谈判情况,征求与会各方对产品范围的意见。

1996 年 12 月 9 日至 13 日,WTO 第一次部长级会议在新加坡召开。四方就 ITA 产品范围的谈判也一直持续到会议期间。

随着部长级会议的进行和美国极力推动,经过多轮紧张艰苦的谈判磋商,《关于信息技术产品贸易的部长宣言》终于在会议结束前达成,29 个国家和地区参加了这一宣言。

部长宣言主要对参加方分阶段取消信息技术产品的关税等具体问题做出规定,另外还在其附件中对执行宣言的后续行动做了安排,要求各参加方:

(1) 于 1997 年 1 月 31 前完成有关产品范围和延长减税实施期等技术问题的讨论;

(2) 于 1997 年 3 月 1 日前将各自的信息技术产品减让表提交到秘书处;

(3) 于 1997 年 4 月 1 日前对减让表进行审议和核对并在协商一致的基础上批准减让表;

(4) 向总干事提交接受的通知;

(5) 于 1997 年 4 月 1 日前召开会议,审议各参加方接受的情况,决定应采取的行动。

部长宣言还规定,如果到 1997 年 4 月 1 日已递交接受通知的 ITA 参加方信息技术产品的贸易量占到世界范围信息技术产品贸易量的 90%以上,宣言即可生效。如果达不到这一比例,各参加方须在 1997 年 4 月 1 日前开会做出决定。1997 年 1 月 24 日至 31 日,29 个宣言参加方在日内瓦就产品范围多次召开会议,主要任务是落实附件 B 中的产品描述问题。

(二) 产品范围界定与递交关税减让表双管齐下,促协议达成

ITA 涉及产品极为广泛,很多是 20 世纪 90 年代出现的新产品,有的是人们早已习惯使用的分类名称(如计算机),但在海关协调制度中没有同样的分类,因而对这些产品类别的界定直接关系到 ITA 产品范围的大小。还有些产品在各参加方海关分类中分属不同的税号,这些都给确定产品范围造成了很大麻烦。因此,在谈判产品范围时,美、欧、日、加一开始就将其分为两个部分,分别为附件 A 和附件 B。附件 A 中所列的产品均是可以明确确定协调制度编码税号的产品,附件 B 中的产品则只列出产品的大类和具体产品描述,ITA 参加方将根据这

些产品描述确定各自产品的税号。

在1997年1月31日的会议上，各参加方还同意从1997年10月1日开始就扩大产品范围进行磋商，并争取在1998年完成这些磋商，以便使修改后的减让表从1999年1月1日开始生效。

从1997年2月开始，各参加方开始了紧张的准备关税减让表的工作。根据各参加成员达成的协议，每个成员的减让表应包括三个部分：

（1）按税号逐项列明的产品清单；

（2）按税号列明各阶段减让幅度的产品清单；

（3）与附件B相对应的产品税号。

1997年3月1日，18个参加成员递交了减让表，其他参加成员在随后的几天内也提交了减让表。在WTO秘书处的协助下，各参加成员对减让表进行了详细认真的审查，修改其中的错误，填补遗漏。

到1997年3月26日，各参加成员已完成了对大部分减让表的审核工作。当日举行的会议通过了一份执行部长宣言的文件，成立了"扩大信息技术产品贸易委员会"，该委员会将在WTO货物贸易理事会下进行工作，对ITA的执行情况进行监督和磋商，还负责讨论新成员的加入问题。参加方还就继续讨论扩大产品范围达成了协议。在执行部长宣言的文件中，25个参加成员的减让表获得通过，它们已向总干事递交接受通知，这些参加成员占世界信息技术产品贸易的比例已达92.5%，达到了ITA生效的条件。从而，ITA正式宣告达成，并于1997年4月1日正式生效。

三、《信息技术协议》的主要内容

ITA的主要内容包括在《部长宣言》中，宣言参加方承诺，在最惠国待遇基础上，到2000年取消其信息技术产品的关税和其他税费。

（一）基本原则

ITA是一个单独的关税削减机制。要想成为ITA的参加方，必须遵守下列三项基本原则：

（1）承诺必须涵盖宣言中所列出的全部产品；

（2）全部产品必须削减至零关税；

（3）所有其他的税收与费用（ODCs）必须约束在零，对于产品范围不存在例外，但对于敏感产品，可以延长降税实施期，但必须削减至零关税。

在WTO成员之间，ITA项下所有的承诺均建立在最惠国待遇基础上。

（二）关税削减时间表

ITA规定各参加方分四阶段削减信息技术产品的关税，每个阶段按相同比例削减,即每阶段削减 25%。1997 年 7 月 1 日各参加方将信息技术产品的关税削减 25%;1998 年 1 月 1 日进一步削减 25%;1999 年 1 月 1 日再度削减 25%;到第四阶段,即 2000 年 1 月 1 日,完全取消信息技术产品的关税。

(1) 信息技术产品的其他税费将在 1997 年 7 月 1 日前取消,但参加方减让表中特别规定的除外,多数减让表中没有其他税费例外。

(2) 哥斯达黎加、印度尼西亚、印度、韩国、马来西亚、泰国和中国台湾等发展中国家和地区的部分信息技术产品在 2000 年以后减至零关税,但不超过 2005 年。

(三) ITA 涉及的产品范围

协议的附件包含 2 个附表,附表 A 列出所涉协调制度税则号或部分分税号,分为 2 节:第 1 节为计算机等产品;第 2 节为半导体生产和测试设备及零部件。附表 B 为无法按协调制度分类的新产品清单,只对具体产品进行了描述,各参加方根据产品描述确定这些产品各自的编码,即确定在协调制度中如何归类。《信息技术产品协议》涉及的产品很广泛,约 300 多个税号,主要集中在协调编码制第 84、85 和 90 章,个别产品在第 38、68 和 70 章,主要包括以下几类:

(1) 计算机及软件:计算机系统、笔记本电脑、中央处理器、键盘、打印机、显示器、扫描仪、硬盘驱动器、电源等部件;磁盘、磁带或只读光盘等介质。

(2) 电讯产品:电话机、可视电话、传真机、电话交换机、调制解调器、送受话器、应答机、广播电视传输接收设备、寻呼机等。

(3) 半导体、半导体生产设备:各种型号和容量的芯片及晶片;包括多种生产半导体的设备和测试仪器,如蒸汽析出装置、旋转式甩干机、刻机、激光切割机、锯床及切片机、离心机、注射机、烘箱及加热炉、离子注入机、显微镜、检测仪器,以及上述产品的零部件和附件。

(4) 科学仪器:测量和检测仪器、分色仪、分光仪、光学射线设备等。

(5) 其他产品:文字处理机、计算器、现金出纳机、自动提款机、静止式变压器、显示板、电容器、电阻器、印刷电路、电子开关、连接装置、电导体、光缆、复印设备、计算机网络(局域网、广域网设备)、液晶显示屏、绘图仪、多媒体开发工具等。但 ITA 不包括消费类电子产品。

ITA 适用于 WTO 所有成员,但正式加入要经过谈判,并不是 WTO 成员自然就是 ITA 的参加方。参加方要提交执行时间表和产品覆盖表。参加方认识到有必要在 WTO 下建立一个正式的委员会来执行宣言的各项条款,开始着手建立 ITA 委员会,该委员会将在 WTO 货物贸易理事会下进行工作,并定期举行会议。ITA 委员会将对附件中涉及的产品进行审议并修改和增加新产品目录,并就信息技术产品的非关税贸易壁垒进行协商,监督《信息技术协议》的执行情况。

四、《信息技术协议》扩围谈判

ITA 自 1997 年 4 月 1 日正式生效以来，产品目录几乎没有变化。但随着信息技术的发展，ITA 产品目录的范围已经不能适应时代的要求，因此，对产品目录扩围的谈判势在必行。

ITA 扩围谈判指更新 1997 年协议生效时的产品清单，将免税的信息技术产品范围进一步扩大。在 ITA 扩围谈判中，参与方各自提出信息技术产品免税清单，同时提出“排除例外清单”，也就是负面清单。就开放达成共识的内容最终形成一份“共同清单”，最终的清单是在最惠国待遇基础上实施的，因此适用于 WTO 所有成员而不是仅适用于谈判参与方。

为了适应全球 IT 产品和贸易的发展，ITA 成员从 2012 年开始就该协议的扩围举行谈判。ITA 扩围谈判过程中，由于不同参加方的信息技术水平发展不一，各自的利益诉求存在差别，使得谈判在曲折中前进。自 2012 年 9 月以来，中国一直在积极参与 ITA 扩围谈判，不仅多次协调国内相关产业，而且在扩围谈判中不断改进出价。但由于中美在“敏感产品清单”上存在分歧，美国于 2013 年 11 月 21 日突然宣布中止谈判，让所有参与谈判的成员感到不解。

2014 年 3 月 10 日，WTO 总干事阿泽维多表示，目前参与《信息技术协议》扩围谈判的各方仍存分歧，何时能够达成协定还很难预料。但经过各方的不懈努力，2014 年 11 月 12 日，中美双方就尽快恢复和结束《信息技术协议》扩大产品范围谈判达成双边共识。这意味着中国和美国已经就 ITA 扩围名单达成了一致，同意将半导体、医疗设备、全球定位系统等产品纳入关税减免范围。此次谈判中取得的突破，将为在日内瓦举行的《信息技术协议》扩围谈判奠定基础。

第三节 《金融服务协议》谈判

《金融服务协议》(Agreement on Financial Services)即《服务贸易总协定》第五议定书，是 1997 年 12 月 13 日 WTO 谈判达成的协议，于 1999 年 3 月 1 日生效。“第五议定书”本身很简短，仅规定了生效时间等程序性事项，协议的主要内容是所附的 WTO 成员关于金融服务的具体承诺减让表和《服务贸易总协定》第 2 条豁免清单。

一、《金融服务协议》谈判的背景

乌拉圭回合谈判首次将服务贸易作为三项新议题之一列入谈判议程，经过 7 年的谈判，最终签订了《服务贸易总协定》。但是，《服务贸易总协定》并没有对各成员在市场准入和国民待遇方面的承诺规定最低标准,引起以美国为首的发达国家不满,特别是在金融服务领域。原因是发达国家在金融领域占据一定优势,但服务贸易中的最惠国待遇原则的作用是保证在不同成员的服务和服务提供者之间不造成歧视,尤其是确保《服务贸易总协定》成员做出的市场准入和国民待遇承诺在各个成员之间平等适用。然而,由于各成员经济发展水平的差异,在金融服务业开放方面存在很大差异,如美欧等发达国家的金融市场开放程度相对较高,而发展中国家的开放程度却很低。这一差异使得谈判进程面临很多问题。发达国家希望进一步扩大发展中国家金融服务自由化程度。因此,在乌拉圭回合谈判中,经济合作组织成员建议在《服务贸易总协定》的框架内以其他的方式做出金融服务的具体承诺,使之符合金融自由化的最低要求。当时,这一建议也得到一些发展中国家的响应,最终签订了《关于<服务贸易总协定>金融服务承诺的谅解书》。该谅解书是乌拉圭回合协议最后文本的组成文件之一,成为发达国家在金融服务方面进一步做出承诺的样本。

在乌拉圭回合谈判中,美国为迫使其他国家,尤其是发展中国家交出令其满意的金融服务承诺表,以双重标准来对待其他成员,即已经进入美国市场的外国银行仍将得到既有的市场准入条件,而新的准入原则依据其他成员提交的金融服务自由化承诺情况再来确定,其实是拒绝以最惠国待遇原则作为它金融服务具体承诺的基础,通过对等的方式迫使其他成员开放金融市场,美国的态度曾一度使谈判陷入僵局。为避免把金融服务排斥在多边贸易体制之外,作为一种妥协,《服务贸易总协定》允许成员在一定期限内维持与最惠国待遇不相符的措施,并将这些措施列入"第 2 条豁免清单"中。最惠国待遇的豁免措施原则上不应超过 10 年,超过 5 年的应接受服务贸易理事会的定期检查,即审查造成豁免需要的条件是否仍然存在。《服务贸易总协定》关于最惠国待遇的豁免规定,一方面是考虑到成员之间在服务贸易主要是金融服务方面的巨大差距,另一方面也对有关成员在一定时间内改善其国内贸易环境提出了要求。尽管金融服务谈判自始就比较艰难,但到乌拉圭回合谈判于 1993 年底结束时,已有 76 个参加方就保险业做出了初步开放承诺(其中发达国家 25 个、发展中国家 47 个、经济转型国家 4 个)。另外,有 66 个参加方就银行服务做出了初步承诺(其中发达国家 25 个、发展中国家 37 个,经济转型国家 4 个)。

二、《金融服务协议》谈判的过程

(一)谈判在乌拉圭回合的搁浅

1993 年 12 月,乌拉圭回合谈判结束时,谈判各方未能就金融服务达成永久协议。主要原因是美国以许多国家的金融市场不够开放为由拒绝在无条件最惠国待遇原则的基础上做出承诺,而提出了一个广义最惠国待遇豁免清单,以“对等”作为其他国家开放金融市场的条件。这实际上是以“有条件的最惠国待遇”取代“无条件的最惠国待遇”,在不同国家之间实行区别对待。受美国的影响,一些国家撤回了其承诺表。为避免将金融服务排斥在《服务贸易总协定》之外,谈判各方接受了欧盟的提议,即同意在最惠国待遇的基础上缔结关于金融服务承诺的临时协议,承诺的有效期是WTO成立后的6个月(1995年1月1日至1995年6月30日)。这期间,各成员仍有权修改其承诺表和最惠国待遇豁免清单,而无需根据《服务贸易总协定》第21条的规定给予其他成员赔偿。这样做的目的是维持现有的金融服务多边谈判,并为以后的谈判奠定基础。

(二)乌拉圭回合后的重启及再陷僵局

乌拉圭回合一揽子协议于1994年4月15日在马拉喀什签字后,关于金融服务的多边谈判重新开始,目的是使所有成员同意在无条件最惠国待遇基础上缔结永久性的金融服务协议,促进金融服务贸易自由化。谈判期间,美国作为金融服务开放程度较高的发达国家,仍然不满许多成员的承诺。美国认为一些发展中成员在金融服务承诺方面有所保留,金融市场开放程度远远不够,并宣称要是谈判不能使这些国家在开放其银行、保险和其他金融服务方面做出充分、有效和富有意义的承诺,那么美国将退出谈判。1995年6月29日,即临时协议到期前一天,美国宣布降低其已经做出的承诺水平,只保证给予美国境内现有外国金融机构国民待遇,对以后进入美国市场的外国金融机构不做出任何承诺。同时,美国仍坚持广义最惠国待遇清单,以“对等”作为市场准入和国民待遇的条件,导致谈判再次陷入僵局。为防止金融服务多边谈判以失败告终,谈判各方再次同意欧盟的提议,将最后期限延长至1995年7月28日。

美国在最惠国待遇上的强硬立场和有限承诺使许多国家难以做出永久承诺。这样,在规定期限内,谈判最终难以达成一份永久性协议,只能再次以临时性协议收尾。WTO成员在最后期限即1995年7月28日达成金融服务过渡协议。协议包括四个文件:《服务贸易总协定》第二议定书、通过该议定书的决定、关于金融服务承诺的决定和关于金融服务的第二个决定。根据这些法律文件,95个成员提交的承诺表和豁免清单作为第二议定书的附件,将在议定书通过30天后生效并取代此前的承诺表和豁免清单;新的承诺表和豁免清单于1997年12月31日到期,到期前60天内,成员可以修改其承诺表和豁免清单而无需给予其他成员赔偿。

尽管美国拒绝参加,这个过渡协议仍具有重要意义。因为绝大多数协议成员同意根据无条件最惠国待遇原则做出承诺,并只提出少数豁免要求;许多成员改善了其承诺:如允许更多外国金融机构在本国设立分支机构;保证外国资本在本国金融机构中占有一定的份额;取消或放宽对金融机构董事会成员的国籍或住所限制;允许外国银行参加本国清算系统等等。

过渡协议迟至 1996 年 12 月 1 日才生效,这个过渡协议为未来的金融服务自由化提供了坚实的基础,并使此后的金融服务多边谈判在较高的水平上进行。

(三) 谈判的转折及协议签定

1997 年 4 月,关于金融服务的多边谈判重新启动。1997 年 5 月 29 日服务贸易理事会决定将过渡协议的终止期限提前至 1997 年 12 月 12 日,成员修改承诺的期限也缩短为 42 天。尽管有过渡协议奠定的基础,但谈判仍然进行得十分困难。直至 1997 年 12 月 13 日,由于美国撤回了以“对等”为条件的广义最惠国待遇豁免清单,永久性的全球金融服务协议才最终达成。这样,包括美国、欧盟 15 国和日本在内的 102 个 WTO 成员在无条件最惠国待遇原则的基础上做出了金融服务承诺。从各主要成员开放金融市场的承诺来看,美国和欧盟除了有限的一些限制以外,将全面开放其银行、保险和证券市场。日本也将更多地对外开放其金融市场,并将其与美国在双边谈判中达成开放保险市场时间表纳入多边承诺的范围。

三、《金融服务协议》的主要内容

《金融服务协议》由三个文件组成:《服务贸易总协定》第五议定书;通过第五议定书的决定;关于金融服务承诺的决定。其中最重要的是第五议定书,成员的承诺表和豁免清单是其附件,它们将与议定书同时生效,取代以前的承诺表和豁免清单。该议定书于 1999 年 1 月 29 日之前经全体做出承诺的成员批准,并于 1999 年 3 月 1 日起开始生效。

《金融服务协议》承诺主要包括以下内容:

(一) 关于国民待遇和市场准入

发达国家因其金融业的高度发达而普遍愿意开放金融服务市场,只对市场准入和国民待遇规定极少的限制。发展中国家虽然也保证给予外国金融机构以国民待遇,但仍对市场准入规定了很多条件和限制。

(二) 关于提供服务的方式

发达国家允许其他国家以一切可能的方式在本国设立金融机构和向本国消费者提供跨境金融服务,同时也保障本国公民在境外消费金融服务。发展中国家以保护本国消费者为由,在许多部门禁止或严格限制外国金融机构跨境提供金融服务,而只允许其以在国内设立分支机构的方式提供服务,以更利于监管和控制。

(三) 关于开放的具体金融部门

绝大多数国家愿意开放再保险服务和银行业中的存款和贷款业务，而对于保险业中的人寿保险、银行业中的清算和票据交换、证券业中的衍生金融产品交易等，许多发展中国家不做出具体承诺或加以严格限制。

第四节 《基础电信协议》谈判

《基础电信协议》(Agreement on Basic Tele-communications)即《服务贸易总协定》第四议定书，是 WTO 在 1997 年 4 月 15 日谈判达成的协议，于 1998 年 2 月 15 日生效。在谈判最后时刻，共有 69 个 WTO 成员提交了 55 份关于基础电信的具体承诺减让表。

一、《基础电信协议》谈判的背景

1992 年，乌拉圭回合服务贸易谈判小组的一些成员开始讨论何时启动开放各成员基础电信市场谈判的问题。他们认为，随着各成员电信技术方面的迅速发展，以及电信管理体制的不断变革，乌拉圭回合谈判结束后启动基础电信协议谈判可能性较大。经过讨论，服务贸易谈判小组一致同意延续乌拉圭回合举行基础电信谈判，并将《关于基础电信谈判的决定》写入了乌拉圭回合最后决议。并且，乌拉圭回合中，各国递交的 48 个计划表(欧盟算作一个)中均包含了关于电信方面的承诺。

1994 年 4 月，各国部长在马拉喀什的会议上一致通过了《关于基础电信谈判的决议》。根据这一决议，组建了基础电信谈判小组(NGBT)，并预期在 1996 年 4 月 30 日以前结束谈判。决议还包括一份 1994 年 4 月 15 日起生效的暂停承诺，即要求谈判的参与方自 4 月 15 日起不应再采取任何足以影响其基础电信贸易的措施以提高本国在谈判中的地位和影响力。基础电信谈判于 1994 年 5 月正式开始，最初参加方为 33 个。

二、《基础电信协议》谈判的过程

(一) 计划未赶上变化，谈判陷入僵局

基础电信谈判小组于 1995 年 4 月一致通过决定，要求所有成员的初步承诺表必须在 1995 年 7 月 31 日以前提交。但是截至 1995 年 11 月，与会成员仅向该小组提交了 14 份草拟的承诺开价单和一份初步的承诺表。一些已提交承诺表的国家表示，希望能在进一步的双边会谈或国内改革之后改进已提交的承诺表。在谈判中，参与方相互回答了关于电信业体系的市场结构、竞争机制以及法

规措施等问题，交流了大量信息。在谈判的同时，许多成员的国内正在进行电信方面的改革，从而对整个基础电信谈判的内容起到了补充作用，有助于谈判小组对进展的掌握和新问题的研究。1995 年 9 月，谈判小组拟定了一份关于谈判进程的时间表。根据这份时间表，设定了一系列的会谈进度目标，即：在 1995 年 12 月以前完成法规性问题和计划内事宜的谈判；1996 年 1 月提交经修订的初步承诺表；2 月提交初步承诺表的时间安排；3 月完成正式承诺表；4 月参与谈判成员起草一份议定书，将以上承诺附在现有的 WTO 计划承诺中。

到 1996 年 4 月底，正式参加谈判的共有 53 个成员，另有 24 个成员（包括一些申请加入方）为观察员，共有 48 个成员正式提交了出价（包括在 34 份减让表中）。但是，一些成员认为这一结果不足以使谈判成功结束。如美国出人意料地于 1996 年 4 月 29 日宣布它对包括一些发达国家在内的很多国家的承诺不满意，特别是对很多国家不愿开放利润很高的跨国电信服务感到不满，因此拒绝立即达成最后协议。

（二）坚持不懈，柳暗花明，终结硕果

1996 年 4 月 30 日，各方最后接受了时任 WTO 总干事鲁杰罗的建议，维持谈判已取得的成果，即将各方已提交的开放基础电信市场的承诺保留至 1997 年 1 月 15 日，并在此后的 30 天内对承诺再加审议，以期至 2 月 15 日之前能最终达成协议。此外，各方还同意保留 1998 年 1 月 1 日为协议生效日期，并声明在此日期前“不采取与其谈判中所做出的已有承诺相违背的措施”。

1996 年 4 月以后，基础电信组（GBT）成立，代替了原来的基础电信谈判小组，负责再次延长之后的谈判。1996 年 7 月，谈判重新恢复。此后，基础电信组每月举行一次会议，各方还就各自的市场准入承诺举行了多次双边谈判。1996 年 12 月的新加坡部长级会议期间，各方也进行了非正式接触。1997 年 1 月，在回到日内瓦以后，各方为 2 月的最后期限做好了准备，谈判最终取得了成功。此后，各国开始国内审批程序，为议定书的接受和所作承诺做准备。1997 年 12 月，已接受第四议定书的成员召开了一系列会议，他们在第四议定书能否于 1998 年 1 月 1 日生效问题上难以达成一致，因为当时仍有 20 个成员因国内批准程序问题尚未向 WTO 交存接受第四议定书的通知。1998 年 1 月，未接受成员的数量减少到了 12 个，第四议定书于 1998 年 2 月生效的决定才获得通过。

三、《基础电信协议》的主要内容

“第四议定书”本身十分简短，只是规定了生效时间等程序性的事项。其后所附的 WTO 成员关于基础电信的具体承诺减让表和《服务贸易总协定》第 2 条豁免清单，才是《基础电信协议》的主要内容。《基础电信协议》的主要内容包括：

（1）《服务贸易总协定》（GATS）的电信附件，WTO 成员在乌拉圭回合结束时提交的关于电信服务的承诺表，WTO 成员在基础电信谈判结束时提交的关于电信服务的承诺和由此达成的《基础电信协议》；

（2）乌拉圭回合除 GATS 外达成的与电信服务贸易相关的协议及协定外，还包括《政府采购协议》《与贸易有关的知识产权协定》《关于争端解决程序的规则与谅解》等，这些文件与 GATS 的电信附件是一种指导与细化、补充的关系，而 GATS 的电信附件与各成员在乌拉圭回合结束时提交的关于电信服务的承诺表、《基础电信协议》之间也是一种指导与细化、补充的关系。

《基础电信协议》的各成员减让表主要包括市场准入与国民待遇的承诺，也包括一些附加承诺。市场准入主要是就数量限制做出规定，同时也包括其他一些诸如外资参股比例上限等限制措施。国民待遇规定给予外国电信服务及电信服务提供者的待遇不得低于本国同种服务及服务提供者给予的优待。附加承诺主要为各方就一些未明确的包括国民待遇和市场准入在内的影响电信服务贸易的措施进行磋商提供可能性。

在承诺表中，各成员可以全面提供市场准入及国民待遇，或对其欲继续执行的限制措施做出规定。不论给予的是全面还是有限的市场准入，各成员不应再采取其他措施以削弱承诺表中规定的市场准入程度。减让表主要就法规的透明度、最惠国待遇和市场准入做出承诺。

第五节 《环境产品协议》谈判

一、《环境产品协议》谈判的背景及启动

2001 年 11 月，WTO 第四次部长级会议上，首次将环境产品和服务作为独立的问题纳入谈判进程。《多哈部长宣言》授权成员们就“酌情削减或取消环境产品和服务的关税和非关税壁垒”进行谈判。由于不同成员在谈判方式、环境产品单一用途和特殊与差别待遇等问题上存在严重分歧，谈判进展缓慢。

在具体清单方面，2007 年以来，一些 WTO 成员提出了自己关注的环境产品清单。其中，最有影响力的是 2007 年的美欧联合提案，包括 162 个 6 位税目的产品（包括废水废物处理设备和零部件、环境监测设备和零部件、太阳能、风力和水力相关设备及零部件），上述产品中，美欧最关注的是世界银行与气候变化有关的 43 个 6 位税目产品（主要是太阳能、风力和水力相关设备及零部件）。沙特、卡塔尔、新加坡、菲律宾也提出了具有出口利益的环境产品清单。上述清

单的主要缺陷是均基于要价方的贸易利益提出,包含了不少环境利益不明显或者具有多重用途的产品。此外,日本还希望纳入节能产品(包括环境友好型交通工具和节能灯等),但面临着如何确定节能标准这一难题。巴西希望纳入有机农产品和生物燃料,但面临着如何确定统一标准和海关如何鉴别等尚待解决的难题。虽然日本提出的节能产品和巴西提出的生物燃料对解决气候变化问题都是有益的,但是,鉴于上述技术性难题,最终很难在所有成员间达成一致。

受金融危机的影响,全球经济贸易形势依旧不容乐观。世界各国急需通过发现新的增长路径和增长模式来提升国内经济。在此大背景下,贸易自由化问题备受关注。环境产品贸易自由化作为重要一环引起世界各国的重视。

2012 年 9 月 9 日,亚太经济合作组织(APEC)与会各方对环境产品问题进行了艰苦磋商和谈判,最终达成了包含 54 个 6 位海关税号的环境产品清单。这意味着,21 个 APEC 成员承诺在 2015 年年底之前清单上产品的实施税率将降到 5%或 5%以下。2014 年 1 月 24 日,中国、美国、欧盟、日本等 14 个 WTO 成员在瑞士达沃斯共同宣布启动环境产品谈判进程,旨在促进环境产品贸易自由化并强化 WTO 的规则,推动多边贸易体系的健康发展。

2014 年 7 月 8 日,《环境产品协议》谈判正式启动。《环境产品协议》谈判旨在落实亚太经济合作组织领导人承诺,将以包含 54 项低能耗、低碳绿色产品的亚太经济合作组织环境产品清单为基础,在 WTO 框架下进一步探讨实现环境产品自由贸易的各种机会,其最终成果将通过最惠国待遇方式惠及所有 WTO 成员。

二、《环境产品协议》前六轮谈判的主要内容

截至 2015 年 5 月,WTO《环境产品协议》谈判已经进行了六轮。谈判成员每轮围绕不同的环境产品清单进行讨论,并基本就产品清单的分类达成一致。

WTO《环境产品协议》第一轮谈判于 2014 年 7 月 9 日至 10 日在瑞士日内瓦举行,加拿大、中国、欧盟、日本和美国等 14 个 WTO 成员参与谈判。在本轮谈判中,参加成员在谈判框架上进行了卓有成效的讨论,包括:如何落实亚太经济合作组织提出的环境产品清单和如何确保所提环境产品的可信性。最后,所有参加成员同意每轮谈判首先关注环境产品清单和清单产品如何解决环境面临的问题和挑战。同时,参加成员还要考虑与环境产品相关的技术问题。谈判成员还指出《环境产品协议》谈判具有包容性,应该采取合理的方式吸收更多的 WTO 成员参与其中。

《环境产品协议》第二轮谈判于 2014 年 9 月 22 日至 26 日在日内瓦举行。按照上一轮达成的共识,首先对环境产品清单的分类进行谈判。本轮谈判的焦

点是环境污染产品的控制和固体与危险废物的管理。不同谈判成员根据自己环境产品的特点,提出了关于以上两类产品的清单。

《环境产品协议》第三轮谈判于2014年12月1日至5日在日内瓦举行。谈判的主要议题涉及污水治理和水处理、环境保护与净化和噪音降低。参加方就以上三类产品提出自己的清单。

第四轮谈判于2015年1月26日至30日举行。谈判集中讨论由参加方提出的清洁可再生能源产品和产品的能源利用率问题。同时,独立专家就能源部门的经济发展趋势和全球能源产品的碳排放所面临的技术问题进行了陈述,目的是通过强调环境所面临的挑战,从而加强各成员对《环境产品协议》谈判的紧迫感。同时,各方讨论了采取怎样的技术可以解决环境面临的挑战。第四轮中,以色列作为新谈判成员加入,体现了其积极参与《环境产品协议》谈判的决心。

2015年3月16日至20日,第五轮《环境产品协议》谈判继续在日内瓦进行。本轮谈判关于环境产品的监督、分析和评估,环境偏好型产品及产品的资源利用率。本轮是谈判成员最后提交环境产品清单的机会。谈判成员提交了以上三类产品的清单并对前几轮所提交清单进行了更新。本轮中,土耳其和冰岛加入谈判,使得总的谈判成员数占到WTO全体成员的17%。

第六轮谈判于2015年4月4日至8日举行。谈判成员利用5天的时间,重新回顾了前五轮谈判中所提到的环境产品清单,并表明了各方在环境产品方面的利益关注。各成员对环境产品清单的可信性进行了富有成效的技术谈判,并研究了关税削减的可行性。

三、环境产品谈判的意义

目前参与环境产品谈判的组织成员,包括中国、美国、欧盟、日本、加拿大、澳大利亚、哥斯达黎加、中国香港、韩国、新西兰、挪威、新加坡、瑞士和中国台湾,2012年环境产品贸易总额约占全球环境产品贸易份额的86%。从谈判国间的贸易看,2012年,谈判国间的贸易总额占世界贸易额的57.0%,其中,进口占比为62.4%,出口占比为52.7%。从贸易规模、参与国影响力、示范效应等多重因素考虑,环境产品谈判有助于推进全球环境产品贸易自由化,促进绿色增长和可持续发展,尽早结束多哈回合谈判,强化以规则为基础的多边贸易体制。对于中国而言,参与环境产品谈判符合中国可持续发展的整体战略,有利于优化中国贸易结构,突破发达国家绿色贸易壁垒,开拓海外市场,培育中国可持续增长点,实现贸易、环境和经济的共赢。

第二十章　区域贸易协定

第一节　区域贸易协定的发展

一、区域贸易协定的基本内涵

（一）区域贸易协定的概念

区域贸易协定（或称区域贸易安排，Regional Trade Agreements，RTA）是指政府间为了达到区域贸易自由化或贸易便利化的目标而签署的协议。WTO框架下，区域贸易协定的“区域”是指一定的国家、单独关税区范围的“区域”，不仅属于同一或相邻地域；“协定”的内容不仅包括贸易协定，如货物贸易、投资、服务贸易、人员流动、知识产权保护、货币金融、政府采购、环境保护、标准化等领域的承诺协定，也包含经济一体化层次的协定。当代的区域贸易协定也被称为“WTO+”（WTO plus）型，从这个名称可以看出，区域贸易协定其实早已超越了传统的关税减让范围，甚至超过了现有的多边贸易体制规范的范围。

（二）区域贸易协定的分类

按照区域经济一体化发展程度的高低将区域贸易协定分为以下6种类型：

（1）优惠贸易安排（Preferential Trade Arrangements），是指在成员之间通过签署优惠贸易协定或其他安排形式，对其全部贸易或部分贸易品互相提供特别的关税优惠，对非成员之间的贸易则设置较高贸易壁垒的一种区域经济安排。优惠贸易安排是最为松散的一种区域经济一体化组织形式。

（2）自由贸易区（Free Trade Area），是指两个以上的主权国家或单独关税区通过签署协定，在WTO最惠国待遇基础上，相互间进一步开放市场，分阶段取消绝大部分货物的关税和非关税壁垒，改善服务和投资的市场准入条件，从而形成的实现贸易和投资自由化的特定区域。自由贸易区成员实质上取消了绝大部分货物的关税壁垒和非关税壁垒，货物可以在成员之间真正实现自由流通。但各成员仍保持各自对非成员的关税和其他贸易限制。

（3）关税同盟（Customs Union），是指两个或两个以上的成员组成一个贸易集团，在实质上取消彼此之间关税和非关税壁垒的基础上，对非成员实行统一的对外关税和其他贸易政策。较之自由贸易区，关税同盟在经济一体化的程度上又向前迈进了一步。关税同盟各成员实际上将制定关税和其他对外贸易政策的权力让渡给区域经济一体化组织,因此关税同盟已具有一定的超国家性质。

(4) 共同市场(Common Market),是指两个或两个以上的成员完全取消关税与非关税壁垒,采取共同的对外关税以及贸易政策,在实现商品自由流动的同时还允许服务、资本和劳动力等生产要素的自由流动。共同市场的目的是把被贸易保护主义分裂的孤立市场统一成一个大市场,通过市场的扩大和在共同市场内的激烈竞争,促使企业由小规模经营转向大规模经营,进而获得规模经济效应。

(5) 经济联盟(Economic Union),是指成员之间不仅取消了贸易壁垒,建立了统一的对外关税和对外贸易政策,实现了商品、生产要素的自由流动,而且还就财政政策、货币政策和汇率政策等宏观经济政策达成协议,从而将一体化的程度从商品交换扩展到生产、分配乃至整个国民经济的一种区域经济组织。

(6) 完全经济一体化(Complete Economic Integration),是指成员在实现了经济联盟的基础上,进一步实现经济制度、政治制度和法律制度等方面的协调,直至形成统一的经济体的区域经济一体化组织形式。

(三) 区域贸易协定发展的主要特征

1. 签订数量呈加速度方式增长

在《关税与贸易总协定》(GATT)签订的40年中,区域贸易协定增长缓慢,每年平均只有不到3个区域贸易协定通知GATT,而在20世纪80年代后,区域贸易协定以几何级数的速度增长。从1995年WTO成立起,每年平均有15个区域贸易协定通知WTO,即便像美国、日本这类多边贸易体制的一贯支持者,也开始签订区域贸易协定。

2. 涵盖范围越来越广

当代区域贸易协定比早期的区域贸易协定包含了更广泛的贸易政策。被称为"WTO增强型"(WTO Plus)的新型区域贸易协定,超越了传统的关税减让范围,甚至超过了现有多边贸易体制规范的范围,将竞争、技术标准等纳入其中,少数甚至将环境和劳工问题也纳入其规范范围。

3. 由"封闭型"向"开放型"发展

传统的区域贸易协定带有明显的内向性或封闭性,协定中所规定的优惠待遇只能由成员享有,并通过制定严格的原产地规则防止非成员"搭便车"。而当代贸易政策的一个焦点问题在于实现区域贸易协定与多边贸易体制的相容性,为此,新型区域贸易协定试图通过开放性来保证其扩张不会妨碍多边贸易体制的发展。

(四) 区域贸易协定的发展趋势

1. 区域贸易协定向大洲贸易协定圈发展

目前,全球各区域贸易协定继续发展并向整个地区扩展,国家间的竞争正在发展为国家集团竞争,并向大洲贸易安排间的竞争转变。如果将一个区域贸易协定比喻为自由贸易圈,已经形成的区域贸易协定在不断扩张,逐步形成了以欧盟为核心扩展的欧洲圈,以东盟为中心发展的亚洲圈和以北美自由贸易安排为基础联合发展的美洲圈三个大洲贸易安排圈的格局。

2. 区域贸易协定与多边贸易体制并行发展

区域经济一体化是全球经济一体化的过渡形态,两者都是历史发展的必然趋势。区域贸易协定的资源流动更为便捷、自由,协调功能更为强健、有效,区域贸易协定的发展会给多边贸易体制带来新的刺激和驱动力,通过区域贸易协定增强区域贸易集团及其成员在多边贸易体制进程中的地位和作用,以便得到更多的多边贸易体制利益。

3. 区域贸易协定已经成为多数国家发展对外经济关系的普遍选择

区域贸易协定成为各国扩大发展空间、提升国际地位的战略手段,对世界经济贸易格局产生了重大影响。将区域贸易协定作为争取市场资源、提高国际竞争力的措施文本,灵活运用区域贸易协定作为新的对外经济政策手段,成为国际经贸关系的新热点。

二、区域贸易协定的执行情况

(一) 区域贸易协定执行情况概述

据 WTO 统计,1995 年至 2014 年 12 月 31 日,区域贸易协定的发展数量统计如图 20.1 和图 20.2 所示。GATT/WTO 收到的各种类型的区域贸易协定通报并生效的共 397 个,其中,根据 GATT 1994 第 24 条通报的有 233 个,根据授权条款通报的有 37 个,根据 GATS 第 5 条通报的有 127 个。其中,自由贸易安排(FTA)和部分贸易协定(PSA)占 90%,而关税同盟(CU)仅占 10%。

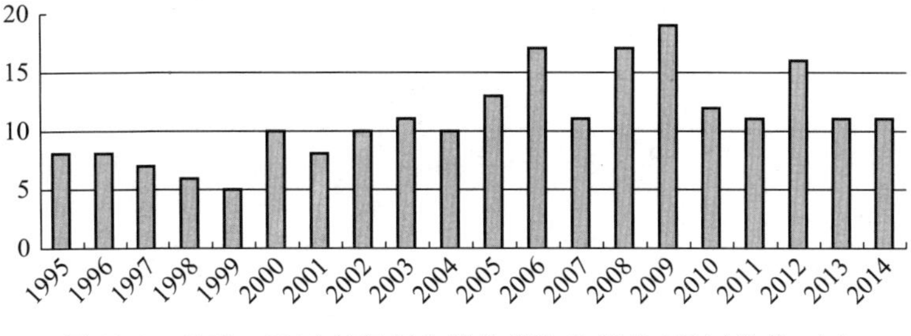

图 20.1　1995—2014 年每年生效的货物和服务 RTA(单位:个)

资料来源:根据 WTO 官方网站资料绘制,https://www.wto.org/english/tratop_e/region_e/rta_pta_e.htm.

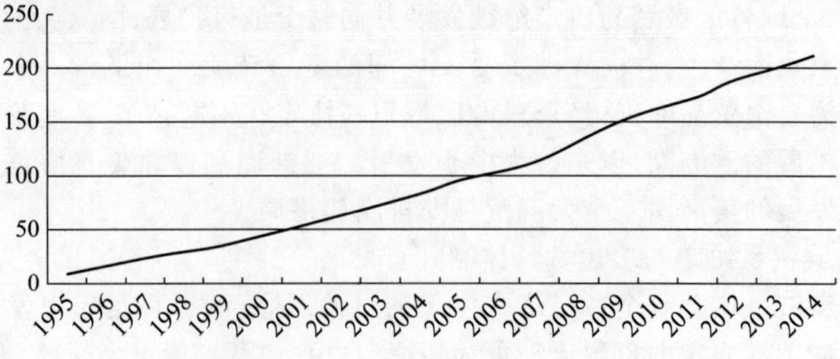

图 20.2　1995—2014 年每年累计生效的 RTA(单位:个)

资料来源:根据 WTO 官方网站资料绘制,https://www.wto.org/english/tratop_e/region_e/rta_pta_e.htm.

WTO 网站 RTA 数据库中《关于向 GATT/WTO 通报并生效的 RTA 相关数据总结》显示,截至 2014 年 12 月 31 日,已有生效协定 397 个,如表 20.1 所示。

表 20.1　按照通知类型分类的 RTA 统计量　　单位:个

类别	加入协定	新 RTA	合计
GATT 第 24 条	9	224	233
授权条款	2	35	37
GATS 第 5 条	5	122	127
合计	16	381	397

资料来源:根据 WTO 官方网站资料整理,http://rtais.wto.org/UI/publicsummarytable.aspx.

如表 20.2 所示,按照区域贸易协定的类型分类,关税同盟共有 26 个,占6.5%;经济一体化协定有 127 个,占 32%;自由贸易协定有 229 个,占 57.7%;部分贸易协定有 15 个,占 3.8%。由此可见,区域贸易协定的发展是以自由贸易协定和经济一体化协定为主,辅之以少量的关税同盟和部分贸易协定。

表 20.2　按照协定类型分类的 RTA 统计量　　单位:个

类别	授权条款	GATS 第五条	GATT 第 24 条	合计
关税同盟	8	0	10	18
关税同盟—加入	1	0	7	8
经济一体化协定	0	122	0	122
经济一体化协定-加入	0	5	0	5

续表

类别	授权条款	GATS 第五条	GATT 第 24 条	合计
自由贸易协定	13	0	214	227
自由贸易协定—加入	0	0	2	2
部分贸易协定	14	0	0	14
部分贸易协定-加入	1	0	0	1
合计	37	127	233	397

资料来源:根据 WTO 官方网站资料整理,http://rtais.wto.org/UI/publicsummarytable.aspx.

如表 20.3 所示,按照 RTA 在 WTO 考察进程中的状态分类,未发布事实陈述的 RTA 共有 105 个,占 26.5%;搁置事实陈述的有 4 个,占 1%;发布事实陈述的有 190 个,占 47.9%;发布事实概要的有 72 个,占 18.1%;已发布并采纳报告的有 18 个,占 4.5%;未发布报告的有 8 个,占 2%。

表 20.3 按照在 WTO 考察进程中状态分类的 RTA 统计量 单位:个

类别	授权条款	GATS 第 5 条	GATT 第 24 条	合计
未发布事实陈述	12	22	71	105
搁置事实陈述	0	4	0	4
发布事实陈述	5	80	105	190
未发布事实概要	0	0	0	0
发布事实概要	11	21	40	72
已发布并采纳报告	1	0	17	18
未发布报告	8	0	0	8
合计	37	127	233	397

注:事实陈述是指是由“是”联结而成的陈述.

资料来源:根据 WTO 官方网站资料整理,http://rtais.wto.org/UI/publicsummarytable.aspx.

由表 20.4 可以清晰地看出,RTA 以货物贸易协定为主,货物贸易协定占据了 51.9%的比例,然而近些年区域贸易安排开始注重向服务贸易领域延伸,新的 RTA 大多数为货物和服务贸易双领域协定,目前也已占据了 47.7%的比例。

表 20.4 按照 RTA 涵盖领域分类的 RTA 物理量 单位:个

货物领域(Goods)	136
服务领域(Services)	1
货物和服务领域(Goods& Services)	125
合计	262

注:WTO 有关 RTA 的统计数据是基于通知要求而非其物理量。因此,对于物理量上计为一个 RTA 的,若同时涵盖货物和服务领域,分别计为货物和服务两个通知。

资料来源:根据 WTO 官方网站资料整理,http://rtais.wto.org/UI/publicsummarytable.aspx.

(二)2014 年新通知的区域贸易协定

根据 RTA 数据库资料整理得,自 2014 年 1 月到 2014 年 12 月,根据 GATT 第 24 条和 GATS 第 5 条新通知并且生效的区域贸易协定共有 10 个,如表20.5 所示。

表 20.5 2014.1—2014.12 新通知并且生效的区域贸易协定一览表

序号	RTA 名称	领域	类型	通知时间
1	欧亚经济联盟-亚美尼亚	G&S	FTA & EIA	2014 年 12 月 29 日
2	欧亚经济联盟	G&S	FTA & EIA	2014 年 12 月 12 日
3	朝鲜—澳大利亚	G&S	FTA & EIA	2014 年 12 月 22 日
4	中国香港—智利	G&S	FTA & EIA	2014 年 10 月 15 日
5	欧盟—格鲁吉亚	G&S	FTA & EIA	2014 年 7 月 2 日
6	欧盟—摩尔多瓦	G&S	FTA & EIA	2014 年 6 月 30 日
7	EFTA—中美洲(哥斯达黎加和巴拿马)	G&S	FTA & EIA	2014 年 11 月 19 日
8	冰岛—中国	G&S	FTA & EIA	2014 年 10 月 10 日
9	瑞士—中国	G&S	FTA & EIA	2014 年 6 月 30 日
10	新加坡—中国台湾	G&S	FTA & EIA	2014 年 4 月 22 日

资料来源:根据 WTO 官方网站资料整理,http://rtais.wto.org/UI/PublicALLRTAList.aspx.

由表 20.5 可以看出,这一期间区域贸易安排稳步增长,向区域贸易协定委员会(CRTA)新通知并且生效的 RTA 共有 10 项,全部是货物与服务贸易领域(G&S)的 RTA。自由贸易协定与经济一体化协定(FTA&EIA)类型有 10 项。

区域贸易协定发展的基本模式可以归纳为五种类型:双边区域贸易协定、诸边区域贸易协定、双边或诸边区域贸易协定+n 成员(n≥1)、双边或诸边区域贸易协定+双边或诸边区域贸易协定、双边或诸边区域贸易协定+双边或诸边区域贸易协定+n成员。单对单的双边贸易协定在新通知的RTA中占75%左右。这种双边协定是区域经济一体化乃至全球经济一体化的基础，具有便捷化、易实施、易协商等优势；这种“单对单”协定，可以将更多的国家和地区囊括到经济全球化的大趋势中，搭建彼此联系的桥梁，有效地开拓了市场，实现优势资源互补，从而为区域贸易安排发展为更高形式奠定坚实的基础。

目前，所有WTO成员均已加入一个或多个区域贸易协定，多表现为三种发展模式，例如欧盟、东盟、东盟与中日韩自由贸易区（“10+3”）等。

同时，表20.5也显示，自由贸易协定（FTA）占据主导，其数量远高于优惠贸易安排（PTA）和关税联盟（CU）。出现这一特点的原因为：一方面是地理位置，特殊的政治、经济、国际关系等因素，另一方面是自由贸易协定比较适中，而且相对灵活；优惠贸易安排仅限于关税领域，且产品范围受到限制，优惠幅度也相对有限；关税同盟虽然一体化程度相对比较高，但统一内部和外部的谈判需时较长，难度较大；共同市场和经济货币联盟等高级一体化类型更受到经济发展水平差异化程度小等要求的制约。综合来看，自由贸易协定在未来的发展中仍将占据主导地位。另外，同前几年一样，RTA仍然延续了“南北型”类型的发展趋势，同时也延续着跨区域、跨洲的发展势头。大国与小国之间的区域贸易协定是目前跨区域双边区域贸易协定的主要类型，与已处于轮轴国地位的中小国家签订跨区域自由贸易协定已经成为一种趋势。

（三）WTO成立20年以来区域贸易协定的执行情况

根据WTO官网RTA数据库资料整理得出，WTO成立的20年（1995—2014年）内，向CRTA新通知并且生效的RTA共有218项（注：以RTA生效时间算起），其中，货物贸易领域（G）的RTA共101项，货物和服务贸易领域（G&S）的RTA共117项。自由贸易协定（FTA）类型的RTA共有77项，自由贸易协定与经济一体化协定（FTA&EIA）类型的RTA有125项，部分贸易协定（PSA）类型的RTA共有6项，关税同盟（CU）类型的RTA共有6项，关税联盟与经济一体化协定（CU&EIA）类型的RTA共有4项。可见区域贸易安排的发展是以自由贸易协定和经济一体化为主，辅之以少量的关税同盟和局部自由贸易协定。

综上，总的来说，区域贸易协定经过WTO成立20年以来的发展，已经渐趋成熟。按照区域经济一体化发展程度的高低将区域贸易协定可以分为优惠贸易安排到完全经济一体化等6种类型，其签订数目越来越多，涵盖范围越来越广，并有由“封闭型”向“开放型”转变的趋势。目前，区域贸易协定已经成为多数国家发展对外经济关系的普遍选择，区域贸易协定向大洲贸易协定圈发展和多边贸易体制并行发展是当下区域贸易协定的主要发展趋势。WTO成立20年以来,区域贸易协定的执行情况也印证了这一发展趋势,在签订的诸多区域贸易协定中,又以自由贸易协定占据绝大部分。

第二节　区域贸易协定与WTO的关系

WTO成立20周年之际,WTO总干事罗伯特·阿泽维多说道:"在20年前,即1995年1月1日,WTO打开了世界贸易的大门。从这以后,这个组织,透明度机制以及它所代表的多边贸易规则对世界经济发展与稳定做出了巨大的贡献。在过去这20年里,WTO促进了贸易的增长,解决了无数的贸易争端并且支持了发展中国家融入世界贸易体制。事实上,在全球经济比以往联系得更加紧密之时,很难想象一个没有WTO的世界。"

自1995年1月1日正式成立至今,WTO走过了20个春秋。WTO在削减全球贸易壁垒,促进国际贸易发展方面取得了巨大的成就。但是,WTO正面临发展的挑战,多哈回合发起以来出现的困境提醒人们,世界需要一个更加包容、均衡和持久的,能造福于全体人类的和平与发展的全球化。十多年来,在多哈回合谈判步履蹒跚之际,区域贸易协定风起云涌,全球排名前30位的国家和地区无一例外地参与了不同类型的区域经济合作组织。与WTO多边贸易体制相比,区域贸易协定具有涉及成员范围小、目标明确、见效快等特点,区域合作的内容往往可以超出WTO规则范畴,结成一种远比WTO成员之间更为密切的"紧密经济伙伴关系"。在当前WTO新一轮谈判进展迟缓,反全球化浪潮翻涌,多边体系遭遇挑战和多重困难的情况下,发展区域贸易同盟成为各国政府推动贸易发展的重要手段。区域贸易协定能使一个成员的对外经济环境和关系更为完整、更富有灵活性,也更能体现多重经济目标,成为对WTO多边关系的一种重要的补充。作为一项重要的贸易政策工具,区域贸易协定在20世纪80年代后得到了迅猛发展,给世界经济带来了深远的影响,从而引起了各界对区域贸易协定与WTO主导的多边贸易体制两者间关系的广泛关注。协调区域贸易协定与WTO主导的多边贸易体制之间的关系,对于WTO的长远发展至关重要。

一、多哈回合有关两者关系的探讨

2001年11月,WTO第四次部长级会议通过的《多哈部长宣言》在强调WTO是全球贸易规则制定和自由化的唯一场所的基础上,同时也认识到区域贸易协定在促进自由化、扩大贸易以及促进发展方面发挥重要作用。自多哈回合启动以来,展开了多轮关于区域贸易协定与多边贸易体制关系的研讨。

(一)“区域贸易协定与 WTO 关系”研讨会

区域贸易协定歧视区域外成员,扭曲贸易流向,使有限的谈判资源从多边转向区域,并可能影响多边贸易体制目标的实现。区域贸易协定的数量不断增加,但尚缺乏区域贸易协定的有效监督机制。为此,2003 年 11 月 14 日,应 WTO 成员要求,WTO 秘书处组织了“区域贸易协定与 WTO 关系”研讨会。该研讨会的目标是关注区域贸易协定带来的机遇和挑战,深入讨论和思索如何使区域贸易协定与多边贸易体制的目标相一致。会议主要解决四大问题:在何种程度上,区域贸易协定补充多边贸易体制?区域贸易协定在促进发展中国家经济发展和一体化方面起到多大作用?区域贸易协定的贸易调控政策对国际贸易关系产生多大的影响?如何最大程度协调区域贸易协定和多边贸易体制关系,并尽量减少其贸易转移效应?研讨会为处理区域贸易协定与 WTO 关系提出了许多建议,为多哈发展议程对两者关系的进一步探讨奠定了基础。

(二)“区域主义多边化”研讨会

多哈回合谈判自启动以来一波三折。2003 年 9 月在坎昆举行的 WTO 第五次部长级会议由于在农产品和新加坡议题无果而终。为了打破僵局,各方于 2004 年 7 月达成《多哈框架协议》,将原定于 2005 年 1 月 1 日结束的多哈回合谈判延长至 2005 年 12 月在香港举行的第六次部长级会议期间。香港部长级会议决定在 2006 年结束多哈回合谈判。2006 年 7 月,由于各方意见分歧,时任 WTO 总干事拉米宣布正式全面中止多哈回合谈判。2007 年 1 月,WTO 成员同意全面恢复多哈回合谈判。正是在这样的背景下,2007 年 9 月 WTO 召开了以“区域主义多边化”为主题的研讨会。该研讨会把研究重点放在重叠或不协调的区域贸易协定对未来贸易关系的影响上。会上,有关专家学者着重讨论了区域贸易协定与多边贸易体制的原产地规则冲突、司法管辖权冲突,亚洲、非洲、美洲区域贸易协定的发展情况等问题。“区域主义多边化”研讨会在多哈回合谈判重启之后及时召开,对于正确认清区域贸易协定与多边贸易体制的关系影响深远,也为今后 WTO 关于区域贸易协定相关法规的完善提供了参考。

(三)“新时代特惠贸易协定”论坛

《2011 年世界贸易报告》将关注的目光投向“新时代特惠贸易协定”。该报告较少涉及特惠关税,着重研究促成生产分工网络成功的贸易条款。这些条款涉及财产权、设立权、利润汇出、临时自然人移动、基础设施服务、贸易便利化、原产地规则、争端解决机制等。从 2010 年 11 月 11 日起,WTO 建立了一个专门的网页用来讨论区域贸易协定中网络的作用及其对 WTO 的挑战。在 2011 年 7 月《2011 年世界贸易报告》发布前,政策研究机构人员可以在该网页上发表文章或评论,对该话题感兴趣的个人也可以对此发表相关评论。所有讨论将会被

《2011年世界贸易报告》的作者充分考虑,并体现在报告中。

二、区域贸易协定对多边贸易体制的影响

(一)消极影响

区域贸易协定存在着一些与多边贸易体制不协调的因素,它对多边贸易体制造成了一定程度上的冲击,并对多边贸易体制的未来发展提出了许多严峻的课题。主要有以下几个方面:

1. 区域贸易协定冲击了作为多边贸易体制核心的最惠国待遇原则

区域贸易协定作为最惠国待遇原则的例外,得到了GATT第24条和GATS第5条的明确认可。这一例外须保证地区安排的成员间必须消除影响它们贸易的所有关税和其他限制。而且参与协定的成员对协定以外的WTO成员实施的关税和国内税措施不得高于或者严于区域贸易协定成立以前的水平。但是在区域贸易协定的实践中,绝大多数成员实际上并没有消除影响它们贸易的所有关税和其他限制,相反在区域贸易安排内部实行贸易自由,对外则采取贸易限制政策,架构起全球贸易的新壁垒,而这种壁垒严重背离了WTO积极削减各种贸易壁垒的精神。区域贸易协定由于其固有的歧视性和排他性,区域内成员相互提供的优惠待遇并不为区域外成员所享有。这样势必就会加大区域外成员向区域内成员出口的成本,恶化贸易环境。从全球范围来看,区域贸易协定降低了资源在全球的配置效率,减少了世界福利。

2. 区域贸易协定对多边贸易体制产生了贸易转移效应

相对于多边贸易体制,区域贸易协定下的开放仅仅是针对区域内成员的开放。在进行经济贸易时,区域贸易协定成员比协定外的非成员要享有更多的优惠政策和制度安排。但是,在贸易过程中这些协定成员并不一定是最优的商品或服务的供应者,但他们却从区域贸易协定中获得了优于区域贸易协定外的非成员的交易机会和极低的贸易壁垒。因此会导致贸易向区域内发生转移,给区域外成员带来贸易转移效应。

3. 区域贸易协定挤占了多边贸易体制的谈判资源,不利于多边贸易体制的达成

在多哈回合尚未达成协议的情况下,很多国家受"多米诺骨牌"效应的影响,纷纷加入区域贸易协定。面对如此众多的区域贸易协定,一些比较小的发展中国家相应的国际法律专家人才捉襟见肘,无法向多边贸易体制谈判投入更多的人力物力。

4. 区域贸易协定的交叉重叠提高了贸易成本和管理成本,加大了相关规则在多边贸易体制中相统一的难度

目前,大多数区域贸易协定都含有原产地规则的规定,并且规定的原则、内容各不相同,名目繁多。对企业来说,针对销往不同国家的同一产品申请不同的原产地证书,这无疑会增加贸易成本;对政府来说,对不同国家的同一产品征收不同的关税,还会加大监管成本。随着区域贸易协定数量的增加和范围的扩大,原产地规则的这种贸易限制和扭曲效应将会极大阻碍国际贸易的顺畅流转。

5. 区域贸易协定缔约方往往是多边贸易体制的成员,由此产生的双重身份带来冲突

从国际法的角度来看,区域贸易协定和多边贸易体制都是对成员具有约束力的法律文件。当两者之间保持一致时,则不会引发冲突的发生;当两者发生分歧,冲突的发生就在所难免了。目前,还缺乏关于 RTA 与 WTO 争端解决机制冲突问题的相关协调机制。虽然关于司法管辖权冲突的案例还不算多,但如果这一冲突不解决,必将会影响贸易自由化的发展进程。

(二)积极影响

1. 区域贸易协定有利于推动多边贸易体制贸易自由化进程

无论是多边贸易体制,还是区域贸易协定,其目标都是实现贸易自由化。在不增加对区域外成员壁垒的前提下,WTO 允许区域贸易协定缔约方相互之间提供比最惠国待遇更为优惠的待遇。随着实现贸易自由化的区域贸易协定不断增多,为最终实现全球的贸易自由化做好准备。

2. 区域贸易协定可以发挥先行先试的作用,成为推动多边贸易自由化的试验场

相比于多边贸易体制,区域贸易协定由于谈判成员少、利益比较一致而较易达成。因此,一些目前在多边贸易体制中尚未规范的领域,如环境标准、劳工标准、竞争政策等,可以率先在区域贸易协定中加以规范,并把相关成功经验推广到多边贸易体制中来。亚太经济合作组织将《信息技术协议》纳入 WTO 多边贸易体制就是一个比较成功的例子。

三、WTO 与区域贸易协定的协调

区域贸易协定与多边贸易体制是通向贸易自由化的两种手段。科学界定两者之间的关系,是解决两者之间可能发生冲突的前提条件。应该始终坚持以多边贸易体制为主,区域贸易协定为辅的贸易自由化道路。

多边体制发展到今天,机构与制度已相对成熟,并已经在诸多制度方面对区域自由贸易协定进行了规范与监管。不过,由于这种规范与监管还不够成熟与完善,多边贸易体制与区域自由贸易协定这两条经济全球化并行的实现路径之间还存在一系列冲突。为协调这些冲突,多边贸易体制与区域自由贸易协定的

共同发展,需在以下几个方面做出努力:

(一)充分利用区域贸易协定对多边贸易体制的补充作用,促进贸易自由化的发展

区域贸易协定能对WTO发挥积极的补充作用,可以解决WTO无法完成或不宜干预的国际贸易相关的实质与敏感问题,在消除某些隐性贸易保护主义方面能够比多边贸易体制发挥更多更实际的作用。但实际上,WTO在这一工作中所遭遇的各方利益的不平衡,特别是发展中国家与发达国家之间的利益失衡将使其面临巨大的阻力。相对于多边贸易体制而言,区域贸易协定在此方面则有更大的发挥空间,成员彼此之间的经济发展利益可能使他们愿意更多地让渡彼此的经济主权,形成较合理的劳工、环境、卫生和安全标准,这有助于实现隐性贸易保护措施的明确化,从而促进自由贸易的深化。

(二)WTO应进一步完善多边贸易体制相关法律制度,加强对区域贸易安排合理且实际的规范与监控

区域贸易集团内部存在着一些有悖于WTO多边贸易体制的规定,实际上相当多冲突的产生与存在,都无法脱离多边贸易体制的不完善与运转不灵。多边贸易体制的法律规范上面存在漏洞:多边贸易体制对区域贸易协定的审议上不统一,不同形式的区域贸易集团是分别依据不同的协定或程序来进行的,这样出现了诸多审议标准,造成了很多冲突和矛盾。为此,有必要建立一套更为完善且统一的区域贸易协定审议规则和程序,提高审议的效率和质量。

(三)完善区域贸易协定与多边贸易体制的规则衔接机制,促进两者协调发展

区域贸易协定与多边贸易体制目前还不太协调。举例来说,由于WTO争端解决机构强制管辖的特点,在区域贸易协定缔约方选定将争议提交区域争端解决机构后,任一方对解决结果不满,还是可以将该争议提交WTO争端解决机构。这种做法不仅增加了贸易成本,还将影响争议的有效解决。要有效避免这种情况的发生,就有必要修改《关于争端解决规则与程序的谅解》,增加场所选择条款。一旦区域贸易协定缔约方选定了区域争端解决机构,WTO争端解决机构就应尊重缔约方的选择,不再行使对该争议的司法管辖权。区域贸易协定与多边贸易体制应相互协调,共同促进贸易自由化的发展。

(四)在加强WTO争端解决机制的地位与作用的同时,规范区域贸易协定内的争端解决

针对多边贸易体制和区域贸易协定在争端解决机制上存在的诸多冲突,首先要解决管辖权冲突问题。在争端解决机制选择方面可采用协议管辖方式,即由协约国集体协商通过管辖协议的方式选择确定的争端解决机制。此种方式的优点是:经当事方协商决定的争端解决方法对各方均有约束力,明确了管辖权的归属且除非当事各方另有规定,否则这种管辖权具有排他性。所以 WTO 有关文件可规定,一旦成员提请按 WTO 争端解决机制处理争端,那么多边争端解决机制就具备排他性的管辖权,除非另有规定。这可以有效地解决争相管辖和无人管辖的问题。另外,从贸易自由化的发展角度,WTO 可适当加强对区域贸易组织内部设定的解决机制的监管,努力使区域贸易集团争端解决程序及争端解决报告与 WTO 的宗旨和原则相一致。

综上可以看到,区域贸易协定作为当下国际贸易的一项重要贸易政策工具,其具有两面性。一方面,区域贸易协定可以推动贸易自由化发展,并且某种程度上可以作为贸易自由化的先行试验地区;另一方面,也要看到区域贸易协定的签订,虽然在协定内推动了贸易自由化发展,但在全球范围内,无疑树立了新的贸易壁垒。此外,区域贸易协定还产生了贸易转移效应、挤占多边贸易机制谈判资源、提高贸易成本和管理成本、某些政策与 WTO 原则相冲突等诸多消极影响,这也阻碍了贸易自由化在全球范围内的发展。因此,在处理区域贸易协定与 WTO 关系时,应该明确,WTO 多边贸易体制是推动贸易自由化根本性的方法,是需要长期坚持并推动的,而区域贸易协定是当下使用的且行之有效的暂时性的手段,但是是不可持久的。应该始终坚持以多边贸易体制为主,区域贸易协定为辅的贸易自由化道路。

在未来的发展中,首先要充分利用区域贸易协定对 WTO 多边贸易体制的补充作用,促进贸易自由化发展,同时完善区域贸易协定与多边贸易体制的规则衔接机制,促进两者之间的协调;其次,在加强 WTO 争端解决机制地位与作用的同时,规范区域贸易协定内的争端解决;最后,WTO 应进一步完善多边贸易体制相关法律制度,加强对区域贸易安排合理而实际的规范与监控。

第三节 区域贸易协定亟待解决的问题

一、多边审议

目前对 RTA 的监督主要通过 WTO 成员对 RTA 的多边审议进行。多边审议进展缓慢,导致 WTO 成员签订的大多数 RTA 的法律地位并不明确。使以多边审议为主要手段的多边监督体制陷入困境的原因有很多,有些是国际组织或国际条约在约束成员行为中常见的困难。一是在规则方面,国际条约的规定经常是含糊不清的,因为这些规定往往是缔约方反复谈判后达成的妥协。有时,缔约方有意达成含糊不清的条文,以便日后给予不同的解释。二是因为国际法缺乏强制执行机制。当然,这在 WTO 争端解决机制得到加强后有所改进,但仍存在问题。

造成目前 CRTA 审议困难的现实问题也很多,如 RTA 协议内容越来越复杂,涉及面广;多边审议中做出明确决定存在政治上的困难;现有 RTA 规则有不同的解释;有关成员提供的信息不充分等。但关键是成员间对 RTA 规则的解释不能形成一致意见。

二、现有规则的谅解达成

长期以来,由于对现有 RTA 规则,特别是 GATT 第 24 条,存在不同解释,成员间关于如何解释规则的辩论从 GATT 至 WTO 从未停止。

(一) GATT 第 24 条的主要缺陷

GATT 第 24 条为区域贸易协定赢得了合法的生存空间,但由于其本身内容宽泛,在具体实施的时候弹性较大,容易造成该条款的滥用。如此一来,就有违当初 GATT 起草者希冀以区域经济一体化推动经济全球化发展的初衷。

1. 绝大多数贸易(Substantially all the Trade,SAT)的定义不明确

GATT 第 24 条第 8 款是关于关税同盟和自由贸易区的定义条款。该款要求成员间应该取消"绝大多数贸易"的关税和其他限制性贸易法规(other restrictive regulations of commerce)。但"绝大多数贸易"并没有一个明晰的解释,而这正是区域贸易协定工作组难以就区域贸易协定是否与 GATT 规定相一致做出审查的一个重要原因。从 GATT 的实践来看,工作组一般从质和量的角度来试图给出"绝大多数贸易"的判断标准。"质上的判断标准"(Qualitative Approach)要求没有一个部门被排斥在区域贸易自由化之外;"量上的判断标准"(Quantitative Approach)是指依照某种统计方法,成员之间贸易百分比应不低于某一个比例,如 80%。1960 年,奥地利、丹麦、挪威、葡萄牙、瑞典、瑞士和英国在斯德哥尔摩签订《建立欧洲自由贸易联盟公约》,成立了"欧洲自由贸易联盟"(EFTA)。该联盟决定取消各成员间的工业产品关税和限制贸易措施,但保留农产品的贸易壁垒。在审查过程中,工作组成员就此发生分歧:尽管按"量上的判断标准"欧洲自由贸易联盟贸易自由化比例超过了 90%,但由于农产品被排除在外,很难说其符合"质上的判断标准"。工作组对该公约是否符合 GATT 第 24 条并未得出结论,最终不了了之。GATT 工作组的宽松执法无疑会产生不良示范效应,为之后一些国家假借区域贸易协定之名来规避非歧视原则的行为大开方便之门。

2. 总体影响范围(General Incidence)的标准难以界定

GATT 第 24 条第 5 款规定,关税同盟实施的关税和其他贸易法规,"总体上

不得高于或严于"形成之前的关税和其他贸易法规的"总体影响范围"。然而,总体影响范围这一标准很难加以界定。关税同盟对外关税的总体影响范围评估,是依据约束税率还是应用税率?对于难以量化的其他贸易法规,如何评估其总体影响范围?这一缺陷在《关于解释1994年GATT第24条的谅解》中得到了解决。

3. 程序性缺陷

除上述实体性条款的缺陷,GATT第24条也存在着明显的程序性缺陷。GATT第24条第5款第3项规定,区域贸易协定应在一个"合理期限"内达成,但该期限究竟有多长?GATT第24条第7款规定,成员决定签订区域贸易协定应及时通知GATT,但何谓"及时"?具体通知程序和内容又该怎样?GATT第24条均未加以明确。这无疑给工作组审查和执行该条款造成了很大的困扰。

(二)RTA规则与WTO其他规则之间的关系—第24条与其他货物贸易规则

在乌拉圭回合谈判中,成员曾试图澄清1947年起草的GATT第24条的规定,特别是有关"其他贸易法规"的澄清,但谈判未能达成一致。因此,GATT第24条与其他非关税措施的关系仍未有定论。成员也对此持不同观点。一些成员认为第24条只允许成员背离GATT第1条最惠国待遇原则,另一些成员认为第24条允许成员背离所有GATT条款,不限于第1条。土耳其纺织品案中,专家组曾裁定成员只能背离GATT第1条。但上诉机构推翻了专家组的裁定,认为以GATT第24条为理由抗辩,需要满足两个条件,一是抗辩方必须证明形成的关税同盟满足第24条第8款(a)项和第24条第5款(a)项的条件,二是证明如果不采取该措施就不能形成关税同盟。

三、总结

区域贸易协定是当今世界一股非常重要的经济力量,强化WTO的区域贸易协定规则,确保其在多边贸易体制的框架内发展,从WTO成立20年这个时间点上来看,对WTO具有重大现实意义。因此,应该因势利导,顺应区域贸易协定的发展,完善区域贸易协定的执行,充分发挥区域贸易协定的积极作用。

参考文献

[1] 班楠楠.当代区域贸易协定的发展与我国的战略对策[D].大连:东北财经大学,2007.

[2] 陈海波.WTO对RTAs的法律约束[D].厦门:厦门大学,2007.

[3] 陈建国.体制性难题-WTO对区域贸易协定的审议[J].国际贸易,2004

(6).

[4] 何祖普.WTO 规则对区域贸易组织的规制[J].甘肃农业,2006(2).

[5] 侯幼萍.WTO 协定与区域贸易协定的管辖权冲突研究[D].厦门:厦门大学,2007.

[6] 黄一静.多边贸易体制下区域贸易协定的发展[D].上海:华东政法大学,2011.

[7] 雷小红.RTA 投资规则新发展-以 TPP 及 TTIP 为例[D].桂林:广西师范大学,2014.

[8] 李仁真,庞永三.区域经济一体化对 GATT/WTO 体制的冲击和影响[J].法学论坛,2006(2).

[9] 李玉平,马兆庆.论区域贸易协定与多边贸易体制的关系[J].商业经济研究,2007(29).

[10] 刘会春.WTO 时期新区域主义主导下的区域贸易协定[J].政法学刊,2008(2).

[11] 沈木珠,逯婷婷.WTO 多边贸易体制与区域贸易协定的冲突与协调[J].南京财经大学学报,2008(1).

[12] 王小林.区域贸易协定的发展与我国的对策[D].长春:吉林大学,2006.

[13] 王传丽.双边自由贸易协定的新发展[J].国际经济法学刊,2004(3).

[14] 汪明.区域贸易协定关系是对 WTO 多边经贸关系的重要补充[J].世界贸易组织动态与研究,2003(6).

[15] 向雅萍.区域贸易协定对 WTO 体制的冲击及改革方向[J].经济研究导刊,2007(6).

[16] 许多.论 WTO 区域贸易协定透明度机制的不足及其完善[J].南京大学学报,2012(5).

[17] 杨长海.区域贸易集团与 GATT/WTO 多边贸易体制体制研究[D].苏州:苏州大学,2002.

[18] 张乃根.反思 WTO:全球化与中国入世[J].世界贸易组织动态与研究,2002(4).

[19] 赵恩广.论区域经济一体化争端解决机制在 WTO 框架下的并存及拓展[D].上海:复旦大学,2010.

[20] 钟立国.WTO 对区域贸易协定的规制及其完善[J].法学家,2003(4).

第二十一章　WTO的未来与中国的贸易战略选择

自1995年1月1日成立以来的20年中，WTO取得了辉煌成就，为世界贸易和全球经济发展做出了重要贡献。但WTO也正处于历史上最大的困境时期，特别是多哈回合谈判陷入僵局，WTO制定贸易规则、降低贸易壁垒的功能几近瘫痪，极大损害了WTO的权威，其前景面临巨大的不确定性。中国于2001年加入WTO后，对外贸易和经济发展经历了最好的时期，在世界经济中快速崛起，成为多边贸易体制最大的受益者之一。对中国这样一个以制造业为主、高度融入全球经济的发展中大国来说，WTO具有不可替代的价值，它是维护中国国际经济利益、改革全球经济治理机制、实行更加积极主动的开放战略的最佳平台。中国应当为WTO的发展特别是多哈回合谈判的成功结束做出更大贡献、承担更大责任，主动担当WTO领导者的角色。

第一节　WTO的危机及其对中国的影响

一、WTO对中国的价值

WTO是全球经济治理结构中唯一以强制约束力的法律体系确保全球161个国家和地区之间开放和稳定贸易关系的国际经济组织，其作用不可替代。即使WTO成立以来在制定贸易规则方面进展甚微，但其现有的贸易规则已经使国际贸易壁垒保持在较低水平，并且以公正和有效的争端解决机制防止其出现倒退。2008年全球金融危机后之所以没有出现大规模的贸易保护主义浪潮，WTO功不可没。

对中国来说，WTO尤其具有重要的意义。首先，中国加入WTO的承诺作为一种国际义务，锁定了国内改革开放成果，使中国成为接受国际规则、融入国际秩序的典范，吸引了全球的贸易、投资和技术资源，使中国成长为全球价值链的关键一环。其次，中国产业结构完整，制造业比重高，使中国对全球的资源和市场有高度的依赖性，WTO正是确保全球市场稳定运行的关键机制。WTO是保证中国全球商业利益的最有效率、最有效果的平台，其他区域性、双边性或部门性的贸易一体化安排则是在这一基础上的进一步定向性改进。第三，WTO是拓展中国全球利益的最优多边框架。WTO拥有广泛的、包含所有发达国家和绝大多数发展中国家的成员结构,以中国当前的产业结构和国际竞争力,这样的结构最有利于实现中国的贸易利益。即一方面在与发达国家的谈判中逐步开放市场,推动国内改革开放;另一方面可以借助发达国家的力量推动其他发展中国家开放市场,开辟中国未来主要的潜在市场。同时,又由于中国庞大的经济体量和相对较低的发展水平,中国可以在 WTO 中为发展中国家争取谈判利益,又可借此适当缓解发达国家要求中国开放市场的巨大压力。

二、WTO 面临的危机及其根源

2001 年 WTO 发起了多哈回合谈判,旨在进一步推动贸易和投资自由化。但是经过 10 多年的努力,多哈回合进展艰难。2013 年巴厘岛部长级会议达成《贸易便利化协定》,美国和印度于最近达成相关执行协议。但即便如此,其余的多哈回合谈判议题也很难取得全面突破。

究其根源,还是发达国家和发展中国家在经济发展战略上存在的分歧,发达国家强调对外开放是经济发展的必要前提,发展中国家则担心过度开放有损自身利益,同时发达国家不愿放弃在农业领域的高度保护也令发展中国家怀疑其诚意。此外,美国自 GATT 成立以来一直是多边贸易体制当之无愧的领导者。但进入 21 世纪后,美国的实力和霸权相对衰落,新兴大国的实力和自信快速提高,加上美国自身市场开放程度很高,难以提出有吸引力的出价,使美国不再拥有一言九鼎的影响力和威慑力,新兴大国更加敢于发出自己的声音,阻挠美国提出的议程。经过 2008 年日内瓦谈判的最后尝试后,美国认为其已经无法控制多边体制,也无法在其中实现自己的利益,从而转向区域主义和诸边主义。即 2008 年 9 月宣布加入 TPP,并动员其多个盟友加入,2012 年发起 ITA 扩围谈判,2013 年发起 TTIP 谈判和 TISA 谈判,2014 年发起《环境产品协议》谈判等。尽管美国并未明言放弃多边体制,但其重心已经毫无疑问地发生了转移。

美国的意图在于,在 WTO 之外集结与其经济发展战略、贸易自由化上有相似立场的国家,或者政治、经济上有求于美国、容易受到美国控制的国家,谈判、制定超过 WTO 水平或者超出 WTO 范围的新规则,凭借美国及其盟友的经济实力,对其他 WTO 成员构成压力或者吸引力,促使其最终接受美国所主导的新规则,并最终使这些规则多边化、融入 WTO 规则体系。如果这种曲线救国的策略能够成功,中国等新兴大国利用 WTO 的决策机制所获得的影响力就会被消解,美国将重新掌控多边贸易体制的方向和决策。

美国这种策略的主要针对对象毫无疑问就是中国。美国国内对中国在入世后取得的惊人成就深感意外,认为中国在入世中获得利益,但又仍然保持一些美国认为不够市场经济的做法,比如国有企业和汇率制度。美国所期望的通过入世改变中国的经济和政治体制的目标未能实现,却让中国的实力大大增强。多哈回合谈判中,中国没有接受美国提出的开放机械、电子、化工等部门的要求,使美国认为 WTO 的标准太低,要在 WTO 中提高标准约束中国又无法实现。因此,美国才在 WTO 之外开辟新的架构,试图进一步约束和改造中国。一方面,美国强烈要求中国加入 ITA 扩围谈判和《环境产品协定》谈判,迫使中国在国际竞争力相对较弱的领域继续扩大市场准入,为美国企业获得实惠。一旦中国表现出迟疑或对抗,即高调指责中国的贸易自由化决心不足,塑造中国只喜欢搭便车、不愿意付出的形象。另一方面,美国却将中国拒绝在 TPP 和 TISA 之外,其理由是担心中国的开放诚意和决心不够,实质上是美国将 TPP 和 TISA 的重心放在新规则的制定上。美国希望先主导制定规则,尤其是在中国比较敏感的国有企业、竞争政策、知识产权、劳工和环境标准、政府采购等领域,然后再迫使中国接受既定事实,让中国二次入世。一旦中国加入谈判,则这些规则的制定必然受中国的影响,从而影响其最终标准和实现时间。

必须指出的是,尽管美国目前并未放弃 WTO,依然在利用 WTO 制定规则,尤其是借助 WTO 的争端解决机制维护规则,且其最终或最优策略仍是将 WTO 之外制定的规则纳入 WTO 框架,从而约束所有新兴大国。但是,并不排除美国日益疏远 WTO,甚至刻意架空 WTO,使 WTO 日渐空心化、边缘化乃至“联合国化”。美国一直是 GATT/WTO 体制的创建者和领导者,多边贸易体制发展的根本推动力来自美国的贡献和出价,即美国以自身的开放换取部分其他参与者的开放,主要是其他发达及新兴国家,更大多数的发展中国家则在这一体制中搭便车。由于美国长期以来强大的竞争力优势和制度优越感,美国一直乐于担当领导者并支付提供公共产品的“成本”,当然美国从中也为其资本和企业的全球扩张创造了条件。然而,目前美国的欲走还留导致 WTO 领导者的缺位和领导力的赤字,其他成员既没有挺身而出接替其领导者的地位,也没有心甘情愿跟随美国制定的议程,使 WTO 丧失了向前发展的根本动力。从美国对国际体制的一贯态度来看,其唯一的判断标准就是是否有利于美国政治和经济利益的实现,一旦这种国际体制难以满足美国的利益诉求,或者反而成为制约美国行为的束缚,美国就会毫不犹豫地将其抛弃或瓦解。美国在国际政治和安全领域对联合国的态度最为典型,美国的冷落使联合国的实际地位和作用大打折扣。美国在可预见的未来仍将是世界第一强国,并且有大批盟友的追随和支持,缺少美国实质参与的国际体制就形同虚设。所有 WTO 成员包括中国在内都必须认真面对 WTO“联合国化”的风险,并应当积极寻求与美国的利益共同点,共同维护 WTO 的生机和活力。

三、多哈回合停滞及美国策略对中国的影响

多哈回合谈判停滞不前,美国在 WTO 之外发起一系列咄咄逼人的行动,对中国构成了严峻挑战,使中国在参与全球贸易治理中处于较为被动的局面。

其一,美国将多哈回合谈判失败的原因归咎于中国、印度等新兴大国,指责这些成员只取不予,经济发展水平提高了,但不为 WTO 做出应有贡献。同时,美国还批评这些国家在市场化和自由化方面决心不够,并将其贴上国家资本主义的标签,从意识形态上丑化这些国家。虽然这些指责回避了美国等发达国家应该承担的责任,但由于美国掌握了国际话语权和道德制高点,对中国的国际形象造成了不良影响,同时也在中国国内造成思想上的混乱和引起争论。即中国到底是应该接受美国的要求,按照美国提出的步骤加快改革开放,还是应该坚持自己的中国特色,按照循序渐进的方式稳步推进。

其二,美国发起的巨型 FTA 谈判和部门诸边谈判对中国构成巨大经济和政治压力。尽管中国在 ITA 扩围产品和环境产品上都有巨额的贸易逆差,但中国仍然不得不参加谈判,并在 ITA 扩围谈判中做出重大让步,否则就会引起国内外的强烈质疑和批评。TPP 谈判则对中国造成了强烈的地缘政治影响,日本、越南等的加入以及南海地区出现的争端,使亚太地区出现了中美对抗、争夺势力范围的格局。同时,这些谈判也使 WTO 进一步边缘化,使中国在多边体制中的影响力被事实上消解。

其三,中国非常珍视付出巨大努力方才获得的 WTO 这一平台,希望借助 WTO 开放公平的决策机制参与国际贸易规则制定,实现对全球经济治理的参与和改革。然而,美国基本抛弃了这一中国最能发挥影响力的平台,使中国对未来贸易和投资规则的制定失去了话语权并且失去了制约美国的有效机制,不得不再次陷入跟随者乃至申请者的被动角色。在中国实力大大高于加入 WTO 时的情况下,能否再次接受严苛的二次入世,也是中国面临的艰难选择。

第二节 中国的应对措施及未来的政策选择

一、中国目前的应对措施及评价

应该说,美国在 2008 年之后的贸易战略调整有其突然性。之前美国把重心放在多边,并没有发起过大型 FTA 谈判。对此,国内的估计和预判不足,各部门、各界在判断和思想上也有很大分歧。因此,在初期,中国并未采取实质性行动,而是观察和分析,态度上也较为警惕,只是党的十八大确立新一轮改革开放

后才开始采取更积极的行动。

总体看，中国截至目前所采取的策略主要是跟随性的，即默认或者接受美国所主导的贸易和投资自由化方向，并通过单边、双边、区域、诸边和多边等多种途径，试图主动接近美国所设定的高标准，从而为未来加入这些标准降低难度、减少冲击。单边措施方面，2013 年 8 月，发起中国（上海）自由贸易试验区。双边措施方面，2013 年结束与瑞士和冰岛的双边 FTA 谈判，2014 年 11 月基本完成与韩国和澳大利亚的 FTA 谈判。2013 年与美国的双边投资协定谈判取得突破，同年发起与欧盟的双边投资协定谈判。诸边谈判方面，2013 年成立 GPA 谈判领导小组，加快谈判进程，9 月申请加入 TISA 谈判，2014 年 1 月加入《环境产品协定》谈判，2014 年 11 月与美国就 ITA 扩围谈判达成共识。区域谈判层面，2013 年参加 RCEP 谈判。多边谈判层面，积极参与巴厘岛部长级会议关于贸易便利化的谈判。这些措施既是对美国贸易战略调整的应对，也是中国自身新一轮改革开放的必然选择和内在需要。但也必须看到，这些多头并举、急切跟随的措施从谈判策略上看仍有值得反思和讨论的余地。

其一，中国在目前所参加的谈判中几乎都承受着巨大的出价压力，但是鲜有可以要价的空间。由于中国的经济市场化水平相对较低，贸易壁垒相对较高，而面对的谈判对象基本上都是发达国家，使中国往往在谈判中成为单方面让步的一方，在让步的同时，谈判对象却因为已经较高的开放水平而无需给出相应的对价，使谈判缺乏平衡。尤其在双边 FTA、BIT 和诸边谈判中，中国几乎都是主要的出价方。尽管贸易自由化对中国是有利的，但从贸易谈判策略来看，这种单方面让步不是一种理想的结果。究其根源，在于这些双边或诸边谈判都没有其他新兴大国参与，这些国家才是中国潜在的主要市场，而且其贸易壁垒也较高。美国在多边贸易体制中作为领导者，一直是以自身的市场开放来换取其他国家的开放。中国目前将主要精力放在多边体制之外，失去了实现这一领导者红利的机会。而且，由于其他新兴大国均未参与这些谈判，一方面无法借助其力量来分散来自发达国家的压力，另一方面也无法借助发达国家向新兴大国施压来促其开放市场。

其二，从美国的策略看，它将中国拉入一些诸边谈判，各个击破，着重解决中国的市场开放，迫使中国做出大规模的市场准入承诺，削弱中国未来在多边谈判中的筹码。另一方面在涉及规则制定的谈判中却极力排除中国加入，担心中国影响其对规则制定的主导。未来美国仍将寻求将这些规则引入多边机制，从而适用于中国及其他新兴大国，在中国已经做出市场准入承诺、美国已经获得实际利益的情况下，能够与美国重新谈判或调整这些规则的筹码将大大减少，最终很可能将不得不全盘接受。尽管美国所主导的规则并非都不利于中国，甚至许多与中国的改革开放方向一致,但从战略或政治角度来看,这种被动局面对中国这样一个全球性大国来说显然不利。而且,即使方向一致,前进步骤和节奏仍有差异。

其三,中国积极参与发达国家所主导的贸易谈判,而其他新兴大国均未跟进,主要是由于中国改革开放理念和这些国家存在一定的分歧。但在部分发展中国家看来,这似乎表明中国也已经放弃多哈发展回合,不再维护发展中国家在多哈回合中的利益关切,并与发达国家合作。尽管中国在其他多个途径积极发展与广大发展中国家的友好合作关系,但对许多发展中国家来说,WTO 是它们唯一可以制衡发达国家的平台,要解决发达国家对发展中国家出口产品的关税升级和关税高峰问题以及发达国家的高额农业补贴和关税问题,只有在 WTO 内依靠中国等新兴大国才有可能实现。中国仍然自我认定为发展中国家,而如何维护广大发展中国家在全球经济治理机制中的利益,将是一个困难的命题。

二、中国贸易谈判战略调整面临的问题

确定中国下一阶段的贸易谈判战略,首先应当明确三个问题。

一是中国在世界经济和贸易中的定位。从经济发展水平看,中国已经拥有相当庞大的经济规模和影响力,但整体竞争力尤其是中国本土企业的国际竞争力仍然不强,尽管开放市场的方向是明确的,但还无法完全按照发达国家的标准开放市场。从经济制度质量看,中国的市场化水平仍然有待提高,政府包括国有企业仍将在相当长一段时期内占据重要地位,也无法完全按照发达国家的标准来界定政府和市场的边界。从中国和发达国家及发展中国家的关系看,中国在各方面都居于中间地位,但这种地位较为尴尬,既可以说是左右逢源,也可以说是左右为难。有利的一方面在于,中国在国际贸易体制中,可以通过对外开放,继续学习、借鉴发达国家的经济体制,推进自身的市场化和工业化,又可以与发达国家配合推进其他发展中国家的开放,来获得更大的世界市场。不利的一方面在于,发达国家总是急切希望中国快速开放市场、削弱政府作用,指责中国拥有强大的竞争力却躲在其他发展中国家身后拒绝开放,发展中国家则担心中国强大的国际竞争力而不愿意开放市场,进而使中国总是单独面对发达国家的巨大压力。

二是中国贸易谈判战略的目标是“以开放换开放”还是“以开放促改革”。从改革开放到加入 WTO,由于中国相对较低的开放水平和市场化程度,对外贸易谈判更多的是在逐步接受外部提出的要求、适应全球化、市场化的趋势,即对方单方面出价一直是各层次贸易谈判的主要内容,所谓要价也仅是要求对方给予中国更多开放和改革自主性和灵活性以及平等待遇,而非要求对方给予对等

或互惠的市场开放。这一过程又与中国的改革开放总体步伐相互促进，并在加入 WTO 时达到"以开放促改革"的高潮，即一次全面的开放带动了一次全方位的改革。加入 WTO 后，中国又与多个国家开展了双边 FTA 谈判，其中既有东盟、巴基斯坦等发展中国家，也有瑞士、澳大利亚、韩国等发达国家。与发达国家的谈判和之前的入世谈判类似，中国仍处于被要价的地位，对方只是在个别领域需要对中国做出让步。与发展中国家的谈判中由于双边贸易和经济规模的不对等，中国也是处于让利的地位，很难要求对方做出实质性开放。因此，从目前来看，中国的贸易谈判主要的目标仍是"以开放促改革"，而并未实现"以开放换开放"。

考虑到中国的市场化改革仍在进行中、政府与市场的边界尚不完全清晰，而且国内市场改革面临多重阻力，以开放促改革不失为一种有效的手段。但考虑到中国是世界第二大经济体、第一大出口国、第二大进口国、第三大对外投资国、第二大利用外资国，即一方面中国已经拥有庞大的国内市场，并且有相对较高的贸易和投资壁垒，掌握了较多的谈判筹码，另一方面中国也有巨大的遍布全球的贸易和投资利益需要维护和伸张，应当充分利用手中的筹码去赢得这些利益。在此情况下，仅将开放作为外部压力推动国内改革似乎有自废武功、浪费资源之嫌。特别是新兴大国和发展中国家在贸易和投资自由化上仍有很大的进步余地，其潜在的经济增长空间更使其成为中国应当努力突破的重点方向。因此，在继续"以开放促改革"的同时，以"开放换开放"应成为中国下一阶段贸易谈判战略的重要目标。

三是中国贸易谈判战略的实施路径是多边为主还是双边、区域为主。从理论看，通过多边贸易谈判获得的利益在双边或区域层面上也能获得，多边的主要优势在于效率。因此在多边谈判遇阻的情况下，推动双边和区域协议也是理性的选择。但在实践中，多边途径仍然有一些无法替代的优势。就市场准入而言，中国无论在与发达国家还是发展中国家的双边谈判中，都以单方面减让为主，难以实现"以开放换开放"的目标。就制度调整而言，一些政策是全局性的，很难在双边或区域协议中做出定向性的承诺，例如补贴、行业规制措施等。此外，中国与一些发达国家如美国、欧盟开展双边投资协定谈判，其涉及的制度调整难以避免地涉及全局性问题，双边承诺最终将对所有伙伴实施。与其如此，不如在多边层面做出承诺，更能赢得更多伙伴的赞誉以及相应换取更多伙伴的开放。当然，这并不排斥积极推进自贸区战略，以实现更有针对性的、特定的贸易、外交或政治目标。

三、中国应当以更大的贡献促成多哈回合的早日结束

WTO 是中国实施更加积极主动的开放战略的最佳平台，其最大的优势在于 WTO 包含大量不同发展水平的国家，既可以实现中国的全球贸易和投资利益，又可以在发达国家和发展中国家之间实现更有利的自我平衡。但 WTO 的困难同样在此，大量经济发展水平不一、经济发展理念各异的国家很难在众多议题上同时达成一致，使多边贸易谈判难以取得突破。然而，这并不意味着 WTO 完全没有生路，中国的选择将在很大程度上决定 WTO 能否生存与发展。中国已经具备实力和条件去主动承担多哈回合主要出价方的责任，力促多哈回合尽早结束。

多哈回合发起时，中国刚刚加入 WTO，在世界经济和贸易中的地位还相对较低，无论是国内还是其他成员都未对中国报以很大期望，中国的预设目标是付出少量代价，并期待美国等发达国家成为此次多哈发展回合的主要出价方，促成多哈回合的结束。但经过十多年后，世界经济格局已经发生重大变化，中国的崛起已是客观事实，其他新兴大国的地位也大大提高。在美国等发达国家难以做出有吸引力的出价，而新兴大国又不愿意做出出价的情况下，双方之间的矛盾难以调和，对彼此期望的落差无法弥合。中国事实上已经成为唯一有实力、有空间做出关键性贡献，同时带动发达国家和其他发展中国家做出适当贡献的成员。中国目前的简单平均关税为 9.9%，加权平均关税为 4.7%，征收关税额与进口额之比仅为 2%，即中国的名义关税仍有很大的下降空间。事实上，中国也参加了 ITA 扩围谈判和《环境产品协定》谈判，这都表明中国也愿意进一步降低关税。中国服务业的开放空间也相当大，OECD 计算的中国服务业限制水平仅在平均水平，远高于发达国家，中国已经申请加入由发达国家发起的 TISA 谈判，同时正在进行与美国、欧盟的双边投资协定谈判，这都表明中国做好了大幅度扩大服务业开放的准备。问题仅仅在于，在什么层面将这些开放措施固化和国际法化。

国内对于在多边层面做出重大承诺的担忧主要有两个方面：一是多边承诺意味着对所有成员生效，影响面和程度较大，担心国内产业受到冲击。二是担心中国在 WTO 中强出头，有树大招风之嫌，担心未来中国会被要求承担更多国际义务。从好处来看，似乎并不明显，特别是和双边、区域相比，多边外交的成功不具有显著和直接的业绩价值，WTO 并没有领导人峰会机制，即使取得成功，也难以在领导人面前展现。

然而从全局和战略角度考量，如果中国能够为多哈回合的成功结束和 WTO 的发展做出重要积极贡献，其正面意义是巨大和深远的。一是随着美国实力的相对衰落，实际上 WTO 处于群龙无首的状态。如果中国能够主动承担责任，填

补领导权缺位的真空，弥补领导力不足的赤字，对于维系 WTO 的活力至关重要。这是中国为全球经济治理体系变革做出的最实在的贡献。二是在 WTO 面临危机和窘境的情况下，中国如能挺身而出，挽救多边贸易体制，为世界提供公共产品，将赢得世界包括美国的尊重，极大提高中国的软实力和世界影响力。三是中国确实还不是世界第一强国，但世界领导权的转换可以是多速推进、渐进发生的，这并不意味着中国要一夜之间完全取代美国。在科技、金融、军事等领域，中国的实力要追上美国还要颇费时日，但在贸易和制造业领域，中国已经具备与美国共同领导世界的实力和能力。四是 2015 年是 WTO 成立 20 周年，中国将在 2016 年承办 G20 峰会。如果通过中国的努力能在 2016 年推动结束多哈回合，则无疑会使 2016 年 G20 中国峰会成为世界经济史上具有里程碑意义的一次会议，更将标志着中国在 WTO 和 G20 这两个全球经济治理的核心机制中占据领导者地位。诺贝尔经济学奖获得者斯蒂格利茨曾撰文称 2015 年将是中国世纪的元年。如果他的预言成真，必然是以中国在全球经济治理中的领导地位为标志。

此外，多哈回合经过十多年的艰苦谈判，其谈判内容与最初的计划相比已经大大缩减，各成员对多哈回合的预期和雄心已经大大降低。主要谈判内容已经回归到传统的互惠市场准入问题，最初探讨的涉及国内措施的新加坡议题几乎完全淡出。因此，中国为促成多哈回合成功的出价也无需太高，主要仍以削减工业品关税为主。当前正是中国以较小的代价获得多哈回合"终结者"美誉的最佳时机。当然，中国做出主要贡献并不意味着其他成员都可以坐享其成。如果中国做出这样大的贡献，当然也有理由要求其他成员做出相应的让步。特别对于发达国家在农业领域的让步，中国应当团结其他发展中国家积极争取，这也是展现中国一贯支持发展中国家立场的需要。考虑到美欧曾经做出过这样的承诺，以及当前世界农产品市场状况，要实现这一目标希望较大。对其他新兴大国，中国不宜抱过高期望，特别是不宜强硬要求其以实施关税为基础进行关税减让。事实上，如果新兴发展中大国能够大幅度削减其名义关税，使之接近其实施关税，这已是推进其贸易自由化、创造更稳定、可预期的国际贸易环境的重大进步。尽管中国已经不适于简单以发展中国家的身份来选边站队，但仍要尽力维护发展中国家的利益，不应和发达国家一样过于急切地迫使尚未做好国内准备的发展中国家大幅度、快速开放市场。美国当然希望所有新兴大国能够做出实质性市场准入承诺，利用多哈回合"毕其功于一役"。但如果中国能够以较大的开放作为"牺牲"，考虑到其他金砖四国的贸易总和尚不及中国一家，美国有可能接受新兴大国暂时的保留。

至于中国究竟应当为多哈回合做出多大的贡献以及在哪些领域做出贡献，

则还需要更深入的研究。正如前文所指,近年来中国在双边、诸边、区域等层面已经结束或正在开展的谈判可以为中国的多边承诺提供有力的基础。事实上,多边谈判也是通过与主要贸易伙伴的双边谈判开展的。中国与东盟、韩国、澳大利亚等进行的FTA谈判,参与的ITA扩围谈判、《环境产品协议》谈判,与美国、欧盟进行的双边投资协定谈判,实际上已经包含了大量很有雄心的开放承诺。如果能将其中的多数承诺予以多边化,并提交到多哈回合谈判桌上,已经是足够有说服力、吸引力、震撼力的出价和贡献。

至于扩大开放对国内产业的负面影响或冲击,也要予以高度重视,并适当做出准备,包括对贸易救济措施的更有效运用。但从中国入世十多年的事实来看,贸易自由化的冲击远没有预想的大。与其担忧扩大开放带来的冲击,不如切实推进国内经济、社会体制改革,降低企业运营成本,改善企业经营环境,留住国内资本,吸引外来投资。以中国所具有的综合资源、社会和政策条件,仍有相当大的增长潜力可挖,也有足够的转圜余地来吸收扩大开放可能带来的冲击。

四、中国在WTO中的领导地位并不排斥美国的作用,而是要积极寻求与美国的合作

如果中国能够以自己的贡献促成多哈回合结束、成为多哈回合的"终结者",那么中国将毫无疑问地确立在WTO中的领导地位,并将对未来全球贸易规则的重构拥有无可争辩的话语权。这也可以在相当程度上化解美国在WTO之外所引领的规则重构所带来的压力。

但这并不意味着美国的领导地位被取代,而是被补充。中国担当WTO的领导者不是要分美国的权,而是分美国的担。在多边体制中的合作也应当成为中美新型大国关系的基石之一。《巴厘一揽子协定》的达成再次充分表明美国领导力的不可或缺。中国应积极与美国探讨推进多哈谈判的路径,主动提出可行的方案,把美国重新拉回多边框架。中美合作之后的实力足以影响所有其他WTO成员。在实践的过程中,中美之间的沟通和交流以及国内的政治协调仍然非常重要,如何让美国相信中国这样一个在政治体制上与其有较大差异的国家在经济制度上与其有相似的理念,同时在国内来看,尽管中央有非常明确的决心,但在执行层面的部门或地方政府以及许多国有企业当中,对扩大开放的怀疑甚至抵触的情绪、对本土企业竞争力的不自信以及对保护的依赖仍然较为普遍。

多哈回合之外及之后,对于美国感兴趣的、有利益的贸易和投资新议题,中国应以开放的心态对待,支持采取诸边的方式进行谈判。目前来看,诸边谈判是保持多边贸易体制对新议题的及时反应能力的最可行方式。对主要涉及市场准入的议题或部门,比如《环境产品协议》,应当坚持协议应包含尽可能多的成员

参与,实现关键多数并按照最惠国待遇原则适用最终成果。谈判中,中国应积极为发展中国家争取过渡性或差别待遇。对主要涉及规则制定的议题或部门,应当建议采取 GPA 的模式,即协议仅适用于签署的成员,对其他未准备好的成员应持开放态度。同时应开放谈判进程,让其他成员更好地了解协议内容,从而为未来的扩展做好准备。对中国来说,应积极参与所有诸边协议谈判,这样可以避免协议完全由美国等发达国家操纵,同时又可以展现中国积极开放的决心,以及获得制定国际贸易规则的权利。尤其是目前中国已提出申请加入的 TISA 谈判,应当力争尽快加入,以中国有吸引力的出价改变美国的态度,说服美国放弃对中国的戒备,但也要积极鼓励印度、巴西等其他发展中大国参与。值得注意的是,中国应处理好诸边谈判和多边谈判之间的关系,诸边谈判应以支持多哈回合为前提,有关市场准入的诸边谈判成果应当予以多边化,并纳入多哈成果。中国应利用自己的市场地位,坚持将诸边谈判成果的实施与多哈回合谈判实现一定方式的挂钩,防止发达国家在诸边谈判中获得现实利益而放弃在多边谈判中的努力。对于新规则议题的诸边谈判,应尽可能在结束多哈回合之后再在 WTO 框架下正式启动,以免这些谈判分散成员对多哈回合谈判的专注,同时也为发展中国家的有效参与留出时间和空间。

索　引

后　记

世界贸易组织(WTO)是根据GATT乌拉圭回合多边贸易谈判达成的《WTO协定》,于1995年1月1日成立,取代1948年1月1日临时实施的GATT,并以乌拉圭回合多边贸易谈判达成的一整套协定和协议条款作为国际法律规则,对各成员之间在经济贸易关系方面的权利和义务进行监督、管理的正式国际经济贸易组织。它是世界上唯一的专门从事制定和管理国际贸易规则的国际机构,是多边贸易体制的法律基础和组织基础;它是各成员讨论和解决相互间贸易议题的场所,核心是由世界贸易伙伴谈判、签署并经其立法机构批准的一系列WTO协定、协议;它规定了各成员对协定、协议的义务,以决定各成员如何制定和实施国内贸易法律规章和制度,目的是利于货物和服务生产者、出口者和进口者管理其商务,并允许成员努力实现其社会和环境目标。WTO的建立标志着一个完整的、更具活力和永久性的多边贸易体制的诞生,它在监督、协调、管理世界经济秩序和多边贸易法律关系方面起到了十分重要的作用。

自1995年1月1日正式成立至今,WTO走过了20个春秋。WTO在削减全球贸易壁垒,促进国际贸易发展方面取得了巨大的成就。但是,WTO正面临发展的挑战,多哈回合谈判发起以来出现的困境提醒人们,世界需要一个更加包容、均衡和持久的,能造福于全体人类的和平与发展的全球化。作为经济全球化的重要载体,WTO需要加大自身改革,才能更好地实现其设立时的目标与宗旨。

为持续跟踪研究WTO的发展演变情况,了解主要成员对WTO的态度和政策调整,为中国更好地参与全球经济治理提出应对之策,在教育部哲学社会科学研究发展报告项目的支持下,教育部人文社科重点研究基地——对外经济贸易大学中国世界贸易组织研究院组织撰写年度《世界贸易组织发展报告》。在撰写过程中,课题组力求做到“国际视野、中国立场、和谐发展”,强调理论联系实际,不断改进科研之风,形成相对稳定的研究团队,建立动态专题数据库,发布高水平咨询性专家建议。报告的突出特点是:以服务于国家重大战略需要和重大现实问题为导向;以数据库建设为支撑,做到定量与定性结合;强化应用性、研究性,避免年鉴化和学理化。

从体系结构看,报告体系设计基本上按照主报告、分报告框架展开,每年包括1~2个专题研究。《世界贸易组织发展报告2015》内容共分四篇,主要包括:总论、2014年WTO主要议题分论、2014年WTO主要成员经贸政策回顾与展望,以及特别专题“WTO二十年专题”。

《世界贸易组织发展报告 2015》课题组由对外经济贸易大学中国世界贸易组织研究院院长屠新泉研究员领衔，李杨、盖新哲统稿，具体参与撰写人员如下：第一篇为屠新泉、周念利、李杨、张中宁、田默、邓钰凡、吕云龙；第二篇为屠新泉、杨荣珍、周念利、孙娜、吕越、李思奇、高天昊、张立鹏、姜奕玖、郝宁波、周文灿；第三篇为李杨、戴臻、黄宁、黄艳希、冯伟杰、高慧、郑天恩、王家林、陈越、刘博；第四篇为屠新泉、杨荣珍、周念利、孙娜、刘斌、吕越、李思奇等。英文目录翻译者为黄艳希博士。

在撰写过程中，本报告得到教育部社会科学司，商务部世界贸易组织司、政策研究室、贸易救济调查局、条法司以及商务部国际贸易经济合作研究院等有关部门领导和专家的指导和大力支持，在此表示衷心感谢。我们还要感谢高等教育出版社人文社科学术出版事业部领导的支持，以及策划编辑杨莉的大力帮助。本书在撰写过程中得到了对外经济贸易大学领导的关心和支持，学校有关院系也给予了大力支持和配合。没有各方面的共同努力，这项繁重的任务是难以完成的。另外，在撰写过程中我们参考了国内外专家和学者的有关研究成果，特在此对他们表示感谢。

课题组每位成员都本着认真负责的态度，力争精益求精，然能力所限，难免有谬误之处，还望各位读者批评指正。

《世界贸易组织发展报告 2015》课题组